U0465039

DANZHU
ANTHOLOGY

丹珠文存

丹珠昂奔 著

卷六

散文

中央民族大学出版社
China Minzu University Press

图书在版编目（CIP）数据

丹珠文存　卷六/丹珠昂奔著. —北京：中央民族大学出版社，2013.3

ISBN 978 -7 -5660 -0365 -2

Ⅰ. ①丹…　Ⅱ. ①丹…　Ⅲ. ①散文集—中国—当代　Ⅳ. ①C53②I267

中国版本图书馆 CIP 数据核字（2013）第 026769 号

丹珠文存　卷六

著　　者	丹珠昂奔
责任编辑	白立元
封面设计	布拉格
出 版 者	中央民族大学出版社 北京市海淀区中关村南大街 27 号　邮编:100081 电话:68472815(发行部)　传真:68932751(发行部) 68932218(总编室)　68932447(办公室)
发 行 者	全国各地新华书店
印 刷 者	北京宏伟双华印刷有限公司
开　　本	787×1092(毫米)　1/16　印张:27.25
字　　数	470 千字
版　　次	2013 年 3 月第 1 版　2013 年 3 月第 1 次印刷
书　　号	ISBN 978 -7 -5660 -0365 -2
定　　价	82.00 元

目 录

遥远的莫斯科

头 酒

遥远的莫斯科

序

我有幸在付梓前就读到《情情情情》散文丛书中舒乙（满族）的《我的“第一眼”》，特·赛音巴雅尔（蒙古族）的《蓝宝石金戒指》，丹珠昂奔（藏族）的《遥远的莫斯科》，杨盛龙（土家族）的《杨柳依依》四本散文集的文稿，对照当前散文的发展走向和某些问题，由阅读这几本少数民族作家的散文作品而引发的感触就更深了。

首当其冲的感触就是散文的“真”。我从最近报刊上所见的争论文章中，凡涉及真与非真的问题时多是散文是否可以虚构，并觉得这个问题固然也值得讨论，但更重要的是散文感情之真，这才是最值得珍视的一点。毫不夸饰地说，散文感情之真应作为散文的生命来看。因为，散文不论采取何种写法，其感情均应发自胸臆，不仅不可作伪，也不应肆意矫情。

在这方面，讨论，各抒己见，乃至争论不休，或许都是有益的，但更具示范作用的还是要有情真意浓的作品。正因为对这类散文作品的祈望，读了上述几位少数民族作家散文集之后才格外令人欣喜。舒乙散文集中无论是写北京（尤其是他幼时记忆中的北京），还是写他的父亲老舍先生（特别是生活在小羊圈胡同的老舍和家人们），抑或是他所熟悉的其他文学大师，却是那么充满纯真质朴的爱。我们读这样的散文，主要不是觉得作者在告诉你什么，而首先是以不矫饰的真情感染了你什么。这样，我们不由得就信服了。特·赛音巴雅尔的《诺恩吉娅》最初在报纸上发表时我就读过，为他的真情所感动。当时我就深深悟到：散文的“真”与“假”就是要在读者心中分解。我们有时可能并不很熟悉作者在他的作品中所描述的每一个生活细节，然而只要他的感情真挚（而不是出于各种功利的掺假），我们还是会自觉不自觉地引为“自己的”精神财富。在这方面，任何矫情和作伪（哪怕是很“高明”的虚饰）有时也会露怯，从而引起有识见的读者的反感。这套丛书中的散文作品最可贵之处恰在于它们的挚切与自然。显然，并非出于无意识而为之，而是反映了这几位作家的价值观和艺术追求。正如杨盛龙在他的《真情永在（自序）》中所言：“尽管虚假很普遍，世界还是充满爱，洋溢着真善美，充满真情。”这就说明，真情并非出于作家的臆造，而是来自于生活本身，它反映了正直善良人们的理想与渴望，因此，才具有恒久的生命力。丹珠昂奔在他的《爱就是责任（自序）》中也坚持认为“艺术永远离不开真实”，都表明了他们自觉的追求是多么执著。

与此相联系的是，本丛书中的许多散文体现着传统散文与发展中的散文多元化的较好融合。我们不能无视这些年散文在发展中出现了异彩纷呈的多元局面，这自然应视为散文创作走向繁荣的特征之一，但这几位少数民族作家似乎并没有为那种炫目的色彩搞得无所适从。他们的作品显然也在吸取时代发展中积极的东西，力戒墨守成规；但他们更珍爱传统散文经过验证的不可扬弃的精髓，恪守必要的并非僵化的艺术法度；他们十分重视散文的内在意蕴，深知只有这样才会有耐人咀嚼的“散文味”。从一定意义上说，这也是散文的精髓所在。以《诺恩吉娅》为例，作者紧扣这位远嫁他方的草原姑娘，以此为坚忍的基线自喻由草原至京城的蒙古族男儿，将那种对家乡怀念对祖国忠诚的一腔热忱委婉有致地烘托出来。这样写来既不平淡又具美质，丰富的情味却在表面的文字以外，这是一种忌戒浅露的思想和艺术境界。我仔细看了一下，丛书中的多数篇章都不很长，极少冗繁之笔。这与我国散文素以精短为佳的传统是恰相契合的。舒乙的自序《情似根》，就是一篇不足千字的精短散文，内涵却很丰富，它昭示读者何为生命之根，真情之源，以几个“小故事”透溢出人情之重，人品之美。正是因为这情之根，“支撑着人的世界”，纵然斯人形体不在，而灵性之根不朽。这类堪称精品的散文，注重内蕴，注重韵味，不故意拉大架势，更不以“大散文”自居；却丝毫不乏真货色，绝无大而空之弊。

既为少数民族作家，自然应有本民族个性和气韵。从某种意义上说，没有特色就没有真正的艺术，至少会大大削减艺术品位。这特色不仅指地域色彩的独特，还应有作家笔下流溢出的独具的民族个性。从丹珠昂奔的集子中，我仿佛目睹了藏民生活区的一幅幅风情画：跳火堆的炽烈，迪庆地区朝天祭地的虔诚，还有小银马蹦蹦跳跳回栏时，桑烟飘逝在草原……这是多么情味浓郁令人神往的独特场景。而居住湘西的土家族作家杨盛龙笔下则是另一种情味，当我们读了他的《故乡的油桐》、《捞车河七色光》，作者的感受以及传导给我们的感觉都是不可替代的。

当然，如果提出更严格的要求，本丛书中有的作家的某些作品稍嫌稚嫩，但就总体而言是一套有特色有分量的散文丛书。它不仅反映了这些作家的成就和创作势头，同时也表现了出版社选题的独到与编辑同志的识见，这对于展示与推动少数民族作者的散文创作无疑是很有积极意义的。本人对丛书激赏之余，特为之序。

石　英

2000 年盛夏于京

爱就是责任（自序）

我喜欢文学的时间不算短，大概在小学三四年级；我学习文学创作的时间也不算短，大概在高中阶段和高中毕业以后。但在创作上并无多少长进。这大约：一是因为才赋、才华不够，自然流于平平；二是因为学习工作，在上大学以后的二十多年里，我一直是在极度紧张的环境中度过，要么拼命学习，要么拼命工作，很少有机会琢磨自己的创作，虽然我毕业于语言文学系；三是因为久居北京，长期脱离生活。但是，这个集子所收录的散文，其文学性姑且不论，其中所讲的故事和表达的情感大多都是真实的。真实或许不是艺术，但艺术却永远离不开真实。许多年前我想，为什么作家不能真实地告诉读者一些自身的切实感受呢？尤其是散文。于是我曾经如实地写过几篇东西（当然不是自然主义），结果得出如下结论：许多真实的东西是无法写的，也有许多真实的东西是不能写的。因为，人的生活离不开人。人的感情离不开人，人做的许多事也离不开人；比如我们今天所谈的乡情、亲情、友情、爱情都是具体的，涉及具体的人，具体的事，具体的情，具体的欢乐时光和悲欢离合。然而一切具体的事物都要依托环境而存在，都要与周围的事物发生这样那样的联系，联系是一切“情”赖以存在的基础。在过去的岁月里，这种联系给了我无数的幸福和快乐，这方面我写了一些，但也漏了一些，漏，不是我不想写，而是我没有时间写，或者我无法写；这种联系也给了我不少的痛苦，这方面我也写了一些，但也删了不少，删，不是我想删，而面对生活，我不能不删。因为，乡情、亲情、友情、爱情都会使我陷于久远的回忆之中。这种回忆令我兴奋，也令我悲伤；令我精神抖擞，也令我沉重无主。我爱我的家乡，我爱我的亲人，我爱我的朋友，而爱就是责任，就要为所爱的人负责，为那些已经故去的人，为那些还在幸福中或不幸中活着的人，为那些将要来到这个世界上的人……

我仍然喜欢文学，我还有许多许多的向往，有许多许多使我难以忘怀的亲友同志，有许多许多使我动情的故事。我还要写，写那些真实的情，真实的故事，让大家感到真实的力量，真实的魅力，真实的苦难中蕴藏着真实的美，真实的爱。

跳 火 堆

在汉族的史书里，我曾见到过跳火堆的记载，许久以来，我一直考虑着："这跳火堆的习惯到底是汉族还是藏族的？"一位幼年的朋友说："喂呀，就这毛病，前思后想地，那是专家们考虑的问题，写文章，有感受你就尽管写好了！"——这确给我以启迪。

感受是有的，那已是很久以前的事了。

每年正月十五日夜，乡亲们都要把事先准备好的草，一堆一堆堆起来，每户人家的门台上，都有自家的孩子们忙碌着。也有点奇怪哩，汉族人将双数视为吉祥、吉利，而火堆的数字却都是单数，五、七、九、十一、十三……这些单数中，最常见的就是七和十三，像所有的孩子一样，小时候的我问起这些事来，也是没个完的：

"火堆为什么要放单数？火堆为什么要在月亮升起来时放？火堆……"

"火堆就放单数，火堆就在月亮升起时放，小羔子，急死你也没用，不告诉你，呵呵！"桑吉爷爷逗我。

"你不懂，你不懂，你那白胡子从羊尾巴上拔来沾上的！"我嘴不饶人。

"我不懂？我不懂？小羔子，你去问问，这个村子里谁的见识广、谁的年纪最大？"

"你知道你讲呀，你知道你讲呀，怎么不讲呢，你的嘴被牛粪封住了？"人小说话没分寸。

桑吉爷爷并不恼，他依然笑呵呵地说："要我讲出来，你也听不懂。你知道什么叫苯教①吗？我们许多习俗都是从那儿来的……"真的，我不知道什么叫"苯教"，虽然我根本不明了火堆为什么要放单数，为什么要在月亮升起时放，可是，我再不敢狠着劲儿问桑古爷爷了。

一年一度跳火堆的时间又到了。我和哥哥把割好的野草放成十三小堆儿，等待着天黑，等待着东山升起皎洁的月亮。

---

① 苯教：苯波教，藏族原始宗教。

天慢慢黑了，月亮还没有升起，桑吉爷爷拄着拐杖由他儿子扶着走出大门来。

“怎样啦，桑吉爷爷，您的脚?”我问。

他儿子笑了：“还不是像你一样，为了跳火堆，窜进窜出的，不小心扭了脚!”

我笑了，瞧着皱着眉头望着东山的桑吉爷爷。桑吉爷爷佯嗔道；“笑什么？现在正疼哩，要是你扭了脚脖子呀，这会儿准在挤眼泪呢!”

还没容得我答话，桑吉爷爷突然用拐杖指着东边山顶说：“瞧，月亮升起来了！快点火呀！快点火呀!”他的眸子亮亮的，闪动着喜悦。

火点起来了。远远近近的人家门前的草堆都燃起来了，人声喧哗；火光中，男男女女，老老少少，不停地在晃着浓烟的火头上跳来跳去。

我在火堆上欢跳着、笑着，十三堆燃烧的火舌迅速在我脚下过去了。当我回首身后，哦，我的身后，一人接一人，跳了过来，桑吉爷爷也在其中，他拄着拐杖，跛着一只脚，气喘吁吁地跳着，咳嗽着，他的儿子紧跟在后面护着他。我看他那艰难的样子，不禁问道：

“桑吉爷爷，您脚痛，干吗还来跳呀?”

桑吉爷爷揉了揉脚脖子，干咳着说：“小羔子，你不懂呀，这香草香蒿燃起的烟可以避邪、可以除去我们身上的污浊呀……”

——哦，有那么一天，我和桑吉爷爷去逛公社商店，人很多，不小心桑吉爷爷的礼帽被人挤掉了，落在一个男人的裆下，我见到桑吉爷爷形色恶劣地瞪了那人一眼，捡起来，沉着脸掖在腋下，不停地念叨着什么。说也凑巧，等我们离开商店时，淅淅沥沥下起了雨，桑吉爷爷光着头挨雨淋，还是不愿把礼帽戴在头上。我请求他几次，他理都不理。“阿哧！阿哧!”他打起了喷嚏，可是还是没有想把帽子戴在头上的意思。我蒙了，不知他在想些什么。当我们走过一片树林时，他停下来说：“小羔子，撕一点桦树皮来!”我撕来一卷桦树皮，他已折了松枝和一些艾蒿在等候，接着在一棵大树下点起了桦皮、松枝、艾蒿。火燃起来了，他紧绷的脸这才舒展了，把腋下的礼帽放在浓浓的烟头上熏着，熏着；浓烟呛着他，刺激着他的眼睛，他不时地用袖头擦一把泪，花蕾般摇脑袋。浓烟消去后，他掸掸礼帽上的灰尘，戴在头上……

——想到这些，我不由得一乐。“这白胡子老头，真怪！烟可以避邪吗？烟可以除去污浊吗?”心里这么想，嘴里却说：“桑吉爷爷，你的岁数比我的还小啊!”

听了我的话，他先是一怔，接着“嘿嘿、嘿嘿、嘿嘿嘿——”地笑了："对，对，小羔子，给你说对了，你是我大哥，我是你弟弟……爷爷孙子一辈人嘛，啊！——"

孩提时代是那样的嫩稚、好奇，将世事犹如老牛吃草，一股脑儿吞下肚去，因而也存了不少疑窦，当到中年、老年，亦如老牛反刍般反复咀嚼，却也有不少情趣。转眼间，我也是中年人了。

去年，我一回到家里就问："桑吉爷爷还在吗？"

"在、在。"母亲说："瞧你，还惦着他。唉，也苦了他呀，那些年受了点惊扰，患了偏瘫症，已经不来外边活动了！"

"家里待他还好吧？"

"家里？怎么说呢？他那儿子是个大孝子，可那儿媳妇有点嫌他——病长了没孝子啊！如今的青年人都想图清爽，待老人们就不那么周到热情了！"

"他今年上80了吧？"

"80？84了！"

"哦。"我心里想着。可不是嘛，岁月已将我的青春年华全部索走了。昔日的白头老翁还能不高寿吗？

第二天，我带了礼物去看桑吉爷爷。桑吉爷爷躺在土炕上，像是放倒的一尊泥塑，一动不动；满头银发，已所剩无几，当初黑在眉骨上的寿眉也白了。

"桑吉爷爷！"我叫着，向他施礼。

略略有些秃顶的他的儿子，持重地向我摆摆手："耳朵不行啦，你这样讲话他是听不见的。"接着他俯在桑吉爷爷耳朵旁，吼叫一样说我来看他了。说实在的，我真有些担心他如此吼叫，会吓着了老人。

桑吉爷爷问："你说谁来看我了？"他的声音不高，挺柔和，不过一张嘴，我惊疑地看到他嘴里已经没一颗牙了。

他儿子又在耳朵旁吼叫了几句，他这才微笑着瞧着："小羔子，你来了？坐、坐，听说你在城里头当大官了……一跳火堆，我就想你，那时候，你调皮，也机灵、机灵啊……"他的脑子很清楚，真不容易。我欣慰地同他没完没了谈着小时候的事。

没几天，又到了一年一度跳火堆的时辰。像往常一样，我的侄子们忙碌着，割来了野草，又把它们分成十三份，摆在门台上，继而哨兵般注视着东方。

"月亮升起了！月亮升起了！"侄子连蹦带跳进来叫我们。我迅速地跳下炕，对母亲、父亲说："快，跳火堆了！快！"

母亲笑了："瞧，大人了，还和小时候一样，听到要跳火堆，就连命也不要了！"

我傻傻地笑了笑，觉得母亲说得很对，谁说大人们身上没有小孩似的心理呢？

银色的月，爬在山顶上，亲切地凝视着山村。在我们小小的山村里，一堆堆火燃起了，映照着跳火堆的人们的笑脸，嬉笑声、打闹声，随着那跳动的步履，此起彼伏。多么认真，多么欢快的人们哟！

几声沉重的咳嗽，把我的视线引向身侧：哦，桑吉爷爷的儿子背着桑吉爷爷来跳火堆了。老人一脸喜悦！那银须随风拂动着。

"让开！让开！"几个孩子保镖似的叫着："桑吉爷爷来跳火堆了！"

桑吉爷爷的儿子背着父亲跳了一遭，桑吉爷爷又喜悦地说："孩子，再来一次，再来一次……"

我理解老人的心情，我已经跳了五遍了，还想跳。唉，人啊，自己的行动自己也难解释，难怪"文革"中，跳火堆也被当作"四旧"破除时，桑吉爷爷悄悄在自家院子里点上火堆跳呢。我对桑吉爷爷的儿子说："我来背他跳一次吧！"

桑吉爷爷的儿子气喘吁吁地说："这怎么使得！怎么使得！"

我说："没事儿，老兄，你看，孩子们都在母亲们怀里、背上跳火堆，作为晚辈背着老人跳火堆，是一点孝心，也是一种福气哩！"

"是呀！是呀！"周围跳火堆的人们笑了。

我背着桑吉爷爷又跳了一遍，心中被一种莫名的兴奋扇动着：无情的岁月，会迫使任何人丢弃自己天真烂漫的幼年，而幼年的生活，在人自身的思维史上，如同这燃烧的火堆，是永不熄灭的！每个民族都有自己的习俗，而作为生活中的人，并不那样固执地去探讨什么高深的知识，正如每一个喜欢打牌的人，都不会事先问清楚扑克牌的起源一样。

火堆跳完了，桑吉爷爷还想看看，大家便铺了毡垫，席地而坐。我想起幼年时的老问题，问桑吉爷爷：

"火堆为什么放单数？火堆为什么要在月亮升起时放？"

桑吉爷爷张着没牙的嘴笑了："火堆就放单数，火堆就在月亮升起时放！小羔子，你一辈子缠着问这个我答不上的问题干吗？过年哩，也不让脑瓜子闲一闲……"

他答不上，或许他也从来没有想到过要揭示这一问题。

步　赛

每年都有个七月十一，每年都有一批13岁的孩子，因而，草原上每年都要为那些13岁的孩子举行步赛。

这个习惯已经很古老了。有人说在公元7世纪藏王松赞干布时期就有；也有人说比这更早，从松赞干布上数33代，在第一世藏王聂赤赞普时期，便初步形成了。理由呢？说松赞时期就有的，抓住了两个13：松赞干布13岁即位；文成公主进藏后举行的赛马会上，年逾古稀的松赞干布取得了第13名。说聂赤赞普时就有的，认为那时生产力低下，13岁的孩子已经懂事了，能和大人一起狩猎劳作，可以算作部落里的强劳力了。云云。

生活不管考证。每当七月十一，无论天晴天阴，步赛照样进行，谁也没因未搞清步赛的缘由而忘记奖励那些有脚力、速度快的"小英雄"们。

阿米伊勒山下，有13个小部落，在13个小部落中数我们德强部落出的"小英雄"多，在德强落部中要数我家多：我的几个哥哥是，爸爸、伯伯、爷爷，当年也是。所以家里人特别重视这种荣誉。我11岁时，父辈们已让我投入步赛的训练了。

天刚蒙蒙亮，空旷的草原还没传来第一声鸟叫，父亲就让哥哥领着我到对面山下，先打两路拳，然后爬山。那山有五六十度的斜坡，爬起来够累人的。我自幼身体不好，开始训练，慢腾腾儿爬到山顶，已大汗淋漓了。家里人谁看了谁摇头："这身体……祖宗数代的荣誉，看来要让你断送了！"因而对我的训练也抓得更紧。

经过几个月的努力，我长进不小，爬山的速度越来越快，自己感到身子轻了，腿脚也有力了。于是，父亲让我转入第二阶段的训练；像喜鹊那样并着双脚，一步一步跳上山顶！尽管我自尊好胜，体力毕竟不及，每每跳到山顶，腿肚子像抽了筋似的，霍地瘫在地上，半晌爬不起来。有时候我哭、嚷、要死狗，然而这一切都是徒劳的，无论风云雨雪，酷暑隆冬，训练一天也不停。

是工夫不亏有心人吧，练了数月，我不但可以并着双脚，慢慢跳上山，也可以一口气跑上那小山了！

一天早上，我照例去训练。夜里下了一场雪，满山遍野白茫茫一片。

路太滑了，一步一试，好不容易爬到半山腰，脚下一滑，哧溜溜又回到山根。“呸!”我望着山顶唾了一口，心里狠狠地骂着，正想继续向上爬，突然发现我身后跑来一位少年。

“阿罗!”他老远向我打招呼。

我应着声，招招手。

少年走近了。

“是你?”

“是你?”

——我们几乎同时这样叫着。他是我的同学，叫扎西才让，是桑噶部落的，父亲前些年双目失明了，母亲常年有病，他是老大，下面还有三个妹妹。家境窘困，他只读了三年级就辍学回家，放牛去了。

“天这么冷，你怎么在这儿?”他仿佛有点不解地问。

“训练……”我笑笑，觉得不好意思。

“?”他左手攥着狐帽，右手握着羊鞭，略略叉开双脚，昂首挺胸，显得虎虎实实，一身英气。他没听懂我的话。

“步赛……13岁……”我不知如何向他解释。

“噢，懂了。”他不自然地搓搓开了许多口子的手——我这才发现，他穿得实在太褴褛了!没有衬衣，一件破皮袍裹着上身，兴许走热了吧，他敞着怀，裸着黑红色的胸膛；下身穿件打了几处补丁的单裤，晨风中旗子般摆动着，脚踏一双周围楦草的自制的牛皮鞋……一切都在说明着他家生活的寒碜。

“那里”他的嘴角惨惨地抽搐了，仿佛要哭，“我能放好羊，给父母挣个茶钱就不错了，哪有工夫想这个?母亲一没茶喝，就头痛……她一头痛，我们兄妹几个没了主张，就围着她哭!唉，我家一年有三块茶砖喝就好了!”

我随口说：“你要给父母挣茶钱，就更应该跑哩。知道吗，那年我哥得第一，奖了三块茶砖，一只羯羊……”

“真的?”他动心了，眼睛亮亮的。

“真的。”我说，“你能跑，到时候，你来跑吧。”

扎西才让含混地点点头。

太阳升起了，来找走失羊群的扎西才让找羊去了，我望着雪地上那两行大大的脚印，感到怅惘，再也无心爬山……

时间过得真快，转眼间我已13岁，盼望已久的步赛的日子也悄悄来到身边。由于艰苦、扎实的训练，无论耐力还是速度，在同龄中我已遥遥领先。胜利在望，我高兴极了。

可是，天不作美。比赛那天下起了雨，淅淅沥沥，没完没了。然后，就是下雹子，这个约定俗成的吉日，仿佛不能有一丁点儿改变，各部落的老者们都坚持继续比赛，年轻人拗不过，比赛也只得冒雨进行。

我穿起了单袍子，把双袖褪下缠在腰间，扎在头上的红布条是由于被雨水打湿了吧，冷冰冰贴在背上。脚上穿了新胶鞋，轻轻地，比起笨重的高筒皮靴来，宛如穿了两条袜子。

桑烟燃起了，嘹亮的海螺声响起了，一声接着一声。我和同龄的孩子们在一位长者引导下，绕着桑烟转了三圈，听了祝词、颂词，等待着起跑的枪声。

就在这时，衣衫褴褛的扎西才让突然闯进我们的队伍里。别的孩子莫名其妙地瞧着他。

“我也跑！我也跑！”他像是解释，又像是要求地说，一边把那双破旧的楦了野草的牛皮鞋随便脱在什么地方，挽起裤角，朝手心里啐点唾沫，搓搓，打架般握起了拳头。

“哪来的神羊，怎么不通报一声就钻进人群里来了？”管步赛起跑的叔叔老大不高兴地嚷着。

“你说谁？”扎西才让绷紧了脸。

“就说你。”那位叔叔歪着脑袋。

扎西才让猝然在地上抓起一把稀泥就要打。我挡住了：“扎西才让，别这样，他在跟你开玩笑呢！”

“他骂我是神羊……”扎西才让气狠狠地瞪着双眼。

神羊是指佛教信徒们敬献给神佛的活羊，一年四季不剪毛，草渣柴屑，老毛新毛，背了一身，臃臃肿肿，窝窝囊囊，故而草原上的人常将那些衣着褴褛的人喻为神羊。虽然这比喻并无贬义，但让那些清贫的人听了，总是难以接受。

“算了，别理他，有力使在腿上……”我劝住了他，又对那位叔叔说：“这是我的同学，桑噶部落的，今年也是 13 岁……”

那位叔叔走过来，打量打量扎西才让，神秘地笑着：“要马一般向前跑，别落在后面拾屁……嘻嘻！嘻嘻！”

听了这话，刚刚平静的扎西才让又激动起来。雨下得不小，一些小坑里已经积水了。扎西才让瞅瞅地下，“噼！”狠狠朝水坑里踩了一脚。泥水溅了那位叔叔一身一脸。周围哗啦啦一片笑声，他自己也抿着嘴笑了，还喷出些许鼻涕来。

那位叔叔脾气很坏，他一面擦着脸上的泥水，一面说：“这小羔子，像狗一样，一惹他，他就‘咬’！”

雨没停，比赛要开始了，我看看天，又瞧瞧扎西才让的光脚丫，对他说：“扎西才让，你还是穿上鞋吧，前面路面有石头、会划破脚的……”

扎西才让显得很固执：“我就这样，穿了鞋跑不动！”

我还没见过这样的步赛哩。几十个同龄孩子冒雨踩水向前猛跑，一会儿这个打着趔趄，一会儿那个栽倒在地，没跑上一半路程，个个成了泥猴儿。唯有扎西才让跑得很稳，那脚腿时而跨、时而跃、时而跳、时而像滑冰运动员那样溜上一段，眼看要到了，那双臂鸽子翅膀般扇几扇，又平衡了……自然，我适应不了这种环境，不时跌倒，尽管我的速度、脚力都在众人之上，还是让扎西才让领了先。他不时向我喊着：“快，快跑。”有几次，还回过头来扶起倒下的我。我又气又急又臊又感激，可有什么办法呢？我下意识地想：“扎西才让这点功夫，或许是放羊放出来的。不然……”

周围看热闹的人们，高声喊着，给赛跑者们助威。我看到，爸爸和哥哥在人群中焦急地挥动着帽子：“赶上去！赶上去！”

——他们在给我加油，也有人在给我加“醋”：

“德强部落的第一丢了！德强部落的第一丢了！”

赶上去，多难呀！我急得直想哭。想哭你就哭好了，脚下照样滑，滑，多滑呀，多恼人呀！有气没处出，有劲没处使！

离终点只有十几丈远了，突然，我看见扎西才让“哎哟”惊叫一声，摔倒了。周围立时传来一片惋惜声，我急忙冲上前去扶，只见他猛虎般一跃而起，嗷嗷狂叫着，单腿向前跳去。

“好！好！”周围一片喝彩。

众人的喝彩声刚过，没跳出几步的扎西才让又摔倒了。摔倒了，他试着站了几次，扑倒了。他回头望望急急赶来的我们，猛地把头一抱，在泥水里向前滚去……

啊啊，多勇敢的扎西才让！我看呆了，周围的人也看呆了！

泥水里留下一串殷红的血迹。望着飞速滚动着的扎西才让，我的心不觉苦涩地颤栗起来。

扎西才让滚到了终点！

没有喝彩，没有呼喊，潮水般的人群向他涌去。

浑身上下挂满泥水的扎西才让坚强地坐起。我给他擦了脸，撕下衣襟包扎着被尖石刺烂的脚心，鼻子一酸，忍不住轻声抽泣了。

扎西才让咬着牙："我的左脚被尖石扎了，右脚扭伤了……"多痛呀，他额头冒着冷汗。

步赛结果，扎西才让得了第一，我第二。当主持人把奖品——五块茶砖、一条哈达放在他怀里时，扎西才让惊奇地瞧着，瞧着，双眼盈满了泪花：

"茶？五块！……都是我的……我妈妈今年再不愁没茶喝了！"

他笑了，滚着凄凄的又是喜悦的泪。

轮　回　图

几乎每天都这样，黄昏时分，他拉着那头花犏牛，扛着铁锹，伛偻着，迈着蹒跚的脚步，来到这条迎着夕阳的山路上。

这条路是从村里引出的。五尺来宽，暂平黑色的路面，像是谁用漆刷过似的。当他的脚步停住时，路，突然变小了，只有尺许，丝线一般，弯弯曲曲，从山坡的绿草间伸向了远处。后面这些路是他修的，前面那些路他将要去修。

他把牛放在草坡里，习惯地看看太阳，太阳离那座象牙般的雪山只有二尺来远了。一个赶着一群犛牛经过的青年，感激地对他说："老爷爷，这将来能走汽车的大道，我的犛牛先沾了光，谢谢您呀。"

他淡淡地笑笑，褪下袍袖缠在腰间，朝手心里啐口唾沫，搓了搓，顺着昨天修的茬儿修路了。黑色的泥土在他脚下挖起，抛出去，松松软软变成了泥土的花波，幽幽地散发出一股诱人的馨香。几只晚歇的蜂儿在上面嗡嗡地飞来飞去。

"蜜蜂！"他想着，笑了。童年时的一件小事——

母亲领着他磕头。蓦地，在他跳荡的目光中飘进一只蜜蜂，悠悠闪闪，在几个年轻喇嘛的头上旋了几旋，落在一个"嗡啊嗡啊"闭着眼睛念经的老喇嘛的鼻头上。老喇嘛皱皱鼻子，两个眼珠子同时向里靠拢，盯着鼻头上的蜜蜂呆了片刻，刚要举手去赶，蜜蜂猝然蜇了他一下飞走了，疼得老喇嘛一面"嗡啊嗡啊"念着，敷衍着经文，一面用手紧捏着鼻子，不一时，鼻头像铃铛一样起了个红疱，他忍俊不禁。

这时那蜜蜂又飞到释迦佛像的手指上，他要去扑，阿妈拉住了他："不要造孽，下一辈子会受苦的。"他愣住了："下一辈子，什么是下一辈子呢？"

……

他一锹一锹铲着土，那尺许的窄窄的小路变宽了，向前伸去。湿漉漉的土，仿佛要渗出油来。他感到舒畅，心的山野里宛如被细雨浇透了，洗过了，一片清爽，一派生机。

汗水滴着。

“下一辈子是什么呢?”童年的他问着阿妈。

“下一辈子是什么呢?”青年的他问着佛爷。这时候，阿爸阿妈已经离他而去了。

佛爷向他解释着“下一辈子”，让他去看看寺里的壁画。

雨，暴雨，下着。他来到寺里，看到了那幅示意图——那是圆形的，一半画着由人成神的途径，色彩是清新光亮的；一半画着由人成为牲畜的过程，颜色是灰暗恐怖的。他在图像中找到了自己的位置——人——在神与牲畜之间。

“危险的地带!”他叹息着，轰鸣的雷声撞击着他的心。

他伫立着，思考着，哗哗的雨，绵绵的雨。

他哭了，雨一样多的泪水。达不到的向往，沦落的恐惧折磨着他：世无别路啊，要么苦修成神，要么作恶成畜牲!

他希望维持自己懂得的现在的人的位置，不愿上，也不愿下。

太阳，趴在那座象牙般的雪山顶上，苍白地恋恋地望着这边的大地，把自己最后的热全部迸发出来，陷入自织的霓虹里。

他铲着土，手起泡了，钻心的疼，可是他感到愉快，每抛出一锹土，仿佛压在自己身上的那座冰冷的山就铲去了一些，失去了一些分量，心也变得轻松了；他铲着土，腰累疼了，每向前修出一寸，仿佛那条美丽亲切又是渺茫陌生的来世的路就宽了一些，远了一些，幸福了一些。

“哞——哞——”花犏牛在叫着，不吃草了，向他这边走来。暮霭网住的村庄里，传来孩子们的脆脆的歌声：

草原绿绿，雪山亮亮。
羊儿咩咩，牛儿歌声……

那股柔柔的流蜜的风又吹来了，草儿花儿，都带着醉意摇晃着。他额头上沁出的汗水顺着他清癯的面颊下滴着，仿佛是一滴滴血，一滴滴泪。

他挖着，那样认真，那样仔细。往天，他只修一米，今天意外地修了两米。当他铲完最后一锹土时，夜幕已经降临了。

他坐下来，撕把绿草擦着锹，花犏牛偎着他卧下了。他疲惫地靠着它。

他打了一个盹，梦见了自己的来世：他看到来世的自己得到了人身，来到这块熟悉的草原上，看着白海螺般熠熠发亮的雪山，吃着香甜的糌粑……他笑了，噙着泪花。是呀，我一生没干什么坏事，我应该得到人身呀！

山坡上，他和牛的背影，和那伟岸的山连在一起，仿佛是山上的一块岩石。

很久很久以后，这牛和人的倩影移动了。

朝天祭地

——迪庆纪行

8月，我去参加在云南召开的甘青川藏滇五省区第五届藏族文学会议。自从1981年8月召开五省区藏族文学会议以来藏族文学得到了长足的发展，我作为一名文学爱好者也一一参加了西宁、拉萨、兰州、成都召开的这一会议。因为经费等原因，这次会议已筹备了三年之久。我十分珍惜。在会上，我宣读了论文《藏族文化与现代化》。而我此时的心情更多地在向往迪庆，向往那个让我神往的地方。我想尽快去那里考察，我想从那里经德钦县到西藏昌都地区，去参观著名的卡若文化遗址。

一

“我们迪庆……”作为迪庆藏族自治州文联主席的喻国贤在不停地介绍着，介绍迪庆的今事、往事，介绍着他自己的逸闻趣事。自然，说得最多的是他的喝酒和打猎。我很少接触来自迪庆的藏人，也很少知道迪庆藏人的基本情况。在大学时，曾经跟高一届的云南籍藏族同学格桑顿珠有过接触；大学毕业后，由于爱好文学的缘故，与出自云南迪庆藏区的著名诗人饶阶巴桑有过来往，因而我对迪庆的最早印象大概就是饶阶巴桑的诗了：

他追赶着西边的太阳，
头发已经斑白；
他牧放着数十只牛羊，
送走了壮年时代。

草原是他最爱的家，
他熟悉草原像熟悉自己的手掌；
牛羊是他最亲爱的侣伴，
他能用言语和它们畅谈。

他爱观望天空的白云，
因为他对白云有一个秘密的愿望；
他对白云幻想，
用去了半生时光。

云儿变成低头饮水的牦牛；
云儿变成拥挤成堆的绵羊；
云儿变成纵蹄飞奔的白马……
天空哟，才是真正的牧场！

这是饶阶巴桑的成名作《牧人的幻想》，他的许多诗都反映了他的优美的草原情愫和对草原的赞美及眷恋。

饶阶巴桑是位战士，是部队的一位诗人，他与喻国贤有一个共同特点，是俩人都长得修长，健壮而机敏，像两只机警的鹿。而喻国贤与饶阶巴桑不同的是，他仿佛更像一个来自草原的牧人。他好酒，开朗而大方，与我见到的众多的家乡的藏人没有什么两样。只是他有较为丰富的阅历和见识。“文革”时，曾经给七林旺丹当过秘书。我读过他写的一篇叫《月圆》的小说。此后我也曾留意报刊，但很少见到他写的东西。或许也是由于酒的原因吧！酒消耗了他许多宝贵年华，而融释了他的坚定意志。他的不少朋友，都因此而惋惜。

从我的家乡安多地区到迪庆，确实隔着千山万水。这是一个什么样的藏区？他跟我的家乡一样吗？我不时这样问。

汽车在迪庆的河谷和森林中穿行，一路山清水秀，令人心旷神怡。而当我看到林场，看到被砍伐得七零八落的森林时，心情陡然变得凝重起来。或许是由于生长在森林边的缘故吧，我特别钟情于森林。每次回到家乡，看着被砍伐毁坏的森林，眼里常常充满了愤怒，因为它毁坏了我童年许多美好的梦想。我曾经去过一个有原始森林的藏区，听说过这样一个故事：

一位老阿爸——
横躺在运木料的路上，
泪水涟涟地乞求：
“别砍啊，别砍这些树，

别砍这些大树，
别砍这些小树；
失去这些大树，
小树由谁来爱护？
失去这些小树，
森林里的石头也会哭泣。”

“别砍了，我用祖宗的荣誉
和子孙的性命乞求：
听不到鸟叫，我急；
看不到走兽，我气；
看不到绿色笼罩的树荫，
万物像失去了生命，
我看到山在窒息，
　　　水在窒息，
　　　天也在窒息！”

“为了像我这样的老人，
也为了子子孙孙的命运，
请留一点绿色吧！”

然而，“剔头队员”们，
仍然剔光了这山剔那山；
山在败颓，赤身裸体！

老阿爸四处告状：
从公社到县上，
从县上到州上。
——他失望了，
没有人理解他，
没有人同情他，
甚至也没有人理他。

他疯了，开始作案：

撤了木桥，毁了公路，
还在伐木场，揍了“剔头队长”。

老阿爸被抓到监狱。
乡民们煨桑诵经，
求神佛保佑他平安归来。

这个故事曾在我心中留下深刻的记忆。为什么？我也有过类似的感受。实际上，砍掉一棵树，在整体的森林中是无所谓的，但是毁掉一片林就有了问题。那不仅仅是消失一片绿色，而是一个小的世界，因为只要在森林中生活的人都知道，一片森林便是百花之依，百禽之托，百兽之本，百水之源，便是清新、纯洁和生命。

图1　丹珠昂奔在藏区考察

然而解决这样一个问题，并不是十分容易的：因为，砍树的，有些地方是老百姓，他们为了燃料而伐木，此时的木料主要是用来烧火做饭；有些地方是为盖房，为了住得宽敞些，舒服一些；有些地方则是为了经营，用木料来换取钱物。如此，这个伐的规模变了，性质也变了。有些地方则是国家正规的林业工人所为，他们为了国家的建设，几十年地砍伐森林。这些问题仿佛都不好解决：人要吃饭，不用木料做燃料，那必须解决燃料问题，这些地方大多是边远地区，少电也少煤；人要住好房，要想不用木料，或者少用木料，就得用别的代用品，可是，这些偏远地区就少钢筋水泥；经营木料的大多是为了致富和生存，没有别的渠道可以发家致富，也只有“靠山吃山”了。或许，最难办的是林业工人大军，再砍下去，许多地区已无树可砍；可是停止砍树，就等于没了工作，没了工作，一家老少就没有饭吃。如何是好？从心底里说，我是反对过分砍伐森林的。但是，要解决以上这些问题，而不至于发生“老阿爸”那样的事情，或许只有政府才能解决这些问题。否则，中国没有第二个人能解决这个问题。

还好，迪庆还有很多保持完好的森林，这是我感到十分欣慰的事之一。我暗暗祈祷：千万不要让这些森林消失，森林消失，这里又是一片荒漠，会使多少物种消失？会使多少动物无家可归？也会有多少老阿爸为此伤感、伤神、伤心、伤痛啊！

二

我们到杰唐（中甸）的第二天便去参观归化寺。这座依山而建的寺庙，从它破败的断垣残壁看，它曾经有过一段辉煌的历史。可是，现在僧人不多，信徒也三三两两。我们坐在寺庙里喝茶，心中却有别样一种感受：

游过滇池水，
望过洱海月，
吃过丽江的粑粑，
我又在中甸的寺庙里喝茶。

古刹因僧人艳丽，
僧人因信徒高崇，
信徒因财富而金贵。
没有信徒，就没有僧人；
没有僧人，也就没有永久的古刹。

一座古刹，是一段历史，

一座古刹，是一种文化……

中甸的归化寺虽然地处偏远，在藏传佛教寺庙里有一定影响。我在那里收集了一些有关它的资料。作为科学研究工作者，我对寺庙的关注经过了“较长的历史过程”，越研究，越对它持谨慎态度。因而，也很少发表随意的言论。因为，这也是一个世界啊！许许多多的同胞还对它寄予希望、热情和情感的深深依恋。

翌日，我终于来到了那帕海，一种神圣的敬仰之情油然而生。

望着那帕海，从白日到夜晚。那夜，我的日记中，留下了这样的《望湖》感受：

左山一抹绿松林，
右山长满红桦、白桦。

湖啊，清澈的湖，
山高，不忘扑进你的怀抱，
日远，不忘与你屈膝谈笑。
树木花草啊，
也不忘在你的怀抱里
　　沐浴、展颜，尽情逍遥。

哦，多么奇妙！

游动的白云，看见了湖中的“山”，
悠悠然围着湖里的山儿盘绕；
山雀，错看了湖中的“树”，
　　落翅在“树枝”上
——湖中溅起浪花，
　　机灵的山雀跃起
鸣叫着，
　　拖着打湿的翅膀；
最可怜那多情的蝶儿蜂儿，
兴冲冲来采花扑蜜，

　　却被湖中的“花朵”吃掉。

哦，多么奇妙！

像眯眼含笑的美人，
无声的湖，无限妖娆。
直到黄昏，夕阳在
　湖面上涂一层釉彩
——深深浅浅，红红黄黄
短短长长，下下上上——
微风中，
天在飘摇，山在飘摇，
花在飘摇，鸟在飘摇。

哦，多么奇妙！

飘啊摇啊摇啊飘，
摇摇飘飘，飘飘摇摇：
天去了，山去了，
花去了，鸟去了，
飘来了夜幕，摇来了
　满天星斗，璀璀璨璨，
在幽深的湖心中闪耀！

过了几日，我们在中甸同胞的热情欢送中前往德钦县时，那帕海依然伴随着我。那情景、那景色不断在我脑海里浮现，日日夜夜，挥之不去。

三

我们是在雨中进入德钦县城的。一连住了数日，还是在雨中。行程蹉跎，使人倍感焦急。

8月25日，一阵雨后，天刚放晴，我们便急急去看卡瓦嘎波。

浓雾翻卷，群山消隐，神圣的卡瓦嘎波在一片迷蒙之中。对山久坐，天仍不见晴朗，反见雾如海潮，涌向我等。遂吟：

我带着朝圣的心情，
来拜谒故乡的每一座雪山。
哦，雪山啊，你在何处？

不见雪山，难见雪山，
湿漉漉的雾
裹着山腰，裹着山尖；
湿漉漉的雾
上腾下飞，横缠竖缠。
雪山啊
有湿漉漉的手，
擦着我漉漉的泪眼。

五体投地啊——

用我高贵的额头，
吻你怀抱的冰雪；
用我灵敏的劲手，
亲你汩汩喷涌的雪水；
用我万里跋涉的双脚啊，
诉说我的真诚、辛劳和思念；
哦，也用我跳荡的心，
深深地将你呼唤……

雨挡住了我们前行的路，我们待在招待所里，不由得着急。看来去参观昌都卡若文化遗址的计划要泡汤了。我不由得怨恨起太阳来。太阳啊，你为何在我千里迢迢走到这里，却阻挡着我们前行的路？

丢弃了辉煌的彩衣，
丢弃了蓝蓝的天空，
太阳啊，你也在迈着
　艰难的脚步！
云雾里，你躲得那么深，

看不见光彩照人的容颜，
也感受不到养育万物的温暖。

哦，历史垂首的你，
江河颂扬的你
万民崇拜的你
　　　也如此无力
　如此灰暗。

你如剑的光芒呢？
你融炼一切的热量呢？
　　失落了，失落了，
留给天以乌云，
留给地以阴暗。

画上一个圈，我们说：
“这是一轮太阳！”
画上一道线，我们说：
“神圣的太阳，光芒万丈！”
你是一切光明的源泉，
你是一切希望的源泉！
天地万物是何等的敬仰你：

你还在被窝里，
十万大山的仪仗队，
　　在肃然屹立；
你刚在东山露头，
十万江河的仪仗队，
　　已齐奏万乐；
当你潇潇洒洒升上天空，
群山俯首，万物仰止。

可是，今天，你为何
　　如此悭吝，如此无情？

尽管我如何企盼太阳早日出来，但是太阳始终迟迟没有出来。我感到无比的失望。尽管是边地小镇，但我听到了那首邓丽君唱的《何日君再来》。我对诗人伊丹才让说："何日君再来？我们此次难以入藏至昌都，恐怕再来的机会也不多啊！""没错，古人早就说过：'机不可失，时不再来'，我们还有什么机会再来呢？"果不其然，1988 年以后的 12 年里，虽然我也曾多次想去昌都，但都未能如愿。

当我踏上归程，望着一切均在远去，我不由合十在胸，默默祈祷：

扔一块石头给拉则（峨博）吧，
祝我的
　　十万大山
　　十万江河，
吉吉祥祥
平平安安！

人　熊

在一片开满鞭麻花的山坡下，是一片草滩，草滩很宽也很长，中间有条小溪，在草丛中穿来拐去，若隐若现。若顺着溪流追溯而上，便可见到那茫茫林海，遮天蔽日的原始森林会挡住你的去路。森林是飞禽的乐园，森林是野兽的乐园，马鸡、野鸡……各种飞禽栖息在这里；獐子、鹿、兔子、狐狸……各种走兽居住在这里。虽然，飞禽中没有鸵鸟，没有凤凰，野兽中却有狗熊、老虎。可是，当辛勤的牧人们坐在马鞍上和卡垫上聊天，总要谈上几句人熊的故事。尽管许许多多的年轻人没见过，许许多多的老年人也没见过，缺齿的小孩儿们更不用说了，而没见过人熊的人们却活灵活现地说着人熊。

“知道吗，人熊还会感恩哩。”慈诚木老爹经常这样讲：“据说许多年前，阴山那面住着个苦老太婆，家里有个儿子，到远山坐圈去了。一天夜里，老太婆刚熄灯，就听得房上一阵走动，仿佛有人跳进院子里来了。她赶忙点上灯，坐在炕上，咳，穷苦人，家里要啥没啥，贼要来偷，就来偷吧。她不慌不忙吸着鼻烟。过了一会儿，一阵粗重的喘息声来到窗下，冲得窗户纸簌簌直响。老太婆笑着对外说：“客人，别站在外边哪，进来吸点鼻烟，休息休息吧，你知道我这儿没什么可拿的。”她如此说了几遍，外边没一点反应。老太婆觉得奇怪，咦，是人怎么没声音呢？大概是感到羞愧吧？她正思量着，窗户纸被撕开巴掌大的一块，一只毛茸茸的爪子搭在上面。‘糟糕，是瞎熊进屋了！’紧张中老太婆抽出随身携带的匕首，紧握在手里。可是，要是真的瞎熊来了，一个老太婆、一把匕首顶什么用？‘瞎熊’并没有破窗而入，连喘息声也似乎小了。老太婆再仔细瞅瞅窗户，发现了问题。你们猜，什么问题？原来搭在窗户的爪子上扎了筷子那么粗个刺，肿得老大，周围还化了脓。瞧着瞧着，老太婆暗暗宽心了：哦，它来找我，是为了挑掉这枚刺呀。毕竟人老有胆识，她用锥子挑掉了刺，用羊毛擦净了脓，还在上面洒了些止血止痛的麝香。不一会儿，‘瞎熊’不声不响地走了。老太婆怕惹事儿，也不敢去看，熄灯睡了。

可是，此后不久，老太婆家经常可以见到拾来的柴火，背来的獐子肉。她诧异了：难道是神在帮助我？得到的东西越多，她的心越不平静。

一天，她熄了灯，在窗户上舔开个孔，向外张望起来。是神是鬼要看个究竟啊！

半夜时分，她看到一个怪物来了，拎着只野鸡。老太婆心里想：哈，看那样儿，莫不是那只瞎熊，因为我给他挑了刺，它来报答我？不是。等那怪物走近时，她惊奇地看到，那不是瞎熊，而是人，一个人，头、手臂、直立行走的长腿，散散乱乱披到腰际的长发，无一不像人，只是浑身盖满了黄褐色的毛。难道是人熊？老太婆这样想。是的，是人熊。没错，老人们讲的人熊就这模样……

“那么”他的孙子华特尔问，“爷爷，这人熊肯定是有的了？”

“当然，当然，要没有，怎么会有‘赤嫫’（人熊）这个词儿呢？老人们是不会说谎的。”慈诚木老爹讲得很认真。

“可是”，孙子问起来没完，“既然有，为什么谁也没见过呢？”

“谁说谁也没见过？像刚才我给你讲的那位老太婆就见过——告诉你，听说那是我们的祖先哩。我小时候听爷爷说，他的爷爷见过。据说我的爷爷的爷爷是位猎手，那时候这一带瞎熊很多，常常来危害牲畜。有一天，爷爷的爷爷接连打死三只熊，到了第四只，他开了几枪，都打中了，可是那熊毫不在意，拔把野草塞进伤口里，直向他冲来。爷爷的爷爷慌了，拖起枪就往山上跑，那熊紧步追来。爬山就像走平地一样。眼看要追上了，爷爷的爷爷也累了，转身就往山下跑。这才逃了命。你们猜，为什么他往山下跑就逃了命呢？不知道吧，听说人熊长着很长的头发，向上跑时头发抛在后面，不碍事，它就跑得快；往下跑时，头发老遮着眼，那笨货也不知道梳个辫儿盘在头上，所以就跑不快了。这可是个经验，要记在心里。万一哪一天碰到了人熊，千万别往山上跑，你爷爷当初就这样告诉我的。”

“这么说，人熊用枪是打不死的，爷爷？”孙子又问。

“没那事。一物降一物，别看人熊厉害，人熊来了，只要你对准它胸口窝儿，每个人熊都在这儿有个白点儿，只要打准了这白点儿，人熊就自然倒下了。可惜，现在看不到了，当年我爸爸说，我们山后的寺里，就摆着张人熊皮，胸口窝儿果然长着一团白毛。”

“这就神了，胸口窝儿长一团白毛！爷爷，这不是诚心当靶子，让别人射击吗？”

“瞧，都这样儿，当年你爸就这样问我，可是，小羔子，人熊自己怎么知道呢？”

“哼，我要是人熊，早拿黑灰把那白点儿涂了，谁喜欢让别人瞄准，然后打死?!”

“这可由不得它自己。老天爷就这样安排，有什么办法!”

爷孙俩边聊边来到那片开满鞭麻花的山坡下。

“爷爷，你真的一次也没见过人熊?”华特尔望着远处的森林问。

“怎么说呢?说见过吧，连人熊的影儿也没见过；说没见过吧，我算是个幸运的人，还见过一次人熊留下的脚印，嘿嘿!”慈诚木脸上有几分得意。

“脚印?什么样的脚印?”华特尔兴趣十足地注视着爷爷的眼睛。

“嗨!那是好多年前的事了，那年爷爷只有十七岁，也是受我的爷爷的影响吧，对这人熊的事儿着了迷，总想见见大家都在讲述着的却谁也没见过的人熊。我在那片鞭麻丛里接连守了三天，”他指指前边的鞭麻丛说，“到了第三天半夜，我抱着火枪刚打了盹，看见一个黑糊糊的东西迅速地从草滩中离去了。我追了几步，却没个影儿。可是，我发现草滩里留下了一大串脚印，那脚印足足有一尺长，平平的。有这脚印的地方，草皮被翻了——看来是找蕨麻吃的。这以后，我等了好长好长时间，都没等着。哎……”

“爷爷，你别叹气，我一定要弄出个究竟，我一定要打一只人熊来，把他的故事告诉更多的人。”

“呵呵!呵呵!”慈诚木笑了，“当年我对我的爷爷也是这样拍过胸脯的。可是，现在老了，我得到了什么呢?还是那年看到的一串大脚印。”

华特尔有点不高兴，“那不能丢了这件事不管呀!”

“管，当然是要管的。”慈诚木说，“世上有多少谜要我们去破解呀。尽管花费了一代人又一代人的精力，我们还是在努力呀!我的爷爷的时候没结果，你的爷爷的时候没结果，当你当爷爷的时候，我想肯定是会有结果的。不管人熊是真有还是假有。用生命去寻求答案，这也是我们人类的本性啊!”

华特尔听着爷爷的话，望着鞭麻花，望着曲曲折折的小溪，望着苍苍茫茫的原始森林，想着，“噫，我当爷爷是什么样儿?我的孙子会抓只人熊来给我看吗?不，我要去找，发现，我要抓住人熊给爷爷看……最起码我可以告诉他：人熊到底有没有。”

轻轻的风，吹来又吹去。慈诚木扶着孙子的肩膀，那个长久地活跃在他脑海里的形象仿佛迎面而来；一个人，一个浑身长毛，披头散发的人，亮着机敏的眼睛，像对他讲述着什么……

悦登大叔

悦登大叔是我的老邻居，每次回乡探亲总是先要去看看他老人家。

“回来啦?”他的话总是淡淡的，脸上却荡溢着热情。

我笑笑，算是回答了他。

“进屋来坐吧。”他招呼我一声，自个儿先跨进门去。

有句俗话说“藏人家里厨房大”，这话不假。或许是由于先民们住帐篷留下来的习惯吧，贵宾来了，总是先要领到厨房里，因而，厨房里的陈设反而比较讲究。悦登大叔家的厨房里已经铺上了地毯，长条桌上画着八宝图案，条桌旁边放着糌粑盒子。

“您要打院墙了，大叔?”进屋时见到院子里有两副墙板，便这样问他。

“嘿嘿！嘿嘿!”他一边拿烟袋抽烟，一边眯缝着眼睛说：“大家都这样劝说：‘老悦登，你该打院墙了!’你那弟弟也这么说：‘阿爸，我们也打院墙吧，围起来，暖和。’暖和是暖和，可是眼界就没那么宽了，你瞧——”他指指门外“远处的雪山，这绿绿的草地……都看得见。要打了院墙，不把眼睛挡住了？每天看墙，急死人!”

我顺着他的手指望去，可不是，坐在屋里，屋外的一切都在眼中——我笑了。

“你笑什么？你弟弟果真要打院墙，我就在院墙外面支顶帐篷……”

我俩正说着，从屋外撞进一只老公羊来，茶碗粗的犄角弯了两弯，沉重地压在头上，仿佛要将脖子压断了，高高的骨架，虽然有点瘦，却有牛犊那么大。我吃了一惊，霍地坐起来，准备防御它的袭击——草原上有牛顶死人的事，羊顶死人的事也不是没有。

“坐下！坐下！看把你惊的，没事儿，没事儿……”悦登大叔拍拍羊的脑袋，眯缝着眼开心地笑着。

我怀着戒备的心理坐了下来。眼睛盯着那粗壮的羊角。那羊在悦登大叔胯下卧了，把下颌搭在他的腿面上，宛如老熟人把手搭在同伴的肩膀上那样自然。

“这羊，真够大的!”我瞧着它的长腿。

“不错，不错，是够大的，”悦登大叔真有些含情脉脉地抚着羊身，“和人一样，是英雄就要高大健壮。”

“这羊，年纪也不小了。”我注视着它犄角根部已经在变细的一圈又一圈的纹痕。

“十岁了，呵呵。”悦登大叔望着我，一脸高兴。

“这羊……”我瞧着它的尾巴刚想说什么，悦登大叔截断了话头：

“别‘这羊这羊’的，它是我的才德。”

“才德？”我有点不理解。

“看你，城里几年，连自己家乡的旧俗也忘记了！”他不无惋惜地啧啧道。

我有点纳闷：家乡的旧俗？家乡有这样的旧俗吗？

我左思右想得不出答案。只得咬文嚼字：“才德”一词可译作“寿羊”或“寿主”吧，那么，羊里边为什么还需要个寿羊呢？是需要还是自己形成的？

悦登大叔笑了：“还是你们读书人脑子活，捏捏字儿，就捏出意思来了。草原上，每一家几乎都有一群羊（不管群大群小），每一群羊几乎都有一个‘才德’。这‘才德’一般是公羊，就是全群的羊杀光了，也不能杀它。‘才德’既是羊群中最老的公羊，也象征着兴旺和财富。你想想，它有多重要！因此，牧人们对它大加尊重，就像我，请它来一同吃饭，甚至一同睡觉。你可注意，千万别伤着别人家的‘才德’，要伤着了，人家会跟你拼命的！”

瞧着他那认真的样儿，我忍不住笑了：“有那么严重？”

“谁诳你？你这羔子……”显然，他有点不乐意了。牧人的心是袒露在外边的，因此，他们觉得别人不相信自己，是自己的耻辱。

等吃糌粑的时候，果然，悦登大叔一边自己香甜地嚼着糌粑团，一边不停地喂着他的老公羊“才德”，还给它喝了点温茶水。

自此后几天，我应酬着来访的亲友，没再出门，却悦登大叔时常想起。一天，我刚送走一拨客人，侄儿跑进来说：

“叔叔，悦登爷爷在哭呢。”

“为啥？”我感到莫名其妙，“是不是他家在打院墙？”我想起了他儿子想打院墙那句话。

侄儿不过十岁，十分机灵：“不，是他的才德拉稀了，拉两三天了。”

噢，这样，侄子们心地善良，特意来告诉我，大概是要我去劝劝他吧。我穿好衣服就往外走。

来到悦登大叔家，悦登大叔不在，却遇到另外一件事：我刚要进门，他的两个孙子狂叫着冲了出来。

“怎么啦，别跑，别跑……”

两个孩子惊魂未定地哆嗦着、后退着，结结巴巴重复着一个字：“蛇……”

悦登大叔的儿子和几个请来帮忙的小伙子（在打羊圈）也闻声赶来。听说屋子里进了蛇，孩子们大惊小叫，不免失望：

“我以为进了强盗呢，一条蛇，有什么怕的？打死，扔出去不就完了。蛇在哪儿？”

“在，在锅台上……”孩子毕竟是孩子，此刻声音还在哆嗦。

一个小伙子提根木棍进了屋。悦登大叔的儿子在后面叮嘱着：

“小心啊，别让它咬着了……”

就在这时，眼睛有点红肿的悦登大叔也来了。他冲我点点头，算是打了招呼。接着问儿子：

“怎么啦？”

“爷爷，锅台上有蛇，有这么长，这么粗……”两个受到惊吓的孩子神色愀然地给爷爷描述道。

悦登大叔听了这话，“啊”地倒吸一口气，冲屋里“嘿！哈！”打蛇的小伙子吼道：

“别打！别打！——这些混账东西，真是，真是造孽啊——”是急是气是惊是惧还是忧，我见他的眼泪正顺着双腮流下。

屋里的小伙子听到悦登大叔的吆喝，走出屋没好气地问：

“怎么？又不打了？”

悦登大叔也不回答，吩咐儿子说：“快，端碗奶来，快……”

他儿子怯生生倒碗鲜奶放在他手里。

悦登大叔端着奶进了屋。

不一会儿，悦登大叔用奶水泼着，把那蛇赶了出来。两个孩子跑出数丈以外，惊悚不安地向这边探着。那儿正是他家的老羊圈。

那是条毒蛇，三角形的头高高扬起，骄傲地梗着脖子，吐着小舌，缓缓向屋后的小松林里游去。

悦登大叔如释重负地吐口气。

“大叔，您也是，一条毒蛇，眼睁睁让它跑了，干吗不打死！”那起初进屋打蛇的小伙子不解也不满。

“你懂什么？这是蛇吗？”

“嘿嘿，这就奇怪了，不是蛇是什么？是狗是牛是蚯蚓?”

“说了你们也不懂。你们说说，我们都依着森林做窝，这么多年，谁家进来过?”

“这也是，”那小伙子抠抠头皮，“我是没见过，也没听说过。”

“这就是了，它是不轻易让人看见的。”悦登大叔像在卖关子。

“森林里我常看见，还打死过几条哩。”另外一位小伙子有点显摆地说。

“那不算。”悦登大叔嘴闪过一串淡淡的冷笑，“告诉你们吧：来到家里的蛇不叫蛇，叫伊德……”

哦，伊德——地方神，土主！耳中听到千百回，书上见到千百回，它是部落山川和牧人的保护神啊！可它为什么会是蛇的形象?!

“我叫你们不要打它，就是这个道理。我们连人都得罪不起，还能得罪起时刻管着我们的神吗？傻瓜们啊，叫我怎么说你们好……”

我们正说着，悦登大叔的两个孙子又向这边嚷道：

“爷爷，爷爷，快来呀，你的才德死了!”

“老天爷，今天怎么了，尽遇苦事!”悦登大叔叫着向那边跑去。这时我才发现他已经老了，虽说是跑，步子不大，软绵绵的，那肩头的瘦骨像尖石，仿佛要把衣衫刺透了。

悦登大叔的儿子不以为然：“我这父亲，三分之二的生命在另一个世界生活，照顾得够周全的，我不知这是一种崇拜，还是一种反抗。”

我望着那破旧的羊圈，没有做声。太阳落山，黄昏的风吹来一阵男子的哭声，那是悦登大叔的。他已经失去了他的才德老公羊，在以后很长一段时间里，他将不断地思念它，为它而悲伤，直到有了新的才德。人类为了生命的安全和吃好一点，穿好一点所付出的，不仅仅是汗水和鲜血啊!

藏人行旅

图 2　布达拉宫一角

羊背、牛背、马背

羊背——在藏区，体小力弱的羊除了提供毛、奶、肉，还充当脚力。早在 1300 多年前的吐蕃王朝时期就已是如此。据《吐蕃王统世系明鉴》记载：松赞干布迁都拉萨后，开始修建大昭寺。那时的大昭寺所在地是一片湖沼，必须用土来填平。拉萨（lha－sa）一词本源于惹萨（ra－sa）——惹（ra）为山羊，萨（sa）为土。当时的大昭寺称“惹萨祝囊”，意为山羊驮土幻显寺；后来词意转化，才成为拉萨，意为圣地。

以山羊驮运，并不是松赞干布和文成公主的发明，而是他们生活的时代，甚至更早的社会中普遍使用的方法。今天，藏区的牧羊人也常选几只健壮的羊供日常驮载，更有由成群的羊组成的运输大队奔走在藏北草原上。

藏北双湖一带是著名盐区，不知自何时起有了驮盐的营生。从事这一营生的主要是牧民。他们从春季开始赶着牛羊去驮盐，跋涉数百里乃至上千里，而后在秋冬季节将盐出售给农区的藏人。

驮羊背上的口袋，一般五到八公斤，装在用牦牛毛织成的花色小褡裢中，褡裢用绳子固定在羊背上。倘若你问一位贩盐人这种褡裢会不会在中途掉下来，他便会笑着说：“驮到地狱也掉不了！”如果在这个细节上出了差错，那可苦了盐贩子。首先，驮羊并不像驮牛队伍那样每人管二三十头，而是数百只。这时，哪个牧人有本事拾捡掉落的褡裢？再者，羊是不安分的动物，行走时并不像牛一样，一步一个脚印，踏踏实实往前走，它们多是热热闹闹向前拥，时常伴着小跑，稍有惊动便大跑起来，只见一望无际的绿地上，千头攒动，如洪如潮。

牧人们常说“马靠扬鞭，牛靠举棍，羊靠嘴喊”，说的是要让马快跑，不需发狠，只要举起鞭来它便会撒蹄飞奔。而牛，尤其是黄牛，不使劲用棍棒抽，很难遂主人意，即所谓“牛脾气”。羊则要靠牧人喊叫。藏区牧人嗓子再好，怀里都得揣上“吾朵”（一种抛石绳）。吾朵的射程很远，牧人一声喊叫之后，羊若依旧不管不顾，石头便会呼啸而来。经过这样长期的训练，羊对牧人的口令十分敏感。

浩浩荡荡的驮盐队每天的行程十分可怜，只二三十里，最多也不过40里，牧人必须小心翼翼地照顾驮羊，不能走得太急，要时常让羊吃草，饿着肚子不但更难驭使，疲惫不堪的跋涉还会使许多驮羊倒毙途中。要知道，这是极为艰巨的长征——如此不停地走一个月，甚至两三个月。

到了目的地，牧人们除了出售食盐，还要卖掉一部分驮羊——这时已到秋冬季节，它们走过的绿色草原已被皑皑白雪所覆盖，病弱者已经受不住回程的艰辛。

牛背——牦牛俗称“高原之舟”，是藏民的帮手、伴侣和最主要的财富。牦牛奶营养丰富，牦牛肉色味俱佳，硕大的牦牛犄角和牦牛尾，早在1000多年前就作为商品销往国外，尤其无可替代的是，几千年来，在广阔荒漠寒冷的高原上，牦牛几乎成了藏人不可片刻分离的运输工具。

驮盐始自春季而延续至秋冬。用牦牛长途驮盐必须有木鞍。我见到的木鞍十分简易，只由几块粗糙的木料拼成，木鞍下铺有毡垫，再用两道肚带勒结实。行路时，货物需捆成两个重量大致相等的驮子，倘若走长路还要将驮子连同鞍子等扎紧。长期的行旅生活使牧民积累了一整套经验，也有了许多辅助工具，如牛毛褡裢。它如同一个口袋，口开在朝外一面的中间，以牛皮条做环，以半月形牛角为扣，用时不需要卸下驮子，解开扣就可取东西。藏人的牛毛褡裢上面织有各种吉祥符号和美丽的图案，下端饰有三绺缨穗。这种褡裢不装货只用来放衣物、茶叶等细软。结实耐用的驮囊多为皮革制品，有些甚至就是整只的牛犊或羊，只将头部和四肢割去而成的筒子。这种皮袋形状不规整，但特别耐用。有些是用皮子缝成箱子模样，紧缚于牛背、马背之上，即使掉下来，也不会使囊中之物受损。

除运途贩驮，牧民一年四季还需搬圈。搬圈是为了四季轮牧，即古书所谓"逐水草而居"。在西藏，牧民一般将放牧场划分为春、夏、秋、冬四季草场，由部落头人统一调配和管理，因而在搬迁中也要统一部署，按顺序进行，不能抢先或者落后，也不许擅作主张，各行其是。搬迁时部落头人常将贫困户和富裕户搭配，富裕户可以利用贫困户的劳力，贫困户则可以利用富裕户的驮牛。

过去牧民没有定居点，只有四季牧场，依季节转移。从一草场到另一草场的迁移，少则一两天，多则三五天，要将帐篷、日常用具等都驮走。老人、小孩，男男女女都要随大队行动，没有驮牛根本不行。当然，牧民并不像农民有那么多东西。一个牧民家庭的用物三五头牛就驮走了。驮牛即使不够，圈搬不动也得搬。此时，只好扶老携幼，徒步随行，非常艰苦。

马背——"肩上钢枪座下马"被藏人视为两宝，年轻人更将其视为男人的基本装备，草原上的年轻人互相攀比的东西首先就是枪和马。有枪的青年几乎各个枪不离身，走到哪里便背到哪里，说是用来自卫，遇到虎豹豺狼便可射杀；更多的时候是一种装饰，即使到手的只是一柄叉子枪或者普通快枪，也把它镶上银子，有的甚至嵌上黄金和宝石。

草原上的牧人刚会走路就跟马厮混，对马的感情自然很深。因此有人说："藏人的一生是在马背上度过的。"此话实在不假，尤其是牧人，几乎到离马不走路的地步。爱马和常年骑马也使许多藏人害有"职业病"——关节炎、罗圈腿。但他们的马上功夫十分了得，一爬上马背，便如同蝴蝶黏在花上，任凭骏马飞奔，也不会掉下来。有的骑手索性就在马背上打盹。

牧人择马的标准是善走，与他们选择新娘的品味相映。民歌里唱道：

骑一匹不会跑的马，
不如柱一根檀香木棍子。
娶一个不会劳动的姑娘，
不如养一头奶牛。

牧人对马倾注了无限的爱心。跋涉崇山峻岭，食物用尽，最后剩下的一点糌粑和茶叶，也要留给马吃；冬日寒风凛冽，骑手宁愿烤着火熬到天亮，也要把皮袍盖在马背上。到了下坡路要下马步行，马失前蹄是骑手最不可饶恕的错误。有格言说：“上坡不骑马不是骑手，下坡还骑马不是好人。”

藏区牧人打扮起他的马来，比对他的新娘子还要精心。一匹骏马能让一个牧人倾家荡产，这就不必说了。然而为一只鞍子所花的钱也相当惊人，如鲨鱼皮鞍、四平银鞍，甚至饰金镶宝，一具鞍子常是主人数年劳动所得。鞍下常铺有布满花饰的垫子，鞍上则搭着非常考究的马褥子。当然，如此昂贵的东西一般牧人是购置不起的。但即使是家境窘迫的汉子也不惜在马身上一掷千金。

三石一锅

藏人行旅大多是早走早歇。他们天刚蒙蒙亮已驱马上路，向晚炽热始散便寻找避风、避洪、近水、草好的地方驻下来，让马有充分的时间吃草。倘若入夜才歇，马吃不饱肚子，第二天便无法赶路；而马不能吃早上带露水的草，否则很容易拉稀。

旅途中的藏人随身带着三件宝：一为锅，大多是带双耳的铜锅。这种锅不但轻便易携，韧性也特别好，即或从山顶滚到山脚，砸扁碰歪了，只要敲打敲打照样可以用。二为火皮袋，即用筒子皮接上一根管子制成的吹火用具。三为火镰袋子，里面装火镰、火石、艾绒，用来打火。有的还要带一些火绳。

熟练的旅行者每到一个新的宿营地，第一件事就是找石头。石头共三块，将铜锅支好，而后在三石之间放上干草、牛粪等燃料，用火镰打火，引燃火绳，拿过火皮袋“扑扑”地吹上几口，火苗腾起，火便旺旺地烧起来。使用火皮袋有特别的诀窍，吹小了无力，火燃不起来；吹大了火绳上小小的火星就会被扑灭，轻重快慢全在手上。老人们用火皮袋吹火时常像哄小孩似的唱着歌，轻轻地哼着。

火燃起后，藏人便围着这三石一锅席地而坐，一面说笑一面准备饮食。第一是茶，烧上一锅酽酽的茶，再在里面调上酥油，慢慢喝将起来，称作解乏茶。虽然有书载藏人“嗜茶如命”，但在一般人的心目中，却认为牧人喝茶不会太考究，不过是粗叶滚水，去去油腻而已。其实不然，藏人中一些常年吃茶的老人，嗜茶如嗜鸦片，没了茶叶便涕流泪淌浑身疲软。精于此道者外出时不但带上足够的茶叶，还要带一些枣、姜片、核桃仁、胡椒放在锅里同煮，让茶带淡淡的甜辣，既可滋养身体又可散寒祛湿。安多地区的藏人喜欢在茶中放盐，所谓“茶无盐，水一般”，各个藏区情况各有不同。

喝茶的方式是多种多样的，有的喜欢糌粑和茶分开吃，即吃一口糌粑喝一口茶。常见的是“突巴”喝法，即在碗底放上少许糌粑和曲拉（打完酥油以后剩下的奶水所做），摁一摁，以防倒入茶水之后糌粑浮上来，而后冲上茶。喝的时候每喝完一杯，舔一舔碗底被茶水浸湿的糌粑，再倒上茶，饮毕再舔，如此重复几次，糌粑舔食即尽，茶也喝足了。有的随身携带一个小皮袋，熬好茶灌进皮袋中，再放入酥油，扎紧后使劲摔打，便成了酥油茶，接着拌糌粑吃。这两种是中午饭的吃法。到了晚上多揪面片，即在吃饭的小碗里和好面，醒一醒，烧一锅开水，扔几片干肉——干肉要切得细一些，再将醒好的面扯开，一片一片下在锅里。若在夏天旅行，还可以采一点野菜诸如野蒜、野葱花下在里面，伴着草原上的风，鲜美无比。假如采到蘑菇，可以挤了水下锅，也可以在蘑帽裹上糌粑酥油烤了吃，同样别有风味。

行旅中的藏人怀里都有一个碗，外加编织精细的碗套，吃面片时多就地取材，或以兽骨或以草蒿、树枝为筷，这是较轻松的旅行。紧张的旅行则免去这些闲情逸致，只吃糌粑和肉。在这段时间里，他们会把糌粑装在袋子里。这种糌粑袋子和平时用的不同，多用羊、獐子筒子皮做成，里面除了糌粑还装有曲拉、酥油、红糖等物。这糌粑袋子就搭在马背上，靠马在行路时的颠簸将这些东西均匀地拌在一起，饿了就在皮袋里抓一把，主食副食都有了，一边赶路一边进食，让马继续前行。这样可以坚持十天半月。

藏人喜欢将牛、羊肉风干生食。高原气候干燥而寒冷，这些干牛肉、干羊肉无腐败、无污染，放上好几年都不会变质；风干又是藏人储存牛羊肉的一种好办法。一只羊整只带骨存放体积相当大，而牧人要经常搬迁，很不方便。晒成干肉，只消一个小兜子就可以装走。干肉粉比干肉更进了一步，一只羊的肉粉，“用一个小拇指提了走”。听老人们讲，过去转战千里的吐蕃军旅就用这种食物，可以称得上“战时压缩牛羊肉”。

行旅中的夜生活是浪漫而辛苦的。依然是那三石一锅，火旺旺地烧着，铜锅里的茶水不停地咕嘟着，茶香和烟火味一同飘向繁星闪烁的天际，飘向黝黑神秘的原野深处。那火终夜不灭，不然在浓重的暗黑里，附近徘徊的野兽就会来袭击旅行人的牛马，甚至人。

路途的疲劳渐渐过去，大伙围坐在火堆旁，一边惬意地喝着茶，一边谈天说地。他们打了三脚绊的马在近旁歇息，时而会“咴咴咴”地叫上一阵，那声音在空旷的草原飘得很远很远。草原上的人有说不完的故事，唱不完的歌。谁也不会早早入睡，同行的人当中没有长幼辈分之别的时候就唱情歌：

清早起，我爱喝碗茶，
有奶的茶味更鲜美。
放牧时，我爱骑一匹马，
备金鞍的马更威风。
落日后，我爱串一个情人，
会唱歌的情人更称心。

不然就唱酒歌：

颂蓝天啊，颂白云，
若无飘动的白云，
就颂扬那天空翱翔的雄鹰。
颂拉则啊，颂箭旗，
若无高贵的箭旗，
就颂扬拉则上圣洁的羊毛。
颂歌手啊，颂美酒，
若无喷香的美酒，
就颂扬那人世不朽的歌。

歌不尽，兴不尽，大多唱到很晚才休息。这种场景多见于天气暖和的季节，一到冬天，寒风刺骨，白雪纷飞，旅行者可就受罪了。

草原上人的睡觉方式可以说简单至极：头枕马鞍，下铺鞍垫，身上盖着自己的长袍，以手抱膝，蜷成一团。草原牧人的这种卧法堪称一绝，头一落枕，终夜一动不动，直到次日天一放明，便翻身而起，披上皮袍，将鞍垫往马身上一搭，收拾好行囊，即刻起程。这时候要将火熄灭，一般都是用土石盖死，这样既防止火灾，也是一种礼貌。曾有年轻人不知轻重，撒尿浇灭火，那便犯了禁忌，火神和土地神会给他找许多麻烦，如让他在行程中丢东西、害病、马失前蹄……所以，藏人对此十分敬奉，有时在野外做饭还要专门采一些艾蒿、松枝、柏枝放在火里，祷祝一番以后才开始烧茶做饭。

渡　河

因为地广人稀，藏人渡河因陋就简，怎么方便就怎么渡。

筏——牛皮筏和羊皮筏是将牛羊的筒子皮充气后扎紧，最简单的是左手夹一个皮袋，右手划水，扑腾一阵便过去；复杂一点则用四个或六个皮袋紧缚于木排上，后置一桨，载人载物都行。风平浪静时这种牛羊皮筏还算可以，若遇涨水，小浪头一个接一个；或者人货超载，吃水过深，即使在筏上，常常水已浸过脚腿。笔者幼年时坐过一次，真是提心吊胆，而那些水手却谈笑自若，一边摇桨一边哼山歌。

羊皮筏还有一种鲜为人知的用法，若不是亲眼所见，简直难以相信。

我那唯一的一次坐羊皮筏时，看见一个年轻人夹着一个羊皮袋紧随我们之后游了过来。到了岸边，他不像别人轻轻松松扛起就走，然后解袋放气，而是铆足了劲，连推带拉，待到最后终于解开袋口时，那袋子里居然冒出一个人头，接着就是一阵粗野的叫骂。我问旁边的人怎么回事。那人笑着说，"他在骂那个游水的速度太慢。"我又问："那人在皮袋里不会憋死?""不会，里面有空气。""要是那个水手丢了他呢?""那他就会漂下去，漂得很远很远，然后自己爬上岸来。"说毕不再理我，忙他自己的事去了。此后好长一段时间里我老想着这件事：一个被放进扎紧袋口的人，怎么会自己爬上岸来呢？后来才弄明白，藏人谁不随身带一把以防万一的锐利匕首呢？特别是这些常年在水上混事的，根本不用睁眼看，睡在皮袋里就可以感知水的深浅，一到浅滩，便割破袋子游上岸来。

船——藏人使用船的历史悠久，至少在纪元初就开始用船来摆渡了。西元7世纪以后船的使用更加频繁，大河基本都有渡船。最早的船是独木舟，这种舟在边远地区一直用到今天。藏区的船有木船和牛皮船两种，木船与普通的船并没有什么两样，有龙骨肋骨、舷侧板等。牛皮船是在船架上绷上牛皮而成，轻便结实，使用广泛，但船体小，每船只能坐三五人，最大的也不过十来人，只有一名船夫。由于载重轻，吃水浅，牛皮船在任何河道都可以行驶。最精彩的是牛皮泡软后颇具韧性，可在乱石嶙峋的河道自由往来，不必担心像木船那样一碰就漏。乘这种船，即便搁浅了也不必着急，因为只需一人就可以背起。在西藏的雅鲁藏布江上常可看到用这种牛皮船捕鱼的船队。

桥——藏区最早的桥，据说是香巴噶举派僧人唐东杰保（1385—1509年）建造。关于唐东杰保有许多美丽的传说，一是说他编写了多种歌舞剧形式的藏戏剧本，被尊为藏戏之始祖，现在演藏戏时还要供奉这位祖师的像。二是说他曾发明白红二药，前者能治百病，后者防治瘟疫。其三是修桥，人们尊称他为“铁桥喇嘛”。

据说唐东杰保看着拉萨河上打转的牛皮船和两岸焦急等待的人们而不忍心，心想雪域藏土多河流，每条河上过往的人都如此等待，生命便在焦躁与无为中虚耗了。他由此立大誓愿，决心演藏戏筹集资金修桥。苍天不负有心人，十三座铁桥终于在阿里、后藏修成了。

实际上藏人打造铁桥的历史要比民间传说中的唐东杰保造桥的历史更长。据有关文献记载，藏人的造桥史不晚于吐蕃王朝时期。连环铁链从岸的两旁扯过来，而后在上面搭上木板，两侧有手扶的链子，这种铁索桥十分安全，据说有些古铁桥现在仍可以驶过小车。

有一种自然生成的桥称冰桥，这种“桥”在冬日普遍使用。天寒地冻河水结冰，藏人便选择与道路相接的河段，放上草、木棍、树枝等物，结成后既可加固冰层，又能防滑。一般牲畜与人负重而过不成问题，严冬时还过得了汽车。当然，不常走的人难免心里紧张。

溜索——溜索在藏区的使用不算广泛。在河的两岸扯起一根绳——铁索或蔑，人系在滑行架上，凭双手在索上向前倒，从河的一端溜到另一端，就算渡过去了。有些河段设一根，有些河段设两根。溜索渡河十分慢，几乎无法运货。

藏区偶尔还可见背夫。每背运一趟，或一二日或三五日，货物有时重达五十公斤，全靠双腿和腰劲，非常辛苦。

初到人间

孩子是父母的太阳

——题记

产床——在羊圈里

藏人有句俗话："孩子是父母的太阳"。可在我参加过的婚礼上却从没听到诸如"早生贵子"之类的祝词。在藏区，如果对新婚的人们说这样的话，会受到耻笑，因为面对晚辈说这些话，无异于说了"性交"这类长幼之间须避讳的词。通常这种祝愿要以另一种形式表达："神的恩德不要忘，父母的恩德不要忘。"或是"当你们做了父母，要互相帮助，培养教育好孩子。"早生贵子的祝愿就在里边了。

怀孕对于年轻的小媳妇来说，是件非常幸福的事，但这个消息不能由媳妇本人宣布。在藏区，一个怀了孕的女人总是默默地做分内的事，放羊的放羊，牧牛的牧牛，打酥油的打酥油。倘若一怀孕就自己东说西说，会惹人耻笑。藏人多住高寒地区，一年四季穿单衣的机会不多，有些地方甚至一年到头穿着肥厚的羊皮袍子，绝难从体形看出一个怀孕三五个月的妇女和其他妇女的区别，就是朝夕相处的人也很难及时发现一个女人怀孕与否。当然，首先知道的总是自己的丈夫，其次大概是婆婆和非常要好的女友了。继而，某某家的媳妇怀了孩子便成为一件不小的新闻在村子里传开。

传播这一消息有多种作用：其一，孕妇的女性亲友会来"看怀孕"，并带一些小礼物，祝福一番，还要耳语一番——讲一讲怀孕后值得注意的若干事项，诸如孕后不能同房等事，安慰她生产时候不要紧张。因为藏人认为"女人生孩子是到阴间走一遭"。这时不看就意味着关系的生疏。其二，这一消息传开后，作为家属尤其是婆婆，要安排适当的活让媳妇干，若还像以前一样干重活，会受到村人的责骂。其三，消息的传开也给孕妇提出了新的限制：不能去寺院、拉则等神圣的地方，也不能像平日一样串门。违反这一规矩会冲撞神灵，不但给自己带来灾难——流产、难产、生子不存，还会贻害家族部落。因此，部落里的长者会严词训斥，孕妇对此更是慎之又慎。其四，村人们也有意地跟孕妇保持一定距离——不让她受到惊吓，不给她带来晦气，杜绝所有导致流产的因素。可以说，藏女的十月怀胎是在一个良好的环境中度过的，除非环境太恶劣、生活太贫困。遗憾的是，藏人婴儿存活率一直比较低。

藏人认为生产是不洁的，特别忌讳生产时的血污，因而生产一般不在家中，而被安排在羊圈里。若这家人的羊圈是无顶的敞院，就在敞院一角搭一小棚子让产妇住在里面；若羊圈本身带棚，就不必费事再搭，顶多用毛毯围一个圈。羊圈里面是暖和的，因为牧区的圈很少出粪，羊粪堆积很厚，睡在上面非常暖和。有人撰文说藏人将孕妇放在遥远的牲口圈里自己生产，这是不对的。藏人的房屋和羊圈是连在一起的，若是遥远如何照料呢？何况还要时时提防狼、熊、豺等野兽对羊、牛的袭击。

生孩子不但非常痛苦，也十分危险，但藏族女人坚决拒绝到正屋里生产，她坚信那样会亵渎神灵——家神、灶神和早晚叩拜的神佛以及数不清的神物，她宁愿受苦也不愿整个家庭沾染邪污。

临产时，要请称作“月婆”的民间产婆帮忙料理。婴儿产下后，用火烧过的剪刀剪断脐带，用花椒水擦洗干净，然后用白布裹起来。这时，孩子的父亲应在帐篷外的经幡下煨上桑，放上桑面，并且“唔——唔”地吹起海螺，将这幸福的消息向宇宙宣告。

胎衣被理所当然地埋在羊圈里。月婆将母子俩人及所有用过的器具擦拭干净，再用柏香松枝熏了又薰——这是清除血污之气的例行规矩，然后将产妇接到家里，开始坐月子。

白石子、黑石子

一个孩子哇哇大哭着来到人间，他（她）享受到的人世第一口食物不是母乳，而是酥油——用最新鲜的牛奶打出的乳脂，藏语称“鄂酥”。据说吃了这口酥油的孩子，不易得病，身体如小牛般壮实。请教一些懂医道的友人，他们说即或按现代的医学观点，这样做也有一定道理：其一，酥油可以给婴儿通肠，它的润滑作用没有任何其他物品可以代替。其二，酥油本身富有营养，新鲜酥油又特别容易吸收，可以增强婴儿体力。

到了男孩出生后的第三天和女孩出生后的第四天，亲戚朋友要来祝贺、祝福，并再次举行藏语称“旁涩”的清除污秽晦气的仪式。参加仪式的人从进屋开始，先给母亲和婴儿献“哈达”，说一些诸神保佑、吉利平安的话，并把带给婴儿的礼物，如衣、帽、玩具，放在母亲手中或婴儿睡处。此时主人家应有人出面代母亲和婴儿向客人致谢。

西藏的一些农村，所带礼物除上述诸项，还有茶、酒、新鲜酥油和满满一羊皮袋糌粑。客人进屋先给孩子的母亲敬茶敬酒，再用食指和拇指撮一点糌粑粉放在孩子额头上，这叫做酒糌粑，是藏人一种祝福吉祥的形式。接下来，来宾将注意力转向婴儿，每人都要对孩子的五官、福运等恭维一番，就算是个丑孩子，也不能说不吉利的话，都要由衷赞扬。事毕之后，主人家设汤饼宴，热情招待参加仪式的所有客人。一般情况下，来宾中的男人、老人和有身孕的妇女，即便在除秽仪式后，他们也不进“月房”。

客人来祝贺时，要在生小孩人家的门口堆上一堆小石子，生男孩堆白石子，生女孩摆黑石子或花石子。再在石堆和主人煨好的桑堆上撒上糌粑粉。藏人崇尚白色，故以白石子象征男孩，但生女孩的人家也并不如内地有些地方觉得晦气。放在门外的白石子、黑石子或花石子，本身就是一篇极富美感的宣言，无论何人经过这家人门口，看见门边的石子，都会怀有欣慰之情，石子旁用松、柏枝燃着的桑烟正袅袅地飘来飘去，祥和而恬静。

忌　门

生孩子是污秽的，但生孩子的人家也在门上插着忌门的饰物，谢绝杂人入内，怕外边带来的邪气冲撞了孩子。为了不伤人，事主家的老人们都要说这样一句话：“人干净，路不干净”。即来人本身不会有什么邪污之气，但干净的人在走动中会带上路上的邪气、霉晦之气。小孩子尤其是婴儿稚阳之气太柔嫩，经不起任何冲撞，稍有不干净就会生病，因此谢绝外客，尤其忌讳远道而来的人。自己家里的人远行归来该怎么办呢？处理办法是先不进屋，在离大门稍远的地方静静地待一会儿。藏人认为鬼怪在野外总是不停地游动着，你一停下来，它没得盼了，只好悄然遁去。如果觉得还不保险，就想办法弄点松枝柏叶，点燃后从头薰到脚——鬼怪之类怕烟怕火，一见到这东西便四散逃走，这时就可以叫门了。特别讲究的人家，这样草草行事是不够的，如果家人在夜间归来，只许在门口溜达，待到第二天天明才可以进屋。人们认为妖孽常乘黑夜出来闲逛，碰上走夜路的，就不请自来地跟着。妖孽对身体强壮的人无可奈何，但对老人、小孩威胁就大了。这是因为妖孽鬼怪之类最怕光，而每个藏人身上都有一盏命灯，男人的命灯在右肩，女人的命灯在左肩，平日都亮亮地燃着，生命力越旺，灯越明亮。藏人最忌讳别人拍他的肩膀，特别是女人拍男人的肩膀，那样会把命灯拍灭。病人的命灯是很昏暗的，风烛残年的老人和幼弱稚嫩的孩子更禁不起邪气的侵袭，稍有风动，灯就会灭寂。夜归人如果困饿交加，又找不到松枝柏叶，就干脆到没有小孩的人家去借宿了。

安多地区的忌门物大多是一枝松枝或柏枝，上面缠些许羊毛或杂色布条，一般插在门首的左侧。它的实际功用有二：一方面避邪；另一方面算是宣告，男女老少，远亲近朋，见到这忌门饰物便不再来串门了。

有些牧区的忌门比较简单，只在帐房门上挂一把羊毛，在帐房不远处点上一堆牛粪火。通常在忌门以后，孩子的母亲就不再出门，要尽情地补养身子。安多地区喜欢给坐月子的女人杀一只羯羊，让她连汤带肉吃下，据说可以大补；有些地方要给产妇杀一只棕灰色的绵羊，羊肉吃尽，羊皮铺在产妇身下，温热的羊胃裹在产妇脚上，这样产妇和小孩的身体都会十分强壮。

其实，不仅在生孩子之后，家中有危重病人时也忌门。这一习俗，至少减少了传播疾病和交叉感染的机会。

抹酥油、晒太阳

天蓝、日艳、云高、草绿，雪山晶莹透亮，这便是高原的特色，是高原最富魅力的景观。在风和日丽的好天气，把小孩抱到院子里，赤裸裸地放在一块毡子上，孩子的亲人围坐一旁，一边赞美天气，一边把一块酥油放在小孩的额上。暖融融的太阳晒在黄澄澄的酥油上，晒在孩子淡红色的皮肤上；额顶上的酥油迅速溶化，孩子皮肤的颜色也慢慢变成暗红。溶化了的酥油开始往下流，流到他小小的身体上，亲人们立即把糌粑往他身上洒，见了酥油的糌粑很快贴在孩子身上。这无疑很不舒服，孩子开始啼哭，亲人们却全然不顾，满面喜悦地继续往孩子身上抹糌粑酥油，从头到脚，前前后后，旮旮旯旯涂个遍、涂个透。假如是个男孩子，这场面更加喧腾热闹。这种风俗可能与藏人的太阳崇拜有关，让初来人世的孩子接受太阳的洗礼。

在草原上，不是所有的母亲都骄傲，真正骄傲的是那些生男孩的母亲，尤其是生育多个儿子的母亲。有些地区对那些多子的母亲近乎崇拜，认为她们不是一般的女人，她们的前生可能是一个行善男人，修得了如此好命。只生女孩和终身不育的妇人，地位就低多了。但藏人传宗接代的观念其实十分淡薄，除了贵族、头人和富豪，一般百姓对有后无后似乎根本不在乎，他们关心部落的名誉远远超过自己的家庭。那么为什么如此重视生男呢？我就此问题曾请教过一些长辈，他们说这是过去时代的事。过去，养儿子可以出家当僧人，当尼姑就差一截了；养儿子在部落纠纷中可以提鞭跃马，上阵打仗，女孩就差一点了……这才是藏族社会男性们的最大价值。

太阳依然喷射着它的光华，喷香的酥油和糌粑味弥漫在院子，飘向草原，也把院子里主人们的欢笑和婴儿嘹亮的哭声送到遥远的天边。主人喝着酥油茶、青稞酒，谈天说地，说雪山说牛羊。假如小孩有胎记，此事必是议论的中心。藏人认为胎记是一个人前生经历的遗痕，我认识的一家人生了孩子，左臂上一片青，家人认为这孩子必是他爷爷托生而来。因为那过世的老人生前在上山打猎时被狗熊抓伤了左臂，与孩子胎记的位置完全一样。

有些胎记会被大加渲染，曾有一个孩子就因身上的胎记而被选为小活佛。人们认为他的双脚有明显的臃肿，后背有吉祥的宝贝火焰饰。在一个偶然的机会，我见到这位小活佛，他给我看了这些大贵标记，除了左脚之痕有点像臃肿之外，其他均漫漶不清。胎记有两种，一种终身携带，一种可能落生后没几天就自行消失。

有条件的人家在给孩子晒太阳时还请那些会看骨相的人来揣摸揣摸，从骨头的大小、长短、身架等预测孩子未来的贫贱富贵、祸福吉凶。要是孩子长有异骨，那就非同小可了，要么是大富大贵，将利益众人，是活佛、高僧等的转世；要么是大灾大难，将贻害众生，是妖邪的转世。

晒太阳的时间有长有短，会有亲人企望过殷而使小孩昏厥的。大多见好就收，不会出什么问题。当这一仪式结束时，孩子的亲人们便拍掉孩子身上的糌粑粉，由母亲抱回屋里。

满　月

婴儿满月，家里都要隆重庆贺，安多、康区还要举行满月宴。这一天婴儿、母亲和家人穿戴一新，准备了丰厚的待客酒食。这种场合的贺客超出亲朋好友范畴，一般交往的礼客也前来贺喜，但气氛依旧十分亲热。舅舅和姑姑、姨姨贺礼丰厚，通常要给孩子做一套衣服、靴子，礼物太轻会惹人耻笑。其他一般礼客多带小孩的玩具、小服饰，也有带几块钱红包的。至亲要做小圈圈（用白面放奶、糖、枣等物捏成一个圆圈，放在火里烤熟，甜脆可口），上面抹些许酥油，亲手放在孩子怀里。实际上此时的孩子没牙，根本吃不了这种东西，于是由母亲掰出一块自己嚼碎了，再放一点在孩子嘴里，并不住地夸奖圈圈做得好。送圈圈的姨或姑就会说："孩子还小吃不了这种硬东西，等他长大了，我给他做好多好多。"今天，这个圈圈名义上是送给孩子庆贺满月，实际上却是给妈妈吃的，因为要是妈的奶不好，孩子可要遭罪了。做母亲的自然要客气地表示谢意。

客人送礼，自己家里的人也送，哪怕是三五岁的小哥哥小姐姐也有一份小礼物，如用红胶泥捏成的小鸟等。家里的老人更是如此。在牧区，孩子的祖父母会当着众人的面在马群中选一匹好马驹作为礼物送给小孩，当孩子长到四五岁可以爬上马背的时候，这匹小马也正当年。除此之外，祖父母的礼物，就是留在他额头上的一吻了。

满月宴上也唱酒歌，都是给孩子祝福后的事。大约是触景生情吧，在这欢乐的时刻人们喜爱唱关于父母的歌：

要说奶牛的恩德，
不喝清茶不知道，
当你喝上了清茶，
那有恩的犏牛哪里去了。
要说父母的恩德，
不做父母不知道，
当你做了父母，
那恩重的双亲哪里去了。

这感伤的曲调，沉重的情愫，真能撼人心魄，催人泪下。当然更多的是欢快的歌曲。酒至半酣，客人便跳起舞来，男男女女，老老少少，载歌载舞，尽情欢乐。

在孩子满月以后，还举行出门仪式。择一吉日，给孩子穿上崭新的衣服，由母亲和亲人们带着，走出家门。出门后首先是去朝佛，祈求神佛保佑孩子平安。在拉萨，一般多去大昭寺，其他地区只好就近去一些有声望的大寺庙。出门前，在孩子的鼻尖上用锅底灰点一个黑点，其意为出门后遇到鬼等邪物，认不出小孩，不会来纠缠。在一些牧区，出门前还要让孩子摸一下牛角，其意有二：一是祝愿小孩结实如牛；二是如牛角般吉祥永固，不受邪气侵扰。朝佛之后，就可以带孩子到别家去串门了。这种串门具有象征意义，要挑一些善良、富贵、人丁兴旺的人家，意思是孩子在未来也有这样的家庭。自此以后，孩子就可以四处走动了。

取 名

孩子满月了，可以带着他四处走动了，这时候需要有一个名字。取名是件非常重要的事，每个家庭都不能马虎。因为名字取得准确合适，对孩子的一生都会有好处，否则就会给他带来晦气灾难。有些带有宗教色彩的名字是不能随便用的。我听说过这样一件事：有一家人生了一个兔唇的男孩，由于前面数胎都没有存活，这个年轻的父亲念头一闪，就给这孩子取了一世达赖喇嘛的名字。一经叫开，麻烦就来了，许多人责备他："达赖喇嘛是全藏至高无上的大活佛，你怎么敢让一个豁嘴孩子用他的名字？真是罪过。"这父亲虽然也觉不妥，但想已经如此，能混就混过去吧。想不到不久孩子便闹起病来，东家求医，西家拜神，总不见好。只得上寺院打卦问卜。寺院的结论十分明朗："你的儿子闹病是因为名字取得不对，某某某某是个大名字，这孩子的名分没有到那地步，享受不起。"这父亲便请寺院给取了一个一般的名字，病马上好了。

藏人中不能随便用的名字共有三类：一是寺院里的僧人和活佛等出家人；二是社会名流，如一些有威信，名望高的人的名字；三是孩子的长辈的名字。

藏族全民信教，尤其信仰佛教，因而多巴望到寺院请活佛给孩子取一个正正经经、吉吉利利的名字。大多数人会选择吉日，早早起来，给孩子穿戴整齐，带上哈达和礼品去寺院。僧人一般都起得早，香客去得太晚被认为是不礼貌的。活佛取名——民间以为这不是取名，而是赐名。

藏人取名在性别上的区别也较严格，如无特殊原因，男孩取了女孩的名字，将会给这孩子一生带来不吉利。另外，还应尽量避免使用直系亲属的名字，若爷爷叫"扎西"，孙子也叫扎西，那就会惹人耻笑。兄弟姐妹中如果有凶死暴亡的，须取一相应的名字以趋避。

藏族的名字重复情况严重，一个村子里叫扎西的有三五个，难以区别，只得称大扎西、小扎西，再不行就用诨号，如高个扎西、歪嘴扎西等。

有的人家认为，孩子经常夭折是魔鬼作怪，多取护法神的名字，以期"保护"。有的情况恰恰相反，孩子病太多，就取一个非常丑的名字，如"黑绸"（意为小猪），希望这病由小猪来生。有的取得再低贱一些，如

“其加”（意为狗屎），以摆脱魔鬼的纠缠。这种意义上的起名不一定是在孩子满月之后，更多是在孩子三五岁间，发现孩子多病，怕难养活的时候。取了这种名字，以前的名字便作废了。

养了好几个女儿的家庭，想要一个儿子，便给小女儿取名“普赤”，意为“招弟”；此后不想再要孩子了，便叫“却巴”，到此为止之意。藏人除正规名字之外，也有乳名，平时家人在一起便叫这个小名，正式场合才呼大名，与汉地同。

周 岁

到了一岁，藏人要为孩子举行周岁庆典——站立之庆，意为经过一年的人世生活，孩子会站立了，也可以叫爸爸妈妈了，可庆可贺。

藏人的周岁庆典也如汉地一样“抓周”。所备象征物当然更具藏地特色：马鞍、宝贝、货币、尖尖帽等。所谓的客人主要是内亲：叔伯、舅、姑、姨等。客人到齐后喝茶、饮酒、吃糌粑，在众人的簇拥下，孩子开始抓周。

藏人也认为孩子首先拿到的东西将预示孩子未来的职业以及福运。倘若孩子抓了珊瑚、珠宝，意味着富裕，舅舅就会说：“瞅这孩子，还真看不出将来会是个财东爷。我现在就得巴结巴结，否则将来我讨饭讨到了他门首，他会不给我吃的。”说着将一件礼物放在孩子的小手里，并说：“舅舅是个穷光蛋，送点礼物你甭嫌少。”孩子的爷爷或者奶奶就会马上接过话头：“舅舅这话说哪里去了，他便是成了神，您还是神的舅舅。不要天，不要地，哪能不要骨头之主？别说他给您做饭，就是他宰羊宰晚一点，您也有权力揪着他的头发砸他的鼻子。”大家便善意地哄笑一番。

倘若孩子首先抓到的是鞍子，大家便会如此说：“喝！咱们家又出了一名骑手。”“瞧这架势是拿头马的主。”“好啦！好啦！大家光顾说话也不给咱们的头马搭匹红……瞧，头马的红来了，还有大奖。”叔叔便借着这些话把自己的礼物挂在孩子脖子上。在这种场合下，稍有财力的人家会给孩子一个银噶吾（佛盒）。

倘若孩子抓到货币，就会给家人和亲人带来遗憾：藏人比较看轻商人，商人不讨人喜欢。实际上孩子是很难抓得上那些不理想的象征物的，因为当母亲的无时不在提防着，一旦那只小手偏离了自己的意愿，她就会暗暗诱导。藏人对此非常认真，我曾听一位老人说过这么几句话，感触良多：他在周岁立步的庆典上抓的是一顶尖尖帽，按说抓到了这东西意味着当官，从小到大，人们如此说，他自己也作如此想——我是一定会当头人的！可是一年年过去，到老也没当上，说时不禁黯然神伤。

象征物一般不多放，大多数人家都不超过七件，各个地区所放的东西有所不同。

童年在13岁时结束

孩子三五岁后便跟着自己的父辈，在马背上、在草原上、在高原的风云雨雪中磨炼。届临十三岁时，他或许已成为优秀的骑手、能干的牧人、出众的歌手。到13岁，他们便不再跟父母睡在一起——他们已经成人，大人都这样看，他们自己也这样看。有些地区13岁的孩子要进行一次徒步比赛，犹如赛马大会般隆重。这时，四处的商贾应时而来，部落的头人要请喇嘛念经，煨桑祭祀。号令一发，穿红着绿的小勇士们一个个争先恐后，奋勇向前。因为是徒步跑，有的孩子为了不影响速度，干脆脱了靴子打赤脚，有的还裸着上身。前六名会得到奖品，头名更为风光，大人要抬着他绕拉则走一圈。回家以后，他们还会得到亲友的贺礼。

13岁的赛跑结束了，孩子们真正进入人生的竞技场。部落里的许多事不再因为他们小而丢下他们；倘若有械斗，他们也要举起刀枪去参战。这种做法很早就有了，吐蕃时期的文献中就有征用13岁以上儿童参战的记载。

从荒凉的古象雄（今阿里地区）牧地到温暖如春的波密地区（现在属昌都地区管辖），从藏人的发祥地雅砻河谷（今山南里地区）到秀美如画的安多地区（今青海省、甘肃省藏区），广袤雪域大地的儿女就这样降生、长大、走向人世。

怀念绿色

地球上的万物都是在一定的平衡系统中存在、活动，生命系统和环境系统在特定空间的结合，形成了我们今天特定空间的生态系统。尽管经过漫长的历史变迁，这些构成生命系统的动物、植物和微生物，构成环境系统的光、热、空气、水分等有机元素和无机元素都在发生着程度不同的变化，而由它们构成的生态系统是相对稳定的，也正由于它的稳定与平衡，正常的物质循环和能量转换才得以实现，正常的生态平衡系统才得以维持。

特定的自然环境必然是特定的生态环境。只要有人类生活，这一特定的生态环境自然也是特定的文化环境，是一个民族，一种文化（文明）产生、生存和发展的基础。因此保护环境，就是保护文化，就是保护我们人类自己。

——题记

一、水，是绿色之母、生命之母

1999 年 11 月，我去日本参加“佛教与环境保护”的学术会议，提交了一篇《藏区环境与藏人环境意识》的论文，我对与会的学者们介绍：从环境角度看，藏人居住的青藏高原有三个很大的特点：一是高海拔；二是中国的水塔；三是气温调节器。大家似乎对这个题目比较感兴趣，会后还有些学者来向我问相关的问题。

青藏高原是高海拔地区，这一点大家耳熟能详。人们称西藏为“世界屋脊”，不是高海拔，怎么称得起“世界屋脊”？假如我们用数字来引证，就更清楚了：西藏自治区平均海拔 4000 米以上，海拔超过 5000 米的地区就占整个自治区面积的 45.6%，珠穆朗玛峰以 8848.13 米的高度昂然雄视人间，这一点世界任何地区也比不了。高海拔也造就了青藏高原——古老的藏民族生存之地的环境特点：干燥、寒冷、温差大、空气稀薄、气压低、氧气少等等。比如，海平面在摄氏零度气温条件下空气的密度是每立方米 1292 克，标准气压是 1013.2 克。海拔 3658 米的拉萨市空气密度为每平方米 810 克，年平均气压 652 克，分别是平原地区的 62.64% 和 64.35%。平原地区每立方米空气中含氧 250—260 克，而西藏高原每立方米空气中只含氧 150—170 克，相当于平原地区含氧量的 62%—65.4%，少 1/3 左右。

至于说青藏高原是“中国的水塔”这一点许多人都不太熟悉。这里我们仍然可以数一数：

神湖玛旁雍措被称为“世界江河之母亲”。

中国境内两条最重要的江河都发源于青藏高原。

黄河——发源于青海省巴颜喀拉山，流经四川、甘肃、宁夏、内蒙古、陕西、山西、河南等省区，全长 5464 公里，流域面积 75.24 万平方公里，有洮河、湟水、无定河、汾河、渭河、洛河、沁河等支流。

长江——发源于青海省唐古拉山脉格拉丹冬雪山，流经西藏、四川、云南、湖北、湖南、江西、安徽、江苏等省区，全长 6300 公里，流域面积 180 余万平方公里。有雅砻江、岷江、沱江、嘉陵江、乌江、湘江、汉江、赣江、青江、黄浦江等支流。

还有一些河流流入其他国家和地区。

世界上海拔最高的河雅鲁藏布江，发源于喜马拉雅山北麓仲巴县境内的杰马央宗冰川，中游汇集年楚河、拉萨河、尼洋河等支流，水势浩荡，经米林县，通过大拐弯峡谷，后经珞瑜流入印度和孟加拉国，称布拉马普特兰河，最后注入孟加拉湾，全长 2900 公里。在西藏流经 23 县，全长 2057 公里，流域面积 240480 平方公里，流域平均海拔 4500 米左右。

澜沧江，有二源头，一为发源于青海省杂多县境内夏茸加山麓的扎曲，一为发源于西藏巴青县万马拉的昂曲，在昌都汇合，流入云南，出云南为世界著名的湄公河。在西藏境内长 509 公里，流域面积 38470 平方公里。

金沙江，为长江上游干流，发源于唐古拉山青海一侧的格拉丹冬雪山，流过青海省玉树藏族自治州，经川、藏交界，南入西藏芒康流入云南。在西藏境内长 509 公里，流域面积 23060 平方公里。

怒江，发源于唐古拉山南麓安多县，流经那曲，注入云南，出云南入缅甸为萨尔温江。在西藏境内长 1393 公里，流域面积 103330 平方公里。

据统计，仅仅西藏自治区境内，流域面积大于 1 万平方公里的河流有 20 多条，大于 2000 平方公里的河流有 100 条以上，大于 100 平方公里的河流数以千计。而且这些河水都是由雨水、地下水和消冰水组成，它带给下游地区的确实是清凉和甘甜。反之，青藏高原的河流倘若被污染，至少有1/3的亚洲人口会受到损害。

看来这个水塔是名副其实的，不单是中国的水塔，其他一些国家和地区的人民也在享用这个水塔的水。

青藏高原是世界温度的调节器这个概念，我取于一些报纸杂志的报道：

青藏高原“多雪”：一是多积雪——有许多千年不化的雪山，俨然冰雪世界；二是降雪多（相对而言），由于天气寒冷，一些地区6月天还降雪。像那曲地区年平均降雹日就有35天，1954年一年降雹64大。这与高海拔地区的气候有直接关系。

青藏高原多湖泊。据统计，在西藏有大湖泊一千五百多个，湖泊总面积为24183平方公里，其中纳木措、色林措、扎日南木措面积均超过1000平方公里；超过100平方公里的湖泊有47个，超过1平方公里的有612个，可谓星罗棋布，其中有17个50平方公里以上的湖泊伟岸居于海拔5000米以上。像青海的青海湖、甘肃甘南的尕海、云南迪庆的那帕海等久负盛名。

同时青藏高原也多冷冻层。有关专家认为，青藏高原的雪与冷冻层等对世界的气温同样产生了巨大影响。假如青藏高原过分开垦，植被破坏，过多地吸收太阳的热量，导致冰山融化，将会直接影响世界的气候环境。

水是一切生命的物质基础。有了水，就有了生命，有了绿色，有了我们生活中美好的一切。因此，每当我想到这些，讲到这些，我的心中就涌动着无限的自豪：藏人居住的地区是宝地啊！它为祖国、亚洲乃至全世界人民都做出巨大贡献。护卫青藏高原的生态环境应该成为我们每个人的使命。

二、不该有的，应该让它永远终止

绿色是令人心醉的。或许是由于在北京工作的原因吧，多年来，我经常听到一些家乡的人甚至是一些政府官员来反映生态破坏的事。大多数藏人居住区我都去过了，一些没有去过的由于研究工作的需要，也略知一二。有时候也向有关部门说说，大多听不进去，甚至遇到过几次冷脸，此后，我也知趣，不再多说这些了，但我心里仍然怀恋着那些土地，怀恋着生活在那块土地上的人们。

那年，我又回到了那块我生活过的地方——在我的记忆里，我们那块地方是世界上最好的。天然的半农半牧区背靠着森林，农、林、牧三者都有。空气新鲜，物产丰富，人民生活幸福，尤其是新中国成立以后，这块地方更加焕发出勃勃生机。

少年时候的印象久久印在我的脑海里：蔚蓝的天，洁白的云，雄鹰在展翅翱翔——这是家乡的天；小麦、青稞、豌豆、洋芋、油菜……一到夏天，金黄金黄的油菜花，一片一片连在一起，直向天际——这是家乡的农；松树林、桦树林、杨树林、柳树林，林中有虎、鹿、豹、獐子、野鸡……还有珍贵的白马鸡、蓝马鸡，珍贵的冬虫夏草——这是家乡的林；高大的牦牛，如云的羊群，奔驰的骏马——这是家乡的牧。

然而，这一切由于一个厂子的建立而遭到破坏。

离这块美丽的地方只有十来公里的山下，××铝厂建成了。缺少科技知识的村民们并不知道这个“遥远地段”的工厂，会给他们未来的生活带来什么！

这个绵延一里地的厂1974年建成投产。20多年过去了，人们才发现，它给周围的一切带来的并不是吉祥的福音。我曾经看到一份材料这样写道：

对人的危害有三个方面：一是牙齿氟中毒，二是骨骼氟中毒，三是诱发其他疾病。

“据县卫生防疫站提供的数据，该乡××村1985年氟斑牙患者566人，占总人口的84%，其中7—15岁的青少年氟牙发病率100%。”一个年仅10岁的三年级女生，4岁时，就掉了四颗牙，以后一直未出新牙；一个15岁的五年级学生，换牙期掉牙两颗，五年不长新牙，后来长出的新牙却是氟斑牙，牙缝宽宽，十分难看。一位19岁的男性农民，牙齿齐全，却牙龈肿大，牙齿松动，没法咀嚼食物，“连新蒸的馒头也要用开水泡软后才能下咽”；一位女性农民，37岁时开始掉牙，三年间牙齿全部掉光。

气态氟由呼吸道摄入，进入血液循环；尘态氟则依颗粒大小沉积于上呼吸道和肺泡中。由于人体内摄入过量氟，体内钙、磷代谢平衡遭到破坏，导致腰腿痛、骨关节固定、畸形、关节韧带钙化等疾病。

由于氟是原生毒物，容易通过人体各种组织的细胞壁与原生质结合，从而起到破坏原生质的作用，引起代谢紊乱，故而导致这一地方的血液循环、呼吸、消化系统发病率高于其他地区，人口死亡率也高于其他地区，1982年为8.7%，1991年为8.3%。

对于牲畜的危害主要有三方面：一是牧草严重污染，二是诱发牲畜疾病，三是役畜使用年限缩短，死亡率高。

对于农作物的危害，主要是氟气体和物质进入农作物叶片后，叶子出现变色、斑点、失绿、枯萎，甚至脱落现象，“使生长受到抑制，叶尖、叶缘和枝梢顶端呈坏死症状，因而造成部分植物死亡。同时，含氟尘颗粒物落在植物叶子上，不仅阻塞气孔，而且减弱了植物的光合作用，破坏了它的正常机能，影响了它的开花、花期和结实过程。”

我曾核实过该文所引的中国植物学会《植物生态学与地植物学丛刊》1985 年第 9 卷第 2 期介绍，该地每平方公里降氟量，× ×村为 0. 064 吨，为非污染区的 4. 3 倍；× × ×村为 0. 036 吨，为非污染区的 2 倍。× ×村表层土（0—25cm）含氟量为 33. 7Ng，中层土（40—60cm）含氟量为 30. 2Ng，深层土（100cm 以下）含氟量为 29. 0Ng。这块平均海拔 2400 米，年平均气温摄氏 4 度—7 度，降雨量为 300—400mm，主导风向为东南风和东风，平均风力为 3—5 级的土地，曾使我越来越感到揪心。我曾走访了一些人，大体的情况如同材料所反映的那样。

将近十年时间又过去了，我又听到了许多的情况，有好的，也有不好的。好的是，厂家在想办法已经给这里的村民一定经济补偿，也在研究从科技上如何减少氟的排放量；不好的是，由于氟排放 20 多年的积累，土地已经严重污染！

社会发展的过程中，大多数国家和地区已经走过了这样的道路，作为发展中国家的中国，虽然高度重视环境污染问题，但财力有限。因而，解决这一问题尚待时日。假如我们目前尚不能解决氟排放的问题，把工厂建在荒僻的人少的地方不更好吗？为什么要建在环境优美，人口稠密的地方呢？

人们热爱自己的故土，那里有他们的情感寄托啊！

那年，当我走访了一些人士后，我突然问：“氟是什么味道？”

一位我幼时的伙伴说：“我们这里的人都知道。”他让我第二天早晨站在一处山坡上。晨光初起，天气清冷，东方雾气沉沉。我们站了不一会儿，一阵东风吹过，携着一股难以形容的臭味直扑鼻孔。我心中一阵恶心和难受。

他看着我的样子说：“这就是氟的味道。”

我沉重地点点头，心想：“每日在这样的环境中生活，怎么受得了？”

他看透了我的心思：“没有办法的事，国家和政府都为我们尽了力，可是，目前还能要求他们什么呢？这是‘文化大革命’的产物啊！”

我曾经在一个学术会上说过：“文革”留给我们的在政治经济和思想文化上的恶果一百年才能彻底清除。这个论点我至今仍感到没有什么不妥（但也有人持商榷态度），可是一百年，太长了啊！

我笑着说："看来还是要讲两句官话。小平同志讲：'发展是硬道理'，我们还是要加快发展，经济发展了，科技发展了，我们就有条件制伏氟。"

他说："这可不是官话，这是大实话。我们之所以还呆在这个地方，就是因为有这个支撑……"

听了他的话，我的眼圈渐渐红了。

三、那些曾经有过的、积极的，是否还可利用？

那天夜里，我记过日记后，彻夜难眠。我想了许多许多。从现在想到了历史，从历史想到了藏人的文化意识。是由于佛教的影响，也或许是由于青藏高原给藏人的神圣启示，藏人是有环境意识的，而其环境保护思想与众不同。

自然是神。藏人的意识中，自然界的万事万物都是有灵性的，它们不但有生命，而且与人一样有思维。一般来说，对于动物的生命活动我们是清楚的，而对于山、石、树木、日月水火等的"生命活动"（尤其是情感和思维活动）我们很难理喻。而藏人认为这些没有生命的东西恰恰是有灵性的、神秘的甚至是在掌握着人类的命运。无数的神的存在就充分说明了这一点。山有山神，水有水神，树有树神，神几乎存在于一切事物之中。因而在藏人的环境主张中是反对毁山毁林毁水的，认为谁要破坏了它，就会开罪于神，就会受到神的惩罚。尽管这种环境意识依赖于对神的尊崇，仍然有他的积极意义。即因为有了对神的敬畏和尊崇，便有了对自然的敬畏、尊崇、爱护。自然是神，神便是自然，毁伤自然便是毁伤神灵，故而保护自然便是保护神灵。神灵悦之，人便得到安宁，神和人都会得到兴旺、繁荣。

人依托自然。这种观念存在的最好引证是藏区民间至今尚存在的寄魂物（srog－bla，别译"命根"、"命神"等）观念。这种观念认为，无论是一个伟人还是一个普通人，或是一个政权（部落、部落联盟等），都有他依托并象征其兴旺和衰微的寄魂物。只是普通人的"srog－bla"或是一棵小树，一只羊，而一个英雄或大英雄的"srog－bla"可能是一只虎，一只熊罴了。"srog－bla"这一自然物的死亡和毁伤，便是人或一个政权的死亡和毁伤的开始。在藏族著名长篇英雄史诗《格萨尔王传》中就记载了许多这样的现象。比如：魔鬼路赞的"srog－bla"分别是一棵树、一只牛、一碗癞子血，要消灭他就要打翻这碗癞子血，用玉羽金箭射死他的命根牛，用金斧子砍倒他的命根树才行。而战神格萨尔的 srog－bla"是雄伟的阿尼玛卿雪山，其妃子珠姆的“srog－bla”是札陵湖。有的人的“srog－bla”只有一个，而有的人的“srog－bla”则有数个。这些观念或直接或曲折地反映了人依托自然而存在的思想。因为自然是神，人则是神的子孙；人无法脱离神——这个自然而独立生存。

尊重生命，爽看生死。由于灵魂流转，生生不死观念的存在，戒杀生观念的长期影响，藏人对自身、即生的修养特别关注，尤其是对行善业和行恶业。因为此生的修养将关乎今生来世，关乎能否得到解脱，获得正果。无数的礼佛、布施和苦行修炼均为此一目标。而杀生是最不好的事，人应当将动物看做是自己的朋友和亲人。

我曾经听到过这样一个故事：有一棵合抱粗的大树，挺拔，茂盛。“文革”时某生产队要砍这棵树，一位老者爬在树上说：“这是我的命树，你们不能砍！”“文革”中这一套是不行的，均视为迷信，是迷信就在破除之列，初始，别人根本不理老者，老者动了真格的，把脖子直往斧子底下送。知道此风俗的，便不再勉强；一些有心眼的，便虚晃一枪，撤兵回营。到了晚上当他们带着窃笑刚砍了两下，那老者便飞奔而至。众人不觉诧异，问老者：“我们来到这里，可谓神不知鬼不觉，你是如何知道的？”老者说：“这是我的命树，你们砍一下，我的心就痛一下，我怎么会不知道呢？”于是，这个故事被到处传说，许多藏人是相信这一点的。后来，那棵树还是被砍了，老者不久也死了。一些藏族老人说：“这是自然，他的命树死了，他还能活吗？”

但是，这样一种观念谁还会理？这一个故事，也会很容易被当做“迷信”故事，随便出来一个什么人都会对它批判上几句。但是，我想，倘若我们从积极的方面看，这样一些观念或许还会保护几棵树。保护一棵树，就是保护一片绿色啊！森林，不就是由这样的一点一片的绿色构成的吗？一片绿色不也是一个生命吗？

藏人的这种环境意识观念的来源大致有二：一是泛灵论等史前信仰的影响，二是藏传佛教的影响。从事物对立统一的矛盾法则看，藏人的环境意识中，显然有不少陈旧的甚至是落后的思想意识，但也不乏可供今人利用的好的思想。比如，假如我们在崇尚科学、驾驭自然、让自然为人类服务的同时，也将自然环境当做神那样尊敬，我们对自然的破坏性、掠夺性索取就会少一点；假如人人都不时提醒自己自然不但是现在而且是将来，甚至永远是我们生命的依托，我们就会无比地珍惜自然，而不是任意地破坏自然；假如我们将动物当做自己的朋友和亲人，我们就会少一些滥捕滥杀。

由于这些观念的存在，自古以来，藏人在保护自己的家园和生存环境方面有以下三大贡献：

第一，保存了一个没有污染的自然环境系统。

第二，保存了这个没有污染的自然环境中的生命系统。

第三，保存了建立在青藏高原生态系统之上的优秀的藏民族传统文化。

但是，随着社会工业化进程，青藏高原的环境保护问题已日趋严重。据报道，珠穆朗玛峰顶的积雪已有污染颗粒；“文革”中的“以粮为纲”，肆意开垦草原，乱砍滥伐，破坏森林，已造成严重后果。据统计，80 年代由于森林资源破坏，长江流域水土流失的面积达到 56 万平方公里，现在长江每年将 5 亿吨的泥沙带入东海。物种灭绝的脚步更为迅速，不要说一些稀有的树种、草本植物，像大熊猫、藏羚羊、野牦牛、雪豹等为人类喜爱的青藏地区的特有动物，若不加特别保护，再过几十年，也有将永远从地球上消失的危险。简言之，青藏高原的自然环境系统在一同遭到破坏和污染，这一环境中的生命系统也在遭到前所未有的破坏。不少人有这样的担忧：中国的“水塔”能不能保证不受污染？甚至这个“水塔”在遥远的未来会不会倒掉？世界气温的调节器会不会有一天失灵？庆幸的是中国政府自 1998 年长江抗洪之后，已关注到这一问题的严重后果，已通令长江上游地区全面封山育林。无数的生态学家已在关注青藏高原的生态保护问题。

图 3 我的亲人们

人类需要有一个美丽的家园，人类也应该有一个美丽的家园。过去我们用科学创造了无数的人间奇迹，现在也同样可以利用科学建设好我们的家园，与自然保持永远和谐的关系。“前人栽树，后人乘凉”，生态问题关键在于保护，关键在于建设。今天是“栽树”还是“砍树”，自然地会导致两种不同的后果。只是今天因“砍树”而生的孽因，有些是“现实报应”，有些是“隔世报应”罢了，对于自然来说这是一个不可逆转的规律。

有那么一天，我曾看着那些被污染了的草地，那黑色的尘末在吞食着绿色和那些绿色捧献着的各色的花朵；我看着那些驮着黑色的尘末在觅食的牛羊，观察着来来往往的行人，瞧着他们的嘴，瞧着他们嘴里的牙——那里有我儿时的朋友和乡亲。我的心里不由地充满了伤感：他们何时能脱离危害，他们的子孙们何时能脱离这种危害？更让我潸然落泪的是，他们甚至至今还不懂得氟的危害！

化入这片黑色尘末的是我儿时的记忆：像绿毯般翻卷的绿色。

也说天葬

一个藏人死了

一个藏人死了，他的亲人要为他送葬。

当藏传佛教在藏人聚居区未成大统之前，据一些典籍记载，葬法有三百六十种。

时至今日，对死去的亲人，藏人仍可能为他行土葬、水葬、火葬，也可能行塔葬、壁葬、瓮葬，当然还有天葬——这个在中国各民族中，至今仍存活于天与地最为靠近的世界屋脊之上的习俗。

丧葬本是宗教产物，藏人葬俗的选择自然取决于他们的信仰。藏人的信仰主要来源于三大文化系统，即藏族原始文化、本教文化、佛教文化。而地区不同，教派不同，死者的年龄、性别、身份不同，都会影响葬法的选择；即使同一种葬法，情况发生变化时，细节上也不尽相同。

藏人有自己独特的灵魂观念。它不同于汉人传统的灵魂不灭观：人死后灵魂永存，继续干预人事、祸福子孙；于是对死者必厚葬、隆祭、久祠。藏人也相信人死后有灵魂，但很快便转世再生，所以一般不像汉人那样悲痛。他们重念经超度，轻祭祀。

天葬直接来源于佛教义理的利他、敬神、度亡，对信仰藏传佛教的藏民而言，是神圣、自然、得体的。

藏人有句俗话："有钱给老人花，有钱给儿子花"。这已经成为众人约定俗成的事，指的就是给儿子完婚、为老人送终。老人的丧事就是典屋当衣，也要办得体面圆满。藏人认为，这是后辈应尽的责任，也是一件大功德。

在卫藏及安多地区，一旦一个人死去，先将尸身置于室内一角，男性在正屋右角，女性在正屋左角。死者双膝曲于颌下，双手合十，手腕处和颈部用哈达系缚固定，再用崭新的白毡或白褐围紧。此时不能再用床和其他物品，只在尸身下面用土坯垒起一土台，停稳之后，忌讳挪动，更忌讳尸身从上面掉下来，那样是不吉利的。

这种做法基于佛教观念。佛教认为人死后，灵魂和尸体不是一起走脱的，而是灵魂在先，尸体在后。倘若尸体存在，或者停放尸体的器物存在，灵魂还会返回，依附于那块地方。为了让死者的灵魂不滞留在家里，尸床最好用土坯做，背走尸体后，将土坯尽数扔到十字路口，死者的灵魂便随之而去不再回来了。

停尸期间，要请喇嘛念《送气经》，一般停放三天，有些藏区受“中阴”——即人死后到托生转世这段时间——观念影响，认为死者放在家里的时间越短越好，仅放一天。即或有些富贵人家借丧礼炫耀排场，最多也不超过七天。也有佛教徒为亡人作七七超度的。请僧人诵经拜忏，还要到寺院去点灯，以救度亡灵早日脱离苦海。

停灵期间，死者家的门口要吊一个红色陶罐，罐口系以洁白的羊毛和哈达，里面放柏叶等煨烧，上放糌粑粉和血、肉、脂三荤，乳、酪、酥三素，都是敬献给亡灵吃的，一般一日三餐都要往罐里添加一些，意为让死者按时进食。

在停灵的几天中，亲戚朋友便来吊唁慰问，来时一般带一壶酒，一条哈达，一点儿酥油，一炷香，有的还用纸包上钱，上书“慰问”字样。哈达是献给死者的，就搭在死者近前的桌案上；钱物有资助性质，也是一种礼节。除了较大的城镇外，一些小村寨还保留部落社会的遗风，无论谁家有丧事，全村出力、出钱、出粮，对死者的态度也有类似特点，即一家之哀，大家之哀，并不只是死者家而是全村禁止娱乐活动，不高声说笑，不唱歌跳舞；死者的家属一律不洗脸梳头，更不能浓妆艳抹。

七七超度中头七比较重要。拉萨地区在死者辞世后的第七天把亲朋好友请到死者家里，给亡者亲人洗头，意味哀悼告一段落。到下午，把吊在门口用白羊毛和哈达围着的红色陶罐拿到河边扔掉，表示亡灵已去，不需要再定期敬献食物了。

七七超度是佛教习俗，据说这一风俗是唐金城公主带入西藏的。据藏文古籍《巴协》记载：“以前，吐蕃的大臣死后没有祭奠饭食的习惯。汉地佛法兴盛，因之有了人死后祭奠七日饭食的规矩。到吐蕃佛法弘扬，大臣们怜悯民众，人死后及时祭饭食，追荐亡灵。这便是吐蕃人死后致祭的缘由。”金城公主于景龙四年（710 年）嫁予吐蕃赞普赤德祖赞，迄今 12 世纪又 80 年，可见这一风俗在藏区流传的时间之长。

如果死者是一位老人，藏人就把它当作“白喜事”来办。在藏人的观念里，高寿而终是一件乐事。无论这人一生平稳，无喜无悲，还是坎坎坷坷，终无所成，他们大多有儿有女，甚至有了孙与重孙，如今寿终正寝，撒手人间，实在应该恭贺。基于这种观念，丧事的操办明显削弱了“悲”的色彩，如若死者的子女哭哭啼啼，哀伤不已，别人就会训他：“老人幸福地去了，如此哭号，难道还要让他回阳世受苦吗?”哀哀切切，哭个不休，是不好的；号啕大哭会被视为不吉利，干扰亡灵的离去。因此无论远亲近邻，骨肉兄弟，倘若犯了这一忌讳，就会被主管丧仪的人拉到一边“看茶”；倘若吵闹不休，妨碍丧礼的顺利进行，甚至会挨揍。因而至亲骨肉此时尽管酸泪如潮，也不敢流出半滴，只有强作欢颜，应酬亲朋好友、四方宾客。真要放声哭泣，也只能在人后。

在这种气氛下，丧事往往办成喜事，吊唁的人虽然照例给亡人磕头致哀，但人们却说长道短，谈笑自如，显得很轻松。有的还要开上几句玩笑：

“我们也请真前保（对逝者的一种称呼，人去世后藏人忌讳叫他的名字）喝上两杯吧?”

“真前保正做梦呢。”

“那太遗憾了，我还想跟他跳舞对歌呢!”

“下一辈子吧!”

“哈哈哈……”

当然，这种“玩笑”是善意的，有的老人会讲一段逝者过去的趣事，大家哄笑一番。形式不同，实际上也是一种缅怀——一种以笑代哭的缅怀。置身其间，亡人亲友总是悲喜参半，比肃穆的哀伤更加令人难忘。

白喜，富裕一点儿的人家要大宴宾客，杀牛宰羊，十分隆重。送葬前，丧家会专门派出同一家族的若干人，分赴附近各地，甚至方圆数百里地方邀请亲朋前来。办丧事那天，被邀的客人带着礼物（钱、酒、粮食诸物，多少不限，但忌讳空手而来）纷至沓来，宴会上有歌有舞，还可以饮酒作乐。这些歌可以是欢乐的酒歌，也可以是伴舞的歌，大多以渲染热闹气氛为主。此时丧宴与婚宴已没有两样，虽然所唱歌曲也不无伤感。我曾在一个较为隆重的丧礼上听到年近七旬的老人唱这样一首歌：

鹰啊，你飞吧，
趁着有劲翅的时候，
到了那身衰力乏的年纪，
你飞翔的地方，
麦场大一块儿也没有。

骏马呀，你跑吧，
趁着有健壮四蹄的时候，
到了那吃不动草的晚年，
你奔驰的地方，
牙长一截儿也没有。

歌手啊，你唱吧，
趁着你有金嗓子的时候，
到了那幽幽的阴间，
你唱歌的地方，
指甲大一片儿也没有。

在藏人的丧仪上，有两件事比较奇特：一是翻穿皮袍翻戴帽，二是所谓“骨头之主”。

在我上小学时，一日和一群小伙伴玩，一个男孩脱下衣服翻穿起来，我们觉得好玩，便争相效仿，尽情戏闹。不料，那小伙伴的父亲正好路过此地，扯住儿子，二话没说，上来就是两个耳光。我们见状四散而逃，却不知是为什么。后来问大人，才知道只有家里死了亲人的人才翻穿衣服翻戴帽，那男孩真是犯了大忌。说也蹊跷，第二年我那伙伴的奶奶便去世了，村里的人都说是孙子招来的灾难，把老人家提前催离人世了。我当时心里非常害怕，很想去看看，但是大人说什么也不让去。成年后，在老家又看到几起这样的场景：丧事家的男人们光着脑袋，翻穿着皮袍，大大小小跪在那里，蓦然一看，宛如一群绵羊。

翻穿衣服一般为七天，即头七。头七之后可恢复常装，也有穿得时间长一些的。此外，帽子也要翻戴。死者若为长辈，帽子全翻过来，若为平辈人，翻起帽边即可。

另一风俗是所谓“骨头之主”。

骨头之主指舅舅。藏人对舅氏的尊重和依赖甚于其他民族。婚嫁时舅氏举足轻重，丧葬中依然如此，这与藏族社会的家庭结构不无关系。丧葬中不但给舅氏以充分的表演时间和舞台，而且给予超过一般亲属的特权。

甘南舟曲的藏族在送殡的当天要吃顿午饭，饭后开会，在这个会上舅氏可以大要威风，盘问家人，并斥责他们，命令他们向死者磕头；而死者家人此时须俯首帖耳，唯命是从。有时，舅氏还会假意走到灵前，检查死者穿戴是否合格，并假意发怒，不准抬灵轿。在这种情况下，众人须纷纷劝说，斟酒谢罪赔不是，舅氏这才高抬贵手，准予下葬。这种做法的起源可能非常复杂，但此时所作所为已无任何实际意义，只是一种仪式，一种必须履行的手续，因为只有如此才能抬高舅氏的名誉、身份，显示死者还有骨头之主存在，并非死后任人随便处置，无人过问。当然，也真有借此风俗大做文章的，那总是事出有因。我曾听说这样一件事：有一家人女儿嫁出后颇为受气，熬成婆婆且子孙成行之后依然如故。这家人几十年来未敢言动，待这女子死后，舅氏登门，杖责孝子，将丧礼搅成一锅粥。丧家此时唯有屏声敛气，因为舅氏天经地义有其权力，丧礼又不能不请骨头之主，他不允许，灵轿不能行，事主家就处于被动尴尬状态，每天承担一二百人饮食，破费大不说，死者不能按时下葬，实是事主家的耻辱，此后一段时日会成为社会议论的中心，威信扫地。此时事主家委屈再大，也得忍，凭舅氏说一是一，说二是二，直到舅氏满意，率先大哭，众人继之纷纷哭起，灵轿才缓缓起身。

四川嘉绒藏区，舅氏行使权力的时间不在发丧之前，而在下葬之后。傍晚舅舅到来，丧家敲锣在寨外迎接。大门外设一方桌，上摆茶壶一把，火锅菜两个，鸡蛋、蒸馒头各四个，一壶酒，三个小酒杯和纸钱纸花之类。舅舅到门由一老者陪立上方，孝子在侧侍立。老者用嘉绒语向舅舅禀告，说家境贫寒，对死者葬事多不周全，请舅舅原谅。舅舅致答词，或称赞或提出一些不足，丧家唯唯，这一段称为“接舅舅”。双方应答完毕，然后奠酒、烧纸、放鞭炮，叫做“请神”。

请神后，由老人陪舅舅进屋，坐神龛左上方，孝子坐右下方，客人坐左下方，丧家的“内管事”用木盘呈上两块孝布、一盘大肉、一个火锅菜、六个大馒头，代表丧家送给舅舅，叫做“交礼”。同时也送帮忙的人一块孝布，表示谢意。这一段称为“开孝”。不难看出，这种做法已掺杂了许多汉地的丧礼习俗。

开孝之后，舅舅坐到摆满礼物的长桌前，听客人自报品种数量，诸如香烛、纸帛、金银锭、胡桃、花生、肝片、火锅菜、酒、馒头、挂面、豆腐、黄豆、蛋、蜂蜜、白布、棉花、清油和现金等，一一登记在“人情簿”上，称为“摆礼”。摆礼后开始对唱，由丧家选一歌者，向舅舅表示丧事潦草，感到抱歉；舅舅则夸奖丧事办得热闹，生者满意，死者也欣慰。接着双方追述死者生平，充满怀念惋惜之情。边喝酒边唱歌，直至夜阑人静。此外，还要在灵堂的塔形铁灯架点一百盏油灯，请喇嘛入内高诵，每念十分钟经，亲友即依次跪拜一通，并向灯内添油，给喇嘛钱物，延至天明。

出殡是件大事，需要请人问卦，择定吉日。富贵者多请大喇嘛和活佛测定。出殡时间一般都很早，天刚蒙蒙亮，便准备起灵——先将死者衣服如数脱尽，捆紧四肢，蒙以白毡毯，再用白色糌粑粉画一条自尸体到家门口的白线，作为引导。死者若是老人，由其子沿白线背到门口，再由职业天葬师背往天葬场。这条糌粑粉白线由一名与死者同龄的人立即扫掉，连同垫尸的土坯、扫把等放在一起，紧跟送葬人在离家之后的第一个十字路口倒掉。

在拉萨时我曾就此请教一位老者，他说画白线是为了让死者灵魂依白线出门，扫掉白线是让他无路可寻，无法回来。亡魂这时无可奈何，只好去天葬场了。

为死者送行的亲人们每人手拿一炷香，只送到这个十字路口即全部返回，不去天葬场。在离家至十字路口这一段路上，无论是职业天葬师、死者的亲属，还是其他送葬的人，都不能回头看，因为这一瞥间也有可能将死者的灵魂带回家中。人们一方面怀着悲哀、敬仰和惋惜之情，为死者送最后一程，另一方面也心怀惴惴，只盼死者飘然而去，不要滞留家中、乡里，作祟为害。

天葬场

天葬场一般设在离村庄较近的山冈上，因此又称作天葬台。当你登上这座高于四周的山冈时，会顿然感到：离天近了！离地远了！

西藏的天永远是湛蓝的，蓝得出水。置身于这样的环境之中，人世的浊念似乎也被那纯净的蓝色荡涤一新，清清爽爽像飘飘的云气悠悠融入那无垠的永恒之中。从古至今，为蓝色抹平的浩浩宇宙一直是藏人心中的一个谜，为了解释这个谜，诞生了一连串色彩斑斓的观念，人的感受也变得丰富起来。

山冈似乎借助于蓝天的魅力而拥有力量——这种观念在藏族的远古社会就产生了。据有关藏文史料记载，藏族早期的赞普们便是登天梯进入天界，后来到第七世止贡赞普时由于跟罗阿比武砍断了登天绳，从此吐蕃历世王的尸体才得以留在人间。

赞普陵墓的由上而下，由高到低，正好表达了身为天神的赞普，日在人间，夜归天界，然后逐步“留”在人间的过程。早期的人们相信陵墓越高越接近天界。至今西藏林芝地区的藏人还自做天梯——在树干上刻上槽口，放在转经的路上，死后可以通过这些梯子进入天界。

他们知道低洼的地方难于产生如此高邈雄浑的创意，只有在山冈，在那些为蓝天所拥抱的、与飘浮白云和翱翔山鹰为伴的山冈才能托起如此丰美华丽的神话的力量——袒露肌肤的山冈给赤裸裸到来的亡灵提供了一个清丽无瑕的世界。

天刚蒙蒙亮，远远近近的山头刚染上了一抹金红，清冷的天幕上还闪着晚谢的星星，天葬师已背负着走失了灵魂的肉躯，踏着小路走来了。到达天葬场的第一件事就是燃起松柏香堆。一时间，乳白中夹有青蓝色的桑烟挟裹着浓烈的香味涌上天际，像是通告，又像是召唤，只见遥远遥远的空中有素线般不连贯的点在移动，不慌不忙，不紧不慢，悠悠然盘旋着，盘旋着，让你感到它们仿佛从天外而来。那便是秃鹫，天葬中的主角——死者亲属的期待就要通过它来实现。

背上来的尸身放在天葬场的固定地方，有的还需要扎缚、固定。即在颈部扎一绳子捆在岩石上，以免在割尸时四处移动。天葬师揭掉罩布，人体便裸露在光天化日之下。天葬师在香堆上放三荤、三素、糌粑诸物。至此，帮助死者投胎转世的一幕便开始了。

固定在天葬台上的尸身全部俯卧，天葬师从死者的背部开刀。有些地区特别讲究这第一刀，或请僧人亲自动手，或由天葬师按规矩画上花纹；如果死者是宗教徒，背上画的就是卍字。仪式结束后，天葬师所做的就是协助秃鹫以最快的速度将尸身食尽。

他的操作程序是先打开腹腔，取出内脏，然后剥掉头皮，割下头颅。大片肌肉一一割下之后，需切碎暂时放在一旁。

这时成群的秃鹫其实已抵天葬台，但只在岩石、坡地间静候，偶尔有性情急躁者会扇扇翅膀，或大步走两趟，但无一只聒噪。有文章说秃鹫一见到人尸，便如饿虎捕食，蜂拥而下。据笔者所见，并非如此。那些秃颈秃头、模样丑陋的大鸟，是鸟类中仅次于鸵鸟的身材硕大者，但此时一只只屏声敛气，耐心等候……秃鹫多聚群而来，有时十数只，有时数十只，有人曾见到过近一百五十只的秃鹫大队，那阵容十分壮观。

天葬师们这时已将死者骨头放在山冈上自然形成的如舂臼般的凹窝中舂碎，和糌粑拌在一起捏成团。柔软易食的五脏已用东西盖起，那是为了等秃鹫吃完骨头之后再给它们吃。

秃鹫此时依旧伫立不动。那些饥肠辘辘的庞然大物之所以显得如此安分，其实是在等待着一个号令——天葬师将带发的头皮投入火中而腾起的那股特别的烟。

时刻到了，火烟升起，一时间刺鼻的发焦味骤然四散开来，静立一旁的秃鹫们如轰炸机般俯冲而下。如果秃鹫足够多，尸肉会顷刻而光，这是行天葬的藏人最殷切的期待。当它们张开巨翅再度腾空时，天葬台又恢复了清晨时的空茫，只剩下一缕桑烟，还袅袅飘在碧蓝的天际。

藏人认为，刹那间被秃鹫吃尽的，是那些具有大德行的好人，很快就会投胎转世；反之，如果整天不见一只秃鹫，或者来者寥寥，尸肉根本无法吃尽，死者在世时恐怕没做好事，连秃鹫都不愿沾他，是相当晦气、不吉利的。这时，天葬师只好怀着悲悯，将剩余的尸骨火化，抛向四方。

吃完尸肉的秃鹫再一次盘旋于天空，越来越远，越来越高，最后消失在天尽头，只剩下纯净高旷的蔚蓝色，让人感到死者终于彻底脱离烦嚣的尘世，融于博大的苍穹之中，与永恒的自然融为一体。

天葬师

据粗略估计，有近70%的藏人选择无葬，因此，职业天葬师随之产生，有如大都市的殡葬工人。其实，当一名天葬师要比当一名火葬或土葬的殡葬工人辛苦得多，也困难得多。因为他们工具虽然简单，却须有专门的高超技艺以及稳定的心理素质，更要有一个开朗仁爱的心怀。他们是常人，也是从事神圣事业的非凡人。

次多吉今年50岁，已是著名的天葬师。30年前，他从日喀则那木林县来到拉萨，跟叔叔学天葬。天葬师没有固定收入，劳动所得靠死者家属零付，可以是现金，也可能是物品，视死者家境、家属对死者的态度不同而有较大的随意性。一具尸身可能是十几元，也可能是几十元、上百元；所给物品多是死者遗物，有衣服、饭碗等日常用具，也有金银珠宝。因此，每到“旺月”，次多吉一月拿一两千元不是什么难事；而到了“欠月”，就很难挣到钱了。

在藏人眼里，天葬师并不是一个下贱的职业。次多吉的父亲过去曾是西藏政府的中级官员。1985年老人从日喀则来拉萨探望儿子时，对次多吉说：“干上了这一行，就要干好。佛经上讲，这是最好的差事，诚心诚意干，自己死后定能投生富贵人家。”临走时老人一再嘱咐：“不要光为了赚钱，上了天葬台，在秃鹫眼里，没有贫富，只要有人请，给不给钱都要一样对待。”并建议他把收入的一半献给佛。次多吉遵从父命，一一照办。从1980年到1988年的八年间，他一共送走了3000多具尸身，平均每天一具。可以说，他对拉萨人的贡献是巨大的。

天葬师的生活平凡、心境宁静。次多吉有正常的家庭生活，闲暇时还阅读经书。外界常传天葬师是一些无家可归的乞丐，有人死了，背尸到天葬场喂鹰，混口饭吃，这完全是误会。天葬师有自己的本事，有自己的信念，也有自己的尊严。只要到天葬场见到真正的天葬师，就不会这么想了。现在，有的天葬师已如医师般穿上白罩服工作。由于将尸骨背上天葬台要用很大力气，死者家属都会给他们准备青稞酒。在淡蓝色的晨曦中，他们一面烤着牛粪火，一面大口地喝酒，吃糌粑。养足了精神，恢复了体力，才专注地开始他们的活计。

那么，究竟什么样的人才会被选上，而他自己也有意从事天葬师这一职业呢？我曾就此请教过一位藏族老学者。他认为早期的天葬师必是僧人，因为天葬是一种仪式，在藏区这种特殊的环境中，只有僧人出面主持才是合适的。直到现在，一些藏区天葬师仍然由僧人充任。他还说，藏医解剖学比较发达，与天葬这一葬俗或许不无关系。他就知道一些著名的医师曾在天葬场实习过。

到了科学发达的今天，不少天葬师除了宗教性职能，也多了一些医生的心态。我认识一个老烟棍屡次戒烟不果，直到碰见一位天葬师。天葬师什么也没说，只请老烟棍随他到天葬场看看。那人来到天葬场，天葬师指给他看一个抽烟人的肺，黑得令人恶心又让人心颤。又指给他看不抽烟人的肺，粉嫩亮堂，好像人也纯洁许多。自此之后，无论别人怎么“引诱”，他再也不碰香烟了。这是题外话。

一些边远地区，村小人少，不可能备有职业天葬师。这时，人死后往往由村人抬到天葬场，请僧人或年高德劭者肢解尸体，有的只平放于天葬台，由秃鹫自理。没有天葬师的帮助，难免残剩，人们于是将那巨鸟吃剩部分火化，埋葬于天葬场。

秃 鹫

在整个天葬葬仪中，秃鹫充当着重要角色。有人说藏人死后喂鹰，还有人说藏人将鹰鹫当作神鸟、“鹰菩萨”，都是不正确的。他们不仅鹰鹫不分，更不了解秃鹫在天葬中的角色担当。

秃鹫藏语 rgod，汉语称雕或秃鹫，西北汉藏杂居区称“古查”、“藏鹰”，有黑白两种。通身雪白者藏语称 thang – dgar，在一群秃鹫中十分珍稀。天葬桑烟升起后，倘若有一白色秃鹫第一个俯冲而下，撕咬亡者的尸体，被认为十分美好吉祥。这显然与藏人崇尚白色有直接关系。

鹰、鹞之类身体小而灵活，秃鹫体大，翼也长，立在那里宛如一个成年人蹲着；踱步时显得十分笨重，起飞前必须加助跑。

秃鹫有它严格的活动规律，一般情况下不与人见面。每每晨曦微露，它已盘旋在高空，悠悠然不知所往，而当它发现食物或天葬师燃起的信号，才庄重地落下。

秃鹫是一种集群的飞鸟，很少见有单独飞行觅食的，一般总是三五只以上，食量很大，啄食不但速度惊人，甚至可以吞下十五公分左右的骨头。秃鹫还是一种聪明的鸟儿，一旦尸肉短骨吞食殆尽，而尚未尽兴，便将那些长骨头叼起飞向空中，向岩石猛摔，接着冲下来将碎骨吃尽。这种奇观在藏区不时可见。

面　灯

面灯，藏语叫坎扑尔。对它，我有一种特殊的情感，这情感使人常常梦见一盏灯，一盏照着我的心透亮的灯，它在我心里，并不亚于那被千万人赞美过的牡丹、玫瑰，是由于有光的原因吧。有时它甚至像一轮红日，恬静安详地挂在我的心里。

每年都有个年节，年节前一天晚饭前总要点面灯。幼年时总把点面灯当做一件好玩的事。当母亲把丰盛的饭菜端上桌子，当我们这些穿上节日新装的孩子们帮着母亲放好筷子，倒好茶水，爸爸便会说：“先不要急着吃，点面灯……”

在庄严的佛龛前，母亲早就扎好枣子树——在两个盛满水的瓶子里，各插了一枝桦树枝，上面挑了许多红枣，红枣的间隙间搭了些许轻纱似的羊毛，涂了黄润润的酥油，真惹人喜爱哩。尤其是这插在水里的桦枝，经过十天半月的浸泡，在原来的枝节处、梢儿上，露出了嫩绿的叶苞，叶苞慢慢地伸出一长喙，长喙又悄悄像花朵般绽开了，枝头的红枣有了这绿叶的陪衬，宛如真的果树一样！

在枣子树前是母亲早就捏好的面灯，分两排放着：左面是男的，右面是女的，一人一个。我常常对母亲说：“阿妈，把我的灯也放在你们这边吧，一面四个，一面两个，不对称，不好看！”母亲望望排成八字形的面灯说：“这可不行，放哪儿，这不是妈妈和你决定了的，这是规矩，‘规矩’，懂吗?”我不说什么，是规矩就得遵守啊。

接着，爸爸妈妈哥哥我和妹妹依次点了自己的面灯，坐到炕上，一面吃饭，一面看着面灯说话。

我小时候多病，三天两头，不是拉肚子，就是闹感冒。因此，母亲也对我付出了更多的心血，当然，还有一个原因，那就是大妹的死：大妹是在贫病中离开人世的，母亲每每想起她来就不停地啼哭：“可怜的孩子，你生下来就没吃过一口好饭啊……你还不知道活人是什么味儿，就走了……”大妹的死，加重了母亲的精神负担，也使她更加忘我地抚养着她的孩子们，只要哪个孩子病了，她就会匆匆地去找医生，煎药，做好吃的，只要我们叫声疼，她就会流着泪，不停地安慰我们，仿佛孩子们马上要从她身边离去似的。

我们一边吃饭，一边说话，倏地，母亲的眼睛直直地盯着面灯不动了。

面灯，六盏，像六个神奇的精灵，旺旺地燃着，那润润的琥珀色，像在久久地熨着我的心，那样舒悦，那样亲切。可是，当我再仔细一瞧：糟糕，我那盏着得并不旺，那向上窜起的火头，又渐渐地缩了下来。

“瞧，大头（据说我小时候头很大，故而哥哥这样称呼），今年运气不好，又要拉稀……”二哥嬉笑着刚说到这里，大哥捅了捅他，二哥打住了话头，惊讶地望着母亲。母亲显得十分焦急地望着我那盏面灯，脸色也变得冷峻了。

就在这时，也就在这时，我那盏灯突地爆了一声，熄灭了。我傻愣愣地望着我那盏熄灭了的灯，老半天才转过脸来：“阿妈，我的灯，我的灯，灭了……”眼泪，不知自何而来，我哭着，心怦怦直跳，感到有一种莫名其妙的恐惧。

母亲放下筷子，蔫蔫地低下了头，仿佛骤然憔悴了。她把我紧紧搂在怀里，胡乱抚摸着我的身子，无声地流着泪。

爸爸跳下炕去，重新点起了我那盏面灯，笑着说：“没什么，没什么，这不是，着得好好的，穷人的儿子天照顾，佛爷保佑着我们哩，快，吃饭吃饭，过年就要高兴，哭哭啼啼，绷嘴拉脸，过什么年……”

我那盏重新燃起来的灯，的确着得旺。过了片刻，母亲笑着对我们说：“快，快吃，饭都凉了。”我们见母亲笑了，心情顿然松弛，大口大口地吃起来。

其实，母亲的笑是给孩子们看的，她内心的沉重和那无尽的担忧，只有她自己才清楚。从初一起，她便紧紧地管着我，不让我出去玩，即便是让出去玩，也一再叮咛，注意这个，注意那个，还让两个哥哥“保驾”。有点什么好吃的，首先给我，连比我小三四岁的妹妹也排到后边去了。就这样，从春到夏，从夏到秋，从秋到冬，我在母亲精心的管理下，一步一步走过来了，不但没拉肚子，感冒也明显少了。说也有点怪哩，象征着一年中一个人运气、生命的面灯，是一种迷信吧，而无数的现实事件却硬要为它说好话。到了年底，有点如释重负的母亲，对我的管理逐渐松了，也开始忙碌极为辛苦的过节的衣服饭菜，柴柴草草。我溜出了家，和我的小伙伴们玩了一整天，在邻居家吃了一颗抟成鸡蛋大圆球的陈酸奶。好讨厌的酸奶呀，到了夜里，母亲还在灯下给我做新衣服，我开始嚷嚷肚子疼，没过多久，上吐下泻，折腾了一夜。爸爸星夜找医生。

第二天早晨，当爸爸把医生请到家时，我已经软塌塌地散在炕上，站也站不起来。多少夜没睡安适觉的母亲，眼里布满了血丝，她哭着，由于面灯的“兆示”吧，她以为我是必死无疑的了。

不知母亲和一家人为我辛苦了多少天，当我从昏迷中清醒过来，感到身上稍稍有点劲儿时，又到点面灯的时候了。医生说：“好啦，你们放放心心过年吧，这孩子没事啦！”爸爸和母亲凄凄地笑着，接着，千恩万谢地送他走了。

母亲瘦了，眼睛也深陷了下去。

“熬多少夜了，你睡睡吧。”爸爸对母亲说。

“马上要点面灯，还是别睡吧。”母亲说着挽挽袖口，又要忙去了。爸爸、两位哥哥拦住了她：“有什么事我们来做，你还是休息休息吧。”

母亲犹豫一下，笑了：“好，好，我打个盹儿，你们喊我，一会儿点面灯——”

母亲太劳累了，她睡得多实呀，一动不动。到点面灯的时候了，妹妹嚷着要叫醒妈妈，爸爸没让。第二天清晨，爸爸领我们兄妹燃起了冲天的桑烟，当那吉祥的螺号声从远远近近不时传来时，母亲还没醒。

吃早饭了，按规矩，在吃饭前子女们要首先给双亲磕头拜年，爸爸还没让我们叫醒母亲。我们兄妹四个，先给爸爸磕了头，然后再给熟睡的母亲磕头。就在这时，妹妹不小心弄响了凳子。母亲醒了，信口就问：“你们干什么呢？面灯点了吗？”

爸爸呵呵笑着：“点了！点了。”

“小三儿的着得怎么样？”她急迫地问。

“着得好，他兄妹四个的面灯都着得好！”

母亲高兴地笑了：“好哇，你们点面灯也不叫我，这都过年啦，还让我睡着……”

其实，这一年我家没点面灯。这以后的许多年，也没点。然而，在我心中却有了一盏永远闪亮的灯。

菩　提　树

那两条桦树枝是我摘来的。山后有桦林，红桦、白桦，一片接一片。妈让我摘红桦枝，红桦枝嫩嫩的，有枣一样红色的身子，尽管地下是冰雪，那高高翘起的枝头有苞，像要开花似的。

妈仔细地剪着枝枝丫丫，凡是剪断的枝端都插上一个泡大了的红枣，于是满“树”都是沉甸甸的果实。妈把它们分别插进两个灌满水的玻璃瓶子里——那瓶子算是我家的花瓶，每到夏天，我们摘了各色的鲜花就这样灌了水插在里面。当然，此刻我的注意力不在瓶子，也不在桦枝，而在枝头那一颗颗红枣。真馋人哪，一年四季，核桃和枣我们只能吃两次，一次是七月的赛马会，一次是过年。

妈在桦枝上缠上了洁白的羊毛，贴上了金黄色的酥油，还挂上了两条五色彩线。这样一装饰，顿时有了神气。这就是菩提树。从正面看，两株树正好围拢在佛像底下。

爸刚从才让爷爷家回来，一边擦净了酥油灯，装了捻，添了酥油，一边对妈说，才让爷爷病得不轻。妈说他是个好人，一辈子行善做好事，村里的每条路都有他的汗水，84 岁了，如今生活又不好，咳……

图 4　丹珠昂奔与父母在北京紫竹院公园（1984 年）

除夕之夜，大家一块用餐，爸告诫我们兄妹：不准偷吃菩提树上的枣。

“呀!”我们一起答应。

妈看着有点蔫的我们说，你们耐心等着，到了正月十六，这些枣全给你们吃。

像往年一样，初一早上，我们兄妹面对佛像和菩提树给爸、妈磕了头。接着是拜年，你来我往，我往你来。家穷买不起多少酒，可草原上的人拥有最多的歌，最多的舞，大家又唱又跳，十分热闹。来我家的客人们总要夸我家的菩提树做得好；我到别人家时才发现，果真如此，别人家几乎不做，即使有做的，上面有枣的也很少。我问他们，他们说：哪里像你们家呀，我们上哪儿去买枣？即便有枣，哪儿有钱？大家困难，穷困限制了一切。

我焦急地等待着十六日的到来，每天都要详详细细地去数着菩提树上的枣，生怕少了一颗。是由于屋里暖和的缘故吧，插在瓶里的菩提树“生长”着，先是那些个小苞渐渐变大，接着苞儿展开，便是嫩绿色的叶子，那些红枣也慢慢隐匿到嫩叶后边去了。

尽管酥油少，妈还是坚持点了三天酥油灯，还在酥油灯前设了个小香炉，里面煨着柏枝，于是菩提树和后面的佛像在缭绕的香烟里，若隐若现，神神秘秘的。只有放在前面的酥油灯是明亮的，像妈的面庞那般和蔼慈祥。

“妈，为啥要做菩提树呢?”我问。

妈说：“才让爷爷是怎么讲的？是图吉祥圆满吧，佛总是想着让大家少一些灾难，让大家多做一点善事。”

“那么，菩提树上为什么放枣呢?”我还是惦记着那些枣。

妈说这可不知道。祖祖辈辈的人都这样做，到了我们这一代也这样做。大概是献给神佛的吧，你没听才让爷爷说，人和神的祖先是一个吗?敬神就是敬祖先，神离不开人，人离不开神……你们长大就懂这些了。

在年景好的时候，我家的油馃可以吃到正月结束，如今遇到坏年景，过了三天年，妈便让我们吃粗粮，那不多的几个油馃是留给客人和老人的。

爸他们从正月初九开始劳动了，正月十五过得很冷清。家里只有我和妹妹，客人不见来，我们在家里没事干，就数菩提树上的枣，一棵九颗，一棵十一颗。妹妹说她要吃十个，我说不行，枣是贵重的，光你吃十个，爸、妈、哥哥们该吃多少？妹妹说爸妈哥哥们说过的，他们不要，全让我们吃。我说那样霸道不好，见了好吃的不想父母兄弟那不是好孩子。其实我比妹妹还馋，恨不得马上摘下来尝尝。

像等了几十年，十六日姗姗而来。我一爬出被窝，就蹦到菩提树下，看爸摘了枣没有。

爸不在，说才让爷爷病情加重，半夜来人把他叫走了。我说：那，这枣……怎么办？怎么办？妈说，等不及了是吧，我给你们分……

妈开始分枣，我和妹妹各五个，两个哥哥各四个，爸妈各一个。两个哥哥学爸妈的样儿，自己吃了一个，把其余的枣给了我和妹妹。我们高兴极了。

妈和两个哥哥的枣当时就吃了，妹妹的枣是躺在被窝里吃完的，枕边吐满了枣核，还眼巴巴地瞧着妈给爸留的那颗枣，我瞪眼示意不许要，她不干，还是盯着爸那颗枣看。妈无奈地说，好吧，我代你爸把这枣给你。

那爸呢？我问。大人们不愿吃枣，枣是给孩子们结的，妈说。

我将信将疑。

只有我的枣还剩五颗。我把它们放进我的碗套里，揣在怀中，像揣满了幸福和世界的一切，快快乐乐地玩了一天。

十六日的月亮仍然那么大、那么亮，我们一家人等爸吃饭。过了一会儿，爸大步流星地来了。我们呼啦一下围在饭桌旁准备吃饭。

爸一进堂屋，先向上扫了一眼，大声地问：“怎么，这菩提树上的枣呢?”

妈说，吃啦。爸问，全吃啦？妈又说，孩子们馋了半个月啦，还能留着？咳！爸叹口气，顿了一下脚，一副着急的样子。

妹妹以为爸生了气，嗫嚅道：“爸，您的枣是我吃的。”我的心怦怦直跳，不由自主地摸了一下怀里的碗套。

怎么啦？妈也奇怪地问。

静了片刻，爸才沉重地说，才让爷爷快不行啦，刚才清醒了一会儿，他说很想很想吃枣儿，我以为家里有枣就答应来取。瞧，他临去我还给他撒一次谎，真是罪过！

爸这一说，大家的目光一起投向我，妹妹首先揭发：他还有枣！

没……没啦！我舍不得，真舍不得啊！妈不是说大人们不愿吃枣吗？怎么，没牙的才让爷爷还想吃！真是……我的脸憋得通红。

给一个垂死的老人一点安慰，是我们的福分哪！孩子，你若有枣，就快拿出来吧！才让爷爷全家会感激你的。爸，妈这样劝我。

我不甚情愿地把碗套从怀里掏出来，打开：红润润、亮闪闪的五颗枣像五颗红宝石。

爸拉着我说，走，咱俩一块去。

这是你家老三吧。才让爷爷这样问爸。

是的，他给您送枣来了。爸说。

我把五颗枣捧在老人面前。才让爷爷倏地抓起枣，孩子似地笑着，连眼泪都笑了出来。他抹着泪像欣赏宝贝似瞧着枣："要走的人，今天这么想你，这，这是为什么呀……怎么，这枣都有个孔?"

"是从我家的菩提树上摘下来的。"我说。

"菩提树！菩提树!"老人的眼睛亮了一下。"佛呀，您真有眼，我行善一世，这是您送来的声音呀！吉祥！吉祥。"他把一颗枣放进嘴里，接着安然地闭上了眼睛。

爸把剩下的枣放在老人枕边，领着我往家走。皎洁的月光洒在大地上，我的眼前仿佛晃动着我家那两棵挂满果实的菩提树，一边站着爸，一边站着妈。

豌豆的故事

虽然我早已淡忘，大舅经常提到这件事。每当他提到这件事，我心里总感到甜滋滋的，回忆起我童年的那个冬天。

那是1959年或是1960年的事。年纪稍大一些的人都知道那是一个什么样的年代。那是新中国成立后著名的“三年困难时期”，就连我们那个偏僻的小山村也饿死了人。

父亲远在新疆服役，母亲带着我们兄妹五个，日子一天比一天难过，可以说已经到了饥寒交迫、走投无路的地步。为了养活我们，母亲先卖掉家里不多的一点财物，接着又卖掉了几件自己心爱的首饰。除了干菜、野菜，家里只剩下一点点青稞面。就这一点点青稞面比黄金还要贵重，每次煮野菜时，在上面撒一点点，才算有一点粮食的味。就在这时在县上工作的大舅回家来了。

用什么东西来招待大舅呢？母亲在为远道而来的大舅能吃上一顿饭而发愁。她几次把那一点点青稞面刮了来，又恋恋不舍地倒了回去。她难过地流着泪：“你阿香（舅舅）来了，可就这二三斤面，怎么做呀，做什么呢，做完了，就再没有一点儿面了！”

舅舅要来，我们全家都是非常高兴的，可是家没吃的，怎么招待他呢？这不仅使母亲犯愁，我们一家人都在为此犯愁。

大哥和二哥看着愁容满面的母亲说：“我们还是煮些野菜吃吧。”

母亲想了想说：“这样也好，我们平时吃什么，他来了也吃什么，这样也可以剩一点面呐。”

不一会儿，母亲把干菜洗了，煮在锅里，屋子里顿时弥漫着刺鼻的散发着霉味儿的干菜味儿。

母亲又在一个锅里烙了一块小饼，熬了一壶茶，看着眼巴巴地望着锅里那块饼的我们，像是下了多大狠心地对我们说：“你们还是忍一忍吧，好吗？你阿香多少年没回家了，到家里连一点粮食也吃不到，那样会使他伤心的。”

母亲的话是圣旨，我们点着头，表示大舅来家后，保证不去吃那一块饼子。

饼子烙好了，可是舅舅还没有来。那种面饼烙出的香味儿是多么吸引人呐，那味儿直往鼻子里钻，让你赶也赶不掉。我馋得直流口水，说：“怪呀，这馍馍味儿怎么尽往我鼻子里跑……”

二哥说：“不说你嘴馋，还怪馍馍的味儿……”

大哥说：“你得学乖一点儿，你没看见两个妹妹都没有闹吗?”

母亲和我们都笑了。就在这时有人敲门，我以为舅舅来了，第一个跳下炕去开门。

门开了，随着一股冷风扑面而来的并不是舅舅，而是一位满头白发，冻得脸色青紫的老太婆，她拄着拐杖，颤颤巍巍地举起一个破破烂烂的瓷碗，可怜巴巴地叫着：“给我一口吃的吧，给我一口吃的吧！”

我们兄妹都愣住了，不知如何是好。

母亲看着这个可怜的讨饭老人，急忙把她让进屋里，拉到灶火旁坐下，让她烤着火，自己的眼睛先湿润了。

“你们是好人哪！你们是好人哪！”冰天雪地里有人能让一个讨饭的老太婆进屋，又给她火烤，这是不容易的。那老人显然被感动，顿时满眼含泪，不知如何是好。

母亲没说什么，她不无犹豫地看了看我们：像是在征询我们的意见，接着抓起刚刚烙好的那块饼，掰出一半给了那个老太婆。

“阿妈——”我和两个哥哥叫了两声，我们有天大的不乐意，我们这么金贵的饼子是招待舅舅吃的，凭什么给那个肮脏的讨饭婆?可是，是儿女就得听母亲的话，家里的规矩，当着生人的面我们更不敢再多说什么。

母亲显然看透了我们的心思，说：“你们还是到炕上去吧，炕上暖和。”

那个“死老太婆”，我们当时在心里这样骂着，“她可倒合适了，把给舅舅的馍馍吃了，她也不怕吃了肚子疼！吃了胀肚子拉不出屎来！”

我们狠狠诅咒着，可是那老人千恩万谢地把手合十放在额前，点着头，泪水从她那干瘪肮脏的脸上流下来：“你们是好人哪！你们是好人哪！”

大哥叨叨了一句：“她倒会说话，好人好人，她把谁叫好人，她把馍馍叫‘好人’……”

那老人吃了点馍馍，喝了母亲熬好的茶以后，吃力地站起身说：“你家里要来客人，我就走了，我就走了……”

母亲把她送出门，久久地站在冷风里，望着老人晃晃悠悠的身影逐渐远去。她沉重地叹息着：“唉，冷冻寒天，她还能上哪儿去讨饭啊！这天气，要冻死她的……”

二哥说：“她真够讨厌的……”

我说：“她吃掉了给阿香吃的馍……”

大哥说：“我还饿着呢。”

天，阴沉沉的，冷风不时发出刺耳的叫声。

我们和母亲返回屋里时，剩下的半块饼已被我的两个妹妹吃得干干净净。母亲叹了口气，没说什么。我捡到了她们丢在地上的一点饼子渣儿，放在嘴里尝了尝：“噢，多香啊，蜂蜜也没有那样香甜。”

母亲又挖来了一点面，放在铁饭勺里炒着，铁勺里的面逐渐由白色变成黄色，重新散发出粮食的香味来。我们大家都不说话，挤在炕上，眼巴巴地等着大舅到来。

屋外飘起了雪花，倏地冷风从窗户的缝隙里袭进屋来，身上顿时有一股寒潮浸过，让人不断地打起寒战。母亲说：“你们感到冷，就到灶火这边来吧。”我们呼啦一下子来到灶火旁，跟母亲挤坐在一起，母亲凄苦地望着我们，我们谁也不说话，望着灶火里红红的火焰。

大舅终于来了。他在为我们家的苦酸处境而难过：“……这瓶瓶罐罐，什么时候能长大呀！这日子太难了……”他一一在我们额头上亲着，爱悯地看着我们。

母亲把那点炒好的青稞面放在茶碗碗底，摁了摁，倒上茶，说：“唉，这年月，大家都不是在这样过吗？让孩子们能活下来，度过这荒年，就是佛爷保佑了！”

大舅知道眼前日子的艰难，不愿喝那放了糌粑的茶：“家里这么困难，这点糌粑就留给娃娃们吃吧。”

“你也难得来一次，家里也没有什么招待你，就这么一点糌粑，你就喝了吧……”母亲坚持着。

大概是看着我们兄妹五个一个个面黄肌瘦的样子难以下咽吧，母亲再三让着，大舅死活不喝那茶，“大人没关系，娃娃们重要，还是留给他们吧，我一会儿吃点干菜就行了，再说我刚吃过饭，肚子也不饿。”

母亲只好给他倒了清茶。大舅喝着，跟我们开着玩笑，讲他的小时候，讲过去我们村里人的故事，听着舅舅讲的故事，我们的心里充满欢乐。

那点糌粑自然地留给了我的两个妹妹。大妹身体不好，小妹只有两三岁。

“这过的什么日子，客人来了，桌子上除了放个碗，什么东西也没有……”母亲感叹着。

大舅说：“到处都一样，要饭的成群结队，要熬到来年庄稼收割，日子还长哪！你们要想办法，坚持住，没有过不去的火焰山，我们靠山吃山，等开了春，后山森林里的野菜长出来，就有办法了。唉，只是可怜了这些娃娃们。”

虽然是隆冬寒天，亲人相聚，大家说着话，心情是那样的欢快美好。大舅也给我们讲了许多城里的故事，什么汽车啦，火车啦，电灯啦，我们都是第一次听说，感到非常新奇。

两个妹妹又在嚷嚷肚子饿了。我突然想起一件事，便悄悄从家里溜了出来。

天冷得出奇，冷风吹在身上，如同针刺一样。我穿着那件补了又补的破棉袄，就像没穿衣服似的，冻得我直打哆嗦。我一溜小跑跑到那个草垛下。那里是早些年碾场后堆起来的草，上面用泥封着，是集体的财产，谁也不能动。我和小伙伴们玩的时候曾经在那捡过青稞、豆子。

我在草垛里翻着、刨着，找着豌豆、青稞，找到一颗豌豆就跟找到一颗珍珠似的赶紧装进兜里，不一会儿，手指头便冻得发麻发木，生疼生疼。我不时把手放在嘴里哈着气，或者插进两腋下暖着，跳着，等感到手稍微好一些，就再去刨、刨。有几次手指头冻得实在难受，就忍不住哭，可是哭上几声，我又开始捡、捡，心想大舅对我们多好啊！他来了，母亲为给他做一顿饭在犯愁，给他一点吃的，这是我们当外甥的应该有的孝心啊，否则，母亲不安，我们怎么对得起大舅啊！

我看着地下再也找不到豆子和青稞了，就向草垛里有豆草的地方（碾场时一层一层混放上去的）撕。草垛有五六丈高，压在底下的草很实，要紧紧攥着使劲拽，才能拽出一点点来，我再把那点拽出来的草抖了又抖，希望能在里面抖出几颗豌豆或者青稞来。

雪花飘着，时而有雪霰随着风袭在我的脸上，针刺一般疼。我骂着天气，不一会儿工夫，就撒了几泡尿。远远近近，白茫茫一片，看不到一个走动的行人。我不时拍拍草垛上的雪，心想：唉，这些雪要是白面就好了，我装满一帽子带去，让母亲给舅舅做一顿饭该多好哇！

我撕着，撕下一把，抖抖。把抖过的草放在一旁，然后蹲在地上瞪大眼睛仔细地寻找留在地上的豆子、青稞，只要找到一粒，我就像白捡到了一块金子一般咧着嘴自己笑着，那样情不自禁。

草垛里渐渐形成一个坑，我抖过的草也渐渐堆得有我的身体那么高，我的兜里已经有了十八粒豌豆，虽然母亲不在身边，我还是对她说着：

“阿妈，我已经捡到十八粒豌豆了！”也就在这时，我的左手被草拉开了一道口子，血顺着伤口冒出来了，像一颗大大的红果，我叫着“阿妈，阿妈！”哭了，剧烈的疼痛使我浑身打颤尿了裤子。我咬着牙挺了一会儿，噙着泪，忍着哭声，又用右手一把一把撕了起来，我想我应该至少找到二十八粒豌豆，大人都说那是一个吉祥的数字呀！

不知过了多长时间，我听到了二哥叫我的声音，接着又听到了母亲叫我的声音，不知是冷是痛还是咋的，我想答应却怎么也应不出声来。

母亲找到了我，问我在这儿干什么，我没说话，把兜里的豌豆拿出来给她看：

“阿妈，这个……给阿香吃，您您……用不着再犯愁了……”

母亲哭了，她抱着瑟瑟发抖的我，迎着风回到家里。

舅舅见我满身草屑，被抱了回来，急忙问：“出什么事啦？”

母亲哽咽着半晌说不出话来，她把我兜里那二十八颗豌豆都掏了出来，断断续续地说：“他去……捡豆子，捡了二十八颗……要炒了……给阿香吃……”

大舅看着我手里的豆子顿时眼里含满了泪水，他把我抱在怀里，给我裹上了他厚厚的大衣像拍婴儿似的拍了拍，捡着我头上的草屑：“你看冻得快成冰块了……这么冷的天，冻坏了可怎么好哇！……这娃娃……心这么善……这么懂得疼惜人哪！

“阿香来了，家里没吃的，阿妈着急……我也着急……”我解释着。受到舅舅的表扬，我心里乐滋滋的。可是寒冷使我不住在他怀里打颤。

过了一会儿，大家的心情也逐渐平静下来。母亲笑着说：“阿香不要辜负外甥的一片心意，捡来的豆子，我们炒了吃吧！”

“用铁勺炒吧，我去！”二哥自告奋勇。

母亲摇了摇头：“炒豆子可不像炒青稞，用铁勺，恐怕连一颗也吃不到。”

“为什么？”我问。

“一会儿你就知道了。”大哥毕竟年长一些，他神秘地笑着。

在舅舅怀里，我的身体暖和了，心情也分外舒畅，我便跳下炕看母亲炒豆子。

尽管只有二十八粒豆子，母亲还是把它们放在了锅里。火烧着了，母亲还加上了锅盖。我说：“阿妈，我想看……”我打开锅盖，只听得大哥说“快把锅盖盖上。”我还没来得及盖，只听得“噼、啪”两声，一颗豌豆蹦出锅不知去向。一颗正巧落在我的怀里，烫得我跳了起来。一时惹得大家哄堂大笑。

母亲赶紧盖好锅盖。一时间，锅里就像打枪一样，“噼噼啪啪”响成一团。

“瞧，锅里的豌豆多热闹，正在唱歌跳舞呢!”大舅在跟我们开玩笑。

炒好的豆子被盛在一个小木碗里，放在炕桌上，我们一起对大舅说：“吃吧，吃吧，请阿香吃豆子。”

大舅不知在想什么，嘴里应着：“好好好，好好好”。可就是不动手。大舅不动手，我们谁也不动。我几次把碗放在大舅手里，大舅还是放在了桌上：“你们吃吧，你们吃吧，我不饿。”他反复说着这句话。两个哥哥把碗放在手里，他还是放在了桌上。

大家静静地看着，谁也不去动它。

过了片刻，母亲对我说：“你捡来的豆子，还是由你来分给大家吧。”

母亲这一说，我便给大家分豆子。

我把五颗豆子放在大舅手里，大舅用双手捧着，那么认真，那么谦敬，像运动员接受冠军奖杯似的。我又把五颗豆子放在母亲手里，母亲说：“你们吃吧，别给我，别给，我不饿……”可我还是放在了她手里。接着，我们兄弟三个和大妹每人三颗，小妹给了四颗。我问大家：“这样分行吗?”大哥和二哥说：“这样分好！这样分好!”

大舅和母亲没有表态，只是慈爱地看着我们。

屋外，飘着大片大片的雪花，山野被罩在一种白色的朦胧之中。我们手中的豌豆三下五除二顷刻间全吃完了。大舅把一粒豌豆含在嘴里，轻轻地嚼着，眼里噙着泪花，不再说话，看得出他的心情十分激动。多少日子大家都在吃野菜过活，都饿得无精打采，能吃粮食是多么幸福啊！多香啊！那味儿让人回味，想一想，还会下意识地咂咂嘴巴。

大舅要走了，我们送出门来，大舅对我们说：现在到处都在饿肚子，差不多村村都有饿死的人，可是老人们说得好：荒年一时呀，等开了春，森林里就有许多可吃的东西，地大菜、蘑菇、骡耳韭、野芹菜、野葱、野蒜、木耳，还有染卜（一种果实可磨成粉食用的植物），大家一起想办法，等度过了这个荒年，我们就胜利了!

我恋恋不舍地望着大舅：“阿香，您还会来吗?”

“当然要来，当然要来，这里是我的家，有你们在，我怎么能不来呢?”大舅蹲下身子特别地亲了亲我。

“回去吧，回去吧!”大舅向我们挥着手，一步三回头地望着我们。

母亲流着泪，我们兄妹五个依偎在母亲身边，一直望着大舅消失在风雪里。

我把手伸进衣袋里，突然发现有豌豆，我一下子抓了出来——共五颗。我惊诧地叫着："阿妈，您看，这是我给阿香的豆子……"

母亲擦着泪："他不吃……他吃不下去……他怎么能吃得下去呢……"

"我去送……"我拔腿就想跑，却被母亲拦住了："别去了，他是有意留给你的，你就是追上他，他也不会要的……"接着母亲打开了自己的手——她那五颗豌豆都在她手里，一颗也没有吃。大哥先哭了，接着我们兄妹都哭起来。"阿妈，您怎么不吃呢？您把它吃了吧……"我们拉着母亲的手央求着。

母亲说："你们吃吧，阿妈不饿……你们吃饱了，我的心就是饱的，你们吃香了，我的心就是香的……"

母亲把她的五颗豌豆又放在了我的手里——又是十颗豌豆了，多多呀！那香味和着凛冽的风冰冷地袭进我的心里。

"你兄妹分了吃吧。"母亲说。

雪下得大了，雪花叠着雪花落在地上。我望着那十颗豌豆，望着风雪弥漫的天空，久久说不出话来。

白虹——为母亲送行

1994年6月17日（星期五）2时半，学校召开科室、系处、副教授以上干部会议，听取首都师范大学人事处关于首都师范大学内部体制改革问题的报告。

会议大约在4时许结束，我与数人简单寒暄后，便回到系里。刚在主任办公室坐定，即得到行政办秘书的便条，意思是母亲病重，让我与爱人赶快回家。电话是我的侄子打来的。这个长途电话使我的心情顿时乱了起来。我知道，要我与爱人一起回家，这标志着母亲不是病危就是已经去世。果然，过了四小时，二舅来电话说我的母亲已经去世了！

再也没有什么比这更令人伤痛的了！尽管我已至不惑之年，再也控制不住悲痛已极的情感，悲切地哭叫着、呼唤着：

"阿妈——阿妈——"

6月18日6时许，我急匆匆提着行李赴到北京火车站。还好，从票贩子手中购得一张卧铺客票（票贩子可谓除之不尽），便急匆匆上了西去的列车。

火车按时开动了，汽笛在鸣，熙熙攘攘的人群随着火车的铿锵声逐渐远去。我寂冷的心像一块抛入大海的冰石，悠悠地滑向海底，孤苦、阴沉、不由自主。我抚摸着卧铺间熟悉的小桌，一阵悸冷，一阵震颤，泪水倏地涌向眼眶。

那年——1984年10月，母亲和父亲来北京看我，由于买不到卧铺客票，他们是坐着硬座回去的。我曾长久地为此而内疚。也就在这个车站，火车开动时，母亲挥着手，流着泪对我说："回去吧！回去吧！"那时候她老人家已经60岁了！

翌日5时许火车到达兰州。我看看列车时刻表，一时还没有去乐都方面的列车，等到有时，时间也不好。犹豫片刻，即赶到兰州大厦西侧的汽车站，恰好有去西宁的车，我立即上了车。可能是私人车的缘故，这辆车一直耗到晚7时许才开，到乐都已至夜里9时半了。饭后回到房内躺下，往事纷至沓来，睡意顿时全无。我看看表，已是夜里1时了。我想起了那首曾无数次地吟诵，无数次地体味其中情感的白马藏人的《喊魂歌》：

魂啊！
你不要到处去望，到处去游！
家里的父母都在盼望你，
回来吧！
魂啊！
东方不是你逗留的地方，你快回来！
南方不是你逗留的地方，你快回来！
西方不是你逗留的地方，你快回来！
北方不是你逗留的地方，你快回来！

我蓦地感受到我便是那游魂，而招魂的那个神圣、庄严、悲切而又慈爱的声音，正是母亲的。无论我走到哪里，或在寂静的藏北草原，或在繁华的深圳、香港，或在北京、天津，或在东京、巴黎，每当我想到母亲，想到家乡，耳边便响起母亲亲切的声音。我的心便飞到了她身旁。我想母亲此刻正在焦急地等待着我的到来。她要走了，永远地走了，她要最后看一眼自己日夜思念的孩子啊！

记得我到海西谋生的那段日子，每当夕阳西下，母亲便带着我的幼小的侄子，久久地注视着我离去的那条山道，多少次她直等到晚霞消尽，悠悠的夜空散上星斗。儿行千里母担忧啊，我孤身一人，走南闯北，怎不使她揪心！

和衣而卧的我突然被惊醒了。看看表，恰是早晨六点，这也是多年的学生和教师生活养成的习惯，一般到此时都会醒的。我揉揉眼惆怅地看看窗外，便洗脸、刷牙漱口。

大约6时半，我赶到汽车站，打听了又打听，知道山上的车由于下雨路滑已有两日没下来，今天下来与否尚且未卜。我担心，怕赶不上见母亲最后一面，赶不上最后的送行。

虽然有点云，但天气尚好。太阳和煦地照着大地，蔚蓝色的天空，不时有飞鸟飞过。我焦急地等待着上山的班车。

8时半、9时半、10时半、12时半。一般汽车要在12时半左右来，多么漫长的等待啊！可等到12时半，汽车并没有来。售票员说：这时候不来，大概不会来了。我更加着急起来，问他：有没有去马场的车？回答说有，于是我买了去马场的车票。从那里离家稍近！再说到下午时该班车就要发车了，刚巧这时碰到芦花学校（因建于康熙年间的芦花寺而得名，离我家约六七里）的几位教师，他们与我同路。他们说到白崖子有上山的手扶。正在这时又碰到同村我曾教过的一位学生。我们一起乘车到了白崖子。上山的小手扶拉了 12 个人，走得十分慢，如同往前挪一般。

手扶上到山顶，路慢慢平了，又有五六人下车，小手扶也显得威风起来，跑得快了。只是在坑坑洼洼的简易公路上，手扶头东摇西撞，宛如无头苍蝇一般，时而窜向路沿，仿佛要连人带车摔下崖去；时而遇到所谓“搓板路”，一阵震动，令人浑身酸麻；时而车斗旋起又重重地落在地上，颠得人筋骨疼痛，心肺仿佛也与之粉碎了。拉货的手扶本没有凳子之类可坐的东西，大家都坐在车沿上。虽然险象丛生，担惊受怕，都噤声而坐，忍耐着，谁也不为此说三道四。

山上刚下过雨，路慢慢地泥泞起来，天空中有几朵云急急逝过，一条彩虹从我家方向升起，将那无数翠绿的山野罩起，艳丽鲜亮极了！而妙就妙在那条彩虹的右侧虹带里嵌着一轮银色的月亮。

我久久地注视着那轮彩虹，像仰望母亲慈祥的面容，在我悲伤的心愫中荡起一串喜悦。母亲啊，在孩儿心中，您不就是这轮彩虹吗？过了四五分钟，在我的泪眼中那轮彩虹变成了一条白色的虹带——犹如一条被风鼓起的哈达，缓缓飘向高空，化入天之空旷之中。我惊疑地拭泪详视，一切如旧。我熟悉的山野中，一层薄雾在流动，成片成片的油菜花像绒毡般伸向远处。一切如旧，我冷冷地望着彩虹悄然消隐的那座山头、那片天空，怅惘地寻找着，总感到那里蕴涵着无数的奥秘，自然的，人生的，扑朔迷离，难以捉摸。

大约离家还有 15 里路时，手扶师傅不愿再往前走。我们下车步行。一阵雷鸣电闪，大雨滂沱而至。冒着雨走了十多里路，快到家了，我让学生背了东西先走，自己径直去兄长们来信说要选为墓地的地方。天渐渐暗下来，晚雾抹得田野朦朦胧胧，我置身其中，仿佛进入一个虚幻的世界。湿漉漉的雾拂在脸上便成了水。在森林边转了两圈，没见到新的坟地。（按照惯例，此时应该是打好墓穴的时候了）。

我开始往回走。半途遇到二哥，他告诉我说坟地选到了另外一个地方。我与二哥顺着那条当年经常上森林背柴的路往家里走。我问二哥，母亲在最后的几天里可受痛苦，他说没有；母亲最后可否有遗言，他说有是关于家里事务的几件事。我说，母亲说过的我们应该记在心里，以后按她老人家说的去做。

又看到了那些熟悉的房屋，我的心顿时一阵颤栗。据外祖父讲这个叫上拉的庄子，其形如海螺，是个吉祥之地。山顶上的拉则仍然黑兀兀巍然矗立，可以听到上面经幡的飘荡声。

在我童年的时候，这里是外祖父家的宅第，三院房子，还有一个小碉楼。舅舅家是当地的大姓大户“东本”家，在这块地方的年代已经很久了。“东”是个古姓，因而舅们写文章时便用东本·勒尔格和东本·乔高才让。华锐地区的藏人大概是无人不知这一古老部落的。

我记事时，这个村子里只有七户人家，因为当时还有牧业，因而那庄廓周围都是草场，没有田地，记得那时候（“文革”前吧），二舅暑假从学校回来，在草场上扎上帐篷，我们就在帐篷里熬茶喝，看新新的连环画，或者用马莲编鞭子赛响鞭。草场上开着各色的花，雨过后，还有蘑菇采摘，我便和我的表兄等光着脚丫往前奔跑，尽情玩耍。可是，现在不同了，那些我们当年玩耍的地方基本上开了地或盖了房。人多了，地方的样子也变了，而这种变化让人别扭而伤感。他破坏了我童年的记忆和童年美好的情感。

自从 1958 年这里的房子充公，直到今日，那原有的三院房不存在了，先是住人，后成为羊圈队房，以后就分房拆房，什么也没有，成了废墟。不知是哪一年，在旧址中我的大哥、二哥又盖起了房屋。上月我从县医院护送母亲回家后，由于方便母亲就住在二哥家中。记得上月临别时，卧床的母亲坚持走出房来，病蔫蔫的，却显得很刚强（她一生这样，从不向什么低头，不甘人后）：“你放心去吧，我的病慢慢看。”我匆匆地向她老人家道别，我知道话说多了，我会难以控制自己的情感，让她老人家感到自己病情的严重。母亲披着那件黑色的上衣望着我，她的眼窝塌陷，面色憔悴。她淡淡地笑了笑：“一路上要小心啊！”有过无数次的道别，母亲也总是用这句话告诫我。我的心酸酸的。因为我了解她的病情，嘴上虽在说八月放假后就来看您，而那个不祥的预兆一直笼罩着我的心。她点点头。这便是母亲留给我最后的回忆。

母亲的灵堂设在二哥家的堂屋里。萨玛道（同如汉族的棺材，汉族葬式为平躺，因而棺材较长。而本地藏人的棺材为立式，宽、长约二尺，高约四尺，逝者屈肢坐于其中）就停放在堂屋中间。彩绘的萨玛道，上端完全是三间房屋的形式，还镶上了明亮的镜子，显得堂堂皇皇。萨玛道上搭着亲友们献上的厚厚一层哈达，前面的桌子上放了七盏酥油灯，柔和的光亮映照着萨玛道，使那里的一切显得神圣和神秘。

舅舅在我胸扣上拴上白羊毛，算是戴孝的标志了。我的亲人们几乎都这样戴着。女性则拴一束羊毛在辫发上。

我给母亲叩了三个头，献上哈达，静静地注视着前面的装着母亲遗体的萨玛道。那灯光、那献供的荤、素祭品，使我心中激荡起伏有千种滋味。这就是生命，昨日还欢声笑语，今日已撒手人间。生命啊，原本如此脆弱！

像无数普通农牧民孩子的母亲一样，母亲没有今日所谓的辉煌的“事业”，她也不可能有辉煌的功业。她全部的工作就是劳动、看家、养育子女，是那么平淡无奇！然而，像无数普通的农家妇女一样，贫穷和劳累却伴随了她的一生。

当我回过头来才发现，炕上坐着一位喇嘛（30 来岁吧），正在全神贯注地念经。家人介绍说他是马营寺（马营扎西曲朗）的赞拉喇嘛，母亲病重时曾请他来念经，阴宅也是由他选定的。我向他表示感谢。

母亲有七姊妹，女四、男三。大舅、二舅到了，在黄南藏族自治州的姨也到了。在兄妹中，由于母亲是老大的原因吧，舅舅们、姨们都对她十分尊重。当然，舅们、姨们，还有我们这些至亲骨肉，都不哭，尤其不能哭出声——不知这是从哪个时代传下的规矩，认为老人去世后哭喊是不好的。因此，即使有泪，也只能默默往肚里咽。大家声色哀伤，悲泪盈眶，却不放声痛哭。自然，我知道这一规矩，千里奔丧，一路上我几乎是哭着来的，此刻心虽在号哭，却不敢哭出声来。因为，按照传统习惯，此刻的亡人处于中阴阶段，倘若亲友哀号，便会惊扰亡人的灵魂，让它留恋亲人，难以超度，从而不能迅速投胎转世。

“解脱了，真前保（指死去的我的母亲，藏人死后，不再直呼其名）走了，好啊。人谁都有这么一天哪……”有的老人看着声色黯然的我这样劝解着。

是的，解脱了！我心里暗暗吟诵着：对于她经受过的千千万万的劳累来说，何尝不是？

解脱了，我心里默默地诵读着：是的，对于她经受过的贫困和艰难来说，何尝不是？

解脱了！我反复地默诵着这几个字，心里有无限的酸楚，她不该走得这样快，我还没有好好地孝敬她老人家哪！上天哪，这是为什么？为什么一切都在转好，一切都在发展的时候，你让我的母亲突然离世?!

大约在夜 10 时半时，赞拉喇嘛领着大家在念“嘛呢”，喇嘛念两句经文，我们孝子及亲友们坐在下面和“嘛呢”，念着“唵嘛呢叭咪眸”，那声音沉缓而苍凉。

多少年来，作为儿子，我总在为母亲能穿上几件新衣，多喝上一碗奶茶，多吃上一块酥油而努力。这就是尽孝吧！1982 年我初次去西藏，在江孜买了藏呢带回家去让母亲做藏袍。1983 年回家时母亲已经穿上了这件藏呢做的新袍子，我由衷地感到高兴。

1977 年冬天，我在海西当民办教员，在冬日的山路上，我背着一只羊的肉，步行五六十里来到家里，临到家时几乎每走十几步就得憩一憩。进到屋里，连上炕都感到困难，母亲心疼地给我脱鞋，给我洗脚，又给我做了热腾腾的面条。我尽管疲惫不堪，看着母亲，想着我能从上千里以外的地方给母亲带来点肉吃，心里感到无比的幸福。

我听着堂屋传出的浑厚的诵吟六字真言的声音，心中陡然升起一种神圣和亲切。这六个字，在不同的场合、环境，我不知听了多少遍了！一般的老百姓是不会深究六字真言的根本含义的。唵为佛部心，嘛呢为宝部心，叭咪为莲花部心，吽为金刚部心，这些他们知道吗？他们没必要知道，因为他们没有必要像佛徒和研究学者那样把佛教的原理悉数掌握，理解清楚。他们只知道佛是慈悲的，是救苦救难的，日日颂念六字真言会使自己祛病避灾，吉祥健康，会洗去自己知道的不知道的过去的一切罪孽。念啊，念啊，作为雪域藏人的一员，母亲在六字真言的大合唱中，和她的同龄人一道虔诚地吟唱着，日复一日，年复一年。她相信这一切。生时念着它，去世了，她听到的仍然是这熟悉的声音。

唵、嘛、呢、叭、咪、吽！

是由于夜阑人静吧，堂屋里传出的六字真言声带着它的威烈的轰鸣在冥冥宇宙间回荡。

1981 年 8 月，我去参加在西宁召开的首届藏族文学会议。在参观塔尔寺时，我在班禅行官班禅的坐椅上坐了一会儿。此后在闲聊中，我把这件事说了出来。母亲正色说："这样做不对，佛的'赤'（佛和大喇嘛的坐椅）上你怎么能坐？你得给万前仁波且谢罪。"我说："好好好。"一段时间跟班禅的接触也多，由于同是青海老乡和藏人的缘故吧，班禅大师每次见到我们都非常亲热。有一次开会，我顺便把上述事向他讲述，他听了哈哈大笑，拍着我肩膀说："没关系，没关系，我免你浑身无罪！"我也笑了："这样，我母亲也就不会为这件事挂心烦恼了。"班禅大师玩笑道："昂奔，昂奔，乔昂恰奔有呢热（你有十万个权力——我的名字的含义），这么一点权力都没有，怎么能当昂仁波且！"后来，我还请班禅大师赐予我的母亲一条哈达，班禅大师便把一条长长的印有八宝图案的哈达送给我。过了不久我回家，便把此事一五一十讲给母亲听，母亲听了高兴地说："还是自己的佛爷好！"那条长长的哈达便成了我家的宝贝，被母亲供了起来。当母亲去世后，这条哈达又系在了母亲身上，伴着母亲永远长眠地下，虽然这是父兄们的主意。我想母亲会同意这样做的。

母亲和父亲在北京的一段时间里，我带他们去了好多地方。有一天，我带他们到雍和宫，母亲让我准备些零钱，她好放到每一个功德箱里。在宗喀巴像前，她磕了三个头，久久地看着，又亲切地看着柱子上挂的藏文条幅："这里也有藏文！杰仁波且（宗喀巴）的像跟塔尔寺的一模一样。"

"唵、嘛、呢、叭、咪、吽！"她念着，虔诚而神往。

我又跪在了母亲灵前，被雨水淋湿的衣服已被自己的体温烘干。但身上感到紧绷绷的，多年未犯的关节炎在隐隐作痛。几日来火车、汽车上的颠簸和少睡，使我感到一阵阵困倦。但望着眼前的萨玛道，在朦胧中仿佛感到母亲走了出来，那么轻捷的步子："昂奔，你来了！累坏了吧，阿妈给你倒茶去。"

我叫了声"阿妈!"从迷迷糊糊中醒来。看看眼前，一切依旧。我的哥哥、嫂子、侄子、侄女们、表兄弟们在上面坐着，轻声地说着什么。我噙着一眼泪水，强忍着没哭出声来。

或许是由于天性吧，在我生活的岁月里一刻也没有中断过对母亲的思念，尤其是将近20年的离家岁月。1971年我去县里上高中，尽管学习那样紧张，我老是念着母亲，一放寒暑假，见着母亲就激动地流泪；临上学了，还迟迟舍不得离开家。1980年新生进校后调整房子，我和同窗舒志武被调整到新生的房子里，和这些刚进校的学生比起来，我们的确是"老老大哥"了，因为那时我已经是在高中毕业后有五年教龄的教师和三年大学生活的"老出门人"了。然而，有一天晚上，我做梦叫着"阿妈！阿妈!"吵醒了房子里的同学们，有的开玩笑打趣："看你叫的声音，像刚离开家的小学生!"有的望着我感到迷惑不解：这么大年纪的人，难道还如此留恋母亲?!

我的脑海里，常常有着这样的问号：此刻母亲在干什么？或许她在厨房做饭？在拔田？在碾场？在做衣服？在喂牛羊，在挤奶？此刻母亲在吃什么？土豆？糌粑？面条？有没有酥油、奶、肉、白面吃？是因为人口的增长吧，从我的少年时代起，我家靠着森林，有草场、有农田，半农半牧的美丽的家乡变得穷困，经常缺吃少穿，吃了上顿没下顿。而一旦家里没有吃的，饿的最厉害的还是我的母亲。她总是先照顾父亲和孩子们吃，最后有剩的自己才吃点。在三年困难时期，那时候我还小，隐约记得有一次母亲煮了一锅野菜，上面撒上点面，盛到碗里清清的，能照得见人影，三下五除二大家连喝带吃，一碗便见底了。母亲慢慢喝着，先把汤喝完，接着再吃野菜，野菜里有一些没搅匀的小面疙瘩，她便挑出一一搛在我年幼的妹妹碗里。妹妹只有两岁吧，哭着不吃野菜。我们兄弟见母亲这样，也把各自碗里的小面疙瘩搛在妹妹碗里。那时候我的父亲还在新疆，家里穷得叮当响。那几间低矮的不规则的房子，一头是我们的炕和锅灶，另一头拴着那头秃头花犏牛，晚上睡觉有时听得见花犏牛反刍的声音。那时大哥十三四岁，二哥七八岁，我五六岁，我生病的大妹三四岁，二妹只有一两岁。母亲见大家这样，微笑着流着泪："你们兄妹要像你阿爸弟兄们一样，要互相疼爱啊！"父亲兄弟六人，双亲亡故后，相互顾怜，在乡里口碑甚好。

从这以后，家里慢慢成了习惯，只要吃这种野菜饭，大家主动将碗里的面疙瘩搛在妹妹碗里。而这些难忘的往事总是在我心头萦绕，家乡稍有灾荒，我便寝食难安。最牵挂的自然是我的母亲。

夜，又慢慢地消尽了。稀疏的晨星孤寂地挂在天上。东方见白了，远山慢慢地清晰起来。有雄鸡在叫，一声、两声、三声。有了咳嗽声、推门声和脚步声。院子里煨上了桑，松枝燃烧着，推起一股股浓浓的烟雾，那些昨夜还没有烧尽的捏得颇为讲究的朵玛还横三竖四地摆着。

母亲灵柩前的酥油灯仍然熠熠着着。再前面的火盆里添上了干柴桠子，火势旺旺的，上面撒着荤、素祭礼用品，随着燃烧散发出刺鼻的气味。

赞拉喇嘛开始诵经，我们兄弟和孙子们此起彼伏磕头不已。此时我的大舅、二舅及姨们也来了，算是诀别吧，在经文声中纷纷向母亲的遗体跪拜。我 71 岁的父亲也来了，他拨旺火盆里的火，在上面放了荤、素食品，郑重地走上前去磕了三个头，然后立在一侧，呆呆地看着那个彩绘的挂满哈达的萨玛道。我心中酸酸的，我可以体会到父亲悲伤的心情。他平日是很少拜这拜那的。

早晨 6 点整，根据赞拉喇嘛的吩咐，灵柩——萨玛道移动了！前面的供品、酥油灯都已撤走，萨玛道被两根长长的杠子请起，由我们兄弟三人，我的表兄华尔甲、表弟南木加和侄子们抬着，由亲友们簇拥着向屋后的山岭上飞驰而去。除了抬着萨玛道迅速行走的人们的脚步声，一切都是那样沉寂。由于昨晚淋雨，又守了一整夜的灵，加上心情哀伤，刚才速跑了一会儿，我便觉得上气不接下气，胸肋憋闷，大口大口地喘着气，仍然紧紧地随着送葬的队伍前行而去。

晨曦中一只云雀窜入空中盘旋着，“瞿就儿！瞿就儿！”叫着。萨玛道一到，二哥便在墓穴顶部稍远处煨桑磕拜。墓穴是早就挖好了的。从挖出来的土看，全是白土。大哥、二哥、表兄、表弟他们下到墓穴，将萨玛道移入窑孔里，由几位长辈指挥着调整方位，然后用驮去的方形土块把窑孔封了起来。接着大家一锹一锹向里填土。我静静地站着，心冰凉到了极点。生命原本如此，母亲将永远长眠于地下，如同那些油菜花，今日舒展金灿灿的花，明日枯败，便化归自然，永远地融入那博大无穷的土地！

不再有了，我再也不会看到母亲的身影，母亲的微笑；不再有了，母亲不能再在晚霞中等待她远方儿子的归来；不再有了，我再也听不到母亲亲切的话语，深情的嘱咐；不再有了，当我再返故里，母亲再不会端来她亲手做的饭菜。“没妈的孩子像根草”啊，我成了没妈的孩子！感到心中山一样高大沉重的依托突然间坍塌殆尽。树欲静而风不止，子欲孝而亲不在啊！无数的人都在重复这一古语，亲人在时不感到他们存在的珍贵，一旦失去就追悔莫及。

80年代初的一年，我回家，外祖父也来家里，一炕的客人，大家饮酒后便唱酒曲。外祖父可说是一名很出色的歌手，他有很多很多的酒曲，唱了一支又一支。或许是因为想念早已离世的母亲吧，那天母亲也唱了一首。

要说骏马的恩情，
不徒步行走不知道，
当你徒步行走时，
恩重的骏马在哪里？

要说犏乳牛的恩情，
不喝清茶不知道，
当你在喝清茶时，
恩重的犏乳牛在哪里？

要说父母的恩情，
不到年老不知道，
当你自己年老时，
恩重的父母在哪里？

外祖父说这首酒曲好，你们要记在心里，要孝顺老人，就应该在他们活着的时候，能吃得了、走得动的时候；不在了，纵有千般孝心又有什么用处？那时我便记住了这首歌。

墓穴中的土平了，又慢慢隆了起来。坟头起来了。那杆挂着经文的幡开始在微风中飘动，那柄用木板砍成着了绛色的日月图案用哈达系缚于幡杆上，几位长辈端详着坟头幡杆的方位，观其端正与否。坟头下侧又煨起了火，烧上了荤、素祭品，到坟上来的亲友、家属和庄员，都在向母亲磕头。

我用沉重的心看着母亲长眠的山湾。按照迷信的说法，这个坟茔还是不错的，其照山是前面的一段山梁，往前则是阿拉骨山的一个大湾，再往前便是南大山了，一山比一山高。而南大山则是我的祖籍住处。靠山也是一段山梁，山梁左上则靠着这段山的主岭，山梁再后，则是北山土主的山峰旧寺掌了。这座山的主神为华丹拉姆（即俗称谓骡子天王）从坟茔这边看来也是逐级而上，一山比一山高。在大的空间意向上宛若马蹄印一般。而从此山的脉象上看，略显卧虎状。

我郑重地给母亲磕了三个头。别人走尽了，我看着这坟茔，久久不愿离去。

离开母亲的坟茔回到家里，家里的人仍然自然地进行着丧仪的最后程序。孝子们跪了一溜，在通往大门的一侧放着个高七八寸口径盈尺的黑盆，盆里盛着半盆清水，盆上放着一把菜刀。凡是从坟地回来的人，都要将手放在盆里洗洗，然后用菜刀把左右手掌一侧刮刮，这大概是个祛邪的仪式吧。丧仪结束了，主丧们在忙着酬谢赞拉喇嘛和锅头上做饭的人们。因为这一切都是由主丧负责，家里人是不管的；管多了还会生是非。

客人们走尽了。我回到父亲身边，我们坐着，长时间无话可说。他咳嗽着，不停地抽着烟。

许久许久，我问他："母亲可有什么遗言？"

父亲说，刚回到家里时，母亲并不知道自己病情的严重程度，她吃着我带去的西洋参和妻子从北京寄来的药，效果还不错，脸上的手上的因结石引起的黄色基本上退了，她也感到高兴。可是肝部的肿大一点也没有缓解，有时候显得稍软一点，有时候则显得很硬。由于吃不了饭，母亲的身体越来越弱，最初还可以起来走转走转，后来便下不了床。

父亲说，过了半月，母亲便意识到自己的病不会转好了。于是她对父亲说："你们还是请个喇嘛来念个经吧！"父亲便请来赞拉喇嘛到家里念经。母亲仍然输液、吃药，但她已经不能自己翻身。每天由我的妹妹陪着，苦度着最后的时日。

父亲说，念过经的一天，母亲说："你们把我的寿衣也做好吧。"父亲、二哥和妹妹他们把寿衣做好了。母亲看了，凄凄地笑着："阳世上来了一场，就这个样子了！人，阴间的路谁都得走啊！"母亲放心不下的是我的父亲。父亲老了，以前都由母亲照顾他的饮食，母亲去了，她担心儿子们照顾不周，会受委屈。

我流着泪。父亲坐着，也在不停地用手帕擦泪。我从小没见过父亲流泪。

我沉重地欷歔着。须臾，父亲说："你明天就要回去了，不要太伤心。我八岁时候父母都没了，后在族叔洛桑香趣（时任青海省蒙藏学校副校长）处上蒙藏学校。那时候看着人家有娘老子的娃娃有多羡慕！可是时间久了就习惯了。不是不想，知道想了也没有用。你快40了，该明白这个道理。庄子上的人谁都知道你最恋家，孝顺父母。人该做的你都做到了。自己要劝解自己，不然就会影响情绪、影响工作。"

又要离开家了！我去向母亲辞行。母亲再也不能为她远去的儿子流泪，再也不会望着儿子在那条山路上消失，再也不能切切地等待儿子的来信了！我哀哀地跪在母亲坟前默默地流泪。心情悲凉、空虚、颓唐！天地悠悠、日月如飞，今日别去，何日再来？

不知过了多长时间，我的侄子在叫我："阿卡，回去吧！"

我回过头来，木然地望着山下。山坡下不远就是多拉——我出生的地方，山湾里长着绿葱葱的树。那时我有十三四岁吧，一天跟着母亲在这块地里拔田，吃午饭时一家人坐在麦捆上，母亲指着山下说：你出生在午后，那天有一轮彩虹一头伸入门下的泉里，一头伸向森林那边。大家说你不是佛爷就是命大人。第二天，你三伯父急匆匆来到家里。说昨夜他住在红卡寺，梦见我家有彩虹围绕，羊下羔，牛下犊，必有吉利。此事凑巧，乡里多有传闻。当时大哥说："什么命大人，吃不饱肚子的命大人，受笨苦的命大人！"往事如昨，人已两样，我心中的伤痛难以排解。

生命哪，不就是无数遗憾的积累吗？活着的时候，每个人都在无时无刻地寻求完美——最为高洁完满的人生，然而谁也不能达到；每个人都承载着前辈们深厚的沉甸甸的甚至是难以负载的期待奋斗，然而经过生命的漫长实践，却完成了、解决了那么一点点。于是，又一辈人带着这种缺憾和感伤走了！

走了！永不回来！

走了，是真的走了吗？对于血缘承启的生命来说又是永远走不了的。父母把不完美的人生交给我，我再用生命完成。修补、塑造着他们的事业——当我感悟到这一点，我的心威严而激动：哦，生命不就是对美的丰富，对圆满的丰富，对善、爱、真理的丰富吗？作为这样一个分子，承接如此神圣的生命链条，该有多么自豪！

“千古”、“永存”之类，是无聊、虚妄之词，真正“千古”、“永存”的人凤毛麟角。而每个母亲将永远活在每个孩子心里，将伴着她的孩子们活在这平淡而伟大的土地之上，因为只有无数的慈爱的母亲，才会有无数的有教养有才干的子女，才会有今日事业的发展。否则，怎么会有那么多的孩子留念母亲，那么多的孩子去迎接母亲、探望母亲，有那么多的孩子千里迢迢去为母亲送行呢？

初上兰州

接到二哥致伤的消息，心里焦急万分。那时候我参加城乡规划队，一村一村地丈量土地。我一刻也没有停，回家告诉了母亲一声，带了点钱，就赶往出事地点。

二哥是修公路时土崖坍塌被压在土里的，当人们把他从土里救出来时，他已不省人事。我见到他时他被安置在1958年大炼钢铁时住过的矮小的窑洞里。

可能是由于光线太暗吧，当我走进那个窑洞时，看不清屋里人的表情，大家沉闷地坐着，面无表情，一个个如同泥塑一般。此时的二哥躺在担架上，眼里哀哀的，他见我到了，说："我残废了，腰压折了，腿，一条有点感觉，一条一点感觉也没有。"我陡然心里一酸，眼泪夺眶而出。我说："你别胡思乱想，医生会治好的。"

二哥凄凄地笑笑说："你来了，我就放心了！"大概我是家里读书最多的人的缘故吧，许多拿主意的事，都比较尊重我的意见。

那天天阴阴的，身处两山相挤的山沟里，一切显得灰暗沉重。我在想着：二哥会残废吗？佛啊，救救他吧，他只有20岁啊！

抬出窑洞，二哥由我的表哥等五六个小伙子用担架抬着继续往前走。道路崎岖，坎坎坷坷，虽然，我走得很慢，但免不了颠簸，是由于疼痛吧，二哥紧紧皱着眉头，不时地呻吟着。我对表哥他们说："你们走慢点，慢点！"又宽慰二哥："坚持坚持，到了公路上，路就好走了。"

二哥点点头，感激地望着我。

我们向着目的地兰州进发。兰州是西北的重要城市，在西北，"浪兰州"是许多人心中的梦，人们把到过兰州作为见过世面的象征。所以我的家乡有句俗话"晚夕下兰州，早晨炕脚头"，专指那些光说大话，不付诸实践的人。当然我对兰州的向往还有另外一层意思：兰州有兰州大学、西北民族学院，我多么想到那里学习深造！我的几个舅舅在50年代就曾就读于西北民族学院。可是，在当时的条件下，我怎么可能有这样的机遇呢？

70年代初的火车，仍然很挤。我们抬着病人上车，不见有人谦让，反而有的从担架底下往上蹿，几次二哥被托得直立起来，差点摔在地上。我心疼而慌乱。谢天谢地，二哥在我们的护拥下，终于上了火车。

外边挤，车厢里更挤，我们没有座位，二哥便放在人行道上。一头由我一头由大哥守着，我们向来往的人不住地提醒着：

“小心，有病人！”

“有病人，小心！”

是有心理障碍吧，我们不愿让男男女女从二哥的身上迈过。

就像人人不具备慈悲心一样，不是人人都有同情心的。我一说：“小心有病人”，就有俩人问：“是什么病？是不是传染病？”并且要我们拿出不是传染病的证明来，否则就要赶我们下车。

我怒了，大哥的眼里也在冒火。我们准备跟他们干仗。车厢里顿时剑拔弩张，各不相让。这时一老者过来劝解，说：“人命关天，大家都有落难的时候，何必这样强人所难？”我向他说了二哥因修路土崖坍塌压伤的事，他说：“听见了吗？这人是因修路致伤的，是工伤，修路的人都是好人，因为修路就是为人民服务，而且修的是战备公路，这是反帝反修的国家大事，你们要把他赶下车去，你们就违背了毛主席的革命路线。明白吗？……谁还赶吗？……”气氛顷刻间又向好的方面转化，那俩找碴的也不再说什么躲到一边去了。我佩服这老者的口才和机敏，向他表示谢意。他说：“在家千日好，出门当日难，看你们都是老实小伙子，我哪能不帮你说上几句？没怎么出过门吧，出了家门，事情就多了！”

车厢里平静下来，有人还主动给二哥倒开水喝，二哥的眉头舒展开来，我们的心里也舒畅了许多，尽管一路站着，不觉得累。

不知站了几个小时，兰州到了。我们又抬着二哥到兰州市第二人民医院，医院拒收。我们一下子都愣了：怎么办？怎么办？

记得那天下着雨，医院说我们妨碍工作，让我们把二哥搬到屋檐下，雨滴落下来打在地上，又溅起来打在二哥身上、脸上。

许久以来，我的心从来没有那样悲凉过。

我找了点废纸盒蹲在地上，一边给二哥挡着雨，一边默默地流泪。二哥见我流泪，也无声地把头侧在一边流泪：“医院不收我，怕是不能治了吧，治不了，我们就回家！”他的情绪十分低落，几近失望。

我擦着泪说：“既然到了这里，一定要找医院治，不能回去！”我知道回去意味着什么，回去就意味着他将永远瘫在床上。他才20岁啊！

我见大哥和表哥他们在商量着什么，就说：“赶紧想办法吧，这样下去不行。天黑后怎么办？”

大哥说：“我们正在商量哩！”

表哥也说：“或者给县上打电话，反正这是工伤，政府总得有个说法。”

我突然想到有个比我高两届的同学在兰州医学院学习，就说：“吉庆不是在医学院吗？请他帮个忙吧，这里人生地不熟，我们找谁去？”这是我们第一次到兰州，我们的确没有第二个认识的人。

“他是个学生，办不了什么事吧！”表哥说。

我说：“只有这一条路了，别再犹豫，你们赶紧去找吧。”

没有别的办法，大哥他们走了，我守着二哥，可谓度时如年，我不时安慰着二哥，但心里不住地打鼓，大哥他们能找到吉庆吗？他能办事吗？二哥能不能住上院？

过了两个多小时，大哥他们回来了，吉庆也随他们一齐过来，一看到他们舒展的面孔，我的心便预感到事情进行得顺利。

跟吉庆问好后，我迫不及待地问：“怎么样？有希望吗？”

吉庆说：“有希望，有希望，我的指导教师，恰在省人民医院进修，我说通了！”我向他道谢着，心里充满了感激之情。

二哥的脸上也有了笑容：“多谢了！”

吉庆浓眉大眼，嗓音洪亮，几年的城市生活，他显得十分精干，并且会讲城里人的话。大家坐上车，满心欢喜赶往省人民医院。

省人民医院床位非常紧张。二哥在走廊里躺了三天，才搬进一间放了八张床的病室里。大哥把自己身上的一点钱全部掏给我，和表哥他们回家去了，二哥旁只剩下我一个人。医生给他进行了全面检查，我才知道他是二三腰椎错位，需要牵引，吃的药有中药、西药。主治医生说：“要好好配合治疗，一切都会好的，不要担心。”

二哥说：“你们怎么说，我就怎么做。”

虽然是至亲骨肉，但照料病人是件非常辛苦的事。我遇到一件难事：一是睡觉、休息。医院里不准陪住，到了晚上全部的陪住人员全部要清理出去。我好说歹说，又请吉庆和主治医生求情，才同意让我留在病室里。可是，到了晚上，根本无法睡觉，刚开始时，我坐在一个小方凳上，趴在二哥的病榻上睡：这样一来可以睡睡，二来二哥若要解手等，可以随时叫醒我。可是，大约过了一周，实在困极了，半夜时分我连人带凳摔在地上，惊醒了同室的病号，自己的头上也摔了个大包，我觉得不妥，也不敢坐在凳上趴着睡了。后来，我在外边捡来一块二尺见方的硬纸（装肥皂的盒子），悄悄带到病室里，藏在小桌后，晚上拿出来铺在地上，干脆练“筛子功”蜷成个疙瘩睡在上面，这样好多了。此后的两个月，我几乎都是这样睡的。好在那时年轻，好在那时能吃苦。有时二哥看着我的样子说：“你来跟我挤着睡吧！”哪能呢，他躺着，右腿上缠着纱布，前面挂一个铁疙瘩牵引，有时候疼得他直流泪，说：“你把那个铁疙瘩拿起来让我休息休息吧？”医生不让，我就劝他还是听医生的。他只好咬着牙忍受着。有时候我实在看不下去了，便抬起那个铁疙瘩一会儿，大概不到两分钟吧，二哥脸上仍然浮着感激的笑容。

由于手头紧，我只好到街上凑合。有时买两个小包子充饥，有时吃一碗凉粉或吃一块饼算一顿饭，总而言之，什么便宜我吃什么，什么能少花钱就吃什么。

一天，吉庆来看我们，说：“噢，怎么十来天没见，你瘦了许多，是因为睡不好吧？要不白天你到我的宿舍里睡睡。”省医院和医学院相隔不远。

我笑笑：“不，你知道，这里离不开。我身体好，没关系。”我心里清楚，每天饿着肚子怎么能不瘦呢？

“兰州大学在哪里？西北民院在哪里？”一天，吉庆来看我，我突然问。

吉庆反问：“怎么？你还没去过？”

我点点头。

吉庆比较理解我的意思，他知道我渴望上大学深造，可是那个年月像我这样的人怎么有这个可能呢？他说：“哪天，我带你去看看。”

我听了他的话，我心中又不免沮丧：“唉，不去了，不去了，去，有什么用呢？”吉庆见我这副样子，自然不再多说什么，自己也叹起气来。

许久，我说：“我想去逛逛新华书店，许多日子没看书，心里空荡荡的，像丢了什么……”

他告诉我几个书店的地址。

二哥的脸色变得红润起来。脸上有了笑意，我的心情也一天天好起来。大夫说他的病在见好，以后不会影响走路做事。二哥最初担心自己会瘫，后来担心会成瘸子，现在医生说没事了，这无疑搬掉了他头上的三座大山。

这个病室的病友也好，其中一个是阿拉善左旗的蒙古族青年，也是20来岁吧，下肢瘫痪，听说那是他放骆驼时，被骆驼踢了一脚，恰好踢在腰部，从此下肢就不能动。可他显得很愉快，又说又笑，有时还哼歌子。其中有一位操江浙口音的中年人，讲了许多解放战争和抗战时期的事，大家都听得津津有味。此时从大夫至护士我基本上都混熟了，拿药（去中药房拿熬好的中药)、送饭，我都主动帮帮他们。他们都喜欢我：“藏族人实在，心善，乐意帮人。”

一天中午，二哥刚睡熟，我便走出住院楼透空气（我不习惯医院里的药味)。突然看见人来人往的门台旁一个人把棉袄铺在地下睡着，那人胡子拉碴，脸膛瘦削，一副疲惫忧郁的样子，看他粗糙的手指头，就知道他是干劳动活儿的。实际上那人并没睡着。我正看得出神，他突然睁开眼坐了起来：“你看什么?”我赶忙说：“没看什么，没看什么。”

那人问我叫什么名字，家住哪里。我一一回答。他笑了，十分和蔼：“我是卓福山，我俩是老乡。”哦，是卓福山，当时他是很有一点名气的。我上高中时，看到两副标语，一副写着：“远学大寨，近学红大”；另一副写着：“远学陈永贵，近学卓福山。”那时候卓福山是甘肃省天祝藏族自治县红大大队的党支部书记，是农业学大寨的样板，上过报的。我很高兴，跟他聊了很久很久。

光阴迅速过去，我初次到兰州一下就住了两个月，这时二哥已能拄着拐走动，能自己上厕所，我的负担轻了，可以有时间到城里走动走动了。而此时我还不知道兰州是什么模样。

年　　茶

出门做事的人，不到年前不回家。年前回家，这好像是惯例了。你看，每当腊月，提着大包小包，拉家带口的“工作人”们，风尘仆仆回家来了。家，这个词儿，在他们心里像火那样暖，水那样亲。

而我，每每腊月回家的时候，总是想起喝年茶。小时候，在双亲膝下，过着艰难而快活的生活。年到了，我和村里的小伙伴们三三两两，背上尕帽（一种粗毛线织的袋子）或背斗，去打冰，背冰块。

家乡多山、多沟也多水。一座山几道沟，每道沟里几乎都有清泉或溪流。夏天，水儿清清，羊儿牛儿最喜欢在那里吃草，到了冬天，情况变了，每道沟都被冰覆盖了，白白的，像是散了许多哈达。我们就是从那里背冰块的。

背来了冰块，拿到房顶上，砸碎了，沿着房檐一溜儿摆开，晶晶亮亮的冰块像是星星在那里眨眼了，仔细看去，还有不少霓虹围绕着冰块哩。

我一路走一路看着沿路人家，从那惯常的习俗中就可以知道，那是藏家，那是汉家。藏族人是不贴大红春联的。可是门前常常用糌粑或石灰粉等画了吉祥结的图案，房檐上摆着冰块。

说是喝年茶，其实茶只是个引子而已，并没多大讲究。在一碗热腾腾的奶茶里放一点酥油，几颗红枣，边说边喝。

说什么？天南海北，古往今来，无所不有。而说得最多的是自己部落里的事：在遥远的吐蕃王朝时代，部落的祖先们随着征战的大军来到了安多，闲时放牧，急为兵卒。后来吐蕃王朝解体了，没有接到回返命令的部落里的人们，就世世代代居住在了这里。缅怀先祖们的英雄业绩，这仿佛是人们的共性，大家总是想知道自己家的、民族的过去，说也是，人类将自己的演变从古猿追寻到核梅分子，何况其他更近的事呢。

生活就那样将纷纷繁繁的形式聚合了。在民间，在我们小小的部落里，好像还没有出现过那种“说书人”，大凡这种叙述，或悲或乐，或喜或怒，都是以歌唱的形式表达的。

茶、酒、歌、舞，在喝年茶的时刻是紧紧连在一起的。紧紧连在一起的茶酒歌舞生产着快乐，生产着欢笑。无论牧民农民，辛苦一年了，脱下了干活时穿的旧衣，穿上了节日的新装，干干净净，整整洁洁，从喝年茶开始，算是过年了。应该啊，最辛苦的人，应该是最快乐的。

村子里，每次喝年茶，数我家最热闹。为什么？父母人缘好，家里客人多，每年都是十几二十的，况且那些能讲些故事，唱些酒曲儿、说些笑话、备受尊重的老人们，都会到我家来。（当然，早先是请他们，天长日久，成了习惯，好些老人到喝年茶的时候，就等着我们去叫一声，就来了。）每次年茶总要破费三十四十的，一些悭吝鬼是不干这种“傻事”的。可是我们一家人都乐意。尤其是我，总想度过一个有意义的年末，兴致之高就不用提了。

图5 丹珠昂奔和亲友们在一起

喝年茶的人中有位叫“阿米娄”（羊爷爷）的老人，长得高高大大，慈目善面。老人们一到，就打趣他，从来不见他红脸，仿佛一点脾气也没有。也许是习惯的影响吧，藏人在酒场合，总要说一些相互打趣，甚至挖苦、讽刺的话或唱一些类似的酒曲，来寻寻乐儿。话说得尖酸刻薄，只是打嘴仗而已，并没有恶意，讲完了，朋友归朋友，不小心眼记私冤。那确实需要一些涵养，没有涵养是受不了的。要是让那些鸡蛋里挑骨头的人听了，准难容忍，甚至会叫骂无礼、野蛮了。

记得我13岁那年，大雪纷飞，把大地都染白了。喝年茶的人如期来到家里。“阿米娄”上了年纪，吊着两缕清涕。丹真老人便阴阳怪气地叫道：“厨房里做饭的姑姑呀，快把水烧开，卖挂面的来了！”我还没明白他说的是什么意思，只听得“哗”一声，在座的人都笑了。大家望着“阿米娄”，“阿米娄”笨拙地边擦清涕边说：“嗯、哦，我这挂面放在你那箩儿里，箩箩，就更美气了！”大家听着他笨嘴笨舌的话，又笑了。我不知道这句话的含义，小声问哥哥，哥哥说：“你看看丹真爷爷的脸就知道了。”丹真爷爷一脸麻子。原来，“阿米娄”是把他的麻脸比做箩儿了。噫，有意思，我也被逗笑了。

在我的记忆中，“阿米娄”家从来没有富裕过，做爸爸时穷，当爷爷了，还是穷。大伙儿总是对他这样说；“‘阿米娄’，吃不穷，喝不穷，计划不周年年穷呀！”

每当这时，“阿米娄”的心情露出微微的一丝忧郁来，不习惯地拽拽常年不离身的白板儿皮袍的领子，摁摁那顶熏得发黄、补了几块补丁的“四块瓦”藏帽，有点口吃地说：“我这辈子……没遇个好媳妇，也没遇个好儿媳妇……”

于是，大家郑重其事谈谈他的家事，给他出许多主意，“阿米娄”诚恳地一一应承。可是，到了第二年喝年茶，旧话重提时，“阿米娄”家的一切一如既往。丹真老人说：“唉，没办法，嘛呢杆子上的经幡挂到拴马桩上去了，‘阿米娄’大权旁落，没有救了，还是等着这喝年茶的时候，领主人的情，大吃大喝一顿吧。”

“阿米娄”能吃，也能喝，上好的肉，吃三四斤不成问题，喝起茶来，一碗接一碗，似乎永远也喝不饱。酒量也大。他有一副好嗓子，清清亮亮的，仿佛唱十天十夜，也不会哑。然而，在酒场里，“阿米娄”永远当着配角。当酒酣时分，喝酒的人们自然地分成两拨儿，唱起曲儿，互间互答。那是很费精神的，首先要听力好，能清楚地知道对方唱了些什么，才可以选择词儿进行回答。“阿米娄”虽然一辈子只学会了一首歌儿，但是随唱的功夫是久负盛誉的。大凡这种对唱的曲儿，首尾都有固定的格式，高亢而婉转，按音乐角度去分析，或许是一首歌中最优美的部分，一旦唱到词儿，是为了吐词清楚吧，音调便变得平缓了。所以“阿米娄”每每跟丹真爷爷合作，前后部分都是由他放开嗓子唱，中间的词儿由丹真爷爷填，时间久了，只要丹真爷爷一提个头儿，他们俩就可以通通畅畅唱下去，不知底细的人还以为“阿米娄”也是个大曲儿匠哩。但是，一旦让他自己唱，支支吾吾，完完整整唱不了一支，只得哼一首没有词的空曲儿。为此，他常常感到遗憾。

到了“文化大革命”，掉了两颗门牙的“阿米娄”也着实积极了一阵。为什么？按照他的话来说就是：“共产党救了我，现在又号召我们闹革命，我们可要听话呀！不然，对得起谁呢?”接着又以贫协代表的身份，让他当小学贫管会主任，他真有些得意忘形了：“唉，我跟了一辈子羊屁股，连肥些的羊也不正眼看我，共产党让我有了个当‘洪保’（长官）的机缘，实在太恩典我了。”

无论他怎样积极，怎样得意，现实毕竟是现实，虽然大伙儿高喊了许久“破除旧的风俗习惯”，然而，喝年茶的人们依然一年一聚。那年，丹真爷爷他们照例来到我家，由于我家生活不景气了，他们每人带了点酒、瓜子、糖果之类，丹真爷爷还特意提来两斤羊肉。

多少年养成的习惯是那样难以改掉，藏人家里没有汉人家里那样的上座——中间是不坐人的，人们按辈分长幼分坐两旁。像往年一样，在我家的方炕上，放着那张擦得油光铮亮的长炕桌，炕桌的顶端靠着墙壁，墙壁上挂一块干净的布单，布单上微微斜放了（用东西钉着）一条蓝色的哈达。

“阿米娄”没来，不知为什么，我还挺惦着他呢。我问哥哥：“阿米娄没来，我去叫他吧?”

哥哥到底比我大，懂事一些，他望望阿爸，阿爸没做声，却听得丹真爷爷说：“他不会来了。眼下人家是贫管会主任、积极分子，一到这种场合来，冷不丁喊上几声‘打倒’、‘批判’的口号，别说喝年茶，连我们的魂也会吓没的。”

阿妈说：“连老实人犯的错误都不原谅，那可不是好人，我说你们还是请他来吧，都老了，还计较那些干什么，一年一满，热热闹闹说几句话有多好。别看他‘阿米娄’平时积极，这会儿呀，他肯定会寂寞、冷清的。”

丹真爷爷哈哈大笑了：“寂寞？冷清？人家现在是‘主任’啦，还记得我们？或许记得我们说了什么尊敬佛爷的话……”他的话里带着讥讽。

阿妈半玩笑地说：“无论你们怎么说，我不相信他是个坏人。好吧，你们先搅搅舌头，‘阿米娄’什么时候到，我们什么时候喝年茶……”

屋外，下了薄薄一层雪。房檐上的冰晶亮亮的，乍一看，有些像卧着的白兔，有些像立着的鸽子。天空，灰蒙蒙的远处，又降下些许雪霰。我去外面小解，猛发现大门外的雪地上，清清晰晰印着两行脚印：一行是来的，一行是去的。无疑，“阿米娄”来过了，可他为什么又回去了呢？哦，我明白了，不知是谁，在我家门首插了一枝拴着羊毛和彩带的松枝：这叫忌门，意思是家里有病人或是别的什么事，“谢绝拜访”。

我把屋外的情况悄悄告诉了阿爸。阿爸拆了松枝，举着来到屋里说：

“看，这是谁干的？拒人于千里之外，这不是男子汉的做法嘛。老丹真，你的心眼比针尖还小哇！”

平时爱说爱笑的丹真爷爷红了脸。

阿妈有点感伤地说：“瞧，又下起了雪，这一闹，‘阿米娄’是不会再来的。大家喝年茶吧！”

热腾腾的茶端上来了。碗里的酥油只是黄黄的一个点儿。家里困难哪！

即使在最难堪的岁月里，人们不会忘记寻找友情，寻找安慰，寻找欢乐。喝着茶，又饮了点酒，大家又对起歌来。一对歌，我总觉得歌里少了点什么，什么呢？我也不知道。这种情愫仿佛在座的人都有。唱了两三轮曲儿，丹真爷爷终于忍不住说道：“唉，‘阿米娄’这老东西不来，我连曲儿也唱不顺了！”实在的，他的嗓子有点嘶哑了。

“鼻子丑，割不掉啊，大家在一块儿生活了一辈子，就像一个人的胳膊腿一样和谐了，蓦然少了一样，怎么不感到别扭呢？我这会儿甚至有些伤心哩。”在座的一位老爷爷说。

“那么，”阿妈说：“还是让孩子们去请他来吧？”

“现在也太迟了！”阿爸皱皱眉头说：“八成儿他早睡了。”

“还是让孩子们去看看吧，假如没睡，就请他来；睡了，就算了。”母亲说着还特意问问丹真爷爷：“您说呢，阿米丹真？”

“……看来只有这样了！”

雪下得很大，顺着从窗户中射出的灯光，可以看到，大片大片的雪花层层叠叠往下落，房檐上的冰晶已经被雪覆盖了。

我和哥哥开了大门，缩着脖子，避着迎面扑来的冷风，往前没行几步，猛然看见离门不远的地方，靠着墙蹲着一个人。

“谁？”我有点怕，依着哥哥。

“我、我……”一个颤抖的声音回答道。

“‘阿米娄’！”我一眼看出了他，急忙上前去扶，一面朝屋里喊道：“阿爸，阿妈，你们快来呀——”

阿爸阿妈出来了，拍打着“阿米娄”身上的雪：“看你，既然来了，为啥不进去，蹲在这儿，多冷！”

“阿米娄”哆嗦着咳嗽几声（那声音嘶嘶地，难受极了，我真想帮他咳几声，把痰咳出来，顺顺气），说：“唉，人老了，连自己也管不住了，怕冷清啊……不怕你们笑话：我已经来三次了。头一次，看见你们忌了门，就没敢进去，回到家里，怎么也睡不着，又来了。我知道你们烦我，自己感到心里酸溜溜的。过去多少年，每当喝年茶的时候，我都来吃一顿，度过一年里最幸福的时光，可是现在？我在你家大门前踱了一袋烟工夫，想，碰到你家一个人就好了，只要一见到我，准会邀我到屋里去的。可惜我左等右等，不见一个人出来，就回去了。唉，叫我怎么说呢？回家里躺在炕上，翻来覆去睡不着，眼前总是晃动着你们的笑脸，耳边总是响着你们的歌声，我再也躺不住了，穿上衣服跑了来。唉，要是你家门首那枝忌门的松枝在这就好了，要是我不听到你们的歌声就好了。可是，那松枝不见了，你们唱的曲儿直往我心里渗……我，我就在墙角听了起来……"

丹真爷爷听了这话，心情也激动起来，"我以为你忙着当'积极分子'呀'主任'呀什么的，忘了我们哩，原来……咳咳，不说了，不说了，说这些淡话碜牙！"

"阿米娄"又喜又愧的微微一笑："老人们不是说，衣服新的好、朋友旧的好吗？……我想你们哩，真的……"说到这里，他真的眼眶里盈满了泪水，"我是个实人，上边怎么说，我就怎么做……咳！来，丹真兄弟，我给你敬一杯，认个错，大家也原谅我糊涂一次吧……"

一句真诚的话说出口，丹真爷爷心里的疙瘩也消了，他流着泪花说："好好好，你是老哥，我是小弟，好话后面没回答，一年一满，团团圆圆，我们还是喝年茶、唱曲儿吧！"

这天夜里，"阿米娄"也唱了自己唯一会唱的那首歌：

玩哟，玩哟，
玩着玩着上天去，
天上的小龙玩时我也玩。

玩哟，玩哟，
玩着玩着上山去，
山上的野牛玩时我也玩。

玩哟，玩哟，
玩着玩着到会场里去，
会场里的伙伴玩时我也玩。

——在藏乡，这是一首妇孺皆知的歌，"阿米娄"会唱的也只是这一首，他唱得那样动情，那样悠扬……

多少年过去了。每当腊月回家探亲，我总是想起喝年茶，想起那些每年都要来我家喝年茶的老人们。有人说，人老了，经历的事多了，就会变得复杂、冷漠。我不相信这些。那些每年来我家喝年茶的老人们，不也像在房檐上的冰晶一样透亮、可亲吗?

“阿米娄”还活着，丹真爷爷还活着，在我幼年的心的屏幕上留下印象的那些老人们还活着。

风　马

这是座平常的山，山不高也不雄峻壮观，可是，它像块磁石吸引着邻近的人们。

从正面看去，山呈梯形，山脚下有条小河。山顶上立着一丈见方的俄博，俄博杆儿都是用红土色染过的，长矛般指着天空。中间那根最高的杆儿上垂下一条丈余长的经幡，随风呼啦哗啦飘动着，于是，这座平常的不起眼的山便显得神圣崇高庄严肃穆了。哦，这平常不起眼的阿米官官山哪，是神山。山上住着山神，住着草原的保护神哪！大家都这么说。虽然这座山周围散居着不同信仰的人们（同样都是佛教，有的信格鲁巴，有的信宁玛巴，也有的信藏族原始苯教），但是，大家对这座山的感情是一样的，就像那山脚下的小河永远淙淙地流着，带着向往，带着希望，带着自己的眼泪和欢笑。

人们带着一种圣洁的情愫来了，在山脚下下了马，整好衣冠，扔掉烟蒂，不高声说笑，更不放屁嬉戏，那阵势宛如黑头百姓去见皇上。太阳升起时，那桑烟早就升起了，袅袅地腾入空中。这种煨桑的习俗已经很古老了，最晚在纪元开始时，藏族先民就这样做，现代人也这样做——在偌大一块地上放上了松枝、桑面，等到燃起时，烟雾拥着俄博。人们不停地用松枝蘸着酒向火头上洒去；带了海螺的，鼓着腮帮吹起来。烟，是最干净的，它可以清除污秽和邪恶；海螺声，是最神圣的，它可以唤来草原的保护神。一代一代的人们，都按这个古老的思维方式往下想着。

当然，最诱人的是放“朗达”。“朗达”可直译做“风马”，有些同志也译“禄马”。“风马”印在黄纸、白纸和粉红等彩纸上的，中间是一匹奔走的马，马背上驮着圆锥形、边饰烟火的“闹乌” （宝贝），四角写着“强”（大鹏）、“周”（龙）、“得”（虎）、“达”（马）四个藏字，马腹下写着“六字真言”的第一字：“唵”。随着“愿我的（朗达）飞上高空”的祝词，人们把三四寸见方甚至更大些的“风马”撒向腾起的桑烟中。各色的“风马”被桑烟托起，像一群彩色的鸟儿在空中飞舞着，盘旋着，飘向了远处。

尽管人人在放“风马”，升上空中的毕竟是少数，大多一出手，便落在了地上。谁不想让自己的“风马”升得高一些呢？放“风马”不仅是为草原的保护神敬献骏马，“风马”的升降也象征着自己运气的好坏啊！

那是十年前的六月，我来到这儿。尽管一再地破除“四旧”，来这儿煨桑放“风马”的还不少哩！那里没有干部，也很少神色飞扬的造反战士。人们的神情是紧张而神秘的，然而对我的到来并不怎么在意。一个社会关系不好的小教员不会将他们这些贫牧子弟怎么样，这他们很清楚，何况又是一个不太爱言语的老好人。

奇怪，真奇怪，“文化大革命”近十年了，这神色森森的俄博还昂然而立，没有人敢动它。是由于他们信了那个传说——假如谁动了俄博上一个杆，就会遭到雷殛，还是由于他们自己信仰神佛的存在？我知道，草原人的血管里，多多少少总会有宗教的血液，即便是那些彻底唯物主义化了的知识分子，让他们去拆一座寺庙或是击碎一尊佛像，他们也会连连摇头。

天很阴，灰暗的天空仿佛马上会泼下雨来。我看着眼前的景致，回味着自己艰难的生活道路，陷入沉思里。

“僧本，你在干什么？狗日的……”一声吆喝，击断了我的思绪。我寻声回头望去，见一个十四五岁的孩子，穿件破旧的大人上衣，踮着脚，一下一下向烟头上摁着。我觉得奇怪：这孩子，伸手摁烟头，烟头有什么好摁的？摁不住还呛人！

吆喝他的是位40来岁的黑脸汉子：

“伸出来，把你的狗爪子伸出来！”

僧本惶恐地瞧着他，反而把手背了过去，那一身褴褛的衣服开始瑟缩起来。

黑脸汉子毫不客气地扭住了他的胳膊，从他手中抢出一块方形的木头，朝众人一晃，说：

“大家看见了吧，这瘦狗拿印版来了！”

这印版上刻着“风马”。按照习惯是不能拿印版往烟上印的，这一印，别人的“风马”就不顶用了，有点损人利己的意味。

“说，你为什么带印版来？”

“小魔鬼，想讨好山神，独个儿走好运啊！”

“揍他！揍他！”

“……”

——人们七嘴八舌地嚷着。僧本可怜地望着大家，眼泪扑簌簌直往下流。黑脸汉子揪住他的衣领，凶狠地举起了拳头。

“慢着。”一位叫多杰波的白发老人拦住了他：“不要遇到一件违反常理的事就吼三喝五，挥手抡拳的……”老人俯下身子对僧本说：

“我知道你，你在两岁的时候我还抱过你呢。你爸是67年死的，是个‘荒’（尼玛派僧人），对吧？你今年15岁，对吧？还有四个小妹妹，对吧？你妈害着精神病管不了你们，对吧？”

僧本听着，不住地点着点，那对泪水汪汪的眼睛不时地打量着多杰波老人。

“可怜的孩子，你怎么不买点纸，印了‘风马’再来放呢？”

“家里、家里……没钱，没钱买纸……”那声音酸酸的。

“那，你又为什么要把‘风马’的印版带来呢？”

“我想，我家是最困难最困难的，想多放点‘风马’讨点好运，让山神护佑护佑，但又买不起纸。可是，最近，妈妈彻底病倒了，我没钱给她治病，家里一点粮食也没有了，妹妹们每天向我喊饿，生产队革命领导小组不给我家贷款也不给借粮……说我们是‘五类分子’家庭。爷爷，我想祈祷神佛保佑妈妈平安，明天，明天，我要领着两个小妹妹到城里去讨饭、讨钱，回来给妈妈治病……”

“你不上学了？”

“不上了。已经一个多月了。可我每天在读书……”他从怀里掏出两本书，又装了进去。

周围的人都哑了声，那黑脸汉子也抱歉地拍拍他的肩膀，说：“兄弟，原谅我，我这人就这么个火暴脾气……”

我的心里苦苦的，泪水涌上了眼眶。

“孩子，”受了感染的多杰波老人也激动地说：“孩子，拿着你的印版去印吧，多放点‘风马’，山神会保佑你的，佛会保佑的。给最可怜的人以最大的关心，这是先人们的遗言，我想，来自四方的朋友们，一定会同意你这样做的！”

“是这样！是这样！”众人应和着。

“爷爷！”僧本激动地扑在多杰波老人怀里，哽咽着说不出话来。

十多年过去了，当我重新登上这平平常常的阿米官官山，瞧着那挺拔而立的俄博和那成群地放“风马”的人们，不知是苦是甜还是酸，一种难以言表的情绪飘去又荡来。

我在人群中找着，找着那可怜的僧本。说也巧哩，我找到了他，他穿一身西服，正在放“风马”。

“想不到，你还会记着这儿。”他拉住我的手说。

“记着的，记着你，记着‘风马’，记着这里的一切。听说你上了大学，还入了党，是吗?”我问。

“是的。自从母亲离世后，我照料着妹妹们，一边加紧时间自修，高考开始第二年，便考进了大学……毕业后分到省委统战部工作。”

“真幸运。”我说，“你，共产党员了，还放‘风马’，相信命运，乞求山神保佑?”

“谁让我生长在这块土地上呢，尽管我思想上根本不相信神呀佛的了，可是当我一踏上这块土地，就想起过去，想起那些艰难的岁月，脚底痒痒，就跑来了。别看我也在放‘风马’，其实我已经不想从神那儿得到什么了。然而有一种难以言语的情绪在我心中徘徊着，是什么呢?我自己也不明白，只是想在这儿扔上几页‘风马’，就感到舒服、惬意!”

我笑了。他有点孩子气地问道：“你笑什么?真的。”

我说：“要在‘文化大革命’呀，只要你在这儿扔上几页‘风马’，你就是宗教迷信，相信唯心主义，反对唯物主义，继而便可以得出你是反对马克思列宁主义、毛泽东思想的结论。”

“这话不假。你大概知道‘文革’前咱县的文教局长，满肚子学问，只因为有一年去参观寺院，给宗喀巴的塑像鞠了一躬，‘文革’中就定他为信神信佛，反对毛泽东思想。局长辩解说：‘我之所以给宗喀巴鞠一躬，不是因为宗喀巴是民间所说的佛，而是因为他是个思想家、是个学者。’‘文化大革命’是不允许思想和情绪上的层次存在的，结果局长还是被开除党籍、开除公职，谁听他的辩解……”

我们俩聊着，放着“风马”。“风马”高高地飘在空中，像一群从地上窜起的鸟儿，随着烟雾悠悠然飞翔在蓝天里。久久望去，仿佛可以听得到它们啁啾的叫声。

我们俩在人群中寻找着那位黑脸汉子和多杰波老人。几乎都找遍了，没有他们的影子。无意中碰到多杰波老人13岁的孙子，我问：

“你爷爷和爸爸怎么没来?”

“忙哩，他们在开饭馆哩。”

“你这么小，会敬神吗?”僧本逗他。

他很认真：“爷爷说了，看别人怎么放‘风马’就让我怎么放……反正放出去就是了。”

“哦，”看他天真的样子，我和僧本都笑了：“好，好，回去问你爷爷、爸爸好……”

孩子走了。一页粉红色的“风马”摇摇曳曳从天空中降下，在我俩面前晃了晃，落在绿色草丛里。

草丛里开满了山花。

佛　光

但愿我是一只鹰，在高高的雪山顶上，沐浴百年一遇的佛光。

我们是唱着这支歌走向那座大雪山的。可是，刚走了半天的路程，便被骑马赶来的家长们截住了。于是我们像俘虏一般被赶回家，第二天又像俘虏一般被赶到学校，交给了新来的班主任Z先生。看着我们大难临头的样子，Z先生乐了："真不够朋友，看见佛光会得到终生幸福，你们只顾自己，也不叫我一声！"他讲话嗓音很重，不时用食指向上推着高度近视镜，"只是现在不能去！"他列举了许多不能的理由，此后几天像特务般在我们身后盯梢，真够讨厌的，也不嫌累。

可是，很快，我们几个准备去寻找佛光的孩子被他吸引住了：他会打拳，同学们一要求，他便退退进进，左左右右，一拳一掌，一招一式打起来，筋骨像杂技演员一般软，可以劈腿、折腰、翻跟头；还会拉二胡，有时我们跳舞唱歌，他便拉二胡伴奏，玩得十分开心。

"难道非得去寻找不可吗？难道看见佛光真的会超凡脱俗吗？"有时Z先生如此问我们。我们的答案是现成的——老辈人怎么讲我们就怎么说。Z先生并不跟我们争论，只是谦和地乐着："要多想想，多想想……"

过了些日子，他拿来一本书，说那里面有佛光如何形成的解释，并一字一句讲给我们听。我们当然不信。

Z先生教书十分认真，工工整整的板书，像书上印的一样。要求我们也很严，只要字迹潦草就会罚你重写，更不要说存在错别字了。那天，我们正在上课，教室里突然暗了，紧接着雷鸣电闪下起雨来，同学们的心早被雷声、雨声勾去，他却旁若无人，讲兴更浓。雷雨之后，一轮彩虹霍然跃上蓝天，Z先生望着窗外的斑斓世界，突然说："走，看彩虹去！"顷刻间，同学们像燕子似地窜出教室。

多美丽，多迷人的七色彩虹啊！彩虹的一头就在很近的泉水旁，同学们便呐喊着向泉边追去。可惜当我们到那儿时，那神奇的精灵又悄然飘向蔚蓝色的高空去了。我们静立着，望着，直到它完全消隐在那绺孤孤的白云里。

“知道不，彩虹是怎么形成的?”Z先生问我们，接着又细心地讲解彩虹形成的科学原理。当我成年以后，也深深为此而欣慰；在藏区浓重的宗教氛围中，从童年就接受唯物主义和科学思想，实在是件幸事，否则我的心魂或许仍像许许多多的同龄人一样，在沉重的宗教迷宫里游荡。

不久“文革”开始，大家捋起袖子造反，谁还谈学习?可Z先生不一样，“知识就是智慧，知识就是文明，知识就是力量，不学习怎么行?没有知识这个火箭做动力，人造地球卫星会在太空遨游吗?”他将我们关在教室里，仍然一板一眼地教书。

后来，他被揪了出来。“你为什么把学生关在教室里?”有人如此质问。“学习。列宁说：学习、学习、再学习。”他说：“你这是用学习反对革命!”“不，学习是为了更好地革命。”他嘴头不赖，众口难攻。“我建议：我们学校不要停课，停课就会给学生的学习造成损失。要知道，放弃了教育，就等于放弃了这个民族的进步；绞杀了教育，也就等于绞杀了这个民族的未来。”——无话可说，一夜之间，他被打成反革命，赶去劳动改造。

Z先生去改造后，一位同窗来叫我：我们还是去寻找佛光吧，学校没意思！我和另一位同窗反对：“现在太乱，家里父母不放心，再说Z先生说……”“Z先生说”已成了我们的口头禅，当初没当回事的他的许多话，随着他的离去，都成了我们的行动纲领。于是我们商量，去探望他一趟。我们十分想他。

Z先生改造的村子离我们不远，当我们四人走到那座低矮的窝棚前时，看管他的人恰好不在。里面有轻轻的歌声，没错，是先生的声音；而先生唱的歌竟是我们常唱的“但愿我是一只鹰”！我心里酸酸的。

“还看书吗?”一见到我们，他便这样突如其来地问。“看的，就是没有什么好书。”我们如实回答。“看书就好”，他听了这话非常高兴，“只要想办法，书总会有的。”他从枕边拿过一本厚书，“瞧，《资本论》，多好的书，我快读完了!”

先生身体好，精神也好，我们感到安慰。可当我们起身告辞时，他的声色陡然变得黯然，怆怆地拉着我们的手，久久舍不得放开。“你们要读书呀!”我们走远了，他还在招手，“将来，你们会看到佛光的。”

这是一段20年前的历史，这段历史在我心上留下了深深的烙印。我想，如今不需要再去寻找佛光了：对于社会，对于学生来说，教育就是法力无边的佛，靠这尊佛，人类的文明才得以保持、延续，得以发展、弘扬，才能向更高的层次——人类理想的社会迈进。“百年大计，教育为本”，望着遥远的雪山，我曾为这句口号而感奋不已。而我牵念最多的是那些在内地被称为“照亮别人、毁灭自己”的蜡烛的教员，实际上他们就是那璀璨的佛光。靠着这些佛光的照射，一代又一代的英杰才得以产生，社会文明的车轮才得以稳健地向前行进。他们伟大就伟大在用自己的生命点亮别人的心灯，让别人终生在光明里行走。我时时思念着 Z 先生。当他慈祥的面庞浮现在眼前时，那艳艳的佛光也在他周围散射开来，令人心醉而振奋。我也向往那个“佛光普照”的世界，只有那样，我们的民族才会有生机和希望。

教泽！教泽！

1968年，在中国大地上有多少人在发狂，有多少人在彷徨，有多少人在含泪饮泣！我，一个无知的十几岁的孩子也第一次为这有情世界而苦恼：自从我的启蒙老师被揪斗，作为他的“小宝塔”的我，也顺之在校方宣布的不准升入初中、不准毕业、不准在校学习的皮鞭下，离开了我可亲可爱的母校。我成了生产队的一名半劳力，去离家近十里的地方放牛坐圈。

当愁苦来临时，人们才会感到平静、顺利的难能可贵。我看着那些跳跳蹦蹦背着书包去上学的孩子们，羡慕极了！多想听老师讲课，多想跟同学们一起玩呀！然而命运给我的台阶方位决定了我的生活，我只能在牛背上、山坡间，面对我的现实唱着我的山歌。

一天，帐篷里来了一位老人，他说：“你是丹珠吧，你爸说啦，让我来教教你。”他是位退休的老校长，新中国成立前当过多年私塾先生，会中医、针灸、书法、武术。虽然是外来的汉人，村人中有很高的威信，我们都叫他“校长爷爷”。

校长爷爷高大粗壮，爱笑，大笑必仰脑袋，高鼻梁冲天，露出阔口中两颗黄亮的门牙，三须胡子翘得高高的直打战。他说：“孩子，别灰心，你虽然没有坐床，也是个品位的活佛体子，哪能没点知识？讲经说法我不行，不会，我也不懂藏文，做点别的还是可以的。你爸说了，为了将来有碗饭吃、成个有用的人，让我带你学医。中医好学文字关难过，从现在起，你得背点古文……”于是，他让我背《三字经》、《千字文》、《幼学琼林》、《增广》、《尺牍》等书，偶尔也教几个汤头歌诀。

背书是个苦事，也是乐事。当背完一本书，得到校长爷爷的褒奖时，我感到多么高兴，尽管我在校学习的机会被剥夺了，但我在努力，还在进步。有一次我贪玩误了背书，校长爷爷含泪长叹道：“唉，人是没希望的呀，像丹珠这样吃不饱穿不暖的苦孩子也在贪玩，我这快入土的老头子还忙乎什么呀！”我听了心里酸酸的，恨自己不争气。

背呀背呀，我再不愿意听到校长爷爷含泪的长叹了。四册的《幼学琼林》背到第二册，疑难问题多了，就请他讲解，他说：“不忙不忙，到时候自然讲给你听。”他笑了，露出黄门牙，仰着脑袋。

又背了些日子，他和我父亲来了，穿一身新衣服，上了香，神色肃然地望着我。我以为他要搞什么迷信活动，心中诧异，也有点莫名的紧张。他咳嗽一声说：“今天咱们开讲吧……”我急忙翻开书，他讲的却不是书本上的。“先讲修德……”他说，做人技艺为次德为上，才为次志为上，要先做人后学艺，要谦恭为民，正直勤奋等等，还列举了一些古人的嘉言懿行。如是讲了三次，才开始讲课文。说是讲课文，只是疏通文字而已，不讲别的。“背吧，能背多少就背多少，这些书不能久留，早晚会被烧掉的。”

我便狠劲儿背书，好在放牛娃有时间，好在僻静的牧场没人来干扰。跟我一块儿放牛的中年人是个佛教徒，常常偷偷摸摸煨桑拜佛。

他见我捧着些线装书背，很紧张，也不劝我，常常为我放哨、祈祷。

生活就是这样缓慢而又迅速地过着。一个偶然的机会，我又上了中学，中学毕业后又在中学当了四五年代课教员，我怎么也不会想到，在我四五年的教学生涯中，校长爷爷教给我的让我背的那些东西竟那样有用。再往后，我上了大学、搞研究工作，这些知识就更有用了。

先前，我深深为我此生没能成为一名医生而遗憾，当更多的向往、痛苦和愤怒涌入我的胸膛时，我便深深爱上了文学，学会了向有格无格的稿纸倾诉胸臆。而在我的文章中时不时有半旧不新的词儿、句式，那便是校长爷爷让我背的那些并不算很古的玩意儿作怪。我深深感谢校长爷爷的原因也在这里，他给了我许多知识，给了我无价的终生使用的武器。

校长爷爷姓李讳承溥，青海乐都人，五年前作古。树立教泽碑的时代过去了，而教育是永存的。思念是碑，我永远思念哺育我成长的老师们。

“铃铛”爷爷

爷爷和爸爸都喜欢交朋友，因而，我家的客人特别多。在众多的客人中，最吸引我们的是“铃铛”爷爷。

“铃铛”爷爷到我家的时间，一般是雨天和雪天。夏天，下雨了，我们几个小孩一起跑到门道里，望着银色的雨线等他，他准会来的。当远处，在离我家不远的那个斜坡上，一步一晃，走来一位头戴礼帽、穿件白褐衫，肩头斜搭褡裢的人，那准是他了。

在我的印象里，“铃铛”爷爷的衣服从来没有换过：低低扣在前额的“鸽子青”礼帽，松松垮垮裹在身上的那件发黄的不镶边的白褐衫、紧绷绷套在脚上的那双驴皮色的尖鼻靴子，永远那样旧，又那样干净。

“爷爷！爷爷！”我们冲着他笑着叫着。

“在等我呐，小羔子们？”他时常是笑着的，一笑起来，短短的人中几乎没了，两个嘴角翘起，弯镰般割着尖而下垂的鼻子。

“您老不来，我们都快想死啦！”他最爱听这句话，因而我们也半真半假地讲给他听。说真的，却真有些想他哩，他一来我们就有了欢笑，有了好吃的——他从来不空手上我家的门，来时总要带点糖、核桃、红枣、瓜子什么的；说假也有，谁也没想到他“想死”的地步。

“我说嘛”，他得意了，“我说你们见面欺负我，我走了，就想我，你们不信，瞧，这不应了！嘿嘿！嘿嘿！快说，你们又想好什么鬼方儿捉弄我？”

小时候，我们几个都爱流鼻涕，时常拖着两条黄浓浓的鼻涕，他往往会冷不防地用他那粗大的食指刮进我们嘴里，害得我们恶心得直吐唾沫。

“嘿嘿！嘿嘿！”他的嘴角又翘起了：“我说呢，内地卖干葱的，怎么跑到这儿来了，原来是见了留着自己吃呀！”

时间久了，一见着他来，条件反射似的，我们“呼、哈”，又吸又擤又擦，收拾鼻涕。唯恐拖着鼻涕让他看见。见我们把鼻涕收拾得干干净净，他会高兴地嚷嚷：“嘿，今年你们家的干葱（指鼻涕）没有了！咋不留着给我看看？有本事你们留着啊！”

说也怪，有时候他会突地在你额上弹一下，疼得你直喷泪花。可是，不能哭，一哭，他就会说：“没用的软骨头!”还会狠狠瞪你一眼，而我们这些“小丈夫”们都崇尚英雄，就是疼死，也要咬着牙挺住。

更多的是我们捉弄他。

一进到屋里，“铃铛”爷爷脱了自己的驴皮色靴子，盘膝往炕上一坐，就和爷爷聊天，天南地北，古往今来，他们聊的范围广极了，而聊得最多的是他们小时候的事。

“你那时候不会系腰带，嘿嘿，那次我俩去看赛马，刚跑到人群里，你的腰带开了，露了屁股，嘿嘿……”爷爷多次讲到这个小“短处”。

“你，那次跨马，给摔进刺丛里，屁股上扎了15个黑刺，我一个一个给你挑出来……嘿嘿。”自然，“铃铛”爷爷也掌握许多我爷爷的故事。

“爷爷，请吃茶。”我们恭敬地把茶碗放进他手里。

“哟，放这么多酥油啊?”“铃铛”爷爷愕然地盯着碗。藏族有个习惯，客人来家，先在碗底放点糌粑粉，上面放些许酥油，让客人喝了，叫“突巴”，喝完“突巴”后若还想吃糌粑，再重新倒茶，放的酥油也多了。

“孝敬您呀!”我们的嘴也甜。

“铃铛”爷爷惬意地端起碗，这时候，我们几个已用袍袖掩了口，准备笑了。

为什么?说也逗人哩，“铃铛”爷爷虽然算不上美男子，却也生得五官端正，和蔼可亲，造化偏偏找他麻烦，不偏不倚在他舌尖上长了个豌豆大的肉蛋子。人们由肉蛋子想到铃铛的形象，就叫他“铃铛”，到了我们这一辈儿，他就有“铃铛”爷爷的美称了。喝“突巴”既要喝又要舔，喝的时候，假如放了较多的酥油，就要一边吹着（把覆盖了茶水的酥油吹开再喝，以免把浮着的酥油喝进肚里）一边喝，这一吹一舔都要用舌头，自然，“铃铛”爷爷的舌头上的肉蛋子就暴露无遗了。

“扑——嘶——”他吹着，是由于舌尖上有个肉蛋子，气流受阻的原因吧，他一吹起来，肉蛋子突突直跳，还发出一种“嘶——嘶——”的声音。

“响的是什么呀?爷爷?”我明知故问。

“没什么呀?”爷爷一本正经地回答。

“像是一个淋了雨的铃铛，被风吹着!”我接着说。

爷爷明白了，笑了，接着瞪了我一眼，吼道：“没大没小的东西，还不快滚到外边去玩!”

我们轰一下涌出了屋门。在院子里高一声低一声，调皮地叫着。

铛儿铛，
响铃铛；
响铃铛，
铛儿、铛！

反反复复，没完没了。有时候爷爷生气，就来撵我们。撵走不一会儿，我们又一个个悄悄溜回来，从门缝朝里窥望。

有一次，爷爷和“铃铛”爷爷在一起喝酒，酒至半酣，听得我爷爷压低声音，悄悄问“铃铛”爷爷：

“老伙计呀，有一件事，我想问问你……”

“什么事？你问吧……”

“我问了，你可别生气呀？”

“咳，都这把年纪了，还生什么气呀！”

我觉得新奇，继续听了下去：

“听说你结婚那阵儿，别人开你媳妇的玩笑：‘措姆姑娘，你好福气呀，每天晚上都有大豆吃。’你那媳妇回答说：‘大豆？哼，那是珍珠，不光晚上吃，白天也吃，怎么着？’嘻嘻，有这事儿吗？嘿嘿……”

“没有，没有，绝对没有！”“铃铛”爷爷连连否认。

“对老朋友还保密呀？”

“嘿嘿……”停了好一会儿，“铃铛”爷爷才吞吞吐吐地说：“有是有，不过，我应承了，你得保密呀？”

“当然，当然。呵呵！”

“铃铛”，爷爷使劲地干咳几声。那声音尴尬。

“还有，这以后的一天夜里，她突然咬住了你舌尖上的肉蛋子。你吼叫一声，昏过去了。她怕，没咬下来，有这事儿吗？”

“嘿嘿，嘿嘿”，又是“铃铛”爷爷不自然的笑声：“唉，说了也真让人伤心：我那媳妇自尊心强，见别人常常用这个肉蛋子起哄、讥笑，挖苦我，她受不了哇！”

听到这里，我联想着当时的情景，忍不住抿嘴笑了。

可是“铃铛”爷爷哭了，爷爷劝着他。

我家的景况本来不好，不想那年妹妹害病，请医生、吃药折腾一年，欠了一屁股的债，又逢那年收成不好，到第二年三月就没吃的了，东家西家，借粮、借面度日子。爷爷、爸爸再也不给我们买块糖、买点饼干吃了。日子过得寒碜啊！

“铃铛”爷爷照例到我家，我们几个孩子照例在门道望着家门前那段斜坡等他。

他还是搭着那件小褡裢，还是那样倒背着手，一步一晃荡地向我家走来。

铃铛，铃铛，
晃荡，晃荡，
铛！——铛！——
铛！——铛！——

我们叫着，摇晃着身子学他走路。

“铃铛”爷爷近了，我们都陡然噤声不语，咧嘴笑着，挤眉弄眼。

“说，谁在损我？”不知道他是真生气假生气，“我知道你们围在这里就没好事！”

“哪里”，我说，“我们在等您老人家呢！”

“是啊是啊，我们可想死您啦！”——这是说熟了的，大家异口同声。

我见他的两个嘴角向上翘——显然，他乐了。有时候他竟会为这句半真半假的话所感动，噙着泪花，从褡裢里掏出一大把一大把花糖让我们吃。

“嘿，今天不错，没一个拖鼻涕的。”他指着我们。其实，怕他把鼻涕刮进嘴里，见他个帽顶儿，我们早把鼻涕收拾净了。

“这都靠您管教我们管教得好！”我们仿佛十分恭敬，给他主动开道。他满意地回头看着，向前没走出两步，“哦！”地叫一声，一屁股滑倒在地上。

“噢哈哈！噢哈哈！”我们笑得前仰后合。

“铃铛”，爷爷摸着被摔痛的屁股，龇着牙刚站起来，左脚向前一迈，右脚下一滑，又摔倒了。他发现了我们的秘密——地上整齐地排列着被截成寸许的小圆木棒儿，人一踩着，如同踏在豆子上，贼滑。尤其，“铃铛”爷爷穿的是硬如铁板的平底牛皮靴，还能不滑倒！

“好哇，你们这些小畜生，你们变着法儿捉弄我呀！”他果真生气了。

“怎么啦？又是谁在淘气？”屋里传来爷爷的呵斥声。我们几个匆匆跑散了。

吃晚饭的时候我们回到家里，母亲让我们一一向“铃铛”爷爷认了错，爷爷要揍我们，却被“铃铛”爷爷挡住了：

“孩子嘛，不懂事儿，算了，算了。你小时候比他们还顽皮呢，记得吗？你给你舅舅用黑墨画眼镜儿……嘿嘿！嘿嘿！”

这以后，我再也没见过“铃铛”爷爷，尽管我们每逢下雨下雪（后来才知道，他每逢下雨下雪来是因为平日给儿子看孩子，雨雪天停工，有人接替他，他才能出得来）都在门道里，瞧着那段斜坡上的小路，他始终没来。我问爷爷，爷爷怒气冲冲地对我吼道：

“都怪你们这些冤家，好好一个人，让你们给毁了！”

“让我们毁了！”我不明白。我又到旁处打听，才知道“铃铛”爷爷偏瘫了，那时间恰恰在离开我家三天。

我把这消息告诉了家中的姊妹和邻居家的小伙伴们，大家都感到非常伤心。

“他疼我们，是个好人啊！”不知是谁怅然地这么说。

“他是好人，难道我们是坏人吗？”又有人这样反问。

这心里沉甸甸的。嘴一撇，泪珠像断了线的珠子直往下打。又过了一年，一天，我家里来了个报丧的，说“铃铛”爷爷死了。

满天星星

长庚星晶亮亮地眨着眼，夜风轻轻地拍打着帐篷。我静静地躺在灶火旁的毡毯上，不时地瞧瞧着得正旺的羊粪火和那正向外溢香的红铜奶茶壶。看看远处逐渐暗去的群山，几天来的不平又袭上心头。五天前，队长让我去跟加洋学放羊。本来对这一点我就憋着气，谁知加洋对我又是那样冷淡！他只让他的小花狗来嗅了嗅我的头脚，留下个“先帮着修渠，必要时叫你”的口信，连照面都不打，又追他的羊群去了。偏偏昨天的报纸上报道了他的放牧经验，还号召全体牧民向他学习呢。这下可把我的五脏六腑都搅疼了，真是“碗里没酥油，打拉水①为了王”，咱这千里草原，这么多的贫苦牧民哪个不可以学，就学他？他加洋算什么？以前在寺庙里当阿卡，搞迷信，吃剥削饭，1960 年才还的俗。更令人气破天灵盖的是，连队长也很恭敬地称他“阿米娄”。我给他提了个“阶级路线不清”的意见，你看他，不但不听，反而倒着牴角来做我的思想工作……唉，想起来真叫人窝火。

灶火里那些黝黑的羊粪蛋，火爆爆燃烧一阵后，变成一个个粉白色的小球，轻轻一触便成了灰。是呀，羊粪蛋即使烧成灰也是羊粪蛋！

我正在瞎想着，突然，加洋那条小花狗神奇地出现在我的眼前，它友好地摇着尾巴，嗅嗅我，用前爪搔着拴在脖子上的牛皮袋儿，我打里边一摸，摸出个小小的字条来。上面用藏文写着：

言日排：

羊下羔啦。快来。小花狗给你带路。

看了条子，我躺下来想着：这个家伙，不是在存心捉弄我吗。这么晚了，谁知道你离这儿有多远啊？可是那小花狗汗淋淋地拽着我的衣襟像个固执的小孩似的催着我快走，打它、撵它，它都不离开半步。我被逼得无法，转念又想，不平归不平，看法归看法，不能让集体的羊群受损失。我背上糌粑袋子，挎了腰刀，跟着小花狗大步上路。

---

① 牛奶提取酥油后剩下的水，没多少营养。

夜，多么静谧！凉凉的，周围没有一丝声音，只有徐徐的轻风吻着我的面颊。天上的星星出齐了。我的脑子里像是装了几千个流星，一会儿划向东，一会儿划向西。是呀，加洋的确在我拖着鼻涕读“嘎咔”① 时就已经是个牧人了。不冤枉，20 多年来，他改造得实在不错。近十年的羊羔成活率都是百分之百，破了全县纪录。难哪，说是说，这可是需要一点“硬”本事和一番“苦心”的。当然，“文化大革命”他没少挨拳头，记得我还曾经让他给我磕过头呢……

小花狗在前面跳跃着，我的心也跟着它跳跃。尽管那些野葱花的香味醉人地钻进我的鼻孔，但是我无心去品赏。在我心里出出进进只是加洋的形象。加洋呀，加洋，我到底该怎样对待你，怎样评价你？

走呀，走呀，走。把月亮从东头背到西头。跨过一条小河，翻过一道山梁，小花狗汪汪汪叫了三声，我晓得这儿离主人不远了。果然，前面不远处出现了用 11 堆火围成的一个不规则的圈子。火光中加洋拄着拐杖，绕着火堆摇摇晃晃地小跑着，唱着：

天上的星儿多了，蓝天高兴；
地上的羊儿多了，牧人高兴；
天上的星儿就是地下的羊儿呀，
地下的羊儿呀就是天上的星儿。
……

奇怪，他是在干什么？我疑惑地向他走去。

当他第二圈跑到离我不远的地方时，歪歪斜斜向前走了几步，沉沉地倒下了。小花狗狂叫着跃上前去。我也傻了眼，慌慌张张奔过去，喊道：

“加洋！加洋！”

加洋一声不应。也许是他太瞌睡了，也许病了，我想。管它呢，先到帐篷里再说。我背着他来到小帆布帐篷里，可是撩开门帘一看，里面都是安静地卧着的小羊羔，几乎没处下脚。我失望地把他背到一个较近的火堆旁，那儿放着糌粑袋和锅锅碗碗。当我放下他，这才看清他身上只穿了件内衣，瘦骨嶙峋的。呀，他刚才是在绕着火堆跑步取暖啊。我这样想着，再往前走了几步，看见他的皮袄加一块帆布支成个小毡包，里边白皑皑一片，又是一些刚生下不久的小羊羔。再往左边一个火堆一瞅，又是十几只

① 藏文 30 个字母头两个字母的发音。

小羊羔在他的毡褂下眨巴着眼睛。我猫着身仔细地向四周一瞟，有小羊羔的地方共有七处，每处周围都围着大羊，像是一块有花纹的点心。

小花狗嗅嗅主人的头脸，本能地去顺着火堆巡查、探视。我又回到加洋身边，把那熬好的茶倒进旁边放着的木碗里，拿几片治感冒的西药扔进他嘴里，灌了几口茶水，看着他冷得发抖，忐忑中脱了氆氇盖在他身上。小花狗从不远的地方用嘴拖来半袋子羊粪，我把它添在火堆上面。

火着得更旺了，那些燃烧时变成红色的羊粪蛋慢慢变成了粉白色的小球，我看看加洋，他的额头上沁出滴滴汗珠，花白的头发卷曲着，皮肤黝黑，眼角边，眉额间布满了深深的皱纹；我看看他的手，那手比我的手更黑更粗糙，左手里还紧攥着那只鹰翅做的笛子。

加洋呼噜呼噜打起鼾声，他刚才是太困了。

我看看天上的星星，大的小的，像无数颗宝珠嬉笑在遥远的空间，多神、多美啊！记得小时候听阿妈讲过，天上的星星是有数的，地上的人也是有数的；天上有多少颗星星，地上就有多少个人。我当时问："阿妈，你说，我是哪一颗星星呢?"阿妈指着一颗小星星说："那——就是你。"我又问阿妈："坏人也有吗?"阿妈说："坏人是不配挂在天上的。"

这些虽然已经过去好些年了，可是至今记忆犹新。这时，加洋翻个身，嘴里轻轻叫道："羊、羊、羊；星星，星星，星星……"我诧异地看着他，忽然想起，当年在牛棚里他也说过这样的梦话，结果挨了我们这些红小兵的批判：哼，你也说星星，你是永远也成不了星星的，你配吗？可现在，我……该怎么说好呢?

我盯着天空想了许久，又摸摸加洋的头，烧得轻了，睡得也更实了。我看看小花狗机警地跑来跑去，知道狼是近不了羊群的，也感到浑身倦困，就挨着加洋躺下，不一会儿便睡熟了。

我做了个梦，梦见自己变成了星星，乐滋滋地到了天上。那里有许多许多的星星。一颗大星星说："人间美好的一切都是由一个一个人的汗水浇成的，没有他们就没有人世的幸福，天上的美是由一颗一颗的星星装点的，没有它们就形成不了这美丽的夜空。"正说着，我看见加洋也成了一颗星星，在一边眨着眼睛，比我还要大。我立时愤怒地喊道："下去！下去！坏人不配当星星!"加洋说："你看，我的出身是中牧，前些年老婆死了，又没有儿子，我一心一意为社会主义，为实现四化做着贡献，难道我还是坏人吗?""你是吃过剥削饭的!""可是我当了20多年牧民呀!"我觉得自己理亏，刚想再说什么，却被耳边的狗叫声惊醒了。

我揉揉眼睛，红彤彤的太阳已从东方的霞堆里跳出，将红色的彩衣披在远远的雪山上，披在较高处正在吹鹰笛的加洋身上。

我瞧瞧身边，火还在熊熊地烧着，新烧的奶茶“突突突”地顶着壶盖。稍远处，浮云般轻轻前移的羊群，随着加洋的笛声，星星般慢慢散落在草地上。那些刚出世不久的小羊羔，在阳光下用黄嫩的小脚轻轻地踩试着，晚谢的花儿亲昵地抚着这些新的生命。

婉转美妙的笛声吸引了我，我情不自禁地走向加洋。加洋看着我笑眯了眼，身上没有一丝疲劳的影子。

笛声停了，远处悠然行走的羊儿停了，开始低头吃草，加洋看着我和蔼地笑笑说：

“多亏你来，要不，说不准昨晚会出事呢。”

我不知所措地点点头。

“多好的羊呀，你看，他们多听话！奶牛给人们的是黄金般的酥油；这些羊给国家的是银丝般的毛呀！你看，这群羊，去年第八次分群时才六百来只，现在已经满千啦，呵呵呵！”他兴奋地露出豁牙笑了。我的心中猛地一动，一年就这么多，20 多年，20 多年他为集体兢兢业业放牧呀，算算看，他做出了多大贡献哪！

“阿米娄，”许久，我第一次笨拙地这样称呼，“您，您昨晚上怎么不穿衣服，不睡帐篷，却要让羊睡，让羊盖。那是畜生，总没有人要紧的呀！”

“哎！”他摇摇头说：“你看，你看，小羊羔和婴儿一样，最容易感冒，冻坏了它们，我心里不忍呀。阿米娄没儿没女，只这一把瘦骨头，生产队就是我的家，这些羊儿就是我的孩子呀！”

“啊！”我被他深深地感动了，泪水涌满了我的眼窝。我再也忍不住内心的激动，猛地扑在加洋怀里。我多糊涂，多羞耻呀，到今天了，我还用“吃过剥削饭”来评价他！

阿米娄扶起我说：“你看你看，别这样，孩子，别这样，你不是要学‘满天星’的放羊方法吗？来，这个古办法，在我手里还有些新内容哩，我教你……”

阿米娄噙着热泪又吹响了鹰笛，随着悠扬的笛声，羊儿又按着各自的方位向前走去；我噙着热泪搂住阿米娄的身子：

“阿米娄，多好啊，这是怎么教会的？”

“有办法，只要能下工夫，想着国家，想着大伙儿，就有办法……”

我又问他：“那个方法为啥要叫‘满天星’呢？”

“这是个古法，古名。不瞒你说呀，我常年放羊，每晚都要同羊和星星做伴，我爱羊，也爱星星。雪白的羊儿点缀了绿色的草原，银亮的星星点缀了碧蓝的夜空。我祝愿，草原上的羊群像星星那么多，我们的生活像星空那么美。说实在的，我总想，人活着，就应该做一颗星星……”

洛桑的故事

“洛桑”是“善慧、智者”的意思，藏人中这是个十分常见的名字，普普通通，重复的也多。我说的洛桑，不是别人，是全总文工团的舞蹈演员，笑星洛桑。

虽然在一个学校，我们并不熟识，只是见面打打招呼而已。但一些朋友讲，洛桑说他很熟悉我，或许那是由于年龄、专业的差异；或许在过去相当长的一段时间内，我一直埋头写作和学术研究，很少参加交际活动，即便参加了，也是坐坐而已；或许由于他比我小十多岁，见面了，当作学生没有充分注意。

不熟悉洛桑，便是难讲洛桑的故事。因而一拟这篇小文的题目便感到生涩。说什么？怎么说？眼里空空，心里空空，没有生动的回忆，也没有清晰的形象和完整的情节。然而，一种情绪在驱动着我，使我总想对此说点什么，因为，当我早上拿一条哈达去参加追悼会时，心潮汹涌起浮，总是难以平静。

生于1968年9月9日的他，今年只有27岁，一个27岁的生命应该是鲜花般艳丽的。苍天哪，不该让他这么早、这么突然就凋谢了！

他有“洛桑”这个藏族名字，民族成分上明明白白写着藏族。在北京，一个藏族人去世了，无论远近，总要去看看的。因为，在我生活的环境里这是一个常识，一种礼节，一个规矩。苍天哪，不该让我们这些中年人为一个本来在京就很少的青年藏人送行！

他是一颗刚刚崛起的新星，一个“洛桑学艺”系列，曾经引起了观众的普遍关心和喜爱（自然，新星、老星都是被观众捧上天空的，但据说许多星们并没有这种感受，这是件令人遗憾的事）。我看得不多，只那么一两场，总感到演技不错，他与他的搭档博林的配合也好。一个艺术人才能给人们带来欢笑、鼓舞和知识，这就是价值。因为，人们不会忘记这些笑声和欢悦。苍天哪，不该让我们喜悦地望着那颗新星升起，预测着他将达到的高度，却蓦然让他成为灰烬！

来参加他的追悼会的人不少，一些演艺界的名人来了，一些部门的官员来了，他的生前友好和一些藏胞也来了。大家看着他的生平，戴着白花，签着名，为他惋惜，为他难过。

我看到了他的被悲伤浸泡的父母。他的母亲泪水涟涟凄怆地叫着："我的儿子呀！"那声音催人泪下，心痛欲碎。由于人多，我安慰了两句便退了出来。痛苦，就是痛苦，像一把刀要从亲人们心上割过，无论你接受不接受，此刻任何劝慰都是没有用的。我心里酸酸地想，有什么比失去爱子更令人哀痛的呢？许多人在哭，有年老的、年轻的、男的、女的。

我哀哀地望着人们，心中暗暗感慨：人的生命有时显得无比强韧，有时却显得如此脆弱，一场车祸，一个生命便消失了！消失了，归入恢恢苍穹之中，永远不再回来。

我问同事："他怎么出的车祸？"

"酒醉后开车！""酒醉后开车？"我几乎惊叫出来，心情也陡然沉重起来。

我读着全总文工团印的"洛桑同志生平"中的那段文字："1995 年 10 月 2 日晚 11 时，洛桑同志驾车外出，在北京市西北三环中路不幸发生车祸，头部、胸部受重伤，经抢救无效，于当晚 11 时 33 分停止了呼吸。"

"酒后开车！"我感到心中有狂风在呼啸，有雷电在轰鸣，有暴雨在倾泻！

酒，又这样悄悄地在我们身边埋下灾祸，又凶残地夺去了一个生命。记得十年前，我的好友、作家端知嘉辞世后，我写了一篇万把字的长文《端知嘉现象》就提到过酒，还提到过女人。后来还是我自己郑重地将它放回了抽屉。没有发表的原因很多，其中一个就是不愿意让逝者的某些不足公之于众，使他的亲友难过，甚至尴尬。然而后来的发展令我惶惑：一段时间内，端知嘉的文名突然翘起，不仅在国内，国外也有人大为称道。可是一些人为文平平，却饮酒佼佼，狂傲不羁，目空一切，使我感到焦急而难过。酒啊酒，"感情浅，舔一舔"、"感情好，能喝多少喝多少"、"感情深，一口闷"，酒文化花样翻新，迅速发展，"酒逢知己千杯少"、"朋友朋友，一醉方休"，喝！旧有的伤痛，使我辗转反侧，夜不能寐。酒是天使，也是魔鬼啊！不少的人只看他的"大使"身份，而没有认清他的魔鬼嘴脸，烂饮之后，惹是生非，殃及生命，酿成千古恨。令人扼腕，却有奈何！

假如洛桑活 37 岁，他会多大的成就？

假如活 47 岁、57 岁、67 岁呢？——尽管生活没有假如，一个生命完结了，与之而存的美好的一切都随之而去。可是，痛苦中我们不仅要问：假如避免了那次车祸，或许他拿着那张飞往新疆的机票在乌鲁木齐演出；

或许他还有新的节目，给人们带来新的欢乐！然而，这一切都是不可能的了，他的生命终结了，他本身不再创造故事，他的故事也便自然地画上了句号。

还会有人讲洛桑的故事，讲他的艺术道路，讲天资聪颖的他，如何担任舞蹈演员，如何探索艺术表演形式；讲他的演出，一次次如何获得成功，讲他去香港，讲他去芬兰，讲他去西藏……然而，故事之后，留给人们的只是沉痛地感叹：我们失去了一个好兄弟，一个受观众喜爱的笑星。

而洛桑的故事给我留下的沉痛影响并不完全在于此，使我久久地诅咒的是那个夺去他生命的“魔鬼”——我的耳边常响起他的母亲撼人心魄的哭声：“我的娃呀……”那声音使我常常战栗。

一个母亲失去了孩子，就如同蓝天失去了太阳；太阳逝去还会回来，而孩子一去永不回转。只要母亲活着，她会永远呼唤孩子的名字，为他流思念的泪。洛桑是个孝子，听朋友们说他买了一套房子，从远远的四川甘孜接来父母，让他们安度晚年。这是个好举动，口碑甚好。我想他不是过去的那个喝了酒爬到水塔顶上，让班主任担惊受怕、喊不下来的孩子了。懂得了孝，这是多么大的变化！这是多好的变化！现在许多人不怎么提这个字了，孝同样是一种美，一种优美的感情，它与母爱（当然也包括父爱）如同人的双眼，对称、美丽，无与伦比。12 岁就离开家，就在京待了 15 年的洛桑能为双亲尽点孝道，实在可贵、可爱、可敬。孝是爱的一部分，是一种回报，一种奉献，一种境界，一种洗礼，也是一种强韧的力量。一个有孝心的人的心态，我想是完全不同的。假如一个人连父母都不爱，不孝顺，说他关心他人，热爱集体，热爱祖国，我想那完全是鬼话。孝敬父母，成就事业，洛桑在他短短的一生中，至少做到了这两点。这两点是光彩照人的。

洛桑是个好名字，在藏区已有许多的人叫洛桑，有当省长的洛桑，也有当州长、县长的洛桑，我相信，以后还会有许许多多的人叫洛桑。

车，还会有人去坐，不管说它“说好听的是车，说不好听的是棺材”也好，不管说它是人类进步文明的象征也好。车的发明，的确为人类节省了无数的时间，解决了无数繁重的劳动。

酒，还会有人去喝，去拥戴它，不管这个“魔鬼”还要伤害多少人，更多的人还是将它当“天使”。因噎废食是可悲的，讳疾忌医更可悲。大概生活不但需要很高的才艺，也需要良好的修养；不但需要经验，也需要哲学，利与弊、优与劣、补与损等大多同体并存，认识这种两面性非常重要。认识了，掌握了，就可以展其利而避其弊，扬其优而抑其劣，取其补而遏其损。记得80年代中期，有一次讲座我谈了一点生活心得，讲的就是这个道理：一要平衡，二要修养。平衡，就要两点论，就要考虑（理解）事物的两极、两面，掂量轻重，寻找其平衡点；平衡，就要掌握度，不能超越极限；没有平衡，就没有稳定（小至心理，大至国家）；没有稳定，安宁、幸福、和谐、团结、奋斗、发展，统统谈不上。失衡就是矛盾，就是斗争，就是失败，就是灾难。生活如同行路，无论行走、奔跑、跳跃，最忌失衡，顾及一面，忽视另一面，一旦失衡，便会摔倒。小摔，小伤；大摔，大伤。实际上，人及身体本是在不断的平衡中前进，或者说是不断地在与失衡作斗争中前进，诸如冷加衣，热减衣，渴则饮，饥则餐等皆是，只是没有理性化而已。

平衡的基点是修养。修养，是对长期的训练（有些要强制进行，准确到位）和积累的回报，是以真、善、美为基础，面对多种动态发展的失衡关系和极端失衡现象的能力和经验，无论道德、行为、知识，皆如此；修养是对一切不良习惯、行为、道德的约束、纠正、打击，也是对一切良好习惯、行为、道德的巩固、维护、扶持，修养越高，对事物的认识越透彻，对自身的把握就越好，生活中的失误也就越少，就可以减少那些令人伤痛的不该发生的事。因为，许多偶然性，仔细想来往往都具有必然性。千百次的约束就有可能享受因约束而带来的善果和喜悦，同样，千百次的放任，就有可能咽下因放任而带来的恶果和苦酒。以其癣痒而毁五尺金身是谁也不愿意的，但是，不通过刻苦、长久的修养，有谁能获得慧心、慧根，识规律，知未来，得真知？

洛桑走了，世上少了一个笑星，一个“学艺”的青年，人们怀念他，在八宝山当我第一个将一条洁白的哈达横搭在他的遗体上，惋惜和伤痛便久久地噎在心中，我想讲他的故事，却讲不出来，纷至沓来的思绪，不知使我如何表述才好……

上山的羊儿下山来

那天，老主人在它脖子上拴了一根绳子，用块黑布蒙住了它的眼睛，它顿时感到周围一片黑暗。小主人扑在它身上，紧紧地抱着它，哭着不让走。

老主人还是把它牵走了。

懵懵懂懂不知走了多远，老主人停下了，解开它眼上的蒙布。

一座有云有雾的山头。一棵矮而粗的松树，上面挂着哈达，红、黄、绿吉祥祛邪饰物。松树不远，有一大堆灰烬，老主人在灰烬上燃起绿色的松枝，圣洁的桑烟升起了！在滚滚腾起的烟头上，他撒上了“风马”，一些被浓烟携上蔚蓝的天空，飞舞着，盘旋着，像彩蝶，像小鸟；更多的斜翔下来，有几块飘飘然落在它面前，那三寸见方的白纸上印着土红色的神马。

“让我的‘风马’升上高空!”老主人念着诵词。

那棵矮粗的松树威严地立在那里。

老主人搬它的四肢，让它跪卧在燃烧的火堆前，凄楚地向那棵松树，向桑烟腾起的高空诉说着什么。说完了，抱着它呜呜地哭了好久。

那天，它不知道自己会永远留在山上。

老主人把它拉到稠密的灌木丛中，拴了，拐了几个圈，走了。它以为主人去解手或去做别的什么事儿。

等啊，等啊，红果似的太阳落山了，鸟儿归巢了，夜幕降临了，还不见老主人回来。“咩——咩——”它焦急地呼喊，周围没有一点声音。

它饿，想吃草，拽拽拴它的绳子，绳子是马莲草拧的，一拽就开了。原来老主人并没有诚心拴它。它知道上当了，东窜西突，总是走不出灌木丛。它惶惑，恐怖。天空积满了云，没有月亮，也没有星星。

它走累了，仍然不甘心地叫着：“妈——妈——”这时候它想起妈了，想起自己的同伴们。可是妈在哪里？同伴们在哪里？还有喜欢它的小主人，在哪里？

远处传来狼叫声，它知道自己再不能叫了，凄凄惶惶地站了半夜……

他把捆好的短柴捆立稳，坐在上面，放下缠在腰间的袍袖，穿好了，在高腰藏靴上擦擦手，取过那个獐子皮糌粑袋子，袋子里的糌粑拌了酥油、奶渣、黑糖。那是妈妈特意给他装的。妈疼他，怜他。他一边用左手不停地转着，一边用右手指撮起一撮放进嘴里，香甜地嚼着，看着树下绿茵茵的草丛间开放着红的、白的、黄色的小花。

“你先帮爸一年，等你妈病好了，俩妹妹长大些个了再上……爸拼死供你……”爸说。这两年他见老了，瘦了，腰也弯了。妈妈长年病着，俩妹妹还小，家里一摊事，外边一摊事，爸一个人怎么也忙不过来呀。

他已经帮爸干了一年了。原想像爸说的那样再去上学。他已经读到初一了。校园里就有许多这样的小花，跟这森林里一样。可是，两个妹妹不见长，妈的病阴阴晴晴的不见好，这几日连家里洗洗涮涮的事儿也难了。

爸急了，又去卖羊，卖羊给妈治病，还想给寺院放布施，想给山神献羊，像黑眼圈被牵上山，从此不再回来。看着自家的羊越来越少，他心里沉甸甸的。羊是牧人的命根子，羊完了，一家人怎么过活？

他望望那边的山头，仿佛看到了山顶最高处那棵矮而粗，象征本土山神被方圆百里的人们所供奉的松树，见到了松树下徘徊的他的黑眼圈。

黑眼圈有两个粗粗的弯弯的漂亮的犄角，两个黑黑的美丽的黑眼圈，像电影里现代派青年戴的黑眼镜；一身素白的毛，走起路来，昂着头款款迈步，颇有风度。它恋他，走路跟着，拉屎撒尿也跟着。羊群散在草场上，它就在他身旁啃草，拢羊时他吆喝一声，它像牧狗一般奔出去，堵那些跑远了的羊。“好牧狗也没有这么快!”爸经常这样夸它，“你们俩亲成弟兄啦。”弟兄就弟兄，它是个争气的。有一次他叫它跟这块草场上斗架的冠军莽黑头对阵，它几头就把对方的一只角击了下来。它机敏，会选择地形，窜得高，下砸时力量猛。从此，黑头见它就溜。黑头怕了。

他压根儿不同意爸把黑眼圈拉上山当祭羊，可爸说：“对神要诚，要把最好的羊献上。”没办法！它不是人，也没有救过他的性命，可他就喜欢它，想它。没办法！

好久好久，它想回到草原，回到同类中，回到小主人身边。这儿太寂寞、太孤独了。先前它找不到去路，后来有人到这儿煨桑，它悄悄跟在身后，还没到山下，就被那个按时来巡山的护林老头赶回了山。后来，它试过多次，每次都被赶上山。只要是人，一望见它下山，就阻拦，就往山上赶。人们不打它，就是对它严格防范，不准下山。

它灰心了，也慢慢习惯了。习惯了独个儿蹲在山头上，看金灿灿的太阳缓缓坠落在雪山后面，红彤彤的晚霞布满西天；看皎洁的月亮将这绿色的山野、森林涂成白色，一天繁星闪啊闪啊闪上一夜；听惯了蚊虫的嗡嗡声，鸟雀的啁啾声，细雨声、暴雨声和霹雳声，还有风天森林的呼啸。它孑孓地披一身尘土，一身雨，一身霜，一身白雪，孑孓地在空旷寂寥的山头上觅食，吃绿草，吃树叶，吃带冰的枯草。

有一天，这儿来了五六只羊，它想这下可有伴儿了。可是，它们不理它，瞧它向它们靠近，风一般跑走了。

有一天，一条老狼来算计它，它躲在一个石洞里。狼往前扑两步，它便用坚硬的角顶它，狼退后两步，它退到石洞里一动不动。这样僵持了一夜，它的毛被狼抓去、咬去了许多，有几口差点没咬在脖子上。它怕极了。幸好一位朝山的老人在洞的周围用黑刺设置了障碍，在洞内扔了些朽木朽骨，上面冒着磷光，狼怕火怕光，不敢深入洞内。天一亮，老狼遁去了，它如惊弓之鸟，心惊胆战地过了一天。

接着有一天来了许多人，在山上煨桑，放鞭炮，噼噼啪啪地闹腾了半天。它在人群中“咩——咩——”地叫着转了几圈。它在找主人。小主人没来，老主人也没来。庆幸的是这些人走后，山上多了一白一黑两头跟它一样拴着三色五色花布的牦牛。它总算有伴儿了。

牦牛的两只角像两把匕首，尽管那条老狼多次来袭击它，都没有得逞。它感谢它俩，寸步不离地跟着它俩，从坡上到洼里，从这山到那山。

睡觉时它就卧在两头牦牛中间。

他把一撮儿糌粑扔在地上，当初每当午餐，他总要这样给黑眼圈一点儿吃，假如黑眼圈不在身边，他就把食指和拇指伸入口中，“嚯——嚯——”打两声口哨，黑眼圈便一溜烟跑来了。

他惬意地笑了，沉浸在回忆中，下意识地把食指和拇指放入口中：

“嚯——嚯——”

顿时，这清脆的口哨声回荡在山谷。

他欣赏着山谷里的回音。当打到第七声，他猝然停住了。他后悔，爸不让他到神树那儿去，就是怕黑眼圈跟了他来，如今黑眼圈是放生的祭羊了，一旦回到家里，吃了妹妹们糟践的、尿的、拉的不干净的东西，岂不是罪过？他多少次上山砍柴，爸多少次叮嘱他：咱们人都得罪不起，神能得罪得起吗？他多少次遥望着山顶为它祝福，怎么这次忘了？

像是天国里传来的声音，隐约，遥远，又渐渐清晰。它激动地竖起耳朵听了又听。

它不相信它还能听见这个声音：

嚯——嚯——

小主人，小主人啊——

它放开四蹄，野马般向有哨声的方向狂奔。

白牦牛警惕地回头巡视，黑牦牛瞪起圆眼，扬起尾巴，向这边冲了几步：莫非那老狼又来了？

他背起柴捆刚走了几步，猛听得身后稀里哗啦一阵响，一个满身长毛的“怪物”窜出灌木丛，直朝他冲来。他一下扔了柴捆，抽出斧子，摆开架式准备搏斗。

怪物冲到他身边停下了：一只羊，黑眼圈！哦，我的黑眼圈！他猛地搂住了它的脖子，眼泪刷刷刷直往下落：哦，我心心相印的朋友，你是听到我的哨声来的，你还记得我的哨声！我想你，想你啊！他亲昵地抚摸着它，端详着它，跟它讲话：你走了，我也停学了，一天到晚干不完的活，我愿意上学，我也不愿意让你走，你知道吗？

它嗅着他的靴子、袍子、手，用肮脏的脖颈蹭着他的腿部，像久别母亲的孩子，不知该怎么亲近，怎么亲热。

他看见它的眼眶里也有泪在滚动。

他陶醉于重逢的欢乐中，摘了红花，扎成花环套在它的脖子上，又摘了杂色的花，插入它厚厚的毛里。它像一位含羞的少女，规矩地让他摆弄着。不一会儿，它便成了一个运动着的“花篮”，稍一走动，满身的花摇摇曳曳，千姿百态。

他快活地跟它玩了半晌。当他抬头看看太阳，吃了一惊：该回家了！

“去吧，你回山上，以后我来看你……”他知道他不能带它回家。

它梗着脖子，任你说上一千遍，没有去的意思。

他捡根棍子吓唬它，它把头埋得低低的，跪下前蹄，将下巴搭在他的靴面上，可怜巴巴地摇着尾巴，像在求告：别赶我，让我跟你走吧。

他心软了，酸了，恋恋地捧起它的头：“你还是回去吧，过一会儿天黑了，我会害怕的！”

它把头埋进他怀里。哆嗦一下，浑身的花儿都颤动了。

他实在不能再耽搁了，狠狠心，决心撵它，撵出十来步，它折回来；再撵出二十步，他一转身，它便掉头，像个顽皮的孩子远远地睨着他：他背上柴捆没走出两步，它又旋风般追到屁股后面。

没办法，他只好把它送上山，送到白牦牛和黑牦牛身边，用马莲绳子草草拴住，跑步下山。

天黑尽了，远山早成倩影。

“怎么，你俩站在这里，爸妈呢?”

大妹蔫兮兮地说：“妈得了急病，爸送她去了医院……爸说让你给我们做饭……”

他心里“咯噔”一下，顿觉有一股冷气向他袭来。

它不明白，为什么老主人用马莲拴它，小主人也用马莲拴它；老主人送它上山，小主人不愿意它下山。

它再也不愿意呆在山上当野羊了。它要下山。

“哞——”两头牦牛像在劝他：天晚了，危险哪!

它义无反顾地昂着头，迈着快步。

没走多远，斜刺里窜出那条老狼，张着血盆大口，直冲它脖子咬来，它惊叫一声，急一转身，老狼死死地叼住了它的右后腿。它感到它的腿在粉碎。它拼命挣扎，拼命呼叫。

一阵风，雄狮般奔来那两头喷着粗气的牦牛。黑牦牛用它的弯角猛地去刺老狼肚子，老狼急一收腹，伸向肚子的弯角将它挑起，扔出两丈来远。老狼刚摇摇晃晃抬着被摔昏了的脑袋挣扎着爬起，白牦牛狂嚎一声把它顶在一棵粗壮的柳树上……

它流着血，用三条腿瘸着，嗅着小主人留下的脚印，蹒跚地摸黑向山下走去。

第二天清晨，他一开门就看见了戴着干枯了的花环死去的它。它的身后留下一条血路……

背心书袋

我自小爱书，几乎成癖，家里的书总放得整整齐齐，管得把把实实。有些书看了又看，总舍不得放下。从小就尊敬那些出口成章、满腹经纶的人，最佩服那些写书人，那时想写书的人可能是世界上最伟大的人。长大应该写书。

当二哥的病情好转后，我便去城里，第一个去的地方便是新华书店。虽然时间不能耽搁太久，但总是想法多看一些，多了解一些，可是许多书看了又看，翻了又翻，心里舍不得，手里却没钱，最后还是恋恋不舍地放在书架上，一步三回头地走了。

那时已到“文革”后期（1973 年），到处在吵吵要恢复高考。上大学，这是我梦寐以求的理想，有几次我默默地站在兰州大学门前，西北民族学院门前，看着那些进进出出的老师们、学生们，心想：我能成为他们中的一员吗？

那时候是“工农兵上大学、管大学”，上学全靠推荐，社会关系十分重要，我是属于社会关系不好的人（舅家的成分是地主），入团，考察到临近高中毕业才勉强通过。上大学？难啊！尽管从小学、初中到高中我的学习一直拔尖，尽管大家都说我是个好学上进的小伙子，但一提到上大学之类，普通干部不敢推荐，那些不断表扬我的领导也怕给自己的政治生命带来麻烦，退避三舍，谁也不敢支持，就连招工（当工人）、招干（当干部）之类，走了一批又一批，就是没有我的份儿。

当我每次带着巨大的希望和失望离去，那惨烈的伤痛便灼烧在胸膛，深深地刻在我的心屏上。一个人的苦难莫过于自己有强烈的上进心，社会却封杀他的一切去路；莫过于自己还在少年、青年，天真烂漫，充满幻想，社会却让他看不到光明，看不到希望和前途，让他清醒地知道无论你怎样努力也改变不了自己现有的悲惨境遇。如同一名死刑犯，一切美好的生活都远他而去，活着是消耗生命；奋斗，没有赦免；死了，一身耻辱。我不甘心这样一种命运，我也不服命运对我的这种安排，因为它不公平，我对这种不公平充满了愤懑和仇恨。我有与别人一样的生命，生命对于我也只有一次，我也在废寝忘食，勤奋努力，为什么就没有跟别人同等竞争的权利？越不公平，我越想抗争，越想抗争，就越感到个人力量之渺小。一度时期，我也与那个时代众多的许多年轻人一样，想放弃学习，但是，自幼读书如命的我，总是离不开书，而书又不断鼓起我生活的决心和勇气，使我坚信：知识，永远有用，与其糊涂地去死，还不如清醒地活着；读书，也不断给我带来乐趣。——这也是一个世界，这个世界是无限广阔而美丽的。当然，我也深深地懂得，我的生活会永远伴随着苦难，伴随着心灵的酸楚。虽然，我自由地漫步在大街上，但我的心灵一直在牢狱中，那样冰冷，那样孤寂，那样忧伤，那样颓唐而火热。看着窗外湛蓝湛蓝的天，我时而感慨万千：飞鸟尚能在空中自由翱翔，而我自己却要背着沉重的十字架在黑暗中徘徊，寻求看到光明的道路。

其实，向往就是一种力量。那时我想，即便上不了大学，我要修完大学的一切课程，我要像大学生一样有知识、有文化！

于是看书、买书成了我最热切的愿望。我跑了不少书店。那时候可供读的书不多，只有毛主席语录、诗词之类，那是我早就背熟了的；至于文科大学的教材更少得可怜。

天气已经转暖，我在一件深绿色的腈纶背心上穿了一件白衬衣，走进一家古旧书店。

古旧书店里书不少，这些书都是筛选过的，“封资修”的“黑货”自然不在其中。“文革”之初破“四旧”开始，连许多饰有“龙凤”、双喜、福禄寿之类的器物都毁掉了，至于旧书的厄运就更严重得多。因此，人们对旧书——即使是些好书，也不敢多看，随便翻翻，扭头就走，怕造反派们以为他对“封资修”的东西有感情，遇到非难。旧书店里都是降价书，虽然书价便宜，顾客很少，显得冷冷清清，几个售货员在那儿小声聊天，一部分书摞在书架上，一部分书杂乱地堆在地上。

我开始翻书，买了几本数理化方面的书，又挑了几本语法、修辞方面的书，有一套线装《左传》，还有一套《史记》，最后看到一套《中华活叶文选》，这是我在大舅那儿见到过的，我买了。正在这时我发现了一套《说文句读》。这是套学习文字的好书，我迅速地翻了翻，点了点，十四册的线装书差两本，还差两本，真可惜。可是我已爱不释手。

“想买吗？”一位年近六旬的老售货员问我。

我点点头。那老人头发已经花白，戴个老花镜，稍胖，他说：“虽然少了两本，这套书还是好书。难得你看上它……现在的人对这样的书已经不感兴趣了！”他压低声音这样说着，眼睛不时地留意着周围。

“便宜些成吗？”我看了看书上的标价，有点恳求地问他。

他说："哦，这我做不了主，要请示我们组长。"

组长是个二十四五岁的年轻人。说话间他已来到我们跟前。那老人有点怕他，低三下四地急急向我介绍："这位是书店革命领导小组组长。"

我谦恭地向他鞠躬施礼。

"什么问题？"组长显然听到我们的谈话，却明知故问。

那老人答道："他说要买这书，可又要求便宜点，我做不了主，特向您请示……"

组长倒剪着手，用脚拨拉了拨拉那堆书，"说文句……"看来他不认识繁体字的"读"字。

那老人乖巧地指着印成标语贴在墙上的"读毛主席的书，听毛主席话，照毛主席的指示办事"林副统帅的语录中的"读"字，说："这是这个字的繁体字。"

组长不耐烦地说："知道，知道，读书的'读'嘛，'说文句读'……"他把"读"（dòu）念成了"读"，"是什么内容啊？"他完全是一副审视的领导的口吻。

"这个……"那老人瞥了我一眼，话还没有出口，组长继续往下说："是不是说文章要一句一句读啊？"

"差不离儿，差不离儿……"那老人应付着："这书跟字典差不多……""噢，我看呐……"他又踢了一脚书，那脚像踢在了我身上，我感到疼痛，"这些破烂玩意儿，放在这是站地方，让他两块，三块卖了吧！"

我说："多谢！多谢！"

但是，组长郑重其事地训示道："我看你还年轻，要注意拒腐防变，不要中封资修的毒！因此，要多读毛主席的书……'老三篇'读过没有？"

他说了许多，我只答应着，心里虽不愿意听，但嘴上不好反驳，也不敢说什么。

随着我的答应声，那老人也在不住地"是，是、对，对"地答应着，还暗示我不要回嘴。

组长给我们训话以后，仿佛得到某种满足，惬意地踱到一边去了。那老人赶紧把组长踢乱的书摞整齐，悄声说"趁他没变卦，你赶紧拿走吧！"

要拿书了，却让我犯了愁，我是空手而来，没有袋子，凑巧书店里面没有绳子，那热情的老人找了半天，找到了一截不到二尺的细麻绳。

没办法，我急急到书店门口转了一圈，想能找到半截绳子，咳，真绝，门前连个草棍也见不到。我无可奈何地回到店里，那老售货员见状也摊着两手："看来你只有抱走了。"也是急中生智吧，我脱下身上穿的绿腈纶背心，用那截细麻绳扎住下端，一个兜就形成了。我冲老人笑笑，那老人瞧着我的样子，也乐了：“真有你的！”

我把书装在兜里，刚好，提着试了试，背心挺结实，能经得住这些重量。我向老人施礼告辞。

“谢您了！”

那老人看来对我有了好感，问：“小伙子，你叫什么名字？”

“昂奔。”

“‘王本’。噢，你姓‘王’”，他听错了。

我赶忙更正：“不，叫昂奔，斗志昂扬的‘昂’，奔腾的‘奔’。”

“昂奔？姓昂，还有这个姓？”

“不不不，我是藏族……”

一听说我是藏族，那老人愣住了，脸色也变了。不知是怀疑，是感慨，是哀伤，还是高兴。一种复杂的神情从他脸上荡溢而过。他颓然地坐在凳子上，深深地低下头，望着地面。我想跟他打招呼，等了许久，老人的头再没抬起。我只好望着他那花白的头发，静静地离开了书店。

多少年过去了，我的眼前不时浮现出这一幕，那老人为什么低下头？他在想什么？他是什么人？是个普通售货员？是打下来的右派？老先生？老教授？总而言之，这一切在我心里一直是个谜。

回到医院，由于二哥的伤势日益见好，不需要事事照料，我便早早晚晚读起这部书来。那些医生、护士见我读这样的书，都用一种奇怪的眼神瞧着我。

此后，我把这套书带回了老家，又从老家带到了我从教的中学，看了又看，翻了又翻，当我被录取到中央民族学院读书时，我又把它背到了北京。那时张克强先生开《说文解字》的选修课，我便前去听课。张先生讲课很有特点，不管人多少，到时便讲，一字一板，板着脸没有笑容。

一学年的课，听到最后没有几个人了。一天，我说起“背心书袋”的故事，他让我把书拿给他看，他抚摸着那些发黄的已经破旧的书，笑了，那笑容那样慈祥，那样灿烂：“好，好，把书放到背心里，离心也就近了！”

为雪山而歌唱

——记著名藏族诗人伊丹才让

小　序

迎着20世纪80年代的春风，在首都北京曾召开过一次中国少数民族文学会议。这次会议大概不会在中国文学史上留下什么沉重的印迹，然而，它却有缘让我与诗人见面。那时，我还是一名大学生，在中央民族学院汉语系就读。我第一次见到了诗人。“哦，你阿香（舅舅）和我一起跳过舞。”他说的是我大舅东本勒尔格，说的是50年代初期的事。因我二舅乔高才让也从事业余文学创作，与诗人也有较多接触。因诗人与长辈们是旧交，又由于我们同属于安多藏区的觉仓地区，有共同的生活环境，我和他以后的交往日益亲密起来，对诗人的认识和理解也就日益深厚。平时我以“阿克伊丹”（伊丹叔叔）称呼他。光阴荏苒，已有了十四五年的光景，我已由青年进入中年，阿克伊丹则由壮年进入老年了。而当我们问及他的岁数时，他说：“我今年25岁半，比你们年轻多啦！”伊丹才让的确没有老：他的心没有老，他的热情没有老，他狂放的诗情没有老，他勇敢进取的斗志没有老，他仍然像一条豪壮的河流，鼓浪激水，汹涌奔走。

一

人的高贵低贱和伟大渺小都是通过具体的事件和行为得到体现的。文学家也是如此。

1981年暑假在高原古城西宁召开了五省区第一届藏族文学会议。我作为一名小战士参加了此次会议。一些在藏族当代文学史上颇有分量的人物基本上都亮相了：《格桑梅朵》的作者降边嘉措、《幸存的人》的作者益希单增、《朝佛》的作者扎西达娃、《牧笛悠悠》的作者格桑多杰等都出席了，还有后来活跃于文坛的汉族作家秦文玉、马丽华和我已故的亲密朋友端知嘉等。蒙古族作家玛拉沁夫作为中国作家协会书记处书记在会上讲话。当时我与端知嘉合作写了《高原盛会》一文（刊登在同年的《民族文学》上）。作为大会领导成员的伊丹才让，活跃地出现在会议的各种场合。这种角色他充当了好多年。从1981年到1988年，五省区藏族文学会议先后在青、藏、甘、川、滇举行。他为组织会议付出了艰辛的劳动，从筹措经费、分发请柬到确定会议程序；从联系旅馆到接站，好多次都是亲自奔波。但对这些事有人理解，有人不理解；实际上理解了的也不一定深刻；不理解的也不无同情。然而我认识他的却是一歌一答：

一歌。许多经历过十一届三中全会，对藏族当代文学的发展历史多少有点了解的同志或许都知道，当时伊丹才让最喜欢朗诵一首诗。那首诗是他自己写的，题为《鼓乐》：

想起长白山的虎啸，胸中的尊严像海潮回升，
看见西双版纳的大象，脚下的群山也在列阵走动，
猛听得蒙古草原上纵蹄的野马嘶鸣声陡起，
我心中的冈底斯雪狮扬起抖落云露的绿鬃！

风调雨顺的季节，天地沧桑最爱听鼓乐齐鸣！

当每一个民族骄傲地唱出他悦心的史诗乐章，
一个文明国度的形象就拓上子子孙孙的心屏！

用不着我们进行分析，这首诗充分反映了诗人看着别的民族在文学上的大踏步迈进，激发起振奋本民族文学的冲天豪情。他是这样想的写的也是这样做的，而且十来年如一日，作为一名老同志确实难能可贵。为民族的振兴而奋斗，为民族的发展而奉献，这是伊丹才让诗歌的主要内容之一，也是他生活的主要内容之一。

一答。1986年，我与伊丹才让奔波在茫茫的青藏高原上，一起调查，一起住宿，一起访问，也一起讨论藏族文学、文化，研究藏族当代文学发展的基本走向和我们应该注意的问题。总而言之，我们为自己民族的现实和未来而感叹、而激昂、而彻夜不眠。有一次我问他：你千里迢迢自费到拉萨，为建立藏族文学学会而忙碌，到底为什么？他欷歔再三，回答说："我只是为了母亲的碗里多一点奶茶，多一点酥油！"我的心受到前所未有的震撼，陡然热泪夺眶。这天夜里，尽管他再三让我早点睡（他常常鼾声如雷，因而在一个多月的旅行相处中，他总是催促我先睡，等我睡着后，

他再睡觉)，但我好久好久睡不着，我想得很多，也想得很远。我似乎感到在听他这句话以前从来没有听到过这样动人心魄的声音，这样亲切而质朴的语言。他爱自己的民族，爱自己的家乡、自己的父老乡亲。他在《拽着信念之索站起来，世界江河之母亲这么说》中如此写道：

拽着信念之索
——站起来！
世界江河之母亲
这么说——
这么高的蓝天下
还怕什么碰头？
你不看背后的
山峰，都在立着吗？
驾驭命运之马
——跑起来！
雪域众山之主
这样说——
这么宽的大地，
还怕什么滚落？
你不见前面的
江河，都在奔流吗？
你呵，究竟是
有血有肉的你呵，
岂能让那一缕
冷漠的目光，寒凝了
超越山海的步伐？

可贵的是，诗人不仅一往情深地为自己的民族而呐喊，也脚踏实地地为这个民族的发展进步而奔走呼号。因为像无数个热爱着民族的儿女一样，他是在为母亲工作。为母亲工作是没有价钱和条件的，否则还算什么母亲的儿子。

二

我们仔细地研究诗人，就不难发现，诗人的这种热爱民族、热爱祖国的浓厚感情是有一定的思想渊源的。

1933 年，伊丹才让出生于青海省海东地区的一个藏族小山村里。诗人的童年时代正是黑暗的旧社会，“黑暗”这两个字在今天的年轻人看来，似乎是一个轻飘飘的修饰词，而经过这个“黑暗”的人却是刻骨铭心的。那时候马步芳残酷地压迫剥削青海各族人民，其中尤以压迫剥削藏人为最。从马步芳之父马麒经营青海始到马步芳逃往台湾，在长达40 年的岁月里，马步芳残酷屠杀藏人的事件就有数十次之多，果洛、玉树、囊谦的杀戮当地人的事件至今仍然为许多老人记忆犹新。多如牛毛的苛捐杂税，派丁抓兵，使无数的家庭流离失所。尤其是东部农业区的人民遭到的打击是空前的。由于躲兵而举家迁往现今青海之海西、海南，甘肃天祝等藏区的海东地区的藏人，至今仍然居住在那里。诗人经历了这个年代。像每一个出身于穷苦家庭的孩子一样，伊丹才让五六岁就与自己的父亲兄长一起放羊放牛、做农活。他懂得面对黄土背负蓝天的分量，他懂得忍饥挨饿吃糠咽菜是怎么回事。为了顶债，他曾给一家富人放过马。因而当一个新的政权诞生后，诗人追随它歌颂它，便成为自然而然的事了。1948 年春，因躲兵役，年仅15 岁的伊丹才让逃离家园去互助县白马寺躲避，当年入昆仑中学。在那里，他经历了民族歧视的痛苦。有时候一些藏族学生的名字被“西番”取代了，藏族学生常常成为被挖苦取笑的对象。贫富的差别，民族的歧视，动荡的生活，在青少年时期的伊丹才让的心灵上留下了深深的烙印。

1949 年 8 月，中国人民解放军第一野战军攻占兰州，歼灭马步芳精锐部队 82 军三万余人，旋进入西宁，青海解放。青海省解放后，伊丹才让带着翻身解放的喜悦参加了青海省青年干部训练班，1950 年便加入了中国共产主义青年团。1952 年被保送到西安西北艺术学院少数民族艺术系学习舞蹈、音乐，并开始文学创作。1954 年调西北民族学院歌舞团；同年被选为甘肃省文联委员，从事表演艺术和诗歌创作。

三座大山被推倒了，蒋介石、马步芳被赶走了，人民当家做主人，藏族人民再也不会受到蒋介石、马步芳的欺压了！诗人是歌着舞着迎接这一轮灿烂的太阳的。

1956 年，诗人从一个贫苦的孩子成为一名国家干部，并光荣地加入了中国共产党。抚今追昔，诗人心灵中充满了对共产党、毛主席的热爱之情。他带着一腔朴实的对共产党、毛主席感恩的思想进入他的诗歌创作世界，作品中饱含着对祖国、对党、对人民深切的爱。如《党啊，我的阿妈》中诗人如此写道：

党啊，我亲爱的母亲，
母亲在儿子的心中。
党啊，我亲爱的阿妈，
儿子在阿妈的怀抱里长大。
党啊，人世间光辉的亲娘，
我们整个民族在您的怀抱里重生。
啊，在那黑暗的旧世界，
谁能说有我们的地位。
我们苦难的民族，
在野兽的嘴里是“粗笨的野牛”。
当一头牛有什么不好？
可狼的世界啊，活将牛的皮剥。
官税、乌拉磨光了背上的绒毛，
嘴底下没有一根草，足下是腥臭的泥沼。

共产党来了，当“雪山镀满了党的光辉，哈哈，‘野牛’欢欣鼓舞进入人的行列”，诗人把满腔的滚热的爱全部挥洒出来了。

当然，作为诗人，伊丹才让的诗歌创作属于浓情泼墨直抒胸臆的类型，只要感情涌动，便时而江河奔涌，时而烈火窜动，时而雷鸣电闪。如在《母亲心授的歌》中，诗人一开始就如此写道：

我出生的世界，
是佛法护佑的“净土”，
可善良人家的大门上，
却常听见魔鬼嚎哭。
我揣在母亲的怀抱里，
胜过天国里炫耀的幸福，
可母亲在走过的路上，
却呼唤救苦救难的度母。

把头枕母亲的乳房，
把舒心的气儿吸呼，
搓揉空气囊的母亲呵，
用眼泪冲洗坎坷人生的痛苦。

《母亲心授的歌》是新时期藏族新文学的优秀成果之一。这首诗集中体现了伊丹才让的诗风、思想追求和生活特点。诗的构成是以自身的成长为主线的，而诗中却巧妙地运用了青海觉仓地区婚礼赞词中的“好啊，好啊，今朝好”和流行较为广泛的“我唱着跳着到天上去，天上的小龙玩时我也玩”的意蕴和语言形式：

其一：

好啊，好啊，今朝好！
叫醒蓝天的雄鸡好！
好啊，好啊，今朝好！
照亮大地的太阳好！

其二：

我唱着跳着到蓝天上去，
要和蓝天的小龙把彩云舞，
我跳着唱着到石山上去，
要和山里的小野牛穿云雾。

接着，诗人以“我双脚落地的世界”、“母亲送我出门的时候”、“这一苏醒的时候”等形式记述了诗人出生、会走路、长大出门、经历坎坷的生活道路。全诗196行，用“我”58次之多，畅抒心意，感情诚挚、饱满而凝重：

大鹰喜欢在风云里翱翔，
并不是炫耀它矫健的翅膀；
那是它激励我鼓足勇气，
去掂清人生肩负的分量。
雪山喜欢在冰雪里矗立，

也不是夸耀它银色的帐房，
那是它受了母亲的嘱托，
为我营造白螺般爽朗的声嗓。
是的，我是来自雪山的歌者，
我懂得什么是诚实的歌唱，
为了校正心头音符的纯真，
我时刻把耳朵紧贴母亲的胸膛。
是我，这就是全部旋律的命题，
它输给我十万大山蕴藏的能量，
就像这周身沸腾的血液，
每一滴都来自母亲甘甜的乳浆。
我唱着跳着到草原上，
我把母亲心授的歌儿记心上；
我唱着跳着再上蓝天，
我送走了星月再去迎太阳。

诚如著名诗人高平先生所说："作者不是沿着事件的线而是喷着感情的泉刻写出自己的半生。整首诗可以说是由衷的内心独白，也是向人民表白。诗人以藏族式的坦率和富有的信任感作为托盘，把赤诚的心掏给读者。"（高平：《伊丹才让和他的诗歌》，《雪狮集》序，青海人民出版社1991年版）熟悉伊丹才让诗的同志知道，他的诗中经常出现对于母亲的歌颂。诗人有一位十分善良的母亲，她唱给诗人许多许多的民歌，讲给他许多许多的故事，母亲是他的第一位启蒙老师，民间文学便成了他吸收真善美和人生真谛的精神食粮。贫困的生活，童年的优美记忆，使诗人终生对母亲有深深的眷恋，深深的爱。

三

相玛劳——
歌头是雪山的雄狮歌，
歌身是稀罕的珍宝歌，
歌尾是永恒的吉祥歌，
唱的是社员的幸福歌。

多地道的民族形式！多纯正的乡音呐！尽管诗人没有读过大学，但站在得天独厚的藏民族文学艺术的沃土上，诗人原本是会有一番作为的。可是天有不测风云，轰轰烈烈的“文化大革命”开始了，诗人也像无数的作家、诗人一样停止了自己的歌唱。

一直到1975年，“批林批孔”开始后，他才写了一首诗：

当太阳有光辉照亮了大地，
有谁能把太阳一把推下去？
诚如江河万里奔腾向东去，
有谁能把它堵截在峡谷里?!
——啊，可不是吗？
那江河之波、太阳之光，
哪一个不辉映在我们的心里？

这首诗按照当时时代的惯例，写在大报纸上，贴在墙上。形式是入时的，然而其内容显然是不合时宜的，因而迅速给作者招来了麻烦。形式依然是风行一时的批判，说它是“黑人黑心黑诗章”、“天马行空独往独来，反对群众运动”。

然而，在任何时空里，人的心灵尤其是一个诗人的心灵，是禁锢不住的。在那些沉重的岁月里，诗人像一条小溪不停顿地流着，将自己澎湃的豪情积蓄在那一处心的山湾里。

十一届三中全会以后，党中央拨乱反正，神州大地万象更新，一派欣欣向荣的景象。犹如逢春的枯草，诗人顿然心荡春风，精神焕发。再次拿起了搁置已久的笔。他最先做的一件事是千里迢迢奔赴拉萨。他先后参观了日喀则、江孜、萨迦、山南等地，他经过“文革”冲击的生命，感情上掀起冲天波浪。在《布达拉宫——进取者的上马石》中，他如此表达这种情感：

月夜里像银塔屹立天界的城池，
艳阳下像金銮放射人间的真知，
一千间华宫是十明文化组成的星座，
十三层殿宇是十三个世纪差遣的信使！
红白宫并不是装点雪域门面粉脂！
进取的千秋儿孙该明白祖先的用意，

那宫前的高碑是等待你上马的基石！

诗人并不完全是为了寻找诗意，寻找可以入诗的素材，更重要的是他在寻求藏民族振兴发展的途径。因为他深深懂得，一个不为民族发展和社会进步而呐喊的诗人是毫无价值的。在众多的藏族诗人中，伊丹才让是在新时期诗作较为丰富，也是深受藏族人民尤其是藏族青年读者爱戴的诗人。十余年来，他的足迹几乎走遍了整个藏区。西藏的拉萨、山南等地，云南的迪庆，四川的甘孜、阿坝，以及青海、甘肃的大多数藏区都曾留下他的足迹和他衷心的歌唱。除了上文提到的《母亲心授的歌》等诗作和下文将要说到的《母亲黄河的恩怨》、《金色的大海》、《问》、《生命沉浮的旋律》、《我追寻日月的光源》等名篇外，诗人还曾探讨过诗歌理论，写出了《我呼唤真正的诗魂——关于诗的断想》一文。这种理论探讨对诗人诗歌质量的提高起到了一定的作用。诗人曾如此写道："歌民族的尊严，唱人民的豪情，是诗人心脏的功能，诗人鼓动的是——整个世界的精神！"伊丹才让真是这样做的。他心里装着人民，装着伟大的藏民族，装着整个祖国。他为此而激动，为此而奔波，为此而废寝忘食，为此而兴高采烈，手舞足蹈，也为此而声泪俱下，痛不欲生。在《母亲心授的歌》一诗中，诗人如此写道：

我们的道路也不算平坦，
有时候还痛感脚下道险路陡，
如果前面的道路本来就是海宽天阔，
母亲就用不着费心血为我们塑造双手。
是的，在我们走过的道路上，
蒙受过冤屈，枉担过忧愁，
可巧匠左手举起的铁锤，
还错砸过自己连心的右手。
对的，往后的道路上，
我们可要倍加爱护手足骨肉，
不能让咬穿过嘴唇的牙齿，
再去咬自己弹拨心声的舌头。

1986 年 8 月，青海省首届藏族文学会议在海南举行，我与他同时被邀去作学术报告。记得近百人的会议代表，许多人都来聊天。除了开会，白天聊，晚上也聊，有时聊得很晚，至夜里两三点钟，免不了有许多初学写作的青年朋友请教创作问题，他总是不知疲倦，侃侃而谈。“我只是比你们多吃了几个焦大豆，没有什么了不起？你们还要个人闯。不过谈写作问题我没有什么保留，有针尖大一点收获也会告诉你们。”朋友们对他的尊重和爱戴是难以言表的。他慷慨演讲，情绪昂然，博得一阵阵掌声。记得他那时在改《朝开祭地》，我给他提意见：虽然我没有那种天分，但我知道要成为大诗人，必须得研究诗歌艺术和诗歌理论。他说他在补这个课，我听了很高兴。在海南的那些日子，我的心情是沉重的，因为那时老友端知嘉倒在那里还不到一年。我回忆起我们一起创作《青春瀑布》的过程，心里总感到沉甸甸的，为这位颇具才华，又有不少缺点的亡友而惋惜，而感伤，而悲痛。处于这种矛盾的心情，我当时就写成的《端知嘉现象》一文，一直到现在也没有拿出去发表。我也跟他谈端知嘉。他的心情也依然苦酸。他对藏族的每一个人才都是那样爱怜，就像自己的兄弟姐妹。后来我的至友仁钦扎西去世，本来曾想为他们写点什么的我，握笔在手却不知如何着笔才好。但阿克伊丹就不同，他写了《路的信念，在于超越身慨叹的警悟——为端知嘉逝世一周年而作》，写得深沉而哀婉：

你多么幸运啊——
妈妈生就一副
火一样燃烧的明目，
吮乳量出山高水长，
匍匐间踏上探求之路，
一出门，就懂得了
电怎样打闪，雷怎样鸣唳，
一抬脚，就领悟
海怎样漫步，山怎样突兀！
人生，是一站
往往走错的路，
我生来半是残废
半是糊涂，在爬行的半路上，
沿着百折不回的雪溪，
才摸到站立起来的大路！

因为多年来他总想建立一支藏族文学队伍，其中的每一个战士都是他的“心头肉”啊！

四

伊丹才让确乎有诗人气质，他是欢快的幽默的，充满怜悯和善意的。比如有一篇发表在云南《大理文化》上的《六色春鸟从远方飞来》的文章，反映了他在大理白族自治州参观访问的活动。

代表团中最活跃的恐怕要数藏族诗人伊丹才让了。他走到哪里，哪里便是一片爽朗的笑声。苍山洱海的壮丽风光，白族人民的热情好客激起了他作诗的激情。在游览团山公园时，面对茫茫洱海，他问导游的同志，为什么海中看不见飞翔的水鸟？当导游的同志告诉他鸟儿要到秋天才飞回来时，他略做沉思，马上联想到他家乡的鸟岛，待到秋天八九月，这些鸟儿就结队飞向洱海。由此他又联想到藏族人民和白族人民的友好交往，于是一股抑制不住的激情冲撞着他的胸膛，当即写下了一首题为《祝福》的诗歌。第二天在周城，他以洪亮的嗓音朗诵了这首热情洋溢的诗篇，博得了一阵阵热烈的掌声。诗中这样写道：

我来时六色春鸟唱欢了冰消雪融的雪域，
五彩的翅膀上洒着萌动生机的雨露，
我知道捧日的纳姆天湖因此舞步飞旋，
可是托日的洱海的心头留下了寂寞！
但是，往来的鸟群多像互献的哈达飘舞！
每当斑头雁把青稞洒入洱海的时候，
就请您把它当作藏族人至诚的祝福！

他对朋友是真诚的，尤其是坦诚的。

诗人强烈的爱憎观念也表现在他的诗作中，如在《问》一诗中，诗人如此写道：

能推开门扇的劲风，
却吹不散迷路的雾，
难道雾也有凝固的时候?!
能晒焦皮肉的炎阳，
却晒不化封道的冰，

难道冰也有化成顽石的时候?!

《问》是一首针砭时弊的刺世之作，起初发表在一份很不起眼的刊物上。全诗共分十个小部分。在这第一部分里，诗人用反问的方法，提出一些超乎常情的疑问。本来，能推开门扇的劲风是可以吹散迷路的雾的，晒焦皮肉的炎阳也是可以晒化封道的冰的。然而事实就是如此复杂、奇异，“劲风”吹不散雾，“炎阳”晒不化冰。这究竟是为什么？诗人接着写道，那个造神的时代结束了，为什么还有主宰凡人的神呢？那些造神的帝王废除了，为什么还有王封的诸侯？他的锋芒是指向那些官僚主义和通过投机钻营握着权柄的人的：

当佛门里举行了比丘戒，
说是得了佛法无边的道!
当手中握得了权柄，
说是通了指点乾坤的窍!
于是，得此道者说的，
就是替天行道的宣诏!
于是，通此窍者说的，
就是青云直上的护照!
呜呼，我们理想的事业，
难道是超度你成仙的天桥?!

诗人这里说的是一种社会现象，一个惨痛的教训。在我们生活中确实有那么一些人，采取一切卑劣手段追逐权力，而一旦得到了它，便仿佛得道成仙了，发号施令，凌驾于人民之上。诗人极其愤慨地写道：“呜呼，我们理想的事业，难道是超度你成仙的天桥?”撼人心魄的一点也就在这里：攀着我们理想的事业，那些卑鄙的小人却达到了他们升官发财的目的。这既是对卑鄙者的鞭挞，也对善良的人们敲响了警钟。

五

1992 年 4 月，我接到阿克伊丹新出的诗集《雪狮集》，随即给他写了一封信表示祝贺。因为他以前曾写《雪山集》，我便对他说“您的‘雪狮’是蹲在您的‘雪山’上了”。我当时有两点用意：一是说他的诗歌进步，当然对进步的褒奖绝不溢美；二是说他的诗歌风格上的一致性，雪山、雪狮——作为藏人的他一直是作为民族的歌者，民族的儿子。或许是由于相处的融洽和出于朋友、晚辈的责任和义务，或许也由于我这种耿直的性格，也或许是我对他的期望太高，我对他的诗歌所提的意见也是最不留情的。朋友的责任不仅要指出他的优点，更重要的是指出他的不足和缺点。因为只有了解了自己的不足和缺点，才有利于朋友的发展和进步。

1993 年 5 月，我收到他的新作《雪域集》，看着上面的题言“请我至诚的朋友吟正”，我感到激动万分，一口气把书读完，其中的一些诗章在没有发表以前就曾拜读。回忆过去，心潮起伏，久久不能平静。除了很久以前出版过的《婚礼歌》，这是他的第四本书。从 1954 年开始创作至 1994 年，已经整整 40 个年头了，其中酸甜苦辣有谁知？一个实际上只读过初中的作家，要进入辉煌的艺术殿堂，且不要说他的艺术秉赋如何，就是让他完全熟练地用汉语创作，将复杂的汉语学到手，不知要经过何等艰苦的过程。

然而诗人的脚步是扎实的。记得 1986 年我到他家，书架上摆满了古今中外的文学作品，一些名家的诗作看来已经反复读过，从泰戈尔、普希金等外国著名诗人到中国的李白、杜甫以及当代诗人艾青他都在读，都在学习、研究。尤其使我敬慕的是他虽已年过半百，仍然在学习藏文，在仔细阅读一些藏文文献，将那些生词写在小本上，一有时间就读一读，加强记忆。

本来我想对他一生的文学成就进行一次全面的总结。因为我几乎读过他全部的作品，熟悉他的生活和思想状况，熟悉他的为人，更重要的是我认为他作为我的长一辈的诗人是值得总结的，至少可以让那些比我更年轻的朋友们了解他们的生活、他们的感情世界，了解他们对我们这一代人的热切期望，至少总结他的文学成就会对我本人的创作和研究工作有所帮助。因为在很久以前我就做过这方面的准备工作，我曾在三万言的长文中评论过他的诗作（1981），发表过《伊丹才让印象》（1985），又给《中国当代少数民族文学史》（1992，此书已出版）写过有关他的诗歌评价。然而，自 1990 年担任中央民族学院藏学研究所副所长以来，便忙了起来，以后成立藏学系，我任主任兼藏学研究所所长，工作更为繁重，此事便拖了下来。但是，阿克伊丹依然关心着我、我的学习、我的工作，关心着我的不足和进步。当我破格晋升为副教授时，他高兴，他祝贺；我破格晋升为教授，他更感到高兴，一再勉励：“你们是祖国的花，你们是藏人的未来，要加油啊，尕马儿骑上枪背上，你要跳出个趟子，跑出个样子。”不仅是对我，对许多青年人尤其是青年诗歌爱好者，总是要从做人到创作谆谆教导，要他们勤奋学习，勤奋写作，为藏区的两个文明建设贡献力量。

作为一名诗人，伊丹才让具有强烈的历史使命感和民族责任感，他关心祖国的命运，民族的发展，他无时无刻不牵思于藏区的四个现代化，然而他更关注民族精神的振奋。他在 1991 年出版的《雪狮集》后记中如此写道："这就是我的诗集命名为《雪狮集》的全部用意。一个目的就是弘扬民族文化，振兴民族精神，激发民族自豪感，以造就藏族文学（乃至藏族文化）的新气候、新环境、新氛围，为社会主义祖国，也为人类文化，作出与我们民族传统相称的贡献，不至于使先人的指望、后人的期望落空。"情绪激越，敢于直言，这是伊丹才让秉性的一大特点，也是伊丹才让诗歌风格的一大特点。平时他对那些虚伪、虚假、"口惠而实不至"的行为极为鄙视，倡言人们说"嗓子眼以下的话"（心里的真言）。

现在，伊丹才让是甘肃省作协副主席、一级创作员，虽然已年逾花甲，但他仍然不服老。因为他只不过是30 公岁半。他还年轻，他仍然以旺盛的精力，冲天的干劲笔耕不辍。

“理解”前后语

——系主任笔记之二

小　引

从1993年1月至1999年12月，作为中国第一个藏学系的首任主任，我在这个岗位上待了七年。只不过前三年是“实任”，后四年是兼任罢了。这七年恰是我人生最宝贵的岁月，我的工作笔记留下了这一段历史。由于文人的陋习，我将任系主任时所记的笔记便冠以“系主任笔记”了。当然，这些笔记并没有准备发表。因为是工作笔记，不免要涉及一些人和事。中国的事，只要一涉及人和事尤其是涉及活着的人和事，特别是涉及那些还活着的“坏人”的坏事，就显得十分棘手。因何？现在的人都自以为是圣人，都在千方百计将自己打扮成圣人，谁还承认自己有毛病？即或有，也不承认；非但不承认，还会将那些实事求是地说出他不是圣人的人视为终身仇敌。但偶翻往日日记，有时觉得所记或许对青年们有点帮助，便整理出来。其中的人名我一律写成了××。只对事，不对人；只提好事，少提坏事；只提有用的事，不提无用的事。

一

在我的生活中，有过无数的不理解，不要说纷纷繁繁的自然界的神奇奥妙，就是自身有着难以琢磨的现象，至于我与人、人与我之间的不理解，也不是一件两件。有时我不理解人，有时人不理解我。当然，当我不理解人时，心灵便在那种冲动和不安之中；自然，当人不理解我时，我感到无奈、彷徨和忧郁。

××老师来我处，他对我当系主任有意见。什么意见？他认为我这样的条件，这样的年龄，不应该去当“官”，组织上也不应该让我当“官”。“你现在是业务尖子，当什么官啊？你划得来吗？”我说：“这是组织决定，我有什么办法？”“组织决定？谎话！你不会坚辞不受吗？”他言辞激烈，不留一点面子，“看来你还是想当官……没出息。”“我也这样想，可是，坚辞能行吗?”“有什么不行? 你说你不想当，难道他会枪毙你不成!”这些老师是了解我的，他们是我的长辈，因此从关心的角度来劝我，甚至对我造成误会。对这种不理解，我是在意的，好长时间，我心里很不舒服。因为我有钟情的专业，因为我在这个专业领域已经狠下了一番工夫，因为我的许多苦功正产生效果。因此，我曾对一些人说：“当我走上此岗位，回头看着自己的专业，就如同一个建筑师被逼迫放弃一座自己视为生命的用自己辛勤的汗水建造了一半的大厦”，割不断的留恋，割不断的难受。因为他懂得，只要他精心努力，这座大厦将会达到何种水平，在众多的大厦中占何种地位。

那些年，似乎有一种思潮，这种思潮在不同的年龄段都有。这种思潮认为，搞业务的人，尤其是那些搞纯学术的人是最高尚的人，最优秀的人。因此，有相当的一部分人是在追求“清高”，远离政治，远离世俗。有的人在公开场合，公开宣扬：“爱情至上”、“学术至上”，因而当官就是入俗，就是丑陋。

当然，我不能无组织无纪律自己想辞官就辞。见我还在岗位上，××老师，便对我“敬而远之”了。我仍故我，为何? 我不理解。

刚满一年，我便请辞。系主任这活实在不好干，尤其是当藏学系的主任。一是这个系有政治敏感性；二是人员参差不齐；三是旧有的矛盾十分尖锐。面临一大堆需要解决的问题，比如观念的现代化问题，知识的更新问题，教材的编写问题，建立新的学科系统问题，解决贫困生生活问题，筹集经费问题等。对于系主任，众人既要求你有很高的学术水平，丰富的科研成果和教学经验，又需要有很强的行政能力，善于协调诸种矛盾和关系。上边还要派许多活儿让你干，开没完没了的没意思的会。上有榔头，下有拳头，上下左右，多重矛盾夹击。一片好心，一片苦心，一年劳累，无人表扬也就罢了，还无人理解；无人理解也无关紧要，一会儿这个去上面反映反映你，一会儿那个告你一状，一会儿这个来谈他的房子问题，一会儿那个又来谈他的工资问题，一会儿这个为自己没评上职称来哭哭啼啼，一会儿那个又为少几块课时费吵闹一番。回头一想，得啦，我本是个学者，何必干这窝囊事儿? 三十六计，辞为上计；既然吃力不讨好，何必再去“吃力”? 于是，我便写了一个一句话的便条（算是辞呈吧）给党委：“从即日起辞去藏学系主任职务”，便等党委安排人来接替我。那时候想当官的人的确不少。

就在这时，××老师来了，显得很高兴：“这就对了，浪子回头金不换。你将来会为你今天的举动感到高兴!”我什么时候成了“浪子”?咳，这话说的。但我不无忧心地说：“还不知道党委批不批……”“管他批不批，藏族多一个学者，对中国人民没有坏处。”继而他发了一番议论：“有的人自身的价值自己是不了解的，自己的前途自己是没数的……”他显然在说我，但仍不理解。

但是，有一部分同样是关心我爱护我的同志却是另一种言论。×××来找我就说了一大堆别的话：“现在这社会，不当官干不成事，要干大事，就得当大官啊!”××老师也在帮腔：“我们不是怂恿你去当官，放弃业务，这是一件令人伤心的事。我们不当官，可是我们希望好人当官，我们不希望坏人当官！我认为你是个好人，你当领导我们放心。你放心，以后我们绝不会为了自己的一点小事来找你的。”

——假如是一些关系不好的人和那些别有用心的人如此说，我会当心的，或许会分析到别的地方去。但是，这些人都是好人，有些是我多年的师长和老友。我突然感到他们都不了解我，不知道我之所思，我的思想和我的处境，同时，我也感到我也不了解他们，我的心和他们尚有距离。这种距离似乎很难缩小，甚至无法缩小。

二

从以上的事情中我感到，人与人之间的理解虽然不难，但也不那么容易，即便朝夕相处，有时候也不一定了解得那样彻底而深透。有两个原因很重要：一是人生观、价值观不一样。如上面就是。二是许多人是戴着面具进入这个社会的，尤其是中国的官场和知识界。似乎自古而然。假的、虚伪的、两面的东西太多了；让人凭空生了不少戒备，当彼此接触时，首先将对方当做敌人，感到他（她）会伺机伤害自己，因而自己便不自觉在心理上穿上了防弹背心，戴上了头盔和防毒面具，激烈一点的便顺手抄起家伙，严阵以待，将心灵的城门紧紧锁闭。不愿把心拿出来，谁都在用各种色彩装饰自己，不管心底是何等的卑劣、猥琐，但面孔却永远是鲜亮的。当然，这里面也有辛酸，人们遭到了失败、吃了亏，便学会用各种手段保护自己，人便失去了原有的风貌。不理解的照样不理解，理解的也逐渐变得不理解了!

我有过这样的经历，和某个人相处时间不短，自以为关系还不错，是了解他的，因而也为他做过一些好事。但是，当他感到我对他无多大用时，便翻脸不认人（我第一次知道翻脸不认人是怎么一回事）。和许多人一样，最初我也受不了那种过河拆桥、卸磨杀驴的小人的卑鄙嘴脸。但也很快平静下来了：这个世界上，实用已成为许多人的哲学理念，你的价值在于他们利用的多寡；对你的尊敬程度也就成了对你的利用程度。一旦利用完毕，不管你是老乡、同学，还是老师，便同砖头一般扔向一边，甚至再踢上一脚。满嘴真善科学，仁义礼智，一肚子唯利是图，自私自利，尔虞我诈。他们把利用的成功作为自己的才能，而把背信弃义，出卖亲友，看成上厕所一般不当回事儿，更不看做是一个道德问题。一个没有道德的人是何等的可怕！

我曾经对我更大的一些领导讲过一个故事：国王是装谎言的袋子。乍一听，有点刺耳，许多官员，尤其是大官不愿意听。他们以为以自己的经历、经验、水平，怎么会将谎言装入自己的“袋子”？实际上官越大，当“装谎言的袋子”的可能性就越大。在我看来这也是个基本规律。国王是“装谎言的袋子”，我们不少大大小小的领导也是，自然我也是。应该勇敢地承认这一点。我们面对的是一个存在虚伪的世界，因而，在这个世界里许多人为了自身的利益，将自己精心编织的谎言装进了我们的头脑这个“袋子”里。当我们用这些谎言去决策时，我们便出现了合乎逻辑的错误。

因此，我感到坦诚的可贵和它无与伦比的道德价值。无诚，造成了理解的一种困惑；无信，再将这种困惑变成恐怖和罪恶；无义，便成为最自然的归宿和逻辑结论。

因而，我想理解还需要有一些附加条件，如要有诚（坦诚相见，一个从不与人交心的人，我想他也很难得到别人的理解；而一些奸诈之徒，只想了解别人的一切，而不愿意让别人了解他的一切）、有信（君子重诺，有信誉，自然望之者归；无信，自然依之者去；而一些伪善之徒，总想别人恒守信义，而自己却在信义的旗号下塞进了无数自己的私货）、有义（行有义，方可立高德于人世；而一些自私自利者，总是见利忘义，见色忘义，见官忘义，见福忘义）等，但我以为其中最为重要的还是了解，我在一些会议上曾经多次说过，我们要喊理解万岁，更要喊了解万岁。因为，了解是理解的基础和前奏，没有了解，就不会有理解；没有深入的了解，就不会有深刻的理解，于人于事，概莫能外。了解，就是搞调查，了解就是掌握各类数据、素材；了解，就是从生活出发，从实际出发，从事物的本源、本质出发。否则，你与奸诈者谈诚，与伪善者谈信，与自私自利者谈义，能谈得通吗？

三

我曾在不同年龄、不同职业的人口中多次听到过“他不理解我”。我有时反问：“你理解他吗?”“这还用问。”“那么，你了解他吗?”“当然了解。”“那么，他了解你吗?”听者几乎是惊奇地苦笑着：“我不了解他，世上就没有了解他的人了!”实质上，他也犯了每个人最易犯的毛病，常言说：人是活的，人有思想，要全面透彻地了解不是说绝不可能，实际是非常困难的。几十年相处，似乎了解了，实际则不然，我不是“人不可了解”论者，但从事物的发展变化规律看，人既有稳定的一面，又有变化的一面，世界上没有原样不动的人，自身的思考和外界的影响，使人在不断地变化中流转，这就给我们增加了解的难度，我们了解的往往是某一阶段的某个人，而对超越此一阶段的某人就不会有绝对把握。“士别三日，当刮目相看”，讲的就是这种变化，因为退步、堕落是一种变化，进步、成功也是一种变化。总而言之，这些变化已更改了了解对象的某些量（增加了某些成分，失去了某些成分——善的、恶的；积极的、消极的)，人身上某些量的盈亏，自然地导致人本质的变异。由于人的秉赋、学识、性格、阅历、年龄不同，有的人变化十分缓慢，有的人则会出现骤变。当我们面对某一熟悉的面孔时，往往是依据过去某一阶段对此人的评价，这不是对此人新行为的新评价，而是对旧行为的旧评价，因而旧结论与新行为出现落差，“不理解”自在逻辑结果之中，即有了新的不了解，自然地有了新的不理解。

唯物主义告诉我们：一切事物都在发展变化之中，绝对静止的事物是不存在的，这不但是我们了解自然界的基本方法，了解人类社会的基本方法，自然也应该成为我们了解人、认识人的基本方法。

我初到系里，曾经遇到一件事：一天，许多学生来围攻系主任办公室，而且言辞非常强烈：

“我们是藏学系，不是汉语系，我们不学汉文!”

“我们是藏学系，不是英语系，我们不学英文!”

“重新调整课程，不调整我们就罢课!”

面对激动非常的学生，我一是耐心细致地给他们做工作，给他们讲清楚三个道理：其一，藏族学生所处的国内外环境；其二，我们为什么要学习汉语；其三，我们为什么要学习英文。二是在基本原则问题上不妥协、不让步。我说：“藏学系学生毕业后的主要服务对象是藏族人民，不懂得

图7 全国人大常委会副委员长阿沛·阿旺晋美参加藏学系系庆活动

藏语，将来如何为藏族人民服务？汉语是占我国90%以上人口的语言，是目前中国各族人民的主要交际语言，不学习汉语，你如何和更多的使用汉语的同志交流？如何走向全国？英语是目前世界通行的主要交际语言，不学习英语，你如何走出国门？走向世界？新一代的藏族青年应该目光远大，志存高远，不能光学习一门语言。既然语言是一门工具，我们趁着年轻多掌握几件这样的工具有何不好？依我看，谁掌握了语言，在以后的竞争中谁就掌握了世界。我可以建议校方让你们不学汉语和英语，但是等你成人以后，你们会后悔的……”

学生闹事，大多都有老师支持，这在学校是一条基本规律。但是，我不点破这一点。这是因为学生由于阅历等的局限，对学习汉语、英语的好处和危害都没有足够的认识和了解。作为老师，要等待他们“觉悟”，让他们去充分地了解这一点，认识这一点，同时，还不能让他因一时的想不通而放弃学业，从而影响学业。

数年过去了，后来的学生不再提不学汉语和英语的话了，反而对我的“果断决策”十分感谢，而且坦诚地说这种思想是受到了某些教员的影响。我说：“不要紧，要等待他们‘觉悟’。”后来，我才知道一些当时积极反对学习汉语和英语的教员后来也在悄悄学汉语和外语，因为在中国，在当今世界，不学这两门语言是不行的。早学习，早受益。

我在一些场合说：“佛，这个词解释得好，什么是佛？自觉、觉他。

自觉，是让自己觉悟，或者说让自己了解，让自己理解；觉他，就要让别人觉悟，让别人了解，让别人理解。当老师就要具备这两条，一方面要使自己成为圣者，另一方面要使受教育者成为圣者。”反过来说，我们的教育，尤其是思想教育的许多方面之所以没有多少成效，关键问题之一就是一些教员不能“自觉”，故而在“觉他”时，就乏力，就使教育的对象走向了别的渠道。

四

如同理解的魅力为人称道一样，了解的魅力也是永远的。了解，是不断丰富素材的一种认识过程，而理解的深层是带有是非标准和原则性的。因为，在许多条件下，理解成了原谅的代名词。有的人对腐朽、强暴、沦落、诈骗、偷窃、投机、虚伪等表示“理解”。这使我感到震惊，其中隐藏着一个可怕的信号——丢弃是非，忘却原则。

我曾有幸倾听几个学生的议论：“强盗并不一定都是坏的，强盗的生活也是一种生活，应该允许他们存在。”

“日本发动侵华战争，要是把日本的文明带给中国，或许我们的发展会比现在快。”

“日本在亚洲作战，他们也死了许多人，他们也很可怜。”

“希特勒是个伟人，我很崇拜他。”

“……”

听到这些议论，我感到非常吃惊：这难道是他们对强盗的理解？是对日本军国主义的理解？是对希特勒的理解？作为学生，我们知道他们的所谓“理解”是建立在自己有限的知识基础和认识水平上的，或者说他们对自己议论的对象并不了解，尤其不可能依据一定的是非观念和原则去了解，去进行合乎事物发展规律的科学而准确的评判。

是非观念和原则性是人身上最为可贵的优美的东西，倘若因“理解”而丢弃它，这种理解就会走向反面，这种理解的代价也实在太大了！记得在一次谈话中，一位高年级的学生对希特勒也表示“理解”（同情、尊重，甚至敬佩），津津乐道。我对他说：你错了，你没看到千千万万人的死亡，犹太人、俄国人和波兰人对他的切齿痛恨。你把刽子手当成了英雄，你把屠刀捧成了鲜花，这是何等的危险！因此，当我们千万次、万万次地高呼“理解万岁”的时候，不妨也喊上几声“原则万岁”，让那些在“理解”中失去是非的人们，也翻然领悟到“理解”也是有限度的。

小 结

理解就是理解，或许用不着有“前语”、“后语”，我之所以将“了解万岁”加在“理解万岁”之前，将“原则万岁”加在“理解万岁”之后，意为在这一几乎用烂了的词下，让人们多一些思考。因为对一个用烂了的概念，人们会当法器使用，而这一法器却常会指示人走上他不该走的道路。

等待起飞

4 月 28 日，我因事前往兰州。从西安方面来的飞机晚降落了一点时间，旅客中便是一片抱怨、嚷嚷声。好不容易，飞机来了，大家上了飞机，飞机又延缓半小时起飞。在飞机上“等待起飞”更合情理，但更令人着急。下午 6 时许，飞机开始滑行，倏而呼啸着冲向蓝天。人们顿时噤口不语。地上的一切越来越远，太阳在下边，滚滚的白云也在下边。我和友人聊了起来：

“我老了！”我感慨着。

“你怎么会有这种感受？”朋友问。

我说：“最近青联让我写一篇‘我与青联’的文章，回忆我在青联的岁月，自然得出了这样一个结论。”

“你现在这个岁数说老，会惹人笑话。”

对此我何尝不知？而我真真感到“老”，是由于我的“联龄”——我在青联的时间。我是北京市青联第五届委员，第六、第七届常委，整整 15 年，5475 个日夜，真正的“三朝元老”，仅仅青联主席就陪走了好几位——张虹海、姚望、吉林……

15 年前——也就是 1985 年，我还是一名普通的科研人员，那时候虽然写过几篇文章，但大量的时间是在做科研前的准备——学习理论，丰富知识，收集资料，调查研究。“板凳要坐十年冷”，作为科研人员，当我全身心地浸入学术研究之后，别的一切似乎都离我很远很远。我心中只有自己的科研项目，只关注自己科研项目的讲展，只希望早出成果，多出成果。这是一种平静、辛苦而又快乐的工作。说它平静，是因为每日里除了资料、我的纸笔和我的思维之外，别无他物；说它辛苦，是因为我要长时间地劳作，经常熬夜，为了搞清楚一个问题甚至彻夜不眠；说它快乐，是因为每当我写完一篇文稿，一篇章节，都有一种生活的充实感、满足感。像无数的青年人一样，那时我也有色彩斑斓的向往，希望在人生的旅途中，早点成熟，早日成长。

当然，每个人都清楚，任何个人的成长既离不开自身的努力，同时也离不开师长的提携，组织的培养和朋友们的帮助（那些年至少是这样。我也一样）。推荐我当青联委员本身我认为就是组织上的一种培养和对少数民族青年的一种关怀。作为一名藏族青年知识分子参加青联的活动，我是感到十分高兴的。高兴归高兴，但我头脑并不发热，因为我清醒地懂得：一些荣誉（不论大小），会成为前行的阶梯和动力，也会成为退步甚至沦落的障碍和陷阱。以平常心对待一切，这是我的一贯原则。我不怕挫折，但十分警惕荣誉。

十年间（1986—1990 年），我在科研和教学方面已经摸到一些路子，潜心于藏学研究，别无他顾。面对组织的培养和同志们的关怀、支持，我勤奋有加，对科研工作不遗余力。我的一些稍好的科研成果也是在这一时期完成的。1986 年，我被评选为北京市优秀共产党员，1990 年任命为中央民族大学藏学研究所主持工作的副所长，成为所谓的“双肩挑”干部。虽然，我无感觉，实际上我的事业和奋斗的方向已在不知不觉中发生着变化。在我的业务工作之外，行政这个枝芽已开始萌动。

五年间（1991—1995 年），我的行政工作的任务日益繁重，1993 年，被破格晋升为教授，担任藏学系首任主任，藏学研究所所长，1995 年进入校领导班子，并兼任中央民族管理干部学院分党委书记、藏学系主任、藏学研究所所长。与此同时，我热爱的科研工作由主业成为副业，研究时间也从白天改为晚上和节假日，我也只得根据组织需要进行“战略转移”，去适应一些冗长而乏味的会议。自由支配的时间没有了，在科研、教学、行政工作三条战线上拼命挣扎，由此，也就挤掉了可贵的锻炼身体的时间和不少业余爱好。许多人不理解专业人员，大多数专业人员对自己的专业充满了感情，视自己的专业为生命。我也是这样。不是每个人都将“当官”作为生命的最终追求的。

这些经历与青联有什么关系？青联是各行各业的优秀青年人才和代表性人物聚集的地方，每次会议，每次见面，都会增加我的自豪感：“我们青联人才真多！”有作家、歌唱家、舞蹈家、企业家，也有名人之后，统战对象；每次会议，每次见面，都会增加我的新鲜感，大家热情洋溢，充满勃勃生机。当然，每次见面，都会增加我的紧迫感——我常常为许多青年成就者的功业所感动，也为他们的奋斗精神所鼓舞，也算是“见贤思齐”吧，从而我也时常提醒自己要加倍努力，迎头赶上，至少对得起“青联委员”这个称号。这便应了那句老话：“近朱者赤”，我算不上那种有成就的人，但我是个有事业心的人，是喜欢上进的人，因而也就自然地有着一点青联的“赤色”。只是，这一切大多是在不知不觉中完成的，是青联这一氛围给我的感应。从这个意义上讲，对于青年人来说，青联的存在就是一笔珍贵的财富。

我不是一个好的青联委员，这不是客套，更多的是一种自责。虽然，我喜欢青联，热爱青联，但由于各方面的原因，在这漫长的15年里，许许多多的活动都未能参加。每当想到这些，我内心深处总有不少歉疚。工作太忙了，事情太多了，总是在匆忙中耽搁了相聚的时光，一些人见过了，说不上姓名；一些人相识了，没有较深的交往；青联秘书处的同志们为我服务的多，而我为青联的服务几乎没有。

“丹珠老师!”我的耳边经常响起这样的声音，礼貌而亲切，这就是青联给我的最为深刻的印象。

我在青联15年的另一面，便是青联秘书处的同志们为我服务了十五年，别的不说，这15年要寄给我多少本《北京青联通讯》！这也是我难以忘怀的，也是要特别感谢的。因为通过这份《通讯》，我了解到许多青联的情况，是我了解青联的一个重要渠道。人需要“向前看’，也需要“向后看”，回头看一看，看一看大局，也看一看“小”局，算一算大账，再算一算小账，考虑考虑自己，也考虑考虑别人，这样许多问题就更加清晰明了。

友人说：“从某个意义上说，你说的老，只是指一个阶段。25岁后退团时，我也有类似的感受——还不知道青春是怎么回事，怎么就不是青年了?”

8时许，飞机在沙尘暴的颠簸中降落在中川机场。有惊无险，谢天谢地。一下飞机便是一场大雨，气温也由北京的27摄氏度降为六七度。天上看到的一切已成为回忆，新的征程正在等待着我们。我们冒雨向兰州进发。

雨不断地向车身袭来，来来往往的车辆将车灯的光束洒向山野。雨夜中的山野宁静而寂寞。我的脑子里还转动着旧题：走向“老”，这大概是一切事物的规律。像我一样，在青联这个组织中生活的人迟早有一天要退出这个组织，就像坐飞机，无论行程多远，总要走下舷梯。我相信，许多退出这个组织的同志也会长久地留恋这个组织；青联的各类优秀人才和他们的榜样作用，将会长久地影响我们，给我们以自豪，给我们以激励。因为，我们曾经在这样一个组织中生活过，这个组织曾经给了我们关爱和帮助。进而言之，我们的生命不也是如此吗？总有一天，我们都会告别这个世界，那时候我们也会深情地怀念我们生活过的这个世界，我们之所以留恋，是因为在那里留下了我们人生的幸福和辛酸，留下了我们无比丰富而灿烂的情感。

一切都是过程的集合体。一个旧的过程结束，标志着一个新的过程的开始。降落，就是等待起飞；起飞，就是迎接挑战！

花 与 虹

向晚、雨后，在一顶破旧的帐篷边，羊儿悠闲地吃着草。一个八九岁腰插羊鞭的孩子，摘着落满水珠的赛尔茜花，每摘一枝，就放在一个比他稍小的姑娘手中。猛地，小姑娘喊道：

“彩虹！彩虹！阿奥才让嘉，彩虹！”

彩虹，象征着吉祥、幸福的五色彩虹，两道娇丽、端庄地拱在空中。才让嘉拉一把小姑娘说：

“彩虹！阿喷，彩虹！卓玛措，快追呀，吉祥来了！幸福来了！我们去抓住它，它会把我们带到遥远的佛界去！”

“噢呀。阿奥才让嘉，我们追得上吗？”

“追得上，会追得上……”他们追着：多神奇的彩虹，是那么近，又那么远，仿佛快追上了，又走远了，最后撇下汗流浃背的他俩，高高地飘上天，在云朵外展示片刻便消失了。他俩呆呆地望着天，望着彩虹逝去后毫无痕迹的神秘的天空。俄尔，卓玛措颓然地说：

“追不上了……”

才让嘉说：“会追上的，彩虹还会出来的。你没听阿爸说：每当下过雨，彩虹就会来喝草原上沾满花粉的水。我们等着，有那么一天，我们一定会抓得住。卓玛措，我们摘的赛尔茜花呢？”

“丢了，阿奥才让嘉，丢了，在我们追逐彩虹的时候，丢在草丛里了……”

吉普车在行驶。一双深沉、敏锐的眼睛，久久地注视着窗外。窗外，风光旖旎，远处的雪山闪着银光，近处的草原翻着绿浪。牛群、马群、羊群、牧人、帐篷、花丛，一切从他眼中迎来，过去，过去，又迎来。他嗅嗅一入草原就醉心地摘了一大把的赛尔茜花，幼年的蓓蕾在心湖深处，幽幽地伸出脑袋，展开莲瓣，招呼着微风，牵来一串串难忘的回忆。他，才让嘉，一个佛学博士，一个过去的活佛，离开这块生他养他的地方，已经30多年了！

他并非出身于显达的贵族家庭。14岁那年，拿着羊鞭的他被访为灵童，扶成贡噶尔寺的活佛。于是他在教规森严的寺院里，在管家的严密监视下，苦读了十年经书，就在他准备考取格西学位时，他的大管家死了，他——贡噶尔活佛，掌握了这个寺的权力。权力使他更加自由地出入寺庙，多次回到母亲身旁，回到他朝思暮想的表妹卓玛措身旁，幼年的友谊升华了，爱情的种子萌芽了。

卓玛措的家离寺院不远。出了寺院，爬上一段小山梁，就可以望见。每当黄昏，他登上那段小山梁，就可以看见在一块青卧牛石侧伫立遥望的表妹的身影，他感到那样的激动，那样的幸福。从那时起，他似乎变成了两个人：他想让自己净化，像一滴经水，像一丝仙云，到那有着无限幸福的极乐世界去；可是他想念幼时的女友，他的表妹，美丽、纯洁而真诚的卓玛措。"默想喇嘛的面孔，无法清晰地显现在心上，没想的情人的容颜，却映在心中明明朗朗。"终于有一夜，他偷偷来到卓玛措的屋前：

"卓玛措，山羊不会忘记石崖，流水不会忘记山泉，只要我活着，就不会一天不想你……"

"佛爷，鞭梢缩短了，还是皮条，我何曾不是这样，年纪大了，我的心还是想着你……"

"我留恋佛的事业，可是我更留恋你。当我来到你身旁，神佛的戒律都离我远了，我的心里喊着：让我做个俗人吧！我渴望爱情，我渴望得到爱情……"

"亲爱的阿奥才让嘉，花儿忘不了阳光，我何曾不是这样，我多想今生和你在一起！多少个求婚的青年来了，说了多少甜破心的话，我都回绝了，心里有这座雪山，别的山怎么装得进呢？"

"我曾一次次为你被扶为活佛而高兴，我一次次地祈祷，让我随着你到那个光明的世界里去，阿奥才让嘉，不要吻我，我们就这样站着，我们一块儿祈祷：让我们干干净净，到那光明、幸福的世界里，否则，坏了你的身子，我就成了罪人……"

"卓玛措，我的好妹妹，别让我离开，让我待到天明，到那时让我再去过佛的生活，去忍受日日夜夜的思念……"

听了他的话，她心软了，流泪了，她扑在他怀里："至高无上的释迦佛呀，饶恕我们吧！"他第一次吻她，他们久久地拥抱。他回去了，佛界的追求总是没有收去他的心，他时不时想着卓玛措：

我反复寻找：
佛界呀，你在哪里？

宇宙间的一切，
都有她的影子。

他病了，病得很厉害，他知道自己的病因，就到自己的村庄里行了一次佛事，顺便又和卓玛措约好了时间。

月儿柔和地照着草原。爱情的激动令神也难以抑制，他俩相会了，同居了。他一下子陷入困境："我得到了她的爱情，却又失去了寻求佛界的洁身，神圣的佛祖呀，你饶恕我吧，我虽然不是精通五明的圣者，也望你不要将我赶下三界！"

卓玛措更是沉痛："我希望今生拽着吉祥的彩虹，到达那光明的世界，亲爱的才让嘉，我毁了你的金身，也断送了你追求正果的道路。唉，佛爷，你呀，我的才让嘉，只有这赛尔茜花才是我的安慰，看看吧，它多自在，没有忧愁！唉，你呀，我的才让嘉，你若是佛，为什么拉着我的辫梢；你若不是佛，为什么披着威严的袈裟？假如你没抓过我的辫梢也好，我们可以继续去追逐彩虹，可是，你抓了；假如你没穿袈裟也好，一个牧羊女，一个放羊娃，就可以像千万人一样，在花丛里搭一顶帐篷，我们就可以堂堂正正坐在里边。可是，袈裟，你穿了！好心的才让嘉呀，我们怎么能拥抱着走进神圣的佛的殿堂？"

他心中一片杂乱，杂乱一片；他心中一片忧愁，忧愁一片。可以攀向佛界的彩虹升起了，那迷人的七色遮蔽了爱情辉煌的光芒；赛尔茜花似的爱情盛开了，那多少向往佛果的心，也被花的芬芳推向了远方。

没有不透风的墙，卓玛措怀孕了，活佛的不轨行为马上得到寺院僧侣的反对，把他软禁起来，不让出门。寺院里的大管家，各子寺的当事活佛秘密商量怎样废除他。他时而感到难以见人的羞耻，时而也感到心安理得的快慰。不久，他又听到了新的消息，他们不只是像平常一样废掉他，僧人们想药死他，然后向外面宣传，活佛已经圆寂，再访灵童，再立新佛。情况紧急，于是来不及向卓玛措说一声，在1948年的一个深夜，逃出了贡噶尔寺。后来辗转到了印度，不久又到了法国。他做过苦工，度过一段艰难的日子。侥幸的是外国对藏学十分感兴趣，他写了几篇论文刊载了，于是他依靠自己得天独厚的条件，由一个漂泊者获得了学位。

吉普车在行驶。时至中午，车近处可以看得见赛尔茜花连成一片，向草原的远处伸去，天际有几朵浓云，牛羊宝石般在草丛里隐隐闪闪，有牧女的歌声清亮亮向车窗里扑来。那是一支古老的情歌：

美丽的孔雀在高空飞翔，
找不到檀香树，
绝不落在杂树上；

活泼的小鹿在云岩奔跑，
找不到清澈的泉水，
污水一点不尝；

勤劳的姑娘有多少话要讲，
找不到心爱的人儿，
她绝不吐露自己的衷肠。

“她，也曾经唱过这支歌，她也有这样婉转悠扬的歌喉。”他想着，眼前浮出一个少女的容貌，一双黑亮的眼睛，像两汪幽深的泉水，永远笑着的红润的面庞，棱棱的鼻子，像一朵山花似的嘴唇，那墨色的碎辫儿……“30多年了，30多年啊，她活着，也该老了。”30多年来，他几乎每天为她祈祷，为她祝福。他多么想见到她呀，他不住地唠叨着命运：命运啊，给我一个机缘吧，在无人的时候，只有她在那儿，我独自一人走上前，“卓玛措，认得我吗？我是贡噶尔活佛——不，我是你的才让嘉呀？”她将会怎样呢？她会陌生地看着他，或者她会扑在他的怀里……他也不时劝告自己：只偷偷地瞧一眼就够了。何必重温过去呢？何必去触动那心灵深处的隐痛呢？或许她已和别人结婚，有子有女，那样，又有什么好处呢？想到这儿，他回转身，对陪同他的州政协主席仁谦多吉说：

“尊敬的主席，我说过，只看看寺院，不看人……”

“知道知道，洛桑智华博士，你已经交代过十次了！只有我陪着，不会有人来打搅你，不会。”他是个性格开朗的老头。

“好！这样好！”

俩人正说着，忽听得“吱”一声司机刹住车向外问话：

“嗬，阿姐措姆，你也在这儿搞迷信哪？”

“咳，我哪里像你们那样唯物！阿妈这两天又犯病了，非要我到这儿来煨个桑，取点土回去……”贡噶尔活佛向窗外一看，惊奇得几乎叫起来，她是个30出头的妇女，领个八九岁捧一束赛尔茜花的小女孩，在一缕桑烟里站着，那模样活像是卓玛措。可是他蓦地失落了，卓玛措哪里会这么年轻呀，岁月流逝，就是这会儿在眼前，也是位白发老人了！

“我说哩，只要有缘法，老虎可以吃上宴席，太巧了，措姆，过来，回家去。”仁谦多吉在一旁叫道。

“哦，阿卡仁谦，你也在车上，回家？搭你的车回家，太好了！”措姆一边躬身施礼，一边上车。

“我的姑娘，当然可以搭我的车，不过……”他转向贡噶尔活佛，用眼睛征询意见，贡噶尔活佛点点头。仁谦多吉笑了，“上车，上车，我的姑娘。”

司机伏在方向盘上笑了，贡噶尔活佛这才看到她身后有一棵松树，松树上星星点点挂了些红布、哈达之类，树侧是一间房子似的大坑。这些地方他是熟悉的，便有些疑惑不解地问道：

“同志，这儿为什么要煨桑呢？没有拉则，也没有佛塔。”

措姆见他穿着西服，却是一口本地藏语，有几分羞涩地捂住嘴，迟迟不开口。

仁谦多吉见她这样，便接过话头说：

“洛桑智华博士，你问这呀？这可有段小故事哩。咱这儿方圆有 14 个寺院，贡噶尔寺是它们的母寺。新中国成立前二年，这寺里有个大活佛，又年轻，经法又好，很受人们敬仰。传说他摸过顶的人三年不得疾病。于是人们争先恐后往他那儿跑。有一年，佛爷路过这里，就在坑那儿坐了片刻，人们就把他坐过的地方的土包去当神药。天长日久，嘀，挖的人多了，这个一撮，那个一撮，就挖了这么大个坑，坑上面的那棵松树就自然地成为神树了，可惜那年轻的活佛，不久就走失了。有人说他圆寂了，有人说他还活着，还有人说他到印度拜谒释迦，释迦托梦将他收做弟子，现在还穿着袈裟讲经，只要谁有什么灾祸，喊一声：贡噶尔仁波且，他就知道了，就会来保佑你。”

贡噶尔活佛听了点点头，心里沉沉地塞进了一块石头，隐隐一阵疼痛：他有什么值得乡民们如此崇拜呢？自从离开家乡，为了生活，他不再用活佛名号，启用“洛桑智华”这个名字。他没有忘记和卓玛措的恩爱，他没有忘记对佛界的追求。可是，佛界在哪里呢？他用自己半生的时间寻找着这个答案。他接触了形形色色的思想，他也曾向马克思、恩格斯的著作请教。他不止一次地劝说自己：美丽的彩虹是追不上的，追不上的呀，卓玛措，你知道吗？

这时司机转过脸来对仁谦多吉说：“阿卡仁谦，要是这个活佛还活着，看到人家拿自己屁股坐过的土当神药，而且挖了那么大个坑，心里不知道怎么想。”

“咳，我说哩，你这娃娃真怪，你问这干啥?”仁谦多吉摆摆手，和措姆说话。

贡噶尔活佛说：“他问得好，我想，假如这个人还活着，他见到或者听到这种情况，一定会十分惭愧!”说着从手提兜里掏出几块糖放到身边那个小姑娘手里，问道：

“叫什么名字?”

“洋什吉。”

“几岁啦?”

“八岁。”

“喜欢这花儿吗?”

“喜欢。阿依（奶奶）比我还喜欢呢。”洋什吉嚼着糖说。

“你阿依得什么病啦?是不是躺在床上，‘唉哟唉哟’地呻吟?”

“不，奶奶眼睛看不见了，她老是站着，望着贡噶尔寺院，不回家吃饭……”

贡噶尔活佛刚想说什么，吉普车停住了，司机说：“贡噶尔寺到了。”

刚下车，天上便响起了雷声。措姆看看天空，急急对仁谦多吉说：“阿卡仁谦，您和客人忙吧，雷雨要来了，家里没人照料，我回去看看，欢迎你们到我家做客。”

“好，一定!一定!我的姑娘，你不请，我也要来的。”仁谦多吉呵呵笑着，“你熬好奶茶，我们就到了。”

贡噶尔活佛有些惊疑地看着他：“来时说得好好的，不见外人，你这……”

措姆说声“再见”，领着洋什吉就要走，却被仁谦多吉拦住了：“我的姑娘，孩子经不起雨淋，让她在寺里避避，雨后，上了对面小山，一看到家，她自己也会找到的。去吧，你快回去照料家吧。”措姆想了想，嘱咐洋什吉好好听话，便离去了。

仁谦多吉他们刚走进寺里，外面就下起了雷雨。喝了点茶水，他们就去看寺里的壁画。贡噶尔活佛看得十分仔细，还一面给洋什吉解释着。刚看了一半，外面有人喊道：“天晴了，看，彩虹!彩虹!”贡噶尔活佛一听这话，像是触了电，猛地回转身说：“走，我们看彩虹去!”说着，像个百米运动员，流星般奔了出去。

熟悉的道路，不一会来到山顶，却把仁谦他们留在后面。贡噶尔活佛一面掏出手绢擦汗，顺手摘起一枝赛尔茜花，一面放眼望去：啊，两道迷人的彩虹，一片醉心的草原!右侧那一条熟悉的小河上架起了一座水电站，灿烂的各色花儿在绿油油的草丛间，伸向草原的每一个角落，马儿自在地摇着尾，震落一身珠子似的水滴，有两匹小马驹扬蹄撒欢，渐渐地离母马远了，又猛地掉头飞一般跑回，钻进母马的腹下；一群牦牛卧在地上，有的静静地瞧着远方，有的咕嘟咕嘟反刍着，有的用舌头舔舔自己的鼻孔，又舔着身边的小牛犊，小牛犊身上仿佛是打了蜡似的亮；一只小羊羔在天真地追逐着在花丛中游来窜去的粉色蝴蝶；杂乱的羊叫声，深沉的牛叫声，嘹亮的马嘶声，在这清凉的空气中飘来荡去。这一切都在那两道彩虹之中，彩虹的一头伸进左侧一片小松林里，另一头伸进那条架了水电站的小河上。新修的草原定居点里三三两两走出人来。首先是一群穿戴新颖，胸前飘着红领巾的孩子们。他们望着彩虹，雀跃着、欢呼着、翻着筋斗。“幼年，我和她就在这里追逐彩虹！”贡噶尔活佛感慨着。

太阳落山了，浮着红晕在雪山后面，仁谦多吉领着洋什吉赶到他身边：

“嗬，洛桑智华博士，我说哩，你年轻时候是不是追过黄羊？——好快呀！”

贡噶尔活佛笑了：“黄羊没追过，倒追过彩虹……你看这虹，现在只剩下半截了……”

“噢，追彩虹呀，我懂了，传说要是追上了彩虹，就可以到佛界去，博士呀，原来你想成仙登道，离开人世啊？我说哩……”

“不不！佛界，佛界，在哪儿呢？在哪儿呢？彩虹是追不上的，永远追不上的……”仁谦多吉刚想搭话，听得洋什吉喊起来：

“阿依！阿依！”

“你阿依？在什么地方？”贡噶尔活佛转身问他。

“那——”洋什吉向前指去。在村头，在他熟悉的那块青卧牛石侧伫立着一个人，仿佛是一块人形的石头，只看得见她穿着黑色的长袍，却看不清面容。啊，这不是30多年前的那幅画面吗？真正的爱情是永远不会消失的。难道那就是她？是的，肯定是的，不然，那相望的地方，那相望的姿势，怎么会那样相像呢？他心里不觉一阵剧烈地抽搐。他竭力使自己平静下来，问道：

“洋什吉，你知道阿依她看……看什么呢？”

洋什吉一字一顿地说：“她说她在看两道彩虹，看一个过去的故事——有那么一天，大雨过后，出现了两道美丽的五色彩虹，有两个正在摘赛尔茜花的放羊孩子，就去追赶彩虹。追呀，追呀，快追上了，彩虹又远去了，彩虹消失了，他们的赛尔茜花也丢失在草丛里……”

“后来，那个追逐彩虹的小男孩成了活佛，学会了很好的经法……”仁谦多吉看看惊奇地望着他的洋什吉和痴神地望着前方的贡噶尔活佛，“后来，他突然消失了。可是这位年轻的母亲，永远在望着，望着，一直望了30多年！”

“她是谁?”贡噶尔活佛感觉到仁谦多吉所说的都是他的过去。

“她，是一个普通的牧羊女；她，就是洋什吉的阿依，措姆的母亲……”

“我是问她的名字！我是问她的名字！尊敬的主席！”贡噶尔活佛焦急而恳切地拉住了他的手。

“叫卓玛措。”

“啊？是？是她？这么说措姆是……洋什吉是……天哪！……”

仁谦多吉显然早就知道他的身份，并无一点意外地点点头。贡噶尔活佛满噙着泪花激动地扑向他过去不知登上过多少次的那段山梁，按照过去的样子，向对方使劲地挥起手来——对方像一截栽在那儿的木头，一动不动地立着，立着，毫无反应。贡噶尔活佛又使劲挥了几下，却被仁谦多吉拉住了手？

“没用了，她看不见了！……”

“啊？她的眼睛？……”

“就在你走后不久，她生下了措姆。从那以后，每当黄昏，她便立在那儿伫望……她的眼睛就这样失明了……”

“啊！”30多年积攒的思念像湖水决堤了，他深深为卓玛措真挚纯洁的情感所感动。他颤抖着，用双手捂着脸，泪水从指缝里滚滚而下，他想得多简单，多低级啊，她并没有在人们的议论声里低头，她公开地承认着自己的爱情，就像蓝天毫无掩饰地露出自己的胸脯，天地良心，我还能不见她吗？我能这样为一次神不知鬼不觉地侥幸的会面，默默而来，默默而去吗？不能！不能！她站在那儿，那是在等我，那是在望着我的身影，那是在不住地念叨我的名字！“啊，我圣洁的卓玛措，我再也不离开你了！”他高呼着“卓玛措！卓玛措！”颠颠簸簸地向她跑去。

彩虹，早已渗入蓝天中去了，艳艳的赛尔茜花开着，披着明媚的夕辉。

遥远的莫斯科

许多节日是悄悄来临的，来了，神不知鬼不觉又走了。走了，就走了，过节的人也不去想，也懒得回味。也有许多节日来得那么沉重而艰难，先是用月，后来便用日、时计算了！人们在紧张中（工作和心情都有）等着、盼头、看着、念头、算着。来了，每时每刻都印在人们心上；走了，熠熠地亮在他（她）生命的道上。

还不到下班的时间，我便骑着车到动物园，到动物园下面的莫斯科餐厅。

我缓缓地走着，看着周围的车辆，看着猴山上戏闹的猴子。哦，一切依旧！十年前，我与妻子结婚时，便到这里，在莫斯科餐厅用餐。在以前的岁月里，我似乎很少去想这件事，而今天，我突然转过身：

"啊，莫斯科餐厅！"

大约每个人都是忆旧的。让我感怀万千的是那个十年。结婚十年了！十年并不是个小数字，人生有几个十年？而更让我感慨的是，我在这个世界上已经度过了40个春秋！

莫斯科餐厅仍然那样肃穆、雅静，跟以前的感受一样。当然过去的凳

图8　丹珠昂奔和妻子在日本访问

子、椅子、桌子都不见了，现在看到的全是新的。我看了看，我和妻子坐过的那个空间，那里一对年轻人坐着（是情侣或者夫妻吧），他们聊着什么，神情中洋溢着快乐和幸福。

我们曾经就是这样坐着。吃饭，似乎是一种形式，谈话才是重要的。谈一些什么，我怎么也想不起。大概也说过一些相亲相爱过日子之类的话吧。而莫斯科餐厅那高高的空间，那静谧给我留下了深深的印象。

可惜，自此后，我再也没有进过这家餐厅。尽管无数次地路过，除了有时默默地想念那时的景况以外，一切都在平淡中流逝着。

服务小姐让我点菜，我摇摇头，说声："谢谢!"说我在找人（显然是谎言）。

我再度巡视周围，当一服务员再次将菜单送到我手里，我下意识地收下了，也坐在了椅子上。我粗粗翻了翻菜单，价钱是比以前高了，但与物价上涨状况看，还可以承受。

我的旁边坐着一对老夫妇，大约年过 70 了，不时咳嗽着，假牙随着咀嚼上下晃动，下巴上挂着汤汤水水。吃相十分难看。

站在我旁边握笔等我点菜的服务员见我看着那两位老人，她不好意思地建议："要么，先生往这边请。"她想让我挪地方。

我感慨地叹口气，心里想，大约再过几十年，我们也这副令人讨厌的德行了，"不了，谢谢!"我就势站起身，仍然望了望我和妻子坐过的那块地方——那两个年轻人还在吃饭，他们的头挨得很近——大概是在说悄悄话吧！他们注意到我在看他们，我对他们善意地笑了笑；他们也莫名其妙地向我乐乐。十年后，他们也会像我一样来这里吗？他们会看到什么呢？我心下暗暗思忖。

那一对老夫妻见我起身，或许从我和服务员的神情上看到了什么，向我深深地欠欠身，我急忙向他们点头致意，并友善地摆摆手。他们也有点尴尬地向我摆着手。一种凄凉窜过我的心头：他们有子女吗？这种时候为何不一起来呢？节日，应该是合家共庆啊！

我回到家里，告诉妻子，妻子说还是不要到外边吃饭吧，还浪漫什么呢，孩子在上学，老人需要赡养，大哥还在医院里，都得用钱呐！可不是。我心里想：是啊，省下这一餐饭还有许多用场哪！唉，我为自己而难过，"人到中年万事休"，"人到中年万事忙"啊，中年了，想法也变了，再也不是年轻时候的自己了，肩挑着老少两代人，看了前面顾后面，看了左面顾右面，前前后后、左左右右都得关照啊。因为这是责任，生活的责任；生活是实打实的，自己还能说什么呢！

“遥远的莫斯科!”我自嘲地感叹着。

“什么?”妻子问。

“没什么。”我不想再提此话题。记得有一年回老家说到我们曾到莫斯科餐厅吃饭时，一位朋友吃惊地问我：“好啊，你们吃饭还到苏联呀?”当时我笑了：“哪里，莫斯科非常遥远，莫斯科餐厅就在动物园，离我们学校只有两站地。”现在看来两站地也是遥远的。因为，那里已经相隔了我们从青年到中年的漫长历程。我们已经不能像年少时那样无所顾虑地用餐，去悠闲地品味那人生难得的青春时光。

“遥远的莫斯科!”我心里这样叫着。一种酸楚，一种自豪涌上心头：我酸楚，是因为我意识到我已永远告别了青春，告别了色彩斑斓的梦想；我自豪，是因为我感到自己已肩负着人生的自然使命——为了家庭，为了老人，为了孩子，为了亲人们，为了社会在辛勤劳作和付出——我已不是个消费者，而是一个贡献者，我的劳作和付出将有益于我的家庭，我的老人，我的孩子，我的亲人们的生活、健康、成长、荣誉、幸福和社会的发展。

随　　感

人生如树，大忌为惰。少惰毁根，壮惰毁茎，老惰毁枝皮叶。人间有高峰，峰顶站几人，遍问攀登者，十有九勤奋。

一颗进步的心常伴着孤独、苦情和对事业的痴情。光有享受、娱乐是不够的，光有金钱、爱情、荣誉、优裕的住所，自在的工作是不够的。多彩而丰富的人生，必然是在事业大道上多彩而丰富的生活。

物有价，即为人用；人有价，即为社会用，无用于社会，无贡献于社会的人生，是最无价值的。

人生就是战斗，斗而无知，斗而无智，斗而无韧，斗而无情，斗而无义，斗而无力，斗而无才，盖难果获。一名斗士，或许一生奋斗，遍体鳞伤，却一无所得，然而远比那些庸碌无为者强。

迎战者须备战，可谓养兵，自养三力：脚力——根基要深，立足要稳，腿足须劲，否则难远行、攀行、跳行、退行、匍匐行；臂力——掌、拳灵活，进出娴熟无疏，砍、劈、击、挡、准、狠、烈，均有演习；心力——荣辱、得失、进退、上下，一视家常；食、色、权、利，不为所制。囊天地于胸，方可观风云雷电，沟壕峰巅，方可有大志，知规律，利益民众、社会。

人为矢，为的而生，无的之矢，空有其身。的者理想也。人多一用，终身指靶，准而透力强者为胜者。理想之贵，如日月行天，与命共存，不可随世俗、时潮而更易。

每一个成功者，成功的机遇和领域虽有异，但为成功而付出的努力和汗水是一样的。

事业需要人干，干而无诚，则败；干而不精，则平；干而不迷，则无大成就。

要善于分析、评判别人的经验，补充别人的经验，吸收别人的经验，总结别人的经验，建立失败、成功的经验库，如此当你遇到疑难，就可以凭借你积累的众多的经验参照系统，作出较为科学的决断。

倘若人是蓓蕾，机遇便是应时的雨水和阳光，刹那绽颜，是因为种子已经经过了入土、抽芽、拔节、含苞的全部过程（往往为世人所忽视的辛苦而艰难的过程）。机遇只选择那些等待开放的花。

知时而动，动可乘风；识境而存，存可根深；知人而事，自得分寸；强节自身，可进可胜。

学不可歇，歇则止，歇则退；做不可歇，歇则生，歇则无食；思不可歇，歇则废，歇则万事休。

头　酒

头　酒

每年过年前的一段时间总是忙碌的，那些忙碌中有一样就是酿酒——母亲将那些青稞煮了，大概有上百斤吧，洒上酒酵，有时候放在缸里。有一年，就放在我们的火炕上，底下垫了一些防湿的东西，在上面盖了旧棉被等厚厚一层东西。炕是热的，不几天，一股香香的味儿就直往鼻子里窜。

金黄色的青稞经一煮一发酵，那粒儿比原来大了一倍，很多都憋开了肚子。那时候我们还小，啥都感到新鲜，有时忍不住抓一把拌了酒酵的青稞放在嘴里咀嚼，很快就吐了出来：呸！啥味道，又辣又呛！炕是烧着的，不几天，整个屋子甚至院子里都是那种酒糟的味儿。

"啥时酿酒啊?"我们有时候问母亲。母亲说快了，到了七天以后才成。这大概是酿酒的基本做法：拌了酒酵的青稞不能放得时间太长，也不能不到火候。母亲过一天就要尝尝。终于，有一天母亲说："你们去背冰吧!"

我和二哥兴高采烈地去背冰了！我们跑着、跳着、唱着："桑阿央拉毛噢——拉央来——"

我们喝着山泉水长大，那眼泉离家有一段距离。北方的天气是寒冷的，每年如此，到了过年那会儿，泉眼里流出的水结了冰，冰随着水流延伸得很远很远。顺着蜿蜒的山沟有一溜古树，又高又大，有些两人才能合抱，粗糙的黑褐色的树皮足有两寸厚。有时候我们就到那里去溜冰。

我们每年都要到这里来背冰，每家每户几乎都一样。做什么？两个用途：一是酿酒，每当年节，尤其是那些有喜事的人家（或者娶媳妇，或者给老人祝寿等）大多要酿一些酒来招待客人；另一个就是献冰——这不知是何时有的风俗，我在别的地方从来没有见到过（当然，我也没有在别的藏区过过年）——年三十那天，在屋檐上、墙头上等要放上冰，初一早上倘若你经过此地，用不着介绍，一看屋檐上放了冰的肯定是藏族人家。

冰是献给神的，要清洁。院子里的冰，多是母亲放的，屋檐上的冰多是我们兄弟几个放的。坐在屋里就可以看见放在院子里用土砖砌起的桑炉上的冰，在阳光下亮晶晶地泛着光芒，投射出五彩霓虹，真有一种神秘的感觉。童年的我们常常拿块冰对着太阳看：多神奇、多美妙啊，为什么里面会有那么多变幻的色彩?!

母亲要酿酒时，我们几个就跟在母亲身后，她走到哪儿，我们走到哪儿，一会儿问问这，一会儿问问那。

酿酒的时间一般选择在黄昏时分，其中有个讲究——天晚一些，家里来的客人就会少一些，尤其是生人，不知是何原因酿酒时忌讳来生人，认为那样酿出来的酒不好，甚至整个酒都会变味。即使是来了客人也不让他进到酿酒的地方。

母亲把发酵好的青稞放在大锅里，在锅上放一个用麦草编的草圈，再把个厚厚的上面有个银元大小孔的锅盖盖在上面。锅的一侧放上了一个倒梯形的陶制的特地用来酿酒的器皿——里边是空的，上面凹了下去，我和二哥背来的冰就放上面。母亲把一个带有弯角的管接在了锅盖和酿酒器皿上，然后用面糊得严严实实，再把一个漏槽安置在酿酒器皿的下方。

我和二哥、妹妹，仔仔细细地看着，唯恐耽搁了某一个环节。有时候也给母亲帮把手，放放冰、拢拢柴。

一切都收拾好了，母亲燃起了灶膛里的火。还特别在灶膛里撒了些柏枝和桑面（祭神用的等物），算是礼敬灶神吧。

火苗旺旺地着着，显得那么温馨。我们偎依在母亲身旁，一起看着灶膛里的火，讲着过年的事，这个时候我们更多听到的是母亲讲的关于年节的礼仪，见了客人如何称呼，如何行礼，到别人家去做客不要从大人面前过等。我们也不时给母亲倒茶喝。像每一个藏人一样，母亲是爱喝茶的，她喝着茶，不停地查看锅的周围漏不漏气。终于，在那个小小的漏糟里，像丝线一样流下了酒水，紧接着那醇香醇香的酒味儿也迅速扩散开来，充盈在整个屋子里。“酒！酒!”“拉加啰！拉加啰!”（神胜利!）我们兄妹几个脸上荡溢着惊喜的笑容，欢呼着——当然，那声音很低很小。

母亲用勺子舀出一点酒来，泼洒在锅灶的上方，那是必需的环节：祭神。再把第一碗酒盛出来，恭恭敬敬地放在堂屋的佛像前，祈祷着。这个时候父亲便把小桑炉里的柏枝点燃，于是酒香与柏枝燃烧的香味同时在屋子荡溢着，我们可以看到那股青青的烟，变幻着形态，在空中飘动着、飘动着。

我们想尝尝酒，母亲不允许。我有时候憋不住用舌头舔那一条“酒线”，马上被妹妹告发。母亲说：“小孩不能喝酒，你们可要记住了，不论谁让你们喝酒你们都不能喝，记住了?”

我们兄妹便一起回答：“记住了。”

大哥用筷子蘸着酒让我们尝："呸呸呸——"我全吐了出来，还说酒香酒好喝，"这有什么好喝的，太辣啦！"

大家都望着我笑。

"你不是缠着尝吗，让你尝了你却受不了，真没用！"二哥说。

"那你尝尝试试，辣死了。"我说。

母亲说："这是头酒，自然辣啦，假如到了二酒，再往后，酒就不那么辣了。"

母亲不停地尝着，等到一定程度，她把头酒拿走了。再拿一个坛子来，算是盛"二酒"了。

的确像母亲说的，酒酿到最后，酒的味道淡了，也没有那种辣味了。

一锅酿完，母亲把热气腾腾的酒糟从锅里舀出来，我们兄弟几个把它运到院子里放好。这是最好的饲料。

实际上，酿酒是件很辛苦的事，往往这样一锅一锅地酿，一直熬到半夜，甚至天亮。子夜时分，我们兄弟几个困了，一个个哈欠连天，可是母亲一直在那里守候着，往火膛里添着柴火，一遍又一遍地尝着酒；也一遍又一遍地把酒放在不同的坛子里，一遍又一遍地把酒糟运到院子里。

"你们都去睡吧，不要再陪阿妈了。"妹妹早已睡着了。我们兄弟几个还坚持着，大概这是这个村子里的风俗吧，只要父母在劳作，当子女的睡觉那是罪过，是没教养的表现。所以，无论在何时何地，只要母亲还在干活，我们兄弟总要帮着她做点什么。除非母亲命令我们去睡或者去做别的事。

酒还在酿着，而我终于偎在母亲身旁睡着了。等我醒来时，发现自己躺在炕上。一骨碌翻起身就往厨房跑，边嚷着："阿妈，酒酿完了吗？"

厨房里，阿爸、阿妈、两个哥哥还在忙着——他们忙了一夜！

"还说要陪着阿妈酿酒呢，不到半夜就睡死了，真没用，怎么样，一醒来就想喝头酒哇？"二哥这样打趣着。

"不不不！"我急忙躲着，我实在怕酒的那个辣劲儿。

阿爸、阿妈笑着，笑得那样温暖、慈祥。

阿妈显得有些疲倦，眼圈也熬得红了："看见了吧，今年的酒酿了大半缸了，记着：客人来了好好敬酒，多学几个曲儿。"

我答应着，想起了母亲教我的那首酒曲，就轻轻地哼了起来：

要知道骏马的恩情，
你不徒步跋涉不知道；

当你徒步跋涉时，
恩重的骏马在哪里？

要知道奶犏牛的恩情，
你不喝清茶不知道；
当你喝着寡淡的清茶时，
恩重的奶犏牛在哪里？

要知道父母的恩情，
你自己不老不知道；
当你自己老了时，
恩重的父母在哪里？

每年过年只要有长辈来我家拜年，我们兄弟免不了向他们敬酒；敬酒更多地要唱敬酒歌，每当此时，母亲就让我唱她亲自教给我的这首酒歌。于是，这首歌就成了我的保留节目。这首歌是讲“孝道”的，但一唱起来却有空旷、苍凉之感。心软一些的，一唱一听，就流泪了——每个人都是有父母的，一想到父母的恩情，还有谁不动心、不动情呢？就像这青稞头酒，啥时喝都是醇香无比的。

母亲看着我，理理我散乱的头发，亲亲我的额头说：“这首歌啥时唱都让人爱听。”我知道母亲是非常喜欢这首歌的。

抱着柴火进来的二哥粗声大气地嚷着：“是谁呀，还没吃早饭就喝醉了，莫不是偷喝了头酒吧！”

“谁偷喝你的头酒？我这是练曲呢，别来了客人敬酒忘词！”我回嘴，因为在去年的一次敬酒中，二哥忘了词儿，急得叫着我的名字直喊：“词儿！——词儿！”

父亲将酒都装好了，还特别装了一小坛酒密封好，放在了堂屋正中。大家洗涮之后，父亲在酒坛的下面摆上了七盏酥油灯。当院子里的香炉中升起滚滚桑烟，母亲在院子里冲着香炉的方向磕头，而父亲在堂屋里在冲着佛像磕头。哈达、羊毛、酥油，这些代表吉祥的饰物都耳目一新地用在了该装饰的物件上。

太阳出来了，和煦的空气中，桑烟在上升着，太阳的光芒照射着我的家，那里有酒香，挥之不去的酒香。

我拽拽母亲的衣角：“阿妈，您在念什么呀？”

母亲说："颂观音的经，保佑我的孩子们平平安安——"

一切都已过去，只有回忆，还在记忆的深处活着，伴随着我的生命。有时候我独自唱着母亲教的歌——"当你自己老了时，恩重的父母在哪里？"不觉泪流满面。母亲走了，父亲也走了，"树欲静而风不止，子欲孝而亲不在"啊，深深的思念重重地撞着我的心，使我寝食难安："假如他们能活到现在该有多好啊！"有时候，只要我闭上眼睛，我似乎就可以闻到青稞头酒的香味儿，看见当年的母亲、父亲和我的兄妹们。

树　悼

一棵树会在人的心上留下长久的印象吗？会的，至少对我是这样。

我出生的地方叫道拉，是个小山沟。在我记事的时候只有五六户人家，那儿很明显的特征有两个：一是陡陡的草坡上有一处石崖，“道”是石头的意思，大概早期的藏人在这儿居住是形成过小的圈场，因而取名为“道拉”。二是山沟里有一泓很旺的山泉。这一条几乎到处都是这样，每一个山沟里都有山泉，都从山泉里取水吃，我们便是吃着这些山泉水长大。或许是由于早期的神灵崇拜的缘故，也许是为了干净，每个山泉都用木头围了起来，有的还搭上了小木棚。当我记事的时候已经搬到了现在住的地方“尚拉”，两个地方间只隔一道山梁。那一条缠在坡间的路将它们连在一起。

早年我家住的地方面向东方几间房子，没有围墙，门前有一棵高大的树。从很远很远的地方都能看见。

这棵大树，长得绝。底下是两人合抱的树干，再往上几米后，分成两株同样大小的树，长得很高很高，而树冠又像是一棵树似的完整地合在一起，像蘑菇一样顶在高空。

小时候，这棵树给了我们许多快乐，也给了我们许多烦恼。快乐是我们经常在树底下乘凉、玩耍，有时候我们淘气惹母亲生气，母亲撵着打我们，我们就可以绕着树跑，母亲无法打着我们。烦恼的是每到了春天、夏天，树冠上的喜鹊做窝，喳喳喳叫个不停，另外，就是树上的毛毛虫爬到家里，我们非常怕那个毛茸茸的东西。年年如此，可是没有办法。

大概是我上小学三年级的时候。那个冬天的一天我放学回来，看见有两个人在砍树，一斧头下去，那白花花的木屑就一片片地飞出来，像白骨一般。“你们为什么砍我家门前的树？”我大着声音问。那时候我以为这棵长在我家门前的树就是我家的。

砍树的人说他们不管这些，让我们砍我们就砍。

我说：“这棵树长在这儿多好啊！你们砍了它不心疼吗？”

砍树的人根本没把我这个孩子放在眼里，冷笑着说：“钱重要，还是好看重要？”

我说："当然是好看重要。"

砍树的人一面砍着树一面说："等你将来饿了肚子，就知道好看重要不重要了。"

大概是听到了我在说话，母亲出来了。她拉住了我，说："这是大人们的事，你不懂，不要管这些事。"

我愤愤不平："他们凭什么砍我们家门前的树?"

正在这时，阿项桑加来了："你一个学生娃娃知道啥?回家学习去，少在这儿搅扰。"

到了屋里，母亲才对我说："我很小的时候，这棵树就似乎这么大。当时就听老人们说过这棵树是桑加家的老人们栽的……"尽管母亲说得清清楚楚，但我心里还是不乐意："这棵树长在这儿，好好的，干吗把它砍掉!"

说也怪，往常稍有点事，庄子里的人都会来帮忙、围观，那天没有一个人来围观，连小孩也没有。

两个砍树的人十分有节奏地砍着。天上稀稀落落地飘着点雪花。

我看着，一动不动。站累了便蹲在那里，忘记了寒冷。

由于树大吧，他们砍了很长时间，下茬砍完了，又砍上茬。阿项桑加站在旁边指挥着。

随着一声巨响，整个山都在颤动，树终于被砍倒了，我的眼泪也流出来了，心里空空的，充满了对两个砍树人的憎恨。

不知什么时候母亲出来了，她擦着我的眼泪，拉着我的手说："好了，回去吧，别再看了，你会冻坏的。"

实际上，母亲也是爱树的，只是人家的树，人家有砍走的权利，没有办法拦挡罢了。

树被砍倒的那天晚上，我做了噩梦，叫着："不要砍树！不要砍树!"惊醒了！我还想去看树，母亲拦住了，让我从窗户里往外看：

屋外有一点淡淡的月光，那树茬白花花地亮在那里，灼人的眼，灼人的心。前面的山黑乎乎的。不知为什么，我们家的狗叫着，不停地叫着，叫得人心烦意乱。一直到后半夜我趴在窗台上睡着了。

第二天到学校，我怎么也听不进老师的课，脑子里全是那棵树，那棵倒地的树，那个树的白花花的树茬……

晚上我放学回家时，那棵树周围的树屑都扫干净了，在那个白花花的树茬上盖了一些破旧的衣服，旁边还有煨过桑的痕迹。我绕着树茬走了两圈，知道这一切都是母亲做的。

母亲走出来说："这棵树，神啊，树根这样白花花地放着，刺人的眼睛，我把它盖上了。"

说来也怪，那一夜我睡得还好，醒来一次，从窗户看了看那个长树的地方，跟别的地方一样。我的心似乎也安了，一觉睡到了天亮。

一直到第二年夏天，阿项桑加他们又把那棵树的树根也挖走了，我家的门前被挖了一个老大老大的坑。直到我们盖了三间新房，那个坑才被填上。

关于那棵树仍然是我们一家常常议论的话题。也许是这个原因，我从小喜欢栽树，每当春天栽树时，我便要来树栽子（从树上砍下的可作为树苗的枝）栽上，有时自己也上树去砍。若干年后，这些树都成材了，虽然我不在家，母亲却很高兴，总是说："这些树都是他上小学的时候栽的"，等到了那些树可用的时候，家里的人把几棵大的砍了用来盖房。我当然感到很高兴。

到了 20 世纪 80 年代末 90 年代初的时候，由于农村条件差，我两次想让父母迁到西宁或者别的地方去，一来想让他们享享福，二来也方便我们照顾。可是，母亲不愿意走。问她为什么？她说她一辈子住在那里，苦一点不要紧。实际上还有别的原因。有一天，我们站在门台上，她指着我栽的那些树说："我舍不得这些树啊！"我说："这几棵破树能值几个钱，不论到了哪里，我们还可以栽。"

母亲说："不是那个事，我在自家门前看着这些绿绿的树，心里高兴啊！每当下雨的时候，你就忙着给树引水、浇水，到了冬天担心羊、牛毁树，你又在每一棵上扎上了刺。那时候村里的人说：你们家学生对树都这样上心，将来肯定是个孝顺的孩子。我一看见树就想起这些事，一想起这些事，心里就感到十分宽慰。"

我无法用言语来形容自己当时的感情，只觉得心里又酸又怜又疼又敬。从那以后，我再也不提搬家的事，我知道这个家，这些树寄托着她深长的感情，是异地宽裕的生活所代替不了的。

母亲去世后，我几次回家，几乎都梦见那棵树。30 多年过去了，这是怎么回事呢？父亲说："桑加他们那时候就不应该砍那棵树，虽是他家祖上栽的，可是那是几百年的大树，通灵啊！何必砍了呢？留着，大家看着，也是个景儿啊。砍了，不就做几件桌子、凳子什么的，把活的变成了死的，有什么好？你妈当时还为这事哭过……"

父　亲

10 月 21 日，妹妹来电话说，父亲得了重病，处于昏迷状态。我问：得了什么病？一个月前我在家时不是好好的吗？妹妹说是脑梗塞，后来在医院检查还脑出血。自那一刻起，我便十分担心起来。父亲毕竟是 80 多岁的人了，他的身体能吃得消吗？我也预感到死神已缓缓向他逼近，一阵悲凉袭过心头，一幕幕往事也萦绕脑中，挥之不去。

早年的印象，已十分模糊，在我的记忆中最早也是有最清晰印象的事便是父亲劳改回来穿的那件衣服——羔子皮藏袍缎面的正背面用漆写了个硕大的“囚”字。那时我还没有上学，还不认识这个字，来看望父亲的亲友围着，议论着：“好好的衣服为啥要写上字?”“这是为了防止犯人逃跑，只要你一逃，别人一见这字，就知道你是犯人。”但当我上学认识这个字时，便想到了这件事，心中一阵阵颤抖，写字的笔从手中滑落，掉在地上。

经过四年的牢狱之苦，背着“劳改释放犯”的沉重包袱，父亲走过了 22 年，从中年走入老年，到 1980 年才得到平反。父亲的苦难是我们全家的苦难，我们伴随着这个苦难成长，伴随着这个苦难走过了那段痛苦艰难的岁月。

听母亲说父亲是在干活回家的路上被抓走的。一群持枪的人不由分说就把他抓走了。同时抓走的还有其他的人。抓他审他完全是古老的方法，用小拇指粗的麻绳捆了，然后那个乡长就让他交代同伙和阴谋，父亲一句不吭，乡长就把他吊起来，两只胳膊从后边超过了头，他痛苦得几次昏死过去，但父亲自始至终只问了一句话：“我到底犯了什么?”其余一概不说。不说，就打，父亲被打得死去活来；不说，就是“死硬分子”，便加重了他的“罪刑”，他和其他的人被捆着押往县监狱。父亲不知道他为什么被抓，父亲也不知道他们为什么如此折磨他。但他知道不能连累人，不能说没有的事、说不清楚的事。父亲被押到了黄羊劳改农场，那时正是三年困难时期，不少跟他同样命运的人由于生活不习惯、屈辱和饥饿死在了那里；接着他和那些活下来的人被押往了新疆。同样是苦难磨炼成的坚毅性格和对子女们的思念使他顽强地活了下来。

1962年，走了半个多月，父亲从遥远的新疆回到了家里。那年我那个苦难的家才有了家人的团圆，才盖了三间新房，才有了一点生机，在那个特殊的年代苦苦哺育着我们兄妹、不使我们病死饿死的母亲才有了笑容。由于父亲的被捕，1959年我的大妹在贫病中死去；大哥考上西北民院而不能就学；二哥过了上学的年龄，终身失去了就学的机会。只有我在父亲回来的第二年（1963年）上了小学。

家慢慢地好起来了，但曾几何时，“文革”狂飙又刮到了我们那个遥远的山村，我们一家人又被推入新一轮的苦难里。父亲成了斗争的对象，每天有四五个民兵押来押去监督劳动。“文革”是群众运动，无章无法，今天说这儿打死了人，明天又说那儿逼疯了人，省、州、县的领导干部性命尚且不保，小老百姓有谁来保护。父亲是见过世面的，他深深懂得形势之险恶，终有一天，为了不死于非命，他选择了逃亡，趁着四五个民兵在后半夜打盹时越墙而逃。那夜几十个民兵荷枪实弹地包围了我们家，进屋来翻了个底朝天。我们一家人全部被赶到一个角落里，不准出声走动。

当民兵凌晨时分离去时，我们才知道父亲逃了。

父亲逃了，我们既恐惧又庆幸。恐惧的是他一旦被抓就会法办，甚至被打死，庆幸的是，只要父亲逃走，他眼下的生命或许就少了许多危险。

父亲过着逃亡的生活，其苦其难可想而知；我们兄妹过着五类分子子女的生活，屈辱中艰难地熬着；学校不让我小学毕业，我便回到村里，成了半劳力。那时由于“成分论”的影响，在绝望、无路可走的环境中，我对父亲一度产生了抱怨：家和兄妹们的一切不幸都来自于父亲，“要不是你，我们会是这样的吗?”父亲不说话，我不知道他内心的痛苦；当我的情绪稳定下来时，他说：“就像你们无法选择自己的家庭和父母一样，我也无法选择我的过去。”亲戚们解释说：“这就是命，认命吧！——”

天灾加人祸，村里人的生活都很困难，我家里就显得更加艰难。艰难到什么程度？吃了上顿没下顿，有时候要经常到别人家里借面吃，也是借一顿算一顿。父亲的老家还有五伯父在，有时五伯父驮一些粮食来接济我们。有一次，五伯父送来粮食后，领我到了老家。在那里我见到了父亲。他白天藏在五伯父家的草房里，晚上等上了门，大家就在一块说话。那种有家难归的日子，使父亲非常难过，但五伯还是反复劝他：现在不能回去，现在回去就会送命。等一等，乱世也有个尽头，总有好的时候；共产党要这样乱下去，连自己也保不住；他们不会让世道这样乱下去的。那时候五伯父那里也查得紧，又有消息说公安要到五伯父家里抓人。风声太紧，五伯父便安排父亲到山后去躲一段时间。于是，父亲带着我去翻越南大山（古格热敖）。

我们在开满杜鹃花的山冈上行走。父亲紧紧地拉着我。杜鹃匍匐而生，地面被遮盖了，虽然满山遍野都是花，但人在其中，很难行步，脚底下横三竖四枝枝杈杈，稍有不慎就会被卡着、绊着。我们经过几处小河，每当这时，父亲便将我背在背上，冰冷的河水逐渐没过他的膝盖。有一次他在水中滑倒了，但一只手紧紧地抓着我。从那一刻我感到平时很少说话的父亲是何等地疼着我！翻过南大山，时间还早，怕给亲戚带来麻烦，父亲不敢马上去找，我们便在一处山崖下坐下，等待天黑。周围是茅草林，中间矗立着有两三人才能合抱的柏树桩子，父亲说他年轻时还在这里看到过成片的柏树林。等太阳落尽，我们躲躲闪闪向亲戚家里走去，那样子就跟做贼一般。由于早有五伯父递过话，亲戚家把我们安顿在一间较为隐蔽的小屋里。没人时在院子里面晒太阳，一有人来，便躲进屋里。我自然地成了通讯员、哨兵和警卫。

因为是躲难，不能在一处久待，我们在亲戚家住了一段时间后，继续往前走，到了三伯父家。三伯父也已被监管，因此待在那里也不安全，甚至更容易出事。父亲一时发愁，不知如何是好。我看他这样，便大着胆说：回家好啦，回家去藏起来，照样可以过下去。此时的政治形势似乎稍好了一些，三伯父感到这也不失为一个主意，事情往往是灯下黑，说不定藏在家更不会引起人们的注意；大家不会相信，你一个逃走的人，还会明目张胆在他们眼皮底下活动。主意一定，我们父子便昼伏夜行，“潜”回了家里。那时我们那儿因闹“文革”死了六七人，受到各方面的关注，社会舆论也在向有利的方向发展，至少生命不会受到大危害，也由于亲友的劝说，再者长期在外漂泊也不是办法，父亲便到公社“自首”。父亲被民兵押到大部队看管了起来。

清理阶级队伍开始后，父亲还在关着。我以前就读的小学附设初中，由于好心人们的说合，我又回到了学校。有了这么一段特殊的经历，使我懂事不少，心里也容得下事了。每天早晨，我有一项重要任务就是去给父亲送饭——就跟探监一样，等看守的民兵检查完食物（放什么凶器、传单之类的东西）后，我便把饭送到父亲面前。父亲便开始用餐；这个时间不能太早，也不能太晚；太早，外边的大门锁着，你进不去；太晚，父亲就有可能被押去上工，上了工，整个上午就有可能挨饿。我从别人的白眼中走来，又从别人的白眼中离去，心中的委屈自不必说。后来看管的民兵中有两个是我上小学时的同学，由于他们的关照，我有时也能跟父亲聊上两句。父亲说：“不要怕，我没做过什么错事、坏事，总有一天他们会还我一个公道!”

吃过饭，父亲便被持枪的民兵押去劳动改造，我常常看着他离去，也常常抹着泪回到学校。有时一个上午都沉浸在那种悲伤中，连课也很难听进去。

父亲放出来后，便回到村里劳动。一切又恢复了正常。这以后我便上了高中，高中毕业以后又回到家乡中学当民办教员。我在那里当了几年民办教员，工作虽然不错，但上学无望、招干无门、招工也无可能，遇到了许多麻烦，遇到了空前的无法排解的痛苦。我便决定离开家乡。离家，首先要说服父亲。我问他：在这里我还有前途吗？我不愿意在屈辱中活着。父亲见我主意已定，不但不拦我反而鼓励我：“人挪活，树挪死，闯一闯就闯一闯吧！世界大得很，男子汉大丈夫，何必在家做守门狗!”

我去的地方是偏远荒凉的海西，父亲送的我。到西宁后，我们特别在照相馆照了张相。那时候我主意已定，不想再回头。父亲仍然劝我：男子汉有尊严、有刚气是好的，但也没有必要那么做，这地方不是哪个人的。什么时候回来都可以，为什么不能回来？这里是你的家，有你的父母兄妹。父亲反复地讲着。

“过了日月山，眼泪流不干”，到了海西，在浩瀚的柴达木盆地，那寂静的荒漠，使我感到了生存的苦难和压力。父亲尽量想给我创造一个好环境，带着我去拜访了一个他儿时的乡伴。但那时，一个落魄的青年，一个带着“劳改释放犯”帽子的农民，谁还管你、理你、帮你？谁还敢管你、理你、帮你？态度冰冷得使人战栗；这是自找的，是另一种凌辱啊！但那时的我已经做好了应付一切苦难的精神准备，甚至连死都看得很淡很淡，自然不把这些放在心上。

父亲送我到海西后，住了一周，就要回去了。我心里难受，他心里也一直放心不下，一再嘱咐我，无论遇到什么难事，自己要积极应对，永远不要放弃，打墙的板儿上下翻，世上没有不变的东西。我说：我没什么，我只是想阿妈，你们好好地照顾阿妈，我就放心了。父亲沉默着，我知道他伤痛的心情。虽然我已20出头了，毕竟没有这种背井离乡、独立谋生的经验！当我把父亲送上车，面对举目无亲的山野，眼泪止不住刷刷地直往下掉。

那是一段什么样的日子，至今回忆起来，都令我痛苦，令我心碎！

我上大学是父亲最好最大的安慰。起先家里谁也不知道我考上了大学。由于当时的政治环境和我灰暗的心理，我虽然参加了高考，但心想：即使考得再好，一政审，还会让我去吗？因此考试也是很草率的，考完试我便回了家，那时候多么想念母亲啊！回到家，过了正月十五返校路经西宁，一位亲戚问我参没参加高考，我告以实情，他向省招办打了电话，省招办的同志说："让他自己来查吧，我现在很忙。"我到省招办一查，简直不敢相信自己的眼睛，我被中央民族学院录取了。此时考到北京的学生已纷纷搭火车前往北京，我到火车站看了看，火车站多是送学生的家长。可我连手续都没有办，因此急急忙忙赶到海西，办了手续，昼夜兼程地前往北京。等到了北京，我比早来的学生慢了一周。

尽管考取了大学，穷困仍然像恶魔一样伴随着我的家和我自己。在众多的七七级大学生中，像我这样困难的不是一个两个。我只有一件衬衣，一双布鞋，前面漏了底。十四块五的伙食费，九块吃饭，五块五买书和零用。家里一贫如洗，跟他们要钱，就是在干骨头上烤油啊！但我每次给家里写信都说生活很好，学校包伙食，不缺吃穿，让他们不要担心。而我最终也战胜了困难，完成了学业。

父亲一向冷静严肃，不苟言笑，不喜欢那些迎来送往的客套，也从不多饮酒。1982 年春节，我回到家里，父亲很高兴。家里虽然不宽裕，但大家的精神状态都很好。"没娘的孩子天照顾"，你能考上大学，能留在北京工作，真是谁也想不到的事，要感谢邓大人，要记住共产党的恩德啊！1984 年，父亲和母亲来到了北京，他们参观了天安门、故宫、长城、颐和园等地方。2001 年父亲再次来到北京住了一个月。我想让他留下来跟我一起住，但他不太习惯北京的生活；主要是我们一上班，孩子一上学，只有他在家，语言不通，没人跟他说话。但我明显地感到：父亲老了，耳朵有些背了。但他一生刚强，从不用拐杖，身板挺着，走路不需要搀扶，甚至参观一天，走来走去，也不知道累。

虽然，生活中有许许多多的缺憾、苦难，但他仍感到幸福。由于有老人在，我每年至少要回一次家，一回家里亲戚和乡邻说："你父亲常说，'我有一个孝顺的儿子，至少让我多活了十年，我这辈子值了！但我感到我做得还很不够。'"

到了晚年，父亲的性格有了很大变化。这是我始料不及的。前些年我每次回家，总有家人向我告状说父亲的不是。是什么"不是"？庄子上数他年龄最长，每每有人到家做客，不知为什么他总是当面指出对方的缺点和错误，常常使得对方下不了台。于是许多人怕了羞了烦了，没有特别的事也不愿到我家去了。有的还从另一个层面理解："仗着自己孩子在北京工作，就不把人放在眼里了！"

大家都这样说，尤其是我的妹妹、侄子也这样说。我向他建议："别人来家里是客人、是好事，我们这个家在母亲在时就是这样：亲戚朋友，庄员邻舍，可以整年亲朋满座，客人盈门，为什么？对人热情，乐意帮人。现在的人都喜欢听表扬的，就连小孩都这样：你何去戳人家的痛处呢？”

父亲解释说：“是啊，我有时也奇怪，我何必去说人家的不足呢？但是见了这个人就不免要说，挡也挡不住。”

我说：“人家的不是，让人家自己去管，去处理。我们说不但没有正面的效果，而且容易得罪人！”

话虽然说了，但父亲的情况依然如旧。我知道他这样做有他自己的想法。

今年9月我去家里，父亲讲了他真实的想法：“人老了，自制力差了，为什么？平时安静下来，我总是想这些孙子，想身边许多的人和他们的困难，我知道想了也没有用，我知道自己为他们做不了什么事，可还是在不停地想，为他们着急，为他们担忧。过去在那么乱、那么困难的时候，我总想着人家的好，哪怕是一点一滴，总要讲给他们听、讲给别人听。那时候不能说大家都干坏事，可是大家都不愿意管闲事，做好事；人家能管一点与自己没有关系的事，做一点好事，难得啊！所以我逢人便说。可是现在，不知怎么啦，我见到的总是别人的不足。有时候一个人一个人地从眼前过，像放电影一样，又一个一个地形成看法，见了这些人就想说，不说反而不自在；有时候我也暗暗劝自己不要说，可是见了面还是压不住，就像有人扣扳机似的，那话就像子弹一样呼啦呼啦往外崩，你说怪不怪？我的思想深处总有一个念头：说是为他们好，不说才不是为他们好。我已经80多岁了，晚上脱了鞋不知早晨穿不穿，说，对我没有什么任何意义，可对他们有意义。他们听不进去还生气，这是他们的事！”

“可是你这么大年纪把人都得罪光了，让后辈怎么做人？”

“得罪什么？我不这么看，只要他们想一想对他们有好处，就应该改，就应该感谢我。现在，现在的人的毛病就在这儿：有好不说，有坏更不说，这怎么行？不知道自己的毛病，人怎么进步？有时候指出别人的不足，比指出他的优点重要得多。”父亲完全是一副固执己见的样子，我也不便再多说什么。

事后，我了解了，他到底说别人些什么？实际上，父亲说的都是事实，他不会编排，更不会无中生有，也不说没有来由的话，从不夸大其词，他总是如实地说着一切事情。这是他的优点。甚至对自家人、亲戚、朋友、邻居，都是如此。可惜，他不知道这一切都已过时了，谁还愿意听别人的教训和批评？人们都在这样做着：自己的成绩，像扬长一样，一扬再扬；自己的缺点、不足，像猫盖屎一样，一盖再盖。这一点，从思想和方法上我跟他是一样的，自己认准的事就要坚持。坚持的结果往往不合时宜。

末了，父亲说："你们也不要发愁，我给你们找麻烦的时间不会太多，80 多岁的人了，还能活几年？我之所以说就是找骂的，他们现在不理解，将来会理解的，这也是我这个老糊涂对他们的最后一点责任和爱护吧！"

当我更深入地思考这件事时，在不断地问自己：父亲这样做真的有错甚至有大错吗？回答是否定的。恰恰这个社会所缺的就是直言，就是尊重事实，就是勇敢地承认自己的错误。人人都虚伪，人人都自私，人人都在做那些有失德性的事，这个社会会成为什么样子？许多时候都是这样：人们高呼真理，却害怕真理，尤其是那些有这样那样毛病的人，就怕别人揭短，就怕事实，就怕在事实面前露出自己的缺陷，受人谴责，使自己丢人、丢面子。实际上改正错误，纠正不足是最好的"保面子"的做法，只是谁也不愿意这样做罢了。

有时我感慨古代人的胸襟！齐威王就不怕别人批评，他曾下令："群臣吏民，能面刺寡人之过者，受上赏；上书谏寡人者，受中赏；能谤讥于市朝，闻寡人之耳者，受下赏。"良药苦口利于病，忠言逆耳利于行，此完全在于事理的理解和评判。《韩非子》中说："夫良药苦于口，而智者劝而饮之，知其入而已己疾也；忠言拂于耳，而明主听之，知其可以致功也。"其中关键在于真切的作用和获得的真实利益，而不仅仅是"面子"之类。唐朝之所以有贞观之治与李世民的纳谏有着直接的关系。《贞观政要》载李世民之言曰："朕每思之，若欲君臣长久，国无危败，君有违失，臣须极言。"小理同于大理，这是每一个成熟的人都须深思的。

2005 年 11 月 13 日于昆明五华区大梅园巷

羚羊！羚羊！

在阿拉木图博物馆参观时，我又看到了那个漂亮而诱人的形象——一只羚羊高昂着头望着远方。我给身边的同事说：“多少年没看到在野外奔跑的羚羊了，真有点想……”同事说：“可不是，牧业民族嘛，都喜欢动物……”

说话间，一位哈萨克族朋友指着羚羊解说时说到了一个使我十分敏感的词——“藻”，我马上停下与同事的谈话，问他：“你刚才叫羚羊什么?”这位哈萨克族朋友说：“藻”。看来我没有听错。我说：“这就奇了，你们知道吗，藏语羚羊也称‘藻’，这哈萨克和藏族相隔万里，为什么对羚羊的叫法如此一致？版权是谁的?”

当然，末一句不过是一句玩笑而已。但作为一个学术问题的确有搞清楚的必要。比如酒称“阿热”，在哈萨克族、维吾尔族、蒙古族中都一样，有些搞语言的专家说，这个词来之于阿拉伯。由这词我的思绪顿时飞向了另一个世界。

现在甘肃省甘南藏族自治州的首府“合作”也是藏语“羚羊”一词的音译。自然，这个词不能读成目前汉语的样子，而是要连在一起快读，大体也接近于“藻”这个音。我没有看到过对这一地名来源的考证，但有一点可相信：这一地区当初有羚羊存在。羚羊存在的时间有多长？我想至少可以追溯到旧石器时代，因为在茫茫的草原上，在阿里日土县的岩画中就有羚羊。已长眠草原、出生于甘南藏区的诗人丹真贡布曾写过一首诗，诗人在前面有一引子说：“甘南藏族自治州州府所在地合作镇，在藏语是羚羊的意思，所以小镇叫羚街，居民也叫羚街人。”“羚街”、“羚街人”，多么富有诗意！当时我对他说：“你这首诗构思很巧”。诗分五段，读来令人感慨而惆怅。前两段勾勒了一个羚的恬静世界：

……

羚们从沮洳中辟一方净土
修造起最初的小巧木楼
荒原上出现了一条街道

羚之街——听来多么温柔

白日里砌筑打造雕玉镂金
羚们四肢勤快心眼灵透
夜晚隔着街道凭栏絮语
伸手从对面借火点燃烟斗
卟——谁说咱羚们无地可以立锥
炊烟飘走了百十个春秋

——一个多么好的动物世界！一个多么好的羚的家园！大概是诗人有感于羚羊的生活习性吧，羚羊活动总是成群结队，有时上百只、上千只的羚羊在一起奔跑，在一起歇卧。我在青海海西工作时，就曾见到过这种场景，这种场景令人感动：无数的羚羊在缓步运动时，那些羚角就像一把把刀剑，就像一支默默行走的队伍。而当羚群骤然奔跑时，就像是一支冲锋陷阵的骑兵，伴随着隆隆的脚步声，那高高扬起的羚角，就像骑兵手中挥舞的战刀，煞是壮观。

只要你见过羚羊，你一定会十分喜爱那个漂亮、机灵的动物，我就是这样。你看着它们来回运动，却百看不厌，那纯清的眼睛，那隽秀的鼻子，那清丽的角，那修长的腿，无一不显示着他的高贵。看着它，有时感到就像看一个漂亮、机敏的孩子。

当我看到青藏高原的偷猎者们成群成群地杀死羚羊，我的心情十分沉重，以致夜不能寐。当时写下了《它们是我幼年的朋友》一诗，其中有这样的诗句：

我代表十万大山求你：
留下它们的生命吧，
山上若没有了它们，
大山将多么寂寞？

我代表十万江河求你：
留下它们的生命吧，
江河若没有了它们，
江河将多么伤心？

我代表未来的日月求你：
留下它们的生命吧，
日月若没有了它们，
日月也将发出哀鸣！

那时候我的想法十分天真，只知道偷猎者们杀死羚羊是为了割下羊头做装饰品，发财致富，或者杀了吃肉。实际远不如此，后来我才知道羚羊身上还有一宝——羊绒，高档的藏羚羊绒沙图什披肩，在印度可以卖到800至5000多美元，而在英国据说可以卖到近两万美元。这无疑成了一种悬赏，悬赏羚们的生命！重赏之下，必有勇夫，偷猎者在成倍地增长，就像那些久不绝的毒品贩子。我久居北京，偶到青海考察，曾问及此事，使我感到惊讶的是，连一些干部也是一副无可奈何的神色。为什么？一是青藏高原十分广阔，执法人员有限，“就像让一个人去捉一百只跳蚤，压根儿就捉不住”，那些偷猎者或三五成群，昼伏夜行，神出鬼没；或借以现代化工具、现代化武器，武装偷狩，小股力量，根本无济于事。有位干部说：“人家有望远镜、机关枪、手机、微型冲锋枪、摩托车、汽车，除非有几架直升机昼夜应付，否则无济于事。”此话不无道理，虽然这些事经常在好莱坞的电影中看到，实际西方好多国家已经在如此使用。二是偷猎犯罪分子有一个严密的地下组织，形成了偷猎、取绒、走私等完善的系统，尤其是销售渠道畅通，一本万利，因而不乏铤而走险者。三是措施不利，既没有形成足够的力量“严防死守”，严厉打击，从根本上解决问题，也没有与国际社会协力合作，在打击羚羊绒走私上想办法，所以偷猎者的势头一直没有抑制住。但大家有一个共同的认识，都说：“这样下去，藏羚羊灭绝是早晚的事。”

我忌讳听这句话。听着这样的话，就好像有针在扎心一样。当然这句话已经不是什么耸人听闻的话了，大家说着听着，悲哀中显着无奈。20世纪初青藏高原的羚羊有几百万只，估计现在有八万只左右，而且每年在以两万只的速度锐减。也有人估计偷猎者的队伍不下千人。我看到一份资料说，中印英三国联合调查表明：藏羚羊可能在五年内灭绝。这是个令我震惊的消息，也是一个令我伤心的消息：那些可爱的动物，怎么说没就没了呢？

悲凉之中使我想起了发表在《佛教文化》杂志上的赵朴老的遗嘱：“生固欣然，死亦无憾。花落还开，水流不断。我兮何有，谁欤安息。清风明月，不劳寻觅，”赵朴老是写自己，但倘若冒昧借用其中的句子，五年之后青藏高原上的藏羚羊果真灭绝，说“明月清风，不劳寻觅”的该是那些可怜的藏羚了，生时四处剿杀，死了再说长道短，又有何用？

丹真贡布的诗中写道：

难料得当家做主20年悠悠
羚们的小窝竟然不得长久
有那么一天乾坤朗朗
斧镢声起，尘烟卷走了那些木楼
羚们被一通锣鼓欢送郊野
从羚之街上绝了迹嗅

淡忘了——羚们——初秋的黄昏
忽一只黄羊闯到这残破的街头
唉，你的眼睛被诗卷所赞美
你的记忆真该着诅咒
羚们的命运难道你一无所知
眼下那是你投亲访友的时候

你不如投入我的怀抱
让我来消解你的困惑
抚慰你的惊恐
向你倾诉我和羚们的隐忧

诗人始料不及的是，那时的羚们只是从热闹的街市流落到了郊野，生命犹存，生活犹存，该是多么幸福！而今羚们连命也保不住了，该向谁诉说“隐忧”？那时候“藻”这词也只好从藏文中消失了！

——这个结局是危险的，但我相信事情不会向这个危险的方向发展，因为中国有五千年的文明史，中国人的生态保护意识在不断加强，懂得去珍爱那些人类自己实实在在、活蹦乱跳的朋友——那些漂亮而机敏的羚羊，而不是那些挂在墙上的羚羊骷髅；因为中国政府在西部开发的隆隆战鼓中也看到了生态的重要，否则藏羚怎么会被定为国家一级保护动物？否则为何在可可西里，在羌塘建立国家自然保护区？

人类已进入一个新的世纪，这个新的世纪或许需要一个新的理念——保护那些稀有动物和杀害那些稀有动物的斗争同样是正义与邪恶的斗争，是善与恶的斗争。这个斗争刚刚开始，只要正义的人们联合起来，邪恶是不难打倒的：善与爱将唤醒一切人的良知。

生命是珍贵的，不论是你的、我的，还是那些动物的，保护生态，就是保护自己；保护自然，就是保护未来。

2000.12

漫漫送亲路

当我无数次地唱着婚曲，当我无数次地为那些久违的婚俗而泪流满面，我不得不感慨：它们已是我生命的一部分。

——题记

在老家的时候，我曾参加过很多次的藏族婚礼。几乎每一个婚礼都给我留下了深刻的印象。在北京上学、工作后，每年都要回家看父母，虽然很少在家过年，但回到家里，经常和家人、乡亲们聊起婚礼。一说到婚礼，大家的心情顿时变得活跃、激动起来。紧接着人家就会唱起那些在婚礼上唱的酒歌。听着那些我熟悉的旋律和我曾唱过的歌，我的心如醉如痴，沉浸在对往事的回忆中。

从范围看，我的家乡属于安多藏区华锐（DPV、RIS）地方，其地域大概包括现在的青海省乐都北山、门源、大通、互助北山，甘肃省天祝藏族自治县、肃南裕固族自治县部分地区。小时候我和小伙伴们跟着送亲、迎亲的队伍跑，挤在人群里看热闹，到了一村又一村，到了一家又一家；成年以后又不断地代表家庭去参加那些婚礼，或者去送亲。我妹妹出嫁的时候，就是我送的亲。有时在城里看着络绎不绝的车队，我便会想起那些老家的送亲场面来。

且不说系着五彩羊毛的订亲酒多么让人心旷神怡，且不说那婉曼悠扬的《梳头歌》唱落了多少梢头的眼泪，且不说那日头偏西时的冲天桑烟在家人、友人、亲人们心中升起的庄严肃穆，就是新娘离开娘家去婆家这段路上的习俗，也别有一番天地，别有一种情趣。

在坦荡宽阔的草原上，倘若有一处傍山的村落，当太阳在东山像西瓜瓤般露出个顶儿，当早起的云雀在“瞿就儿！瞿就儿！”唱起纯净清脆的歌，送亲的人们在冲天的桑烟中，扶着新娘绕着桑烟转三圈，再将哭哭啼啼的新娘扶上马。婚姻、婚礼在许多人看来是快乐的、幸福的，实际上每一个婚姻、婚礼都伴随着痛苦——女儿要离开自己的家了，痛苦不痛苦？痛苦。她要离开自己生活了20来年的家和村庄，要进入一个自己不熟悉的人家、不熟悉的村庄，怎么能不思不想呢？离开朝夕相处的父母兄弟，痛苦不痛苦？痛苦。我看着这些场面时常感慨：无数的女人就这样怀着对自己命运的憧憬，怀着无数的忐忑和不安，上了路。这也是一次命运的赌博，赌的心情是激动的，也是犹豫甚至焦虑不安的。

婚礼的盛装掩盖着一切，狐皮帽、氆氇藏袍、藏靴，珠光宝气，加上哈达、美酒、前呼后拥的村人们，热闹的场面不允许有悲伤的机会，于是新娘在自己的牵挂与难离难舍中远去。村人们、亲友们也在用留恋、惜别、深切的目光望着那一切在眼前消失。

草原、山野，这是藏区的大环境。一离开村子，送亲的马队在原野上行驶。而且送亲的时间多在新年期间，高原还在冬季，荒凉、凄冷和风沙衬托着色彩华丽的马队。

藏人送亲多是单数，五人、七人、十三人都有。而送亲的人都是定制：新娘的祖父、外祖父、舅舅、叔叔、哥哥、媒人、送亲婶子都是必去的。要是这些人中倘若缺少谁，需要临时请一人代理。“藏人的宴席不是随便谁都吃得了的”，大凡去吃席的第一个条件就是要会唱、懂得婚姻的程序礼数。否则，区区七八个喜客，在酒席宴上要与主东家请来的各路唱家（会唱各种类酒曲的人）、说家（能说会道、会讲婚礼上的赞颂词）、喝家（能喝酒的人）对垒，稍有不慎就会出洋相，丢人现眼，甚至受到奚落，给家庭和部落丢人。因此，去送亲吃席的人总是选了又选，挑了又挑，最后选定的都是精兵强将——能唱、能讲、能喝的人。当然，其他方面也很讲究，比如马和衣服。马，一般要骑雄壮有气势，跑起来平稳的，大多选枣骝，不骑花马，新娘可选白马；衣服，基本上要求一致，老鹰披膀的狐帽，氆氇长袍，高筒马靴，饰银的佩刀。男的还要在怀里揣个小酒壶（多见铜、铝、铁制的，大小不一，装几两、几斤的都有）。平素看不大出来，而在这个场合，大家是非常注意自身形象和气势的。

送亲的人一爬上马背，便开始唱酒曲了。唱酒曲大概一是心情使然，喝着酒，骑在马上，不喊两嗓子，仿佛与这种场景不协调；二是有告知的意思，一唱酒曲，凡是听到的都要驻足一看，这一看人家就明白了，某某姑娘嫁人了，嫁到了什么地方；三是有炫耀的意味，马是挑来的马，服装是精致的服装，靴子是油光瓦亮的靴子，人在马上多了几分威武，此时不张扬、显摆更等何时？那些骑术不错的年轻人来来回回放开趟子跑马，累得马呼哧呼哧直喘粗气。酒曲的内容大多是祝福吉祥之类。送亲的人们离开家稍远后，才会舒口气，马的脚步也放慢了，有时还再一次检查检查鞍鞯肚带、行囊包裹。老人们说：姑娘离家时快一点好，一步三回头，想走不走，会给以后的生活带来麻烦，甚至是不吉利的。

藏区的山山水水，多有拉则（峨博），每遇到就要下马绕着拉则走三圈继续前行。讲究一些的，还要煨桑祭祀，祈求山神保佑。

高原湛蓝的天空，白熠熠的雪山，时而有雄鹰恬然飞翔，轻快的马蹄声，那迷人的酒曲声，会吸引许多路人的目光。老早知道某家姑娘要嫁到某家消息的人，总是要在送亲者们经过的地方观赏观赏，瞧瞧热闹。

也有的不是来看热闹的，那便是送亲的人中任何一个人的亲戚、朋友，当他们事先打听到某某要去送亲时，必须要给送亲的人敬酒，藏人称为“得儿格娃”。

在路上的避风处，在一处比较容易让人发现的地方煨起一堆牛粪火，火堆旁温着酒，“得儿格娃”们铺好了地毡，一边烤火取暖，一边喝着酒说着笑话，一边警觉地等待着，一旦发现送亲的人们的帽顶儿，他们便会可着嗓门唱起来：

桑阿郎也兰——
桑阿郎——拉姆，
拉郎也兰……

——这是个歌头，有的人拼命地喊这个歌头，并不放进词儿，目的是让送亲的人们知道这儿有“得儿格娃”了，要是无声无息，送亲的人就会装作看不见，扬长而去，即使看点面子留下来，他们也会讽刺“得儿格娃”们：“远远看见这儿有几块没嘴的石头，走近一看——哈哈，原来是有鼻子的人!”大多情况下是不会出现这种情况的。当“得儿格娃”们看见送亲的人，早就唱起热情洋溢的酒曲，捧着酒壶等着他们哩。

送亲的人看到“得儿格娃”，便跳下马来，且唱且行来到煨火的地方，按主客的座位坐好，彼此说一些赞颂词，有的赞颂词可以达到半小时。其内容有些说娘家婆家的人好，这桩婚姻将会无比幸福；有的则讲人类婚姻的过程，从远古说到松赞干布，说到历史上的一些名人：

想当初，松赞干布与文成公主成婚，
是噶尔・东赞做的媒……
岭・格萨尔和珠牡结婚，
由三十位壮士来送亲，
三十位英雄来迎亲……

双方的祝词说完后，继续唱一些礼节性的酒曲。这时，“得儿格娃”就给送亲的人敬酒，有些亲戚朋友很多，来当代表的“得儿格娃”就将所代表家庭主人的名字清清楚楚地告诉送亲的人，送亲的人一一记清了，还要如数送一份礼物给这些没有到场的“得儿格娃”们，据说以前多送羊肋条，现在多送香烟、糖果之类。

新娘和送亲的婶子是不参加这种仪式的，多在离众人不远的地方下马歇息。

亲戚朋友多的人，这种路祝者也多，有时会有十几处，大体程序相似。最后是婆家的“得儿格娃”，也是比较丰富的，确实有些“打尖”的味道。守在这儿的“得儿格娃”是受婆家人委托来接风给话的，“东客”与“喜客”的第一个回合就是在这里开始的：

翡翠似的地毯上，
蹲着狮子般威武的“得儿格娃”；
神灯似的火堆旁，
煨满了醇醇的香酒。

哦，我这小小的送亲人，
心慌意乱少了话语；
即使有了漂亮的言词，
舌头打结连不成句。

这是一些谦恭地抬举别人的歌，不会几首这样的歌是难以应付局面的。“得儿格娃”们也要唱几首这样的歌。藏族的酒歌中这种叫“道鲁”的歌十分丰富。有时要唱一些逗趣的歌，主要是活跃气氛。但是这类歌若使用不当，也往往会由逗趣成为互相的讥讽挖苦，气量小的人就有可能翻脸，闹出不快来。但在一般情况下，不论多重的言词都不过是逗乐而已，大家互相之间既然是口才和反应能力的比拼，事后不能因此而记仇算账。

受婆家委托来接风给话的“得儿格娃”一般是两位，他们要说清楚自己是婆家——这个新亲戚的“得儿格娃”，还要转达一下主人对礼节的一些安排。婆家人不设“得儿格娃”是失礼，有时送亲的人会因此而回头，即便到了婆家也会因此而闹出许多不愉快来。送亲的人就会问：“某某家的人没死绝吧，我们千里路上送姑娘，怎么连送碗水的人也没有啊?!”两个“得儿格娃”转达完婆家的话后，就会马上溜走，否则送亲的人就会抢他们的帽子，到酒宴当笑料大肆宣扬，让两个“得儿格娃”丢脸，因而婆家选择的“得儿格娃”都是精明能干的小伙子。

婆家到了，迎亲的、看热闹的人里三层外三层围在主人家的大门口。东客中的歌手们犹如合唱团一般，捂着耳朵，举着酒碗，扯着嗓子唱酒曲。离大门不远的地方，煨着一堆火，冒着青蓝色的烟，火堆旁站着两位盛装的接亲女人。

此时送亲的人们，除了不断地唱酒曲外，还要扬着鞭子、勒着马嚼，做出许多雄壮威武的姿势来，年轻一些骑术好的还会放上趟马，在奔驰的马背上显示自己的骑艺，然后和自己的同伴们一起簇拥着新娘。嘴里不时厉声喝叫着：

“接亲的人呢?！接亲的人呢?！”

两个接亲的妇女，一个捧着哈达走在前面，一个尾随其后，要到送亲的人们团团围住的马群中接新娘的马缰绳。这接马缰绳确实是一件难事，一难在马多进不去，送亲的人高扬着马鞭子，催着马围着新娘打圈儿，马蹄、鞭子掀起的尘土，形成具有威慑力的氛围，稍有不慎，就会被马撞着和踢着；二难在拉新娘马缰绳的一般是新娘的哥哥、弟弟等青年，他们将马缰绳打成团握在手里，露出个头儿来，按照规矩，接马缰绳的人只能从左边接，不能从右边，要是接反了，就要吃马鞭子。接缰绳的女人倘若胆小、手脚笨拙，就会丢了自己手里的哈达。丢了手里的哈达可不是小事，要是被送亲的人抢到手，就会不再下马，还要赔礼，受到对方的奚落（当然是善意的玩笑）。显然，这个接亲的角色既要与新娘属相相合，还要手脚麻利。

当接亲的妇女抓到新娘的马缰绳后，迅速地把哈达搭在鞍头，这就算接到亲了。顿时，送亲的马队冷清下来，送亲的客人一边唱着酒歌，一边翻身下马。早有东家布置好的小伙子们照料马匹去了。

藏族视舅舅为“骨头之主”，看得比较重，对舅舅的伺候仿佛也有点特别，即便是接亲的人抓到了马缰绳，新娘的舅舅也不会马上下马。他会不断喊叫着：

“舅舅的马拉来了没有？舅舅的马拉来了没有？”

舅舅的马称“项达”，或许是古俗，当舅舅送作为外甥女的新娘到婆家时，婆家要酬送一匹马。可是，现在的舅舅只是按古俗喊叫而已，没有谁会送一匹马给他。主人家只是按照老习惯做就是了，他们拿着一些钱，应承着：“舅舅的马拉来了！舅舅的马拉来了！”把钱放在舅舅手里，算是顶替了。舅舅接了钱，便下马和众人一起往里走。当然，无论婆家还是庄员邻舍，都是尊敬有加，不敢怠慢，要是得罪了舅舅，舅舅不高兴发脾气，也会将喜宴搅个乌七八糟，谁也不愿意看到这种场面。

送亲婶子扶着新娘，送亲的人们围着新娘，唱着酒曲，缓缓往主人家里走；迎亲的东客们不断地唱着酒曲向客人敬酒，喝了拦门酒算是进到主人家里了。

进大门时，新娘的婆婆要拿一顶藏帽等候，戴在新娘头上，换下新娘戴的狐帽，其意仿佛是，进了这个门就是这家人了，你要听我这个婆婆的管教。

当送亲的人和贺喜的人都进到主人家里，喜宴便要开始了。

1985. 1. 17

草原上的情歌

每一个在草原上生活过的藏人，即便是老了，走不动路了，都会记得几首歌，尤其是几首情歌。而当他们唱起这些情歌时，他们的脸上便洋溢着青春的光彩，回到青春年少时的回忆中去。

只要人类社会存在，爱情就有永久的魅力。一个“情”字，使无数的人神魂颠倒；一个“情”字，使无数的人，走到一起获得幸福；一个“情”字，使无数的人终生背负着痛苦和不安；一个“情”字，酝酿了无数可歌可泣的故事。

蜜蜂和野花相爱，
春风就是媒人；
小伙子和姑娘相爱，
山歌就是媒人。

每个人都在追求爱情，都渴望得到爱情。但是，爱的方式却各有不同。个人之间是这样，民族之间更是这样。藏人的婚姻和男女的结合，有许多也是遵父母之命，听媒妁之言。恋爱不自由，这在过去的时代里，是非常普遍的现象，无数的情侣由于各式各样的原因被拆散了，留下了他们终生的遗憾。但是，爱情之水仍然像江河一样奔流。

情歌，作为青年男女爱情生活的真实反映，同样具有永久的魅力。在草原上，尤其在那些文化水平并不高的青年中，情歌更是表达感情的重要手段，成了情人们心灵的叙说。这如同我们欣赏那些千百年来流传的绝妙诗作，人们可以从中寻找感情的共鸣和抚慰。情歌也是滋润爱情、巩固爱情的重要工具。“蜜蜂”与“野花”之爱以春风为媒，小伙子与姑娘的爱情则以情歌为媒，并不是夸饰之词，而是藏区生活的真实写照。

作为一个爱唱歌的民族，藏族情歌的乳汁曾滋养了无数的仁人志士，也曾哺育了像仓央嘉措那样的杰出诗人。思考情歌的学术意义是一件愉快的事，因而我曾在图书馆看了许多新中国成立以后出的藏族情歌集。80 年代初，我曾经参与编辑《藏族情歌选》。当然，考察情歌的文化意义显得更加有趣。丰富多姿、色彩斑斓的藏族情歌大体上可以分为六种类型（参考乔高才让先生：《藏族民歌初探》，油印本）。

一、询问歌

青年男女素不相识，相遇于一地，相互感觉不错，企图接近对方，主要采取这种询问形式，以此了解对方年龄、住址、家庭情况等。

问： 四月里啼啭的布谷鸟哟，
是从什么地方飞来？
为什么叫得那样开怀？
眼前花一样的姑娘哟，
是从哪个庄子走来？
为什么那样激情奔放？
答： 布谷鸟啼鸣哟，
那是到了温暖的四月，
专从那遥远的印度飞来。
你眼前的姑娘哟，
从雪山下的庄子里走来，
是为了寻求幸福的爱情。

当一方有意以歌询问，另一方倘若也有此意，便可开口答歌；若无此意，可缄言而去或唱一支拒绝之歌了事。这和城里的一些小伙子见到一个漂亮姑娘，主动上前搭讪，大概是一码子事。当然，拒绝言词必须委婉有礼，不伤对方面子。

二、初识歌

相识是爱情继续的基础，是情歌中较重要的一类。有的初识歌如此唱道：

去赛马会的人们啊，
不管有没有马骑，一块走吧，
有马的和对手比个高低，

没马的为骑手助威呐喊，
只要欢乐都一样。

去小河边的人们啊，
不管有没有情侣，一块走吧，
有话的说几句实心话，
没话的唱一支相见的歌，
只要打动姑娘的心就一样。

这首聚会前唱的歌，鼓励青年人不要胆小，勇敢而真诚地去结识朋友。有些更为直露：

别人看了我整一天，
我一点也没动心，
你虽瞟了我一眼，
我的心却浪一样翻滚。

别人唱了老半天，
再唱我也不稀罕，
你虽回了我一句话，
我的心却像蜜一样香甜。

“喜欢是一种感觉！”有一年，我在塬上搞调研期间，一位由对情歌而恋爱结婚的青年这样说：“你要问我为什么喜欢，我说不清楚，但我感到就是喜欢，模模糊糊，却十分诱人、让你坐卧不宁，眼前晃动的总是那个人，她冲我笑笑，我就感到无比幸福。”大概这就是恋爱的感觉。

三、交心歌

爱情的重要规则之一就是交心，要讲真情真心，矢志不移。虚情假意，负心失信，是对爱情的最大背叛。

那是否是鸟儿不愿去的地方，
如果是这样，请回答，

我并不需要目光短浅的懦弱者，
我需要一个善飞的伙伴，
飞向那飘动的万里云霞。

那是否是朋友不愿去的地方，
如果是这样，请回答，
我并不需要朝三暮四的朋友，
我要结一个比翼双飞的情人，
共同飞向那彩虹连接的大厦。

歌者用歌明确地表达了自己的爱情观。

四、挑选歌

经过初识和了解，彼此萌动爱情，那么便可选择可心的恋人，甚至定其终身。如何挑选，牵扯一系列复杂的问题，因而此类情歌也较多。

想取宝石美玉的人们啊，
美玉在天的最高处，
会拿拿一块透明洁净的白玉，
不会拿拿一块水中青石。

想得到骏马的人们啊，
最好的马在北道的右侧，
会选选一匹千里马，
不会选骑一匹驴骡。

想得到幸福的小伙子们，
最美丽的姑娘在庄子的中心，
会找找一个情投意合的伴侣，
不会找娶一个好吃懒做的蠢人。

人生观、价值观、生活观不一样，择偶的标准也不同。有的只要漂亮，不管她“好吃懒做”；而有的则要一个能同甘共苦、“情投意合”的人。藏族有句俗话说："娶一个不会干活的女人，还不如养一头奶牛。"也是这种不同择偶观的直接反映。生活不光是卿卿我我、我爱你你爱我那些事，还需要工作——承担家庭和社会责任——繁重的劳动，尤其是农牧区，这一点更显得突出。所以倘若你娶了一个"不会干活的女人"（无论她有多么漂亮），对你自己、你的家庭，并不是幸福，甚至可能是累赘、问题。"劳动创造美"——劳动者的爱情是最真诚、坦荡的，也是最有价值的。因为劳动创造价值，创造一切，有勤劳的双手，才会有美好的生活和未来。

五、别离歌

相会，离别，再相会，再离别。爱在离别中延伸，爱在相会中升华。而离别的片刻显得那样揪心、忧伤，也显得那样美妙无穷。短离还是长别，割之舍之，难割之亦难舍之：

路边开遍了金莲花，
我走花不走，
我舍不得鲜艳的花，
美丽的金莲花呀，
叫我怎忍心把你弃丢？

村子里有我的朋友，
我走她不走，
我舍不得她到远方去游，
心坎上的情人哟，
叫我怎忍心把你弃丢？

六、思念歌

世界上最苦的是思念，而人总在离合之间。热恋中的双方，一旦分离，深深的思念便伴随着他们：

如果黄莺知道人的语言，
我定会在它漂亮的翅膀上，

写上我心中无尽的思念，
寄给那远方的朋友，
可是啊，黄莺怎知人的语言！

如果有上天的梯子，
我一定登上去站在云端里，
凭借太阳的光明。
看看我那心爱的朋友，
可是啊，人间哪有上天的梯子！

以上所述可归为爱情短歌，在藏区这种爱情短歌可谓汗牛充栋。藏族反映男女爱情生活的叙事长歌也非常优秀、非常丰富。像脍炙人口的《拉依勒和隆木措》就如同《罗密欧与朱丽叶》、《梁山伯与祝英台》一般优美感人。相爱的一对情人拉依勒和隆木措的婚姻受到了贪心的舅母娘和豪门独子阿布加的摧残。他们威逼利诱，要隆木措嫁给邪恶的、有钱有势的阿布加，而忠于拉依勒和内心有着纯洁爱情的隆木措至死不从。最后，阿布加下了毒手。他先割断了他们的帐篷绳子，推翻了炉灶，又趁着隆木措不在的当儿，塞住了拉依勒的嘴，扒出了他的肚肠。阿布加抢走了隆木措。可是，在拉依勒的火葬礼上，隆木措奋身扑入烈火，与拉依勒一同化为灰烬。

《唐洛郭哇》同样是写爱情，其类型与《拉依勒和隆木措》不同，前者是一对情人由于偶发的自然事故而造成痛苦，后者则是外力的或者说剥削阶级对穷苦百姓婚姻的干涉、摧残。

唐戈尔部落年轻英俊的青年唐洛郭哇与勤劳、美丽、健壮的龙珠措茂姑娘自幼相爱，他们的爱情“像十五的月亮又大又圆，像新酿的青稞酒又浓又香，像燃烧的火焰一样又红又旺”。父亲死得早，唐洛无兄无弟，凡事由舅舅做主。舅舅反对这门亲事，百般阻挠。这一年，唐洛郭哇远行拉萨朝佛进香，两人在担忧中恋恋不舍地分离。龙措在煎熬中等了一年，唐洛在朝思暮想中度过了一年。唐洛回来了。就在这天清晨，欣喜若狂的龙措姑娘又穿起一年前送行唐洛时穿的衣服，怀揣新酿的青稞酒，捧着洁白的哈达，和姐妹们相伴匆匆出了门。她们赶到桑曲河桥头，远远只见智华舅舅勒马横立在桥上。龙措退回大路抄小道，绕到大桥上涉水过河。女友们伴随着她。当她们手挽着手涉到河中央时，龙措姑娘一脚踩在一块长满苔藓的圆石上，一个趔趄，滑脱了两旁姐妹的手，跌进河里，随即被汹涌湍急的河水吞没了，女友的手里只留下那条准备献给她日盼夜想的心上人的哈达。

在迎接他的人群中，在欢迎他回来的宴席上，唐洛再没见到心爱的姑娘。他问神色凝重悲伤的人们。龙措的女友们说：

可亲可敬的唐洛郭哇，
耳鬓厮磨的兄长哟，
唐戈尔的小伙儿和姑娘，
素来不知道什么是忧伤；
今天这喜庆的酒宴上，
大伙儿格外悲哀心伤，
滚烫的心都凝成了血球，
飞鸟若知道这时的哀痛，
定会脱落丰腴的羽翎。
我们的阿姐龙措啊，
她就在今天清晨，
身披鲜艳的朝霞，
乘着桑曲河的清波，
飘舞着飞向远方，
留下一条圣洁的哈达，
让我们代她给您献上。

唐洛颤抖着双手接过水渍斑驳的哈达，双眼直愣愣地盯着它，深情地唱道：

那辽远碧空的福运，
是满天闪烁的星辰；
星海里不见亮明星，
碧空该是多么悲伤。
那广袤大地的福运，
是覆盖茵茵的草木；
山川里不见紫檀香，
大地该是多么悲伤。
这纷繁尘世的福运，

是年丰人寿时运盛旺；
唐戈尔独独没了龙措，
唐洛我该是多么悲伤。

他手握着哈达，慢慢地拿起褡裢离开酒宴，向桑曲河畔走去，在与龙措姑娘经常幽会的地方走来走去。他望着滔滔的河水，绝望地把从拉萨带来的红珊瑚、绿松石、金耳环、银手镯、花氆氇、锦缎衣，一颗颗、一件件撒进河里。

最后，唐洛说完自己该说的话，“像喝醉酒一般，踉踉跄跄地走了。从此，他脱下华贵的服装穿起毡衫，放下钢枪拿起羊鞭，清晨赶着羊群上高山，傍晚把羊群赶下河滩，徒步来回行走；他始终未婚，孑然一身厮伴着羊群。”

其他爱情长歌像《不幸的擦瓦绒》、《拉萨怨》、《负心的喇嘛》，从不同的侧面颂扬了真诚和纯洁的爱情的可贵，鞭挞了那些为了功名利禄背叛爱情、抛却情人的丑行。在藏族情歌中出现了很特别的一类：

夜里去会情人，
早晨落了雪了；
保不保密都一样，
脚印已留在雪上。

这首歌被认为是六世达赖仓央嘉措所作。宗教界认为这是“道歌”，明是写男女爱情，实际在讲佛教义理。但是，普通人却认为这是些优美的爱情诗。仓央嘉措还写有许多为人们广为传唱的诗作：

默思上师的尊面，
怎么也未能出现，
没想那情人的玉容，
却栩栩地在心上浮现。

前往得道的上师尊前，
求他将我指点，
只是这心猿意马难收，
又回到了恋人的身边。

心中爱慕的人儿，
若能百年偕老，
不亚于从大海之中，
采来了奇珍异宝。

用物写下的黑字，
已被雨水浸掉了，
心中没写出的情意，
怎么擦也难以擦掉。

印在纸上的图章，
不会倾吐衷肠，
请把信义的印章，
订在各自的心房。

若依了情人的心意，
今生就断了法缘，
若去深山里修行，
又违了姑娘的心愿。

拉萨熙熙攘攘的人群中间，
琼结人的模样儿最甜，
中我心意的情侣，
就在琼结人里边。

仓央嘉措的诗写得清新、通俗，却又蕴涵着十分浓烈的情感。当然，这是作家作品。更多民歌将比喻作为重要的艺术手段。一般在四句体的民歌中，前两句为比兴，后两句说明正意。比如：

黄莺会单独唱歌了，
就是长成大鸟了；
姑娘敢羞答答看小伙子了，
就是懂得爱情了。

父母替我缝了一件衣裳，
虽然有领子但不合身；
我自己做了一件衣裳，
虽然没有领子却很合身。

这里采用双关修饰形式，说的是做衣服，实际所指是自己的爱情生活，父母给找的对象虽然合名分（有领子），但不相配；而自己找的对象虽然相配，却非媒妁之言，不合名分。再如：

秋天来了，
草原一片枯黄；
树叶落了，
再好的胶水也粘不上。

这种对破裂爱情的双关描写，虽不见痛苦、失败、伤心之类言词，却含义深沉而意味无穷，形象集中而洗练。

在一般的三段体民歌和多段体民歌中多反复引用比喻手段，来深化比喻的主体。比如：

天空晴不晴阴不阴的，
要不就晴，
要不就阴，
免得太阳似显不显的。

天气冷不冷热不热的，
要不就冷，
要不就热，
免得山花似开不开的。

姑娘爱不爱恨不恨的，
要不就爱，
要不就恨。
免得青年喜忧不定的。

夸张是艺术中常用的手段之一。夸张不当就会成为毫无价值的口号。夸张得体，对诗歌形象的刻画和内容的表述就会产生积极影响：

说说我吧，我的爱情是一重石头山，
石头坚固不动摇；
说说你吧，你的爱情是石头山上的雪，
太阳一晒就化了。

说说我吧，我的爱情是河里的大石头，
大石头永远冲不走；
说说你吧，你的爱情是河里的鱼儿，
河水一冲就溜走。

说说我吧，我的爱情是迢迢阳关大道，
大道永远不改变；
说说你吧，你的爱情是在道上的灰尘，
风儿一吹就分散。

这是一首比喻中见夸饰的情歌，又两相对比："我"的爱情是重石头山，河里的大石头，是阳关大道——永远磊落，牢固不变。"你"的爱情是山上雪、水中鱼、道上尘土——隐涩飘浮，难经风浪。

多种修辞手段的综合运用，在藏族民歌中是常见的：太阳一照，雪就化了；河水一冲，鱼就溜了；风一吹，灰尘就散了。其形象何等鲜明，夸张何等自然有致！而石头山稳固不动，河中石稳固不动，大道向阳稳固不动。两相比较，孰美孰丑，孰高贵孰卑贱自在字里行间。有些则是直接的夸张：

眼前是十万八千丈高的山，
骏马呀你能否跨过去，
走到那宽阔碧绿的大滩？

眼前是十万八千丈宽的河，
白雄鹰啊你能否飞过去，
落在茂密苍翠的森林间？

眼前是布满利刃的路，
小伙子呀你敢不敢闯过去，
去争得爱情的实现？

“十万八千丈高的山”、“十万八千丈宽的河”、“布满利刃的路”都是夸张之词，但读者不会感到这是胡说八道，因为爱情的确存在着如此的艰难困苦，要战胜它就需要拿出无比的勇气。

藏族情歌想象丰富多变，有浓厚的浪漫主义色彩，虽然反映事物很小，却总要夸饰一番，即所谓“没有盐的茶没喝头，没有比兴的话没听头。”比如，有一流传青海藏区的民歌如此唱：

要唱情歌就唱情歌，
唱情歌要唱出自己的心愿。
要说起我的心愿来，
我要骑上天上的青龙，
备上那白云的鞍子，
到天空去绕上三圈，
这就是我的心愿。

这种浪漫主义的描述所勾勒的意境是美妙动人的。以青龙为马，让其套上黑风的嚼子，备上白云的鞍子，想象可谓奇特别具一格。有些则是虚实结合，亦幻亦真。

爱情是永恒的，我想因爱而存在的情歌也会是永恒的。因而情歌也是草原上最鲜艳的花朵，是屡经风雨而永不败谢的花朵。

1988. 5

（载《金剑》2001 年第 10 期）

和酒香共命的歌

在藏区，歌离不开酒、酒离不开歌。我就此曾请教一位老歌手，他说：“这是没办法的事，喝了酒就想唱歌，唱着歌就会想喝两口；酒和歌是亲家，谁也离不开谁。”的确是这样。藏语称“强鲁”（Chang－glu），是藏族民间歌曲中十分重要的一类，丰富的藏族酒曲，安多、康、卫藏虽有差别，但程式化的形式相近。乔高才让等有关专家对此进行过综合研究，大致可分为七个步骤：

一、吉祥歌头

一般人认为喝酒唱歌有何程式可讲，即兴而唱罢了，实际不是这样。在藏人的“酒文化”中，非但酒歌不是随兴而唱，就是喝酒也不是信口开“喝”的。当主人来敬酒，客人首先无名指蘸酒向上弹三弹（此有数种解释，主要含义还是敬佛、法、僧三宝）。而后方能饮酒，先喝一点，主人斟一点再敬，再喝一点，如此三巡，遂将全杯喝尽，藏人称“旦智森巴”也有一饮而尽的，名曰“嘎绕旧台”。随后可作歌。每一位歌手是深知先唱何者，后唱何者的。习惯都要先唱歌头，这也是一种礼貌，吉祥开头，多是一人起始，大家尽情歌唱，也有单人唱的，如同引子。有首歌头如此唱：

在蓝天的中央支起帐篷，
铺上红云和白云的毡，
让太阳和月亮来做客，
快来哟青龙，让我们一起玩。

在山上支起帐篷，
铺上青草和鲜花的毡，
让雄健的野牛来做客，
快来哟小牛，让我们一起玩。

在村里支起帐篷：
铺上红氆氇的毡，
让四面八方的人来做客，
快来哟兄弟，让我们一起玩。

这种“吉祥歌头”的形式的来源可能与以佛教为代表的印度文化的传入有关。比如，在藏戏中就有此类“吉祥开头”。藏人的许多仪式和思维形态都有明显的这种程式。

二、赞颂歌

唱了歌头，便多唱赞美的歌。赞颂歌的范围也是十分宽泛的，蓝天、白云、江河湖海、父母兄弟、男人女人、鸟虫花鱼、飞禽走兽，无所不含。人们热爱美，人们也不断地发现美。

要歌颂高山就歌颂桑烟，
歌颂那白海螺的洪亮声；

歌颂吉祥就歌颂生活，
歌颂那孔雀美丽的羽毛；

要歌颂酒场就歌颂美酒，
歌颂那逗趣欢乐的歌。

藏人的这种“赞颂歌”（藏语称“道巴”）是极丰富的；在讲唱文学和一些婚礼仪式上有专门的“赞颂词”，动辄就是几百行甚至上千行。这同样也是丰富的文化财富，迄今介绍研究者不多，加上译文的难度，本来精彩纷呈的颂词，一翻译成汉文，就会索然无味甚至成了唠唠叨叨的套话。

三、逗趣歌

当赞歌告一段落之后，为了使酒场更加热闹，也为了显示歌手的才华，开始唱逗趣的歌，互相打趣，一问一答，气氛顿时活跃，且此起彼伏，妙趣横生。如：

唱一支圆圆的歌哟，
圆圆的是天上的日月，
它四周群臣星围，
我一定唱一支这样的歌。

唱一支圆圆的歌哟，
圆圆的是辽阔的大地，
它四面花草争艳，
我一定唱一支这样的歌。

唱一支这样的歌哟，
圆圆的是欢乐的酒场，
它四边是无数弟兄聚会，
我一定唱一支这样的歌。

用歌逗趣和用语言逗趣是交错进行的。就像一场演出，这是考验歌者的幽默和机智程度的。因为在众人面前说得精彩，他的话在今年和漫长的未来岁月中就有可能成为流行语、成为典故，在草原上被人们广为传诵——这就是一个歌者的价值和荣耀。

四、思念歌

思念歌多是抒情之作，具有强烈的情感力量和教育作用。演唱也因歌而异。如：

要说犏乳牛的恩情，
不唱清茶不知道，
当你唱了清茶知道时，
恩重的犏乳牛在哪里？

要说骏马的恩情，

不步行长路不知道，
当你步行长路明白时，
大恩的骏马在哪里？

要说父母的恩情，
人自己不老时还不清楚，
当你自己老了清楚时，
恩重的父母在哪里？

对父母的恩德、思念与歌颂，确乎入木三分。不少人认为喝酒唱歌就是图快乐、高兴，实际不是。酒歌也是一个“世界”，一个丰富多彩的“世界”，其中所涉及的内容可以说难以想象。自然，对年轻人的教育也是一个重要内容：从家族历史、孝敬父母、奋发图强、接人待物，可以说应有尽有。有唱歌的人就有听歌的人，听歌的人也是学歌的人、传歌的人，他们在用心记、用情记、背负着继承发展的使命记，铭记着父辈的教诲，铭记着那点点滴滴的风俗、程序——一个掌握礼仪程式的人是受人尊重的。

五、对答歌

这类歌语言比较风趣，诙谐，甚至尖苛，这是酒场中对歌较量时多用的手段，一问一答，环环相扣，颇为紧张，如果英雄好汉，碰上对歌手唱几天几夜，也难唱完，如：

在白雄鹰的翅膀上，
有一对漂亮的羽毛，
如果你有本事就拔来。

在野牛的大头上，
有一对锐利的武器，
如果你有胆量就取来。

在我歌手的舌尖上，
有两首对答的歌，

如果你是歌手就来问。

——对方用同类型的歌来回答他。当然，这种讽刺挖苦、揪别人的“辫子”甚至拿别人的生理缺陷开玩笑的做法也只是开玩笑而已，相互不会生气——除非是那些心胸狭窄的人——假如受不了对自己的讽刺挖苦，真生气，就会破坏酒场的规矩和气氛，人们就会视为没涵养、“小肚鸡肠”，如此，在以后的这种隆重的场合他就会很难受到邀请。有些则是问兼答式，一方面回答问题，同时也向对方提问：

问：什巴宰牛的时候，
牛头应放在什么地方？
我不知道歌手请回答。

什巴宰牛的时候，
牛皮应放在什么地方？
我不知道歌手请回答。

什巴宰牛的时候，
牛血应放在什么地方？
我不知道歌手请回答。
答：什巴宰牛的时候，
割下的头应放在山顶上，
日加山高就是这原因。

什巴宰牛的时候，
剥的皮应放在大滩上，
滩大原宽就是这原因。

什巴宰牛的时候，
盛的血应倒在河里面，
大海浩瀚无际就是这原因。

这完全是对自然现象的一种解释，可能是一首古歌。

六、调解歌

酒场唱起问答歌，如同拳手对打一般，你攻我守，你退我进，招式变换，勇猛激烈，气量小的人受不了，经受不住这种唇枪舌剑还会动手动脚，在这时候，为了缓和气氛，调解情绪，第三者便唱起了调解歌。如：

猛虎和猛虎碰在一起，
我小虎只能退在一边；

雄牛和雄牛碰在一起，
我小牛只好退在一边；

歌手和歌手碰在一起，
我无歌者只好待在中间。

矛盾是普遍存在的，也是不可避免的。有了矛盾就要解决矛盾，酒场上通过对歌引起的矛盾就以调解矛盾的酒歌去化解。于是，在对歌过程中就多了一程式——一旦产生矛盾冲突，就有第三者唱酒歌调解。这在一个欢乐的场合具有重要作用。

七、祝福歌

这类歌，一般是在酒会结尾时唱的，祝愿人们事事圆满，吉祥如意。如：

祝福啊祝福，
吉祥在高高的天上，
愿日月更加辉煌。

祝福啊祝福，
吉祥在宽阔的地上，
愿牧业年年丰收。

祝福啊祝福，
吉祥在人人家里有，
愿生活更加富足。

显然，生活中的酒歌并不一定就是这七类。但这七类酒歌，在一般场合中都唱，若是详细分类，或者说科学分类，还需要下工夫进行深入研究才行。比如丰富多彩的藏族婚礼曲从改变姑娘发式的梳头歌唱起，要唱好几个环节，告别歌、迎宾歌、送宾歌等，至于宴席间的酒歌更为琳琅满目，美不胜收。

今早我从家中出发时，
马尾巴上绾了五道结，
嫌结少又绾成九道，
马哪儿开跑都便当。

今早我从家中出发时，
竹箭尾装了三排翎，
嫌翎少又装成四排，
箭哪儿开射都便当。

今早我从家中出发时，
盘歌准备了整一套，
顺便还带有美妙曲，
歌哪儿开唱都便当。

这里虽然说的是我如何如何，强调我的动作，实际上前两段主要借我所作所为比喻借以夸饰最后一段中我的动作、行为。“我”本来给马尾巴绾了“五道结”，嫌少又绾成“九道”；“我”本来在竹箭尾装了“三排翎”，嫌少又装成了“四排”，均以盘歌（相互对歌、比歌）为对应——此时的“我”才是实的，但所准备之物又有夸饰——本来盘歌准备“整一套”，为了对阵、竞歌，又带上了“美妙曲”，以此告诉对方，你有歌来问，我胸有成竹，借以增强气势。当然，在这种互激互问的情况下，对方也不甘示弱：

片鳞半爪的云彩里，
稀稀疏疏的雷鸣声，
有金箭你就放出来，
石山是霹雳里长大的。

松散虚软的山崖上，
纷纷扬扬的碎落石，
有滚石你就抛出来，
野牛是擂石里长大的。

歌场座次的最下首，
战战兢兢唱歌的人，
有盘歌你就对起来，
我可是唱盘歌出身的。

对方的气势也是宏大的，用“霹雳里长大的”，“擂石里长大的”来衬托自己是“唱盘歌出身的”，对你一般的歌均不放在眼里。从中我们也可以看到，藏族情歌除了良好的比兴手法以外，也十分注意形象塑造，如后首歌中的“山在霹雳中长大”，“野牛在擂石中长大”这些刻画可以说呼之欲出，鲜明而生动。

有些酒歌想象奇特，虚实结合，亦幻亦真：

我唱着跳着上蓝天，
小龙摆尾天喜欢，
我跟着小龙转三转，
舞姿真好看！

我唱着跳着上石山，
小野牛摇角山喜欢，
舞姿真好看！

我唱着跳着到庄间，
伙伴们跳舞庄喜欢，
我跟着伙伴转三转，

舞姿真好看！

——虽然小龙与我玩、野牛与我玩是虚的，但你似乎感受不到这一点，这是一个完整的美丽的意境，天上、山上和庄子里三者构成一个整体。充分、明快地反映了歌唱、舞蹈的快乐。这首长歌有许多变体，在甘、青藏区有较广泛的流传，在欢乐的宴会上许多人都爱唱这首歌。

贫瘠的高原和高原艰难的生活对于一般人是望而生畏、退避三舍的，他们也会自然地认为那里伴随着的是贫穷、落后、愚昧、沉闷和无望。现实生活不是这样的。自古以来居住于青藏高原的藏族人民在与自然和社会的斗争中创造了灿烂的文化，那种对生活的饱满热情和战胜困难的决心以及大无畏的乐观主义精神，为藏族酒歌以及藏族艺术的发展，都有着积极的推动作用。流传在甘肃甘南藏区的《婚礼祝福歌》中有一段关于新帐的赞词如此写道：

听啊，听我把这新帐唱一唱，
它用了一百头黑牦牛的肢肩长毛，
它用了一千头白犏牛的肚底细绒，
它是鹞臂神力的虎男剪的，
它是贤惠能干的大嫂织的，
它是心灵手巧的裁缝裁的，
它是飞针引线的姑娘缝的。
那帐梁白桦木啊，
亮如银，硬如钢，
祝福财富桦木般牢实；
那帐门红柏木啊，
吐芬芳，放馨香，
祝福牛羊柏木般兴旺；
那四角铁橛子啊，
十头牦牛也拔不起，
愿仇敌橛子般被镇伏；
那羊毛拽帐绳啊，
紧绷绷，拧成筋，
祝福小两口白首偕老；
那帐壁上的纵横经纬线啊，

交四面，伸八方，
祝福子女经纬般繁衍；
那帐项上的对对纽扣啊，
纽对扣，扣套纽，
祝福新郎新娘恩爱始终；
那精美的三足鼎炉啊，
抽风利，火焰高，
祝福爱情的烈火越烧越旺。
说不尽的祝福化成一句话：
幸福的一对新伴侣啊，
请用您的智慧、勇敢和汗水，
开拓出美丽的人间乐园。

乍一看，黑不溜秋的帐篷，实在无甚赞处，而热爱生活的人们对此进行了如此美好的处理，使它和新娘及其伴侣的种种生活内容结合起来，丰富、丰满，色彩斑斓，热情洋溢。有些酒歌是伴着动作表演的。比如流传在甘、青藏区的《少年之歌》：

阿则…
我赶着百马往前走，哈阿伊哈，
都说我少年有胆量，哈阿伊哈，
若遇强盗来拦路，哈阿伊哈，
我从肩上取下花猎枪，哈阿伊哈，
我这样端起枪这样放，哈阿伊哈，
强盗的三魂都吓光，哈阿伊哈……

都是口头常语，娓娓道来，每一句之后伴以衬词“哈阿伊哈”。一边唱一边表演，风趣、热烈而精彩。这是百姓的歌、百姓的乐趣，代代相传，常唱常新，魅力无穷。

许多人以为藏族人好喝酒，甚至认为酗酒，实际不然。作为寻常百姓终日忙于生计，忙于艰苦的生产劳动，一没有条件喝，二没有时间喝。假如以为藏人个个是酒鬼那就更是大错特错。过年了、过节了、有喜事了，辛苦劳作中的人们，便用酒、用歌、用舞来放松，解除忧愁和疲劳，放飞心灵，尽情地享受本应属于他们的人世的美好生活。因为娱乐之后，还有更为繁重的劳动在等着他们。有时候，我在想：假如有一天，这个世界上没了酒，那些酒歌该如何唱？反言之，假如有一天没了歌，这个酒又该如何喝——喝那点酒还有什么意思?!

1987.4

珍爱生命

一段时间以来，我总听到大学本科生轻生，甚至博士生轻生的事，心中甚感不安。尤其是当我看到他们轻生的缘由——烦洗衣做饭、找不到体面工作、和对象吵嘴等，本来是些微不足道的小事或是根本不值得付出生命代价的事，可是他们就如此轻易地放弃了自己年轻的生命。

思想是一条河，只要通畅，它将会流向可以达到的一切地方。就怕堵，一堵，就会形成“堰塞湖”，不及时疏通，水一积多，必然决堤，形成灾难性的后果。有了“堰塞湖”谁来疏通？一要靠自己，二要靠别人，尤其是常在自己身边的亲友。由于阅历的原因吧，我在自己感到还年轻的时候也经常做一些疏通“堰塞湖”——解除别人思想疙瘩的工作，也曾化解过一些人的心理危机。因为，在我的生命中也有过两次类似的经历：

一次是在“文革”之初。那时我只有十二三岁，一天，红卫兵组织“八·一八”的连长让我给他登记一下名单，我说：“行。”就帮着他登记了名单。后来他又说：“你以后干脆当我们的文书算了。”我觉得跟着他们跑来跑去很好玩，就说“行。”——就算是入了这个组织了。不久，连长给我一个印有“八·一八”三个黄字的袖章。我也戴着这个袖章参加过两三次活动。这件事的过程前后不到半个月。

可是，我没有“好玩”几天，“八·一八”就被打成了反革命组织。那是我和父亲一起去老家的路上。快到中午时，我们碰到一位年近七旬的老者，他看我戴着的红袖章就说：“西宁正在抓‘八·一八’，说是反革命组织，不得了了，你还戴着这东西，到了川里说不准就抓到你了。”

“骗小孩好玩是吧，吓唬人！”我不信。

父亲说：“这种事宁可信其有，不可信其无，小心为好。”于是我很不情愿地把红袖章摘下来塞进兜里。父亲说：“不行，万一搜查，查到你身上，不一样危险?!”父亲不让戴，尽管我舍不得，在他的坚持下，我还是找了一处老鼠洞塞了进去，还特别做了记号，准备在回程时拿走。

果不其然，我们走到老鸦城，就看到了装在卡车上捆着手，被解放军押着的人，街上到处都是：“坚决镇压反革命组织八·一八!”“打倒!”等标语口号。我看了那些口号，一时惊悚不安，“反革命”这是多可怕的名词，怎么会戴在我的头上？我浑身颤抖着，不知如何是好。父亲说："不要紧张，说千道万，你是个孩子，他们不会把你怎么样。"

时间已到中午，父亲带我到饭馆吃饭。饭间，左右都在议论"八·一八"被打成反革命的事，说《青海日报》写出开了枪，死了多少多少人。父亲悄悄问一人："这个组织这么多人，能抓到何年何月？难道没有个具体政策？"

那人说："政策当然有，就像国民党时期保长以上的都是历史反革命，这次啊，听说排级以上的头头，都抓，一个不留！——好家伙，反革命了，留他们咱贫下中农就会吃二遍苦、受二茬罪，甚至人头落地——"

父亲应和着："是的是的。"

吃完饭看着神情沮丧的我，父亲宽慰说："即使再严重，不会抓到你头上，一是你是一个小学生，一个孩子，谁还把你当回事？二是你只是给他们登记花名册，既不是什么领导，又没做什么坏事。"

可是，事情并不像我们想象的那么简单，我一回到家，就被揪到进村专办此案的县保卫部部长那里。部长把手枪一拍，问："你知道你是什么吗？"

我一下蒙了，摇头，不知道他问的是什么意思。

"你是反革命！全县最小的反革命！"那尖厉的声音直往我心上割。

诚如五雷轰顶，我不知所措：我不知道什么是反革命，但在书上见过，在电影里见过——那是些专干坏事、与人民为敌的人。我怎么会是？我说："我不是。我没干坏事。"

"交代——"部长厉声吼叫着，显然，他不满意我的辩解。

父母临行时的嘱咐起了作用："就是打死、枪毙，知道的就说，不知道的就不能瞎说，绝对不能连累别人。"

我一口咬定："我只是给他们登记名册，其他一概不知。"

部长恼了："反革命就是反革命，这么点年纪就如此顽固。还是毛主席他老人家说得好：'凡是反动的东西你不打他就不倒，扫帚扫不到灰尘照例不会自己跑掉'！"他揪住我的耳朵，将我的身子几乎都提了起来，我感觉耳朵被撕走了，痛得直掉眼泪！但我还是一句不吭。不知是什么原因，我从小是个比较"硬气"的孩子，有时候自己淘气，父母拿棍子来揍，要别的孩子早跑了，但我从不跑。

于是，我便被赶去与那些参加"八·一八"的成年人一起接受劳动改造。

大人们说："唉，千说万说，我们把这孩子给害啦。"

使我失去理智，而且陷入极度的恐惧的是，我偶尔听到了家里人的谈话。那天晚上，我从外边回来，刚走到廊檐下，就听见母亲对二哥说："那狗皮褥子你们不要再用，留着。"

二哥问："为啥？"显然，二哥想用那狗皮褥子。

父亲的声音："这事儿你们不要给老三说：我让人打听了，他们的连长已经抓了，好在他们没有任命排长这一类的人。可是，老三给他们当文书，虽然只是登记个花名册，但是工作组的人说，要按排级干部对待，现在不抓，等他到了年龄，就要抓到监狱里去——"听到这里，我害怕极了，躲在生产队的院墙后面哆嗦了半天，终于走进了饲养院——生产队的大大小小的牲口都圈在那里。我解下了一匹马的笼头——也就在这时，我戴在胸前的铜马驹咯了我一下：铜马驹是我的爱物，一年四季都带在身上，铜马驹的腰身上方隆起一个小半圆，里面有个孔，是穿线用的。以前缝在我旧衣服的后边，后来上学了、旧衣服不穿了，就用绳子拴起来戴在了胸前。我拿着铜马驹失声痛哭起来。

我的哭声引来了饲养员，他把我领回了家。母亲搂着我直流泪，她知道，我听到了他们的谈话。父亲一脸冷峻："你小小年纪，不要胡思乱想，即便是有了那么一天，你也用不着怕。你没做什么坏事，这是根本。你才12岁，日子还长得很！怕？有什么好怕的？监狱也是人坐的，只要自己不做伤天害理的事，坐坐监狱又有什么？打墙的板——上下翻，世上没有不变的事。男子汉永远也不能做蠢事！"母亲也哀哀地说："父母拉扯你们到现在多不容易，没有了你们，我们活着还有什么意思？"

父亲说三年困难时期，他在一个农场服刑，一半以上的人都死了，可是他没有死，为什么？就是因为想到你们——孤儿寡母，这日子怎么过？我们要一起想办法，要一起渡过难关！不要把眼前的事看死了，事是活的，是变化的。谁知道明天的形势又是什么？凡事要忍一忍、看一看。

父亲一生很少表扬我们，可是那天他说："这一次你做得对，庄员们都在跷拇指、拍手枪、揪耳朵，都用了，可你没说一句话，没咬一个人。这才是汉子！从小看人，假如你一直这样，没有做不到的事。"后来，我才听说，当县保卫部长把我叫去交代问题，参加"八·一八"的大人们都捏着一把汗，就怕我年龄小不知轻重，把他们平时讲的一些不周到的话说出来，就怕在利诱胁迫下，我会咬出一大堆人来，让大伙儿无法过关，无法收拾。"完啦，完啦，这下这个拖鼻涕要让我们吃窝头了！"大家惶惶不安。

父母的话使我的心情逐步稳定下来，心里灰灰的，但不再那样恐惧了。当我成年后，每当回想此事，总感到那时的想法是何等的简单，那时的举动是何等的荒唐、愚蠢！这全是年轻不懂事所造成的，糊涂至极，可笑至极，可又有什么办法?！成长需要过程，过程就是经历，你没有这种经历，就体会不了。我经常给学生讲："年轻时我们不懂得生活，不懂得生命，更不懂得珍惜生活、珍惜生命。即便是我们有了满肚子的学问，也要和那些过来人，尤其是那些经过苦难和大事、难事的人谈谈，听听他们如何对待生活，如何对待生命。不要看你们学了这个学科，研究了那个问题，就是懂得了生活、生命。一个人真正懂得生活、生命，确实不易!"

另外一次是我在海西的时候。那时候我背井离乡，远离家庭、父母，一个人承受着种种痛苦。有一天，酒后经过热水河，不知是何因，突然冰块塌陷，我掉进河里。刹那间，我产生了"放弃"的念头——前途无望，生活无着，孤独寂寞，生活将我的一切抛在了生命的谷底。活着，除了承受苦难和屈辱，还有什么意义？可是，也就在一刹那，我看到了母亲期盼的眼睛，看到了我那枚铜马驹。"生命是珍贵的，只要有一线希望，永远不能放弃!""事是活的，是变化的。"于是，我奋力跃起，挣扎着爬上岸，高叫着，高笑着，在那个冰冷、黑暗的夜晚，跌跌撞撞向自己的住处走去。

生命是珍贵的，因为它只有一次。在生活中，我们会遇到无数难以跨越的坎——困难、痛苦、屈辱、悲伤——但那些比起你的生命来，都不值得一提。只要你咬紧牙关，忍一忍，坚持住，想办法，一切都会过去。尤其是青年人，你的生命，既属于你，也属于你的家庭、亲人和群体，属于这个国家和民族，当你遇到无法化解的矛盾和困境，有轻生念头的时候，你要想一想你恩重的父母、至爱的亲人，想一想给你无数关怀的人，想一想生命的意义和珍贵，你就会为你一时的糊涂而悔恨——因为我有过这样的糊涂，所以我更懂得无论处在何种"死局"中，保护好自己的生命，坚持活下去。这是对自己的尊重，对生命的尊重，对父母、亲友和未来的尊重。很多青年不是唯心主义者，甚至会无情地批判唯心主义，但他们最容易犯唯心主义的错误：一是容易静止地看问题，以为眼前的一切难以改变，便对生活、生命失去信心，形成自己心灵的"堰塞湖"；二是容易放大地看自己的问题和事，尽管自己或许是在不知不觉中思考和行动的，但容易把简单问题看复杂，把小问题看成大问题，把过程中的困难，看成是难以逾越的永远的天堑。自力排泄不了，又不求救于外力，于是，心灵的"堰塞湖"满坝决堤，造成难以挽回的损失。

事物是发展的，一切在变，这就给存在的一切留下了空间。"山重水复疑无路，柳暗花明又一村”——回头是岸，冷静下来，退一步，活下去，海阔天空。即使是那些巨大的伤痛，都会因时间这剂良药的久疗而痊愈——一切在变，你也会变，你也在变。千万不要静止地看别人，也千万不要静止地看自己。

我曾经对一位友人说：“我一生什么都怕，就是不怕死!”因为生命的价值在于生命存在的意义，假如为了某种我们值得拼死的事业，我们可以舍生忘死，义无反顾。但是，为了那些不值得的事，抛弃生命，就是一种愚蠢，是一种背弃，一种可耻，一种犯罪!

珍爱生命，是每个人的责任，也是我们整个社会的责任。

1996. 6

距　　离

在我的生活中，虽然用眼睛的时间比较多，但视力一直不错。不到50岁，情况发生了变化：眼睛花了，而且远视。原来放在正常位置可以看清的文字，现在要扯远了看；小一点的字，便是一片模糊。有时候感到很不方便。于是，距离就成了我关注的问题。

年轻时，看到一些老师拿着两副眼镜换着戴，以为那是在摆谱，现在自己出门也在想着拿眼镜：万一要看材料，没了眼镜，怎么是好?

“花不花，四十八。”老百姓的谚语说得何等准确?！真让人感慨生命内在规律的力量！不到50岁，眼睛花了，这是“规律”在给你提醒：你老了，你的机能在衰退——你在和年少时的你拉开距离！于是，在某一天，我写下了以下的文字：

眼睛花了，我问：
我明亮的眼睛哪里去了?

头发稀了，我问：
我浓密的头发哪里去了?

腰腿硬了，我问：
我柔软的腰腿哪里去了?

昨天的我对今天的我说：
五十年的路程，遥遥！
——想想，便可知道。

我是我，我也不是我，
今天的我，不是昨天的我，
有遥遥的时日相隔，

老了，老了！

有一天，我跟几个朋友聊天，有朋友问：“你现在还能翻跟头吗?”周围的几个年轻人哈哈大笑，他们根本不信：您能翻跟头，打死我也不信！“可那是事实！”我说：“我年轻时候一口气能翻十几个跟头！”年轻人们仍然不信：“是摔跟头吧！”说什么他们都还是不信。我感叹：“可惜当年没照张相，要照张相你们就信了。”“要不我给你们试试，我这有30年没练了！”

大家纷纷劝我：不行不行，都什么年纪了，可不要闪了腰！

玩笑归玩笑，此事在我心里最为突出的感受是：昨天的我和今天的我有了距离，今天的我已不是昨天的我了。距离，这就是距离，可是自己怎么会与自己有如此的距离？是呀，年轻时可扛得动二百斤重的东西，现在连拿一百斤重的东西，都还要热热身！

偶翻日记，看到这些文字，自己也不解自己会有如此的心境。画家们说：“近看一片疤，远看一朵花”。许多画确实如此，我在一个地方看到一位作家的名画，远看，活灵活现，但一近看，全是乱七八糟的色彩。此时，距离确实造就了美。但是人生距离仿佛并非如此，就容颜而言，离始点越远，就越显得丑陋，皮肤粗糙了，体形变了，牙齿掉了。难怪有人编了段子：“60岁，当不当官一个样；70岁工资多少一个样；80岁，房大房小一个样；90岁，男的女的一个样；100岁，活着死了一个样。”生命耗尽，一切都终结了。

于是，我的心里别扭了好多天。不是怕，但总感到“老”来得太快了，似乎还没有怎么“活人”呀，怎么这就变老了?我一生几乎在珍惜时光，勤奋努力，一事无成，这就老了，自己不愿意接受，不甘心，也不死心！

可是你不接受、不甘心、不死心，有用吗?没用。路是自己走的，是自己一步一步、一天一天，走到了今天，走了50年，还能怪谁呢?

又过了几天，我翻过去的日记本，看到了初中、高中、大学时的日记，看着那些不甚规范的字，看着那几个写别了的字，自己也不好意思起来：这是我写的吗?初高中、大学，我年年是优秀生，可是看这几个字我能算优秀吗?！那些文字也是当年的心情、天真烂漫的“学生腔”。于是，我突然感到了另一种距离——我现在的学识、思维和当年的距离！不是吗，知识、经验、能力是靠时间来积累的，也只有走到今天，走50年，在生活的洪流中摸爬滚打、尝尽甜酸苦辣，才有了今天的成熟、今天的小小的一些成绩。噢，生命原来也给你勾画了两条不同的曲线，让它们自然形成距离。

一条，让你通过漫长的时日，从花样年华，走向衰老——黑发变白发、红颜成皱容、葱一样笔直的身板，变成弯弓一般；一条，让你通过漫长的时日，从无知到有知，从不成熟到成熟，从一个消费者变成一个生产者——不论我们在进行物质生产还是进行精神生产，我们毕竟参与了人类文明发展进步的事业——这同样是距离，这个距离足以使你对前一时间的哀伤变成恬然的宽慰和幸福。

更长的距离在等着我们，那就是时间将我们推向无限深远的未知空间，让我们成为自然界的微粒，去丰富别的生命光辉的存在。

三进红场

由于是过境签证，我们在莫斯科只能待三天。每一位代表团成员心里都很清楚，这三天是十分宝贵的三天，尤其是对那几位临近退休的专家来说，大概这是最后的一次机会了。莫斯科有无数吸引我们的景点，但是，大家有一个共同的心愿：先去红场，先去克里姆林宫！

从飞机场到宾馆放下东西，我们便坐地铁匆匆赶往红场。

已是傍晚时分，天空阴云密布，冬日的风骤然吹来，使人感到一阵悸冷。或许游人已经离去，红场上只三三两两几个匆匆往来的行人，给人以空寂、悲凉的感觉。

尽管如此，大家不失时机地照着相，唯恐时光逝去，不能留下这珍贵的一页。寒冷中的奔忙，寒冷中的笑脸，在红场那宏伟的欧式建筑的衬托下，摄入一个个镜头。

"留下镜头，我们就留下了历史啊！"老同志们这样说着，"将来可以给孙子自豪地讲：'我到过莫斯科，到过红场！'"

大家带着这种美好的心情进入红场，心里也在不断滋生着一种缺憾：我们是从社会主义中国来的九位少数民族学者，来到社会主义的"大本营"，来到第一个社会主义国家的首都，来到列宁的故乡，仿佛还需要知道一些"革命"的事。云黑、天晚，这一切似乎我们再也看不到了。

"回去吧，有个意思就行了，这个时候照相，效果也不好。"可不是，夜幕已经降临，周围黑乎乎的，还有什么可照？

欲行又止。我问："卫国战争时，斯大林发表演说的地方在哪儿？"我回忆着，此刻我的脑海里，不时出现从电影中、纪录片中所看到的"二战"时红场阅兵的镜头，感受着那个雄壮的场面，感受着伟大的苏联人民在强敌压境时那种团结一心、不怕牺牲、保家卫国的豪迈气概。

导游把手指向一座红色的建筑——列宁墓。列宁是全世界无产阶级景仰的革命导师，于是大家不约而同走上前去。

"开放吗？可以参观吗？"

"可以。明天。"

这无疑是个天大的好消息，我有位朋友去过三次莫斯科，由于这样那样的客观、主观的原因都未能瞻仰过列宁遗容。我们真是好运气。大家的心情顿时沸腾起来。

第二天一早，我们再入红场，自觉地站在那个瞻仰列宁的长长的队伍里。那里面有西方人，东方人；有白人，也有黑人；有男人，有女人，而更多的是老年人。寒风中那些飘动的白发，给人以无数的联想：他们是老布尔什维克？是红军战士？是保卫莫斯科的幸存者？……

我崇拜列宁。中国人耳熟能详的“马克思列宁主义”、“马恩列斯毛”，都离不开列宁。从上小学起，我便望着列宁和其他革命领袖的形象成长，看了有关列宁的电影，就学着列宁的样子讲话。此刻要见到“真人”了，景仰中真有不少喜悦。我想起了那首诗，那首我在上大学前就背诵过的诗，努力地记忆着那首马雅可夫斯基的《列宁》（1924 年）。前些年，我还可以熟练地背诵其中的不少段落：

……
我们
　　要安葬一个人，
　　　　　　这是在人世上
生活过的
　　　一切人们中
　　　　　　　最现实的人。
他是最现实的，
　　　　但绝不是
　　　　　　　眼睛只盯着
自己食槽的
　　　那种人。
他一眼
　　望尽了
　　　　整个世界，
看透了
　　时间掩盖着的
　　　　　　一切。
他，正同
　　　你们和我，
　　　　　　完全是一样的人，

不过，
　　思想
　　　　在他的眼窝附近
也许掘下了
　　　　　比我们
　　　　　　　　更多的皱纹，
而他的嘴唇
　　　　　比我们的
　　　　　　　　　更善于讽刺，更果决坚强。
但这不是
　　　　驾着凯旋的马车，
紧抖着缰绳，
　　　　　把你压在地上的
　　　　　　　　　　　那种暴吏式的专横。
他
　对同志
　　　　满怀着人性的温暖，
　　　　　　　　　　　和悦可亲。
他
　站在
　　　敌人面前，
　　　　　　　比钢铁还硬。
……
党和列宁——
　　　　　　一对双生兄弟，——
在母亲——历史——看来
　　　　　　　　　　谁个更为可贵？
我们说——列宁，
　　　　　　　我们是在指着——
　　　　　　　　　　　　　　党，
我们说——
　　　　　党，
　　　　　　我们是在指着——
　　　　　　　　　　　　　列宁。

这些诗句曾经影响过我的人生观和对领袖的看法。做人，不能只盯着自己的“食槽”，而要眼望整个世界；对同志要“和悦可亲”，对敌人要“比钢铁还硬”；领袖和党密不可分：党的成功，往往是领袖的成功，领袖的失败往往是党的失败。我崇拜列宁，不仅由于列宁是无产阶级革命的伟大导师，在他领导下建立了第一个苏维埃社会主义政权，还在于他的才华，他运用语言的能力，透辟严密的理论思维。像电影《列宁在1918》中反映的，他个子小，却机敏、风趣、才华横溢。

我们终于看到了列宁，那个富有特征的宽阔的额头。列宁安详地躺在水晶棺里，如同熟睡一般，那整齐的胡子，那蓝色的领带，眉宇间依然闪烁着智慧的光辉，仿佛叫一声，就会应声而起。

人们缓缓地轻轻地从水晶棺旁走过，唯恐惊醒了这位世纪伟人。

我站住了，深深地向他鞠躬。心里在问：“他能知道一个来自遥远东方的藏人的敬意吗？他能知道苏联目前的处境吗？假如知道，将作何感想？”我想他会有足够的智慧来解决那些已经过去了的复杂问题。一个单位，有一个好的“一把手”是这个单位的“福气”，一个国家有一个好的领袖或好的领袖集团，同样是这个国家的福气。在分析苏联失败的原因时，有些专家提到一个不为人注意的原因：“领袖文化修养退化”。我以为这一点说得非常有道理。马恩列斯毛之所以伟大，除了他们的革命实践和丰富的斗争经验外，有一个突出的共同点，其一生都在孜孜不倦拼命学习、拼命研究问题。社会越发展越进步，就越需要这种拼命学习、拼命研究问题的“大学者”。

走出列宁墓后，一位老太太说：“你们可不要忘记列宁啊！”这是个具有代表性的声音，不仅是俄罗斯，在吉尔吉斯斯坦、哈萨克斯坦、蒙古国，我们都见到过无数的列宁的塑像。人民怀念列宁，因为列宁是在为人民的利益而奋斗，他所创造的理论，从根本上是为人民的，他天才的哲学思想给无数的人以启迪，包括我们广大的中国共产党人。

我们带着满足离开列宁墓。当我们在别的一些景点参观后。有同志说：“哎呀，我们还没有去无名烈士墓，那可是江总书记来也去的地方。”于是我们再次来到紧靠着克里姆林宫的无名烈士墓，站在永不熄灭的火炬前默默地悼念英烈。这样的火炬在哈萨克斯坦、吉尔吉斯斯坦、蒙古国都曾见到，且样式大体一样。大多刻着莫斯科保卫战时316师炮兵指挥官科洛什克夫的那句名言：“俄罗斯是广阔无边的，但我们没有后退的地方，因为我们的后面是莫斯科。”

“二战”的胜利是苏联用2000万人的生命作为代价的。俄罗斯人应该牢记，世界上一切爱好和平的人都应该牢记。

离开无名烈士墓，观看了朱可夫元帅的骑马塑像，我们再次进入红场。

天气晴朗，阳光和煦。当我再次漫步在红场，心情顿觉爽朗了许多。然而，当我看到那个大屋顶房子，那个曾飘扬着苏联国旗的旗杆，心中仍不免一阵震颤：十年前，苏联的旗帜在此悄然降落，有人说这将给列宁的事业画上句号，标志着共产主义的终结；一度也盛传列宁的墓将从红场迁出。可是历史并没有向着这个方向发展，列宁还安静地长眠在那里，共产主义的信仰者们仍然络绎不绝地来朝拜……

那面新的（应该说是崭新的）疲惫地摇动着的旗帜，随着风忽东忽西。我在心中暗暗告别：再见了，莫斯科！再见了，红场！再见了，列宁！记着我们这些“远离莫斯科的人”，我们虽然是红场上的匆匆过客，但我们的心仍然牵挂着这里的一切。

骆驼选中的城市

当我们乘坐新疆航空公司的711航班到达阿拉木图时，已是夜里七点半了。室外大雨滂沱，室内大家焦急地等候过境。周围警员往来，仿佛大敌压境。我没有经历过这样的过境检查：大家在那里等啊等，等轮到我们了，我们的包要一一打开，物品要一一登记，钞票不但要登记，而且要一一数过。我身上为代表团带了两千美元公款，也被取出来一一数过。好在我盯得紧，对方无法搞手脚。别的同志就没有那么幸运，南卡格西损失500元，韩古丽、吴水姊、宝斯尔各损失100元。有的还要搜身。我们中许多人是第一次出国，第一次，就像大姑娘坐轿一般，又高兴又担心，喜悦中夹杂着忐忑不安。然而，粗野的检查和经济损失使大家的情绪顿时低落下来。看来腐败像讨厌的苍蝇，哪个国家都有。

到了夜里十时许，全部手续才算完结，算是入境了。叶尔肯、海拉提等来接我们，我半开玩笑地劝解着大家，让大家提起精神："出国就是花钱买见识，丢几块钱算什么？这也是阅历，吃一堑，长一智，有何不好？共产党员连死都不怕，还怕丢几块钱吗？"

话虽是这样说，哈萨克斯坦的第一印象的确太差了！

夜十一时半，我们赶到了住处阿西亚饭店，电视里正在播放着一则消息：从新疆进入阿拉木图的四个恐怖分子，在接受历行检查时打死了两名警察，后来逃逸，经过侦查得知这四人藏匿于一饭店，后警察包围了这个饭店，令其缴枪投降，而这四名恐怖分子拒绝投降，结果统统被击毙。难怪我们会遇这种情况。凡事皆有因，看来这就是因了。了解了这一情况，大家对入境检查一事也便理解了，情绪也便顺了。

一、关于热因比的当代神话

我是带着许多疑问进入阿拉木图的。首先便是信仰问题：哈萨克人在加入苏联前是信仰伊斯兰教的，加入苏联后普遍地接受了马克思列宁主义，苏联解体后，又重新信仰伊斯兰教。从信仰宗教到信仰马克思列宁主义，从信仰马克思列宁主义再回归到信仰宗教，哈萨克人是如何实现这两个转变的？一般来说，摧毁一种信仰不易，建立一种信仰也不易，将摧毁的信仰重新尊奉更不易。

我们来到了热因比大街，即原先的塔什干大街。哈萨克斯坦独立建国后，许多街道的名字都被改了。那里有一座坟，坟前塑着骆驼。我问哈萨克族的朋友，哈萨克族的朋友说，那就是热因比的墓，这条街就是为了纪念16世纪时与准噶尔作战中的年轻英雄热因比而命名的。其中有一个动人的情节：热因比临死前嘱咐人们，他死后将他的尸体驮在骆驼上任意行走，骆驼停下来的地方就是他的墓地，这块地方将会成为哈萨克人的大城市。果然如此，后来就有了阿拉木图。

这个传说悲壮而凝重，浪漫而深沉。有一天夜里做梦，我还梦见了这样一个情节：一场战斗之后，一个战士的尸体被驮在骆驼上……骆驼走着，在风沙里，在雨雪中……苏联时期，因为破除宗教迷信，阿拉木图市政府曾下令将热因比的墓拆除，先后有两台推土机担任这项使命，但是一推这座墓便折断。于是许多哈萨克老人说："这是块圣地，不能动。若动，就会给阿拉木图带来灾难。"于是办事人员将此事反映给市政府，市政府才停止了拆除。

有意思的是热因比的故事也与现任总统纳扎尔巴耶夫产生了联系。据讲述者介绍，这一"联系"是纳扎尔巴耶夫在一次接受记者采访时所说的。故事是这样的。

纳扎尔巴耶夫的母亲年纪很大了，还没有男孩，他就去请毛拉（卦师之类）算卦。毛拉看了她的手相说："你到热因比的墓地独自过一夜，那时候你将做梦，你将所做的梦告诉我，我再给你算算。"于是，纳扎尔巴耶夫的母亲来到热因比的墓地独自过了一夜。果然，她做了梦。她梦见自己来到一处海边，手中拿着一支枪在行走。她将这个梦告诉了毛拉，毛拉说："你将得到一个男孩，他将成为一个掌握很大权力的人。枪，象征着权力。"后来纳扎尔耶夫出生，他的母亲便以梦中的意向，给他取名"努尔苏丹"，"努尔"意为"广"，"苏丹"意为"王"，其意为拥有很大权力的王者。果不其然，纳扎尔巴耶夫后来成为哈萨克斯坦共和国的第一任总统，成为"王者"。

这个故事的真实性不知如何，这种故事在中国，在许多民族中都有，当一个伟人产生后，许多神奇的故事就跟他产生了联系。纳扎尔巴耶夫是实实在在的哈萨克斯坦的总统，在我们访问的许多场合都有他的画像。而这种故事本身则加深了民众对纳扎尔巴耶夫的信任和景仰，在苏联曾经是畅行唯物主义、无神论的这块土地上，从一些民众的言谈中，纳扎尔巴耶夫已经是半人半神的形象了。这就是历史的蹊跷处、复杂处。人民需要一个超凡的领袖，因为只有一个超凡的领袖才有可能使他们安全，使他们进步，使他们强大，使他们过上幸福生活。

二、“总统战略计划”

在雨中我们来到了哈萨克斯坦百科全书出版社。在哈国，这是个有分量的出版社，虽然编制只有57人，诚如该社的副总编所说，它是哈国社会科学图书的出版中心，是自然科学和技术方面图书的出版中心，将出版百科全书作为其长期任务，在苏联时已经出了13卷，但时过境迁，随着哈萨克斯坦的成立，此事又进行了重新设计，1999年4月出了一卷，8月出了第二卷，而且内容不限于本国，涉及世界，自然中国也不例外，比如收录哈萨克族各个时期各个方面的代表性人物中，中国的哈萨克族的代表人物也不例外，我认识的一些哈萨克族朋友的名字就收录在这些书中。这便是跨境民族的特点，语言、宗教、文化等的共同性，使彼此之间有很强的联系性。

尼桑巴耶夫主编显得有些瘦，但非常精神，一讲话便感到是位有水平的学者。他说：“一个国家应该有四个标志，一是国旗，二是国徽，三是国歌，四是百科全书。”乍一听，他四条仿佛还不够味，尤其是第四条，为何把百科全书也作为国家的标志？

总编说：“哈萨克斯坦国内在加强民族意识，一个国家要发展民族意识很重要，没有民族意识这个民族就会一盘散沙，而百科全书恰恰可以解决这个问题，因为一个民族的百科全书是这个民族的全部，只有一个民族成员了解了自己民族的全部，才有可能为自己的民族而感到自豪，为自己的民族服务，为自己的民族献身。比如历史人物，他们为哈萨克民族做出了贡献，他们的功劳就记录在百科全书，让年轻人看了向他们学习。”这个总编是有思想的。从他的观点看，百科全书的确应该是国家的象征，是必不可少，甚至比国旗、国徽、国歌更重要。这一点有点像我国的国情教育，我们也在讲我们的历史人物，悠久的文化，但我们似乎还没有重视到一个相当的程度，尤其是对百科全书，我们也在编，但我们还没有上升到一个应有的高度去认识这一问题。许多青年人之所以对本民族的文化淡漠，更多的原因是不了解，不了解，如何有感情，无感情，怎么让他热爱？

总编说，他们正在出版《哈萨克英雄人物大全》，已经出版了55卷；

百科全书哈文版已编了八卷，主要原因是有些事件、人物还要重新评价，比如苏联时期对一些人物的评价，与现在大相径庭，并说这些要总统批，这些项目是“总统战略计划”。将这样一套书列入“总统战略计划”足以说明哈国对此事的重视程度。尼桑巴耶夫总编说，历史已进入21世纪，两个国家关系的好坏，中哈两国元首的接触交流很重要，元首之间关系不好，老百姓就没办法好，其次才是两个国家人民之间的交流。他认为中国中央民族语文翻译局与哈萨克斯坦百科全书出版社两个单位应该在百科全书方面进行全面合作，这样对两个国家和人民都有好处，具有重要的历史意义和现实意义。他还说本月15日，他将前往首都拜见总统，到时候可以将这件事定下来。但我对此事一直怀疑：百科全书固然重要，但他毕竟是一套书，一国总统怎么会管出版一套书之类的小事？实质上正是这样：在纳扎尔耶夫总统的亲自带领下，哈萨克人正在进行着系统的文化建设工程。从语言的恢复和使用看，可以更清楚地了解这一“总统战略计划”：

苏联时期，由于俄罗斯沙文主义的政策导向和对其他少数民族语言的轻视，哈萨克语已遭到俄语的强烈冲击。由于公共用语和教学用语的强大影响，哈语的语言市场逐步丧失，从1936年到1991年短短50多年中，随着俄语的强劲挺入，相当数量的哈萨克人已经忘记了自己的语言和文字。语言的使用主要是在一些偏远的农牧区，据一些哈萨克族人介绍，有些城市甚至百分之六七十的人都不会哈文。因此哈萨克斯坦独立建国后，便出现了连总理都不大会讲本民族语言的问题。在我们访问法拉比大学东方学系主任时，系主任说：“在苏联时期，哈萨克人几乎忘记了自己的语言。”针对这种情况，哈萨克斯坦政府在纳扎尔耶夫领导下开始了艰难的语言复兴运动。从最基础的东西抓起，从小学抓起，一至四年级的教材已经试用了十年，目前正在更新，五至八年级的教材已经形成讲授，计划在2001年所有的教材都用哈萨克语出版。我曾问一位先生：“语言特点的消失，对民族文化心理有何重要影响?”这位先生说：“语言特点是民族特点的基础，语言特点一旦消失，原先意义上的民族心理便会发生很大变化。因为语言习惯更多决定着人们的心理习惯、思维习惯。”这位先生还强调这种状态的出现，是苏联高压政策的结果。在苏联时期哈萨克人反对这种做法的斗争一直没有停止过。本民族人民无比热爱自己的语言，即便是那些丧失语言的哈萨克人，当他们重新学习自己的母语时，都非常积极、主动。

但有的先生也不完全同意这种说法，认为哈萨克语在50多年内大面积消失，其中有苏联政府的政策导向问题，也有当时的客观背景问题。这个客观背景就是语言的环境导向作用。俄罗斯人口众多，因而人数少的哈萨克人在许多情况下不得不学习俄语来适应环境。

不论怎么说，我想有一个道理应该是成立的：语言是民族的血肉，具体的语言属于具体的民族，只要民族还存在，他们就会想方设法维护自己的语言，甚至会不惜一切代价去恢复自己的语言，哈萨克人、以色列人就是例子。关键是历史的发展中有没有这样的条件。

或许也是“总统战略计划”吧，哈萨克斯坦在语言问题上采取了很多措施。比如：

成立语言文字机构。在全国设立哈萨克文字委员会、哈语学会，各州县也设立相应的机构，从中央到地方的政府部门都有人来抓这一项工作；

投入巨款来推动工作。为了恢复哈萨克语，哈萨克斯坦政府不是停留于一般号召，而是切实地投入相当资金来抓这项工作；

领导带头学。哈萨克斯坦政府明确规定，各级政府行政领导都对学习、推广哈萨克语负有责任，不但自己要带头学好哈萨克语，而且要带头贯彻好政府的各项语言文字政策。

语言条件被定为任职的基本条件。哈萨克政府规定，国家领导人和内阁成员必须掌握本民族语，据一些生活在阿拉木图的哈萨克族知识分子介绍，政府不但这样规定，其考试也非常严格。这一招看来十分奏效，要想获得仕途升迁就得下决心学习本民族语；其导向作用也十分明显，长官们如此用功于本民族语，一般老百姓也不得不知难而上，拼力为之。

“总统战略计划”还会有些什么？我们不便多问，但从尼桑巴耶夫总编的谈话、从许多哈萨克人自豪的神色看，他们对“总统战略计划”是信服的，是充满了信心的，是从内心里为自己能为实施“总统战略计划”工作而感到骄傲和光荣的。

三、阿不拉音

我不甚了解苏联30年代的“大清洗”，我也不太理解“大清洗”的真正意义，因而有时感到困惑和感慨：苏联为什么要杀那么多人？不知道一些材料的真实性如何，但这些材料公布的数字的确令人震惊。1935年到1940年间，苏联大约有190万人被捕，700万人被杀或者在集中营中死去；1934年当选的139名苏共中央委员中就有110人被枪决或监禁；1966名党代表中仅有59名参加了1939年的党代会工作。更有甚者，在革命军事委员会80名成员中，就有75人被枪决。杀政治家，杀社会活动家可以理解，因为为了新兴的苏维埃政权的稳固，必须要对那些企图颠覆苏维埃的反动分子进行坚决镇压。这是革命的需要，当时特殊环境下政治斗争的需要，这一点谁都可以理解。但是为什么要杀那些文化人？尤其是那些音乐家、语言学家、诗人……我想这种问题仅仅归咎于所谓斯大林的“多疑症”，认为敌人无处不有，还不能完全说明问题，与当时的政策，尤其是民族政策有很大关系。可是作为访问团的团长，我没有太多的时间来对此进行探讨，也不好意思过多询问。因为这仍然是个比较敏感的话题：有些哈萨克人一提到苏联所杀的民族精英便怒气冲冲，一副拼命的架势，令人无言以对。时间过去60多年了，我们所问的人都没有这种经历，但在他们心中的伤痛是如此强烈，令人压抑而不安。

实质上，无数的政治家都在犯着同样的错误：用杀人来解决问题！这种办法永远是最愚蠢的，因为杀一个人，几代人都会装在心上，假如延伸到整个民族，就会形成民族仇恨，这种仇恨会像岩浆一样在这个民族内部涌动，一旦时机成熟就会爆发出来。当然，杀人有对错问题，对，无可厚非；而更多的是错，冤魂太多，国自然没有宁日，矛盾也就难以化解，甚至上一代人会把冤仇带给下一代人、下几代人。

我们来到阿拉木图的哈萨克乐器博物馆参观。这是一个十分典雅的建筑，迎接我们的是一位哈萨克族老人，他背着一个冬布拉，一身装束透着随意和贫穷，一头白发，脸上深深的皱纹和黄灰粗糙的皮肤写着他经世的坎坷。他一开口讲话，你便可感受到他是一个机敏的人，一个感情十分丰富的人。他顺着陈列，讲了哈萨克族人的先哲法拉比（870—950年）、阿拉贡等，在讲到了30年代末“大清洗”被枪杀的三位哈萨克族艺术家时，我观察到他的眼睛里含着泪花，几乎是下意识地唠叨着：“他们是我们民族的精英啊！他们犯了什么罪，为什么要枪毙？为什么？……”他说三位艺术家死后，哈萨克人朗诵着他们的诗章，演奏着他们所作的乐曲，心中充满了悲愤、怀念和爱戴，而那些仇恨“都记在了斯大林身上”。

是不是斯大林的政策出了错误？我不是苏联问题专家，对此难下结论。但从这些哈萨克人的口中，我们也深切感受到这一时期苏联的“恐怖”和政策的可悲。领袖成为人民诅咒的对象，这个国家还能团结吗？还能不出问题吗？

一个民族的精英是这个民族喷香的花朵，保护民族精英同样是保护这个民族最宝贵的财富。尤其是在一个多民族的国家中，民族精英往往代表着这个民族，这个民族的人民将自己的感情和向往往往寄托于这些精英。因而对他们的挞伐往往会在这个民族的人民中产生深刻的影响，甚至给历史的民族情感罩上长久的阴影。

那位哈萨克族老人取下背在背上的冬布拉弹了两下，开始介绍乐器。他说："一切从 0 和 1 开始。最初的乐器是一根弦，一根弦意味着一个人的生命只有一次；后来的乐器是两根弦，两根弦意味着人的手、脚都是两个；再后来的乐器是三根弦，三根弦意味着无论是男是女，最后都要走向死亡；再后来的乐器是多根弦，多根弦意味着人们的生活本身是丰富多彩的……"他这种对乐器的解释别有风味，我们大家听得津津有味。此时，我也感到老人对艺术的热爱和兴趣，因为我也是热爱艺术的，这不仅是因为我搞过相当长一段时间的文学创作，而且我对音乐和乐器也是十分喜欢的。

老人接着讲："我们应该尊重时间，尊重劳动，尊重艺术，尊重人才。"我不知这是哈萨克族哲人的语言，还是他自己的总结，但感到其中有哲理和美好的思想。人类确实是应该尊重时间，因为一切生命都由时间构成，浪费时间就是浪费生命，人们在具体的生活过程中往往是没有这种意识的，花几块或许还会掂量掂量，花去大把的时间谁也不会心疼；人们确实应该尊重劳动，因为迄今为止创造的一切物质财富和精神财富，都是人类劳动（体力劳动和脑力劳动）的产物，没有了劳动，就没有了人类社会，从这个意义上讲，放弃劳动，就是放弃进步，放弃文明，放弃生命，所以劳动最光荣，可是许许多多的人却将劳动当耻辱，而把享受当光荣；人类确实应该尊重艺术，因为艺术使人追求美，追求美的环境，美的生活，美的自己，美的心灵，一个不懂得艺术的人的心灵是枯燥的，缺少色彩斑斓的生机的；人类确实是应该尊重人才，因为一个家庭，一个集体，一个民族，一个国家的发展进步，是由人才推动的，人才的高下，人才的多寡，是一个家庭、一个集体、一个民族、一个国家能否快速发展，创造辉煌的关键的内在因素……我一边思索，一边听着他的讲解，为他的谈吐、为能在阿拉木图听到这样的语言而高兴。

当我们都在静心听他讲解馆中所藏的 14 种冬布拉时，他突然说了几句别别扭扭的汉语："你们好？我在哈萨克斯坦已经 27 年啦，汉语忘光啦，不会说啦！"这使我感到十分吃惊：原来他是中国新疆的哈萨克人！我便询问在阿拉木图留学的哈萨克族同志："此人背景如何？"他说："他是 60 年代跑出来的，叫阿布拉音。"

"我原来能唱许多汉语的歌曲"，大家一听说他是从中国来的，还能说一些汉语，彼此的感情仿佛拉近了许多，跟他攀谈起来。（这在 20 年前是不敢设想的，20 年前这种人都属于"叛国者"，谁敢跟他说话？）阿布拉音唱起了《康定情歌》：

跑马溜溜的山上，
一朵溜溜的云哟，
端端溜溜地照在，
康定溜溜的城哟，
月亮弯弯，
康定溜溜的城哟……

在异国他乡听这首歌曲，尤其是从一个逃亡的哈萨克人嘴里听到这首歌曲，心中除了快悦之外，还缠绕着浓浓的酸涩。历史就是历史，个人的、民族的、国家的都如此，都要打上特定阶段的烙印，阿布拉音何尝不是这样呢，他在中国生活过必然地要打上一些“中国”的烙印，这是历史的必然，生活的必然，是自然的法则。唱完了这首歌，他的艺术细胞似乎活跃了起来。他说他跑到哈萨克斯坦后，受到了克格勃的监视，苏联人根本不相信他，以为他是中国的特务，让他干各种粗活，根本搞不了自己热爱的艺术。他想念母亲，无时无刻地想念，可是母亲在哪里呢？饱受着思念的煎熬，23 年后，他才接到弟弟的第一封来信，他流了好多好多的泪，作了一首怀念母亲的歌。阿布拉音弹着冬布拉唱起了他作的那首歌。我虽然不懂哈萨克语，可是从他企盼的表情上，从他眸子里闪烁的泪花中，我感受到了他那种无限思念的深切情感，而这种情感通过旋律也深深地打动了我和我的同事们，我们沉浸在那优美、哀婉、荡人肺腑的旋律所构织的意境中。

阿布拉音说，他今年62 岁，原来在北京电影学院学习，著名电影演员于洋就是他的同学，曾是电影《哈森与加米拉》的主角。或许是为了缓解那凝重的气氛吧，阿布拉音又唱了两首别的歌曲。此刻，我的脑海中却回响起昨夜酒会上哈萨克族的朋友们所唱的那首歌曲：

已经燃烧的情感，
怎能让它熄灭？
少年的情意如何让我忘记？

初恋总是激荡着我的情怀，
我想白头到老，
不想跟你说声再见。

我不想让无瑕的感情受任何污染，
每当傍晚，我总不想离去，
这是我的初恋，如何让它熄灭？

为你而作的歌，
我怎么会献给别人
没有了你，我怎么能将这一切献给别人？

这首名叫《初恋》的哈萨克族歌曲同样美妙动人，让人感受到其中的深沉、幽远和热烈、执著，因而我把这首歌记在了本上。何其相似啊，同样的语言，同样的乐音，同样的冬布拉伴奏，昨夜哈萨克族朋友唱的和阿布拉音唱的，几乎没有一点儿区别。

阿布拉音还在唱着，我离开人群，想着我的心事，回味着在这个乐器博物馆里所体味到的那种酸涩而优美的感受。

不一会儿，老宝来找我，说阿布拉音要我们团买一盘他的磁带，有点贵，到底买不买？我问多少钱，他说他要 20 元人民币。20 元人民币的确有点贵了，国内一盘磁带也就五到十块钱的事。“为什么呢？”我问。老宝说：“可能生活很困难。”唉！我心中不无惋惜地叹口气：“要是他在中国发展，或许不是目前这个样子啊！”

我说：“买吧，怪令人同情的。”

我和老宝走过去，用 30 元钱买了阿布拉音的一盘自己录制的磁带。阿布拉音背着冬布拉，不住口地感谢着我们，有时用哈语，有时用汉语：“谢谢！谢谢！”那眼睛里闪着泪花，“我的一生废了啊！”握着我的手，他这样说着。我的心中一震：可不是吗？他那满头的白发，他那深深的皱纹，他目前的生活处境不是写着吗？人的一生是需要把握的，是需要事事、时时把握的，否则就会差之毫厘，谬以千里啊！机遇错过，年华流失，为之奈何？

四、江布尔

从阿拉木图到吉尔吉斯首都比什凯克的路程很近，但我们遇到了比哈萨克斯坦入境时更为野蛮的盘查，几乎是搜包搜身。在哈萨克斯坦国到吉尔吉斯国斯坦的海关，不足 20 米的地方，我们被盘查三次，耗时近三个小时，几日来代表团良好的心境又被破坏了。看着那些衣帽不整，喷着酒气的军警，有的同志便骂了起来。我说："骂什么呀，这是些中亚的小国家，立国不足十年，各个方面都有一个建设的过程，管理一个国家，让一个国家的各项工作全面走入正轨并不是那么容易的事；不要看我们在这里遇到这种事，或许别的国家的公民在我们的边境上也会遇上同样的事。"

天气已经见冷，询问路人，知是白日零下5度，夜晚零下3度左右。十月出头，这里的天气比北京冷多了。

终于得以进关，我们的车驶往吉尔吉斯首都比什凯克。

在比什凯克，我们的参访工作是十分顺利的，看了历史博物馆、总统府、英雄纪念碑，游览了市容，晚上住在一家朝鲜人开的饭馆里。虽然吉尔吉斯族比哈萨克族人口少，但我比较多地知道这两个民族并不晚。上大学前在青海省海西蒙古族、藏族、哈萨克族自治州工作时，我就接触过一些哈萨克人，有良好的印象。为什么？因为哈萨克人、蒙古人、藏族人在海西州都属于"牧业民族"，彼此之间的生产生活方式大同小异，也十分容易沟通。大学毕业后，我留在中央民族学院少数民族文学艺术研究所工作，所里正在整理史诗《玛纳斯》，著名的柯尔克孜（即吉尔可斯）族说唱艺术家朱素甫·玛玛依就在所里讲唱，肉孜阿洪先生、胡振华教授等在进行记录整理。我们彼此在一起活动，久了，对柯尔克孜族的情况也有了了解，这还因为生活在东北黑龙江的柯尔克孜族信仰藏传佛教。像藏族长篇英雄史诗《格萨尔王传》一样，柯尔克孜族英雄史诗《玛纳斯》中也有许多赞颂马、赞颂山、赞颂武器的诗句，就是有些咒誓的方式似乎也区别不大。比如在《玛纳斯》第二部《赛麦台依》中，赛麦台依睡着后他的马被卡勒玛克人偷走了，而当他醒来时，恰巧碰到古里巧绕和坎巧绕经过，就认定是他二人偷了他的马，他二人如何辩解，赛麦台依都不相信，于是古里巧绕向英雄赛麦台依发誓，唱了一支誓言歌：

如果我说的是假话，
让光亮的白天惩罚我，
让昏暗的黑夜惩罚我，
让玛纳斯的坟墓惩罚我，
让卡妮凯的乳汁惩罚我，
让灰兔马惩罚我，
让阿克开勒泰枪惩罚我，
让月牙斧惩罚我，

让玛纳斯的威力惩罚我……

与藏人的咒誓方式何其相似？可惜我们没有更多的时间去了解在吉尔吉斯境内《玛纳斯》的情况了。

翌日，我们离开比什凯克，出了边境，向哈萨克斯坦的江布尔省进发。江布尔（1846—1945 年）是哈萨克斯坦著名的说唱艺术家，第二次世界大战时期，他以 90 多岁的高龄在保卫察里津的前线为哈萨克士兵弹唱冬布拉，激励他们奋勇杀敌，保家卫国，起到了很好的作用，受到了广泛的赞颂。第二次世界大战时期有 100 万哈萨克族人为国捐躯，为卫国战争的胜利做出了巨大贡献。

江布尔纪念馆是一处幽静的地方，里面到处都是树木和花草。纪念馆的解说员说，江布尔在这里住了七年（1938—1945 年）。仔细看去，这个江布尔晚年的住所并不大，一共 12 间房子，据说有六间房当时住着他的儿子、媳妇和孙子，有六间房一直没有用。他有三个妻子，13 个孩子，与现在的总统纳扎尔巴耶夫同属于夏布拉部落。第二次世界大战时，他的两个孩子牺牲，一个孩子失踪。他现在在世的孙子已经 70 多岁，曾孙也已 50 多岁了。

纪念馆里陈列着许多江布尔生前的用物和图片，江布尔曾获得列宁勋章、红旗勋章，1941 年获得斯大林奖金。带着对这位民间艺术家的景仰，我们在他的塑像前照了相，参观了他的带有伊斯兰建筑特色的陵墓建筑。

不论是苏联时期，还是当今的纳扎尔巴耶夫时期，江布尔都得到了人民的尊重和政府的支持、关怀，1936 年国家就给他配秘书打字，记录他的讲唱诗歌；配了两个护士和一个医生侍候。国家和各界人士给他送了许多的礼品。1996 年在他 150 年诞辰时，国家在纪念馆建了能容纳 150 人的会议厅，纳扎尔巴耶夫亲自参加了纪念会。江布尔死于 1945 年 6 月 3 日，再有 8 个月就是他的百岁生日，可是他没有等到那一天。然而，由于他的艺术，他赤诚的爱国心，他在那个特定时代的特殊的作用，受到了广泛的尊敬和爱戴，用他的名字命名一个省就是最好的说明。

我久久地注视着那尊江布尔的塑像：江布尔是艺术家、民间艺术家、革命的艺术家，他的成功处首先是艺术，而后是革命，而我们的同类人物往往在此二者的结合上逊色许多。作为国家，应该尊重艺术家，尊重民间艺术家，尤其应该尊重那些人民的、革命的艺术家，因为艺术展示的是一种精神，一种文化，而这种精神、这种文化是人民需要的，是革命的事业所需要的，它不但与我们的事业息息相关，也与我们的人民的心灵息息相关。许多中国人眼下对“革命”一词讳莫如深，实际上是误会，反对法西斯的革命就是人类最伟大的革命，这一革命维护的是全人类的利益，这一革命的胜利不但是正义的胜利，也是人性的胜利。

创造伟人，颂扬伟人，构建自己的伟人体系，弘扬其精神、文化，就是弘扬民族精神。因为伟人是一个民族在特定时代的代表和象征，既是人民的榜样，又是人民的信仰、力量和精神寄托。不要小看伟人甚至名人的作用，用现在的时髦词说，如同名牌，这个名称自身是有价值的，是有很高含金量的。

让自己民族的每一个个体都来认识自己的伟人，颂扬自己的伟人，维护自己的伟人，以自己有这样的伟人为荣，这或许是时代对民族文化最迫切的呼唤和要求。因为，一个民族假如没有自己的伟人，那么这个民族就会显得十分苍白。而有了伟人却不知颂扬、维护和学习，那便是对自身尊严、荣誉和人文财富的亵渎。

十多天的访问结束了，当我登上去莫斯科的飞机，看着机翼下披雪的阿拉套雪山，心中充满了留恋之情：

或许，我的祖先们
守着雪域大地，没有机会
　　观看这披雪的阿拉套
披雪的阿拉套啊，
像家乡的雪山一样高入云霄
……

“白雪公主”和普希金

怀着无比崇敬的心情，也带着无数的困惑，我走进莫斯科这块神圣的土地。这崇敬来自于我的青少年时代，那时读了不少俄罗斯文学，普希金、列夫·托尔斯泰、莱蒙托夫、高尔基、马雅可夫斯基、涅克拉索夫、艾特玛托夫、尼·奥斯特洛夫斯基等都是我熟悉的作家。这不是因为我有什么偏好，而是由于当时有影响的著作，尤其是翻译著作中，俄罗斯的作品最多。

这困惑来之于苏联的解体，一个出现过列宁、斯大林、创建第一个社会主义国家、赢得过卫国战争胜利的伟大国家，为什么一夜之间就红旗落地了呢？其根本原因到底是什么？苏联的胜利深刻影响了世界，苏联的失败也在深刻影响着世界。

尽管行程匆匆，但我仍尽力地搜寻着我的答案。有人说苏联解体了，俄罗斯也完了，从一流国家、从超级大国退为“第三世界”。这是真的吗？我不太相信，找来一些汉文的报刊读着，从那里根本看不出这种迹象！叶利钦退位后，人们的目光都投向了年轻的普京。据介绍叶利钦嗜酒如命，且疾病缠身。而被称为柔道高手的普京却显得干练、生机勃勃。我在2000年8月16日（庚辰七月十七，星期三）的《龙报》上看到一个抢眼的题目：《普京治国有一套》。抓来便读。文章开首便说：“普京主政至令已满一年。作为一个讲究实效的政治家，以他严肃果断的风格克服重重困难，在政治、经济、外交等领域取得令人兴奋的成果。”接着文章分别以“经改有成、产值增长、卢布稳固”，“治吏有法，逼得贪官不聊生”，“削藩有术，严防诸侯权倾朝野”，“固邦有略，遏止绑匪乱边疆”，“改革连队，提出军事新学说”，“团结政敌，各议会关系融洽”，“魅力四射，外交屡出奇牌”6个方面列举了其骄人的政绩。看了这些报道，我感到俄罗斯的情况还是良好的。尤其是当我看到在地铁候车、在公交车上的许多俄罗斯人都在手捧书刊，专心阅读时，总有一种说不出的心情。一个善于学习的民族必然会找到自己的出路永远前进的。

在一处小摊，我和同事们吃着烤肉，观看着街景和来来往往的人们。我问一老人：“俄罗斯现在最大的问题是什么？”

“白雪公主战胜七个小矮人!”老人说，说完捋着胡须在笑。

我不解，问翻译：“这是何意?”

翻译说，这是叶利钦时的一个笑话。当年“七财阀”想成立由他们参与的政治协商机构，叶利钦不干，将他们请来，一字一板地告诉他们：“钱尽管挣，但别参政”。有报纸将此称为“白雪公主对七个小矮人”，满头银发的叶利钦退位，他把“白雪公主”的帽子戴在了普京头上。这些财阀确实了得，最富的维亚其列夫、波塔宁、别列佐夫斯基财产各有30多亿美元，对国家经济、权力造成影响。俄罗斯人认为这些人的所得都是靠改革和挖社会主义墙脚得来的不义之财，应该还给社会和国家。

老人还拿出一份报纸读了一段，以说明“七个小矮人”与“白雪公主”斗争的近况。

离开烤肉摊点，我们来到了普希金的故居前。俄罗斯有许多中国人熟悉的名人。看着普希金的塑像，不觉思绪万千：

我在青少年时代，算是个嗜读如命的人。每天捧着一本书，走到哪儿读到哪儿，不管你有人没人，不管你满意不满意、有意见没意见。在俄罗斯诗歌中读得最多的要数普希金的诗歌了。是由于对生命意义的思考和人生成就的向往吧，我一见到《纪念碑》就反复朗诵，反复体味，至今仍然背得全诗。在他的塑像前我心情激动地朗诵着他的诗：

我为自己建立了一座非人工所能造的纪念碑，
在人们走向那儿的路径上，青草不再生长，
它抬起那颗不肯屈服的头颅
　　高耸在亚历山大的纪念石柱上。

不，我不会完全死亡——我的灵魂在珍贵的诗歌当中，
将比我的骨灰活得更久长和逃避腐朽灭亡，——
我将永远光荣，直到还有一个诗人
　　活在阳光下的世界上。

我的名声将传遍整个伟大的俄罗斯，
它现存的一切语言，都会讲着我的名字，
无论是骄傲的斯拉夫人的子孙，还是芬兰人，
甚至现在还是野蛮的通古斯人，和草原上的朋友
　　卡尔美克人。

我所以永远能为人民敬爱，
是因为我曾用诗歌，唤起人们的善良的感情，
在这残酷的世纪，我歌颂过自由，
　　并且还为那些倒下去了的人们，祈求过宽恕同情。

哦，诗神缪斯，听从上帝的意旨吧，
既不要畏惧侮辱，也不要希求桂冠，
赞美和诽谤，都平心静气地容忍，
　　更无须和愚妄的人去空作争论。

普希金（1799—1837年），这位俄国19世纪伟大的浪漫主义诗人、现实主义文学的奠基者。他在《纪念碑》中表达的思想、情感和豪迈的心境，每每读来都令我感动，曾经激励过我的人生。

有同事在为我鼓掌，但我的心在沸腾，为那些青春岁月的梦。那时候，我在乡下的牧场上，在辛勤劳作的田埂上，何曾想过还能到列宁的故乡、到“伟大的俄罗斯”来游历?!

我看着普希金的塑像，看着普希金的故居，感受着沙皇时代诗人的经历。缅怀着这位伟大的诗歌天才。他献给俄罗斯和世界的伟大的作品：《致恰阿耶夫》、《自由颂》、《致大海》、《高加索的俘虏》、《茨岗》、《叶甫盖尼奥涅金》、《上尉的女儿》等。普希金的创作奠定了近代俄罗斯文学的基础，确立了俄罗斯文学语言的规范；因此，高尔基称他为“一切开端的开端”。中国人尤其是中国的知识分子是熟悉普希金的，中国人尤其是中国的文学爱好者是喜欢普希金的。我自已也十分喜欢普希金的诗，曾经背过许多他的诗歌。比如当我们乘坐的火车经过西伯利亚时，我想起了他的《致西伯利亚的囚徒》：

在西伯利亚矿坑的深处，
望你们坚持着高傲的忍耐的榜样，
你们的悲壮的工作和思想的崇高志向，
绝不会就那样徒然消亡。

灾难的忠实的姊妹——希望，
正在阴暗的地底潜藏，

她会唤起你们的勇气和欢乐，
大家期望的时辰不临降。

爱情和友谊会穿过阴暗的牢门，
来到你们身旁，
正像我的自由的歌声
会传进你们的苦役的洞窟一样。

沉重的枷锁会掉下，
阴暗的牢狱会覆亡，
自由会在门口欢欣地迎接你们，
弟兄们会把利剑交到你们手上。

诗中充分表达了作者对十二月党人的同情、支持与希望。这些诗也曾深深印在我的心上。这是我组织单位的专家第一次出访，大家对俄国的情况比较了解，这是由历史上中国共产党人与苏联的深刻的关系所决定的。50 岁以上的许多学者大多学过一些俄语，但是作为学术研究的角度讲，我们的准备不足。任何考察，在进行考察前要对考察对象的基本情况进行全面了解，才可以在较短的考察中有更多收获。

我的脑海里始终有普希金的形象在晃动，关于他的许多诗、许多事也不断涌进心来。出生于莫斯科的诗人莱蒙托夫（1814—1841 年）曾谴责沙皇对普希金的迫害，作成名作《诗人之死》（1837 年），曾作为手抄本广为流传：

诗人死了！——光荣的俘虏——
倒下了，为流言飞语所中伤，
低垂下他那高傲不屈的头颅，
胸中带着铅弹和复仇的渴望！
诗人的心灵再也不能够容忍
那琐细非礼的侮辱和欺压，
他挺身而起反抗人世的舆论，
依旧匹马单枪……被杀了！
被杀了！……如今哀泣悲痛、
和怨诉的剖白、辩解的空谈、

空洞的同声赞扬，又有何用？
命运最后的决定已经宣判！
不正是你们首先这样凶狠地
迫害了他那自由勇敢的天才
而你们为了给自己寻欢作乐
又把那将熄的大火煽扬起来？
好，称心了——他已经
再也不能忍受这最后的苦难；
稀有的天才已像火炬般熄灭，
那辉煌壮丽的花冠已经凋残。

读着这样的诗，常会使人热血沸腾，为诗人而不愤愤不平，也可知诗人在本国的卓越影响。莱蒙托夫写有名著《当代英雄》，可惜只活了27岁。与普希金一样，他也在一起预谋的决斗中死去。

我为普希金惋惜，为那个过早离开人世的伟大的魂灵惋惜！

我急促地踱着步，任凭心潮奔涌：作为故人，普希金不知道今天俄罗斯的事，自然也不知道“白雪公主”与“七个小矮人”斗争的事。假如知道，他将如何？他会以诗人的笔触吹响斗争的号角吗？

天色向晚，阴云布空，在隆隆风声中有鸟向南而飞。顿时一串诗行飞入我的胸中，那是我在课本上背诵过的高尔基的《海燕》：

白蒙蒙的海面的上头，风儿在收集着阴云。在阴云和海的中间，得意洋洋地掠过了海燕，好像深黑色的闪电。

一忽儿翅膀碰到浪花，一忽儿像箭似的冲向阴云，它在叫着，而——在这鸟儿的勇猛的叫喊里，阴云听见了欢乐。

这叫喊里面——有的是对于暴风雨的渴望！愤怒的力量，热情的火焰和对于胜利的确信，是阴云在这叫喊里所听见的……

海燕叫喊着，飞掠过去，好像深黑色的闪电，箭似的射穿那阴云，用翅膀刮起那浪花的泡沫……

“暴风雨，暴风雨快要来了！”

——高尔基所颂扬、所礼赞的精灵，不就是诗人吗？疾恶如仇的他，面对祖国的前程，一定会“像一道黑色的闪电”飞入现实！因为他这个“精灵”——诗的精灵，实际上已从那个他搏击飞翔的时代，穿云破雾，跨入现代！

诗的伟大力量是可以跨越时空的——普希金的诗不是这样吗？文学的伟大力量是跨越时空的——白雪公主与七个小矮人的故事不也是这样吗？因为它们承载了人类对真善美永久的向往！

韩国纪行之一

初见汉城

随着一阵大雨，以国家民委郝文明主任为团长的访韩团一行五人乘坐的中国国际航空公司的CA123号客机稳稳降落在韩国金浦国际机场。韩国文化观光部的官员来迎接我们。自然，这都是些外交礼仪。韩方的陪同兼导游李侑真女士是个聪明能干的姑娘，二十四五岁年纪，说一口流利的汉语，一上车就自我介绍说："我叫李侑真，单'人'旁加个'有'字，真确的'真'；是李朝的后代，在中国应该叫格格。本来金大中总统要亲自来迎接各位贵宾，可是他工作太忙，就让我小李来迎接大家啦!"显然，她是个有经验的导游，而且显得较为老道。她在北京大学读书四年，获得硕士学位，对中国的情况也十分熟悉。她说，她还当过老板，只是当了四个月就倒闭了。虽然代表金大中总统之类都是戏言，但这些戏言中也表达了她对中国代表团的友好情谊。以后的几天时间里，李侑真陪同我们，时而翻译，时而导游，我们许多关于韩国的信息也来源于她。

汉城是个什么样的城市？在我的印象中它是个古代城市，有很长的历史和古代的文化遗产；它也是一个现代城市，现代城市的许多共同特点也在这里会聚。更重要的是韩国被称为"亚洲四小龙"之一，那么，汉城便是这一"小龙"的心脏。看看它的心脏，就会更多地知道它的实力、活力和潜力。

从小李身上我看到汉城人的热情和好客。她为我们所做的一切都是十分主动的。一上车，她便对我们说："既然来了韩国，就应该学会几句韩国话。我先教你们三句。你们猜猜我要教你们哪三句?"

我们猜了起来。郝主任一向精力充沛、反应快捷，他也跟着我们一起猜着。前两句都被他猜着了，后一句我们怎么也没有猜着。这三句韩国话，一是"你好"，二是"谢谢"，三是"便宜一点"。"你好"，读如"阿你哈斯要"；"谢谢"，读如"哈斯米达"；"便宜一点"，读如"刹盖"。小李说："现在我是老师啦，大家跟着我一起念吧：阿你哈斯要……"于是我们都跟着念起来："阿你哈斯要……"这几句话是用得着的。和韩国人接触，能说几句韩国话这是大好的事，何乐而不为？念了几遍，小李便教给我们记忆的办法：“‘谢谢’，你就说‘砍上哈密瓜’好啦，‘便宜一点’你就说‘刹价’好啦。‘刹价’这个词儿在北京大家都讲。”语言记忆上的这种谐音记忆、求同记忆我们是比较熟悉的，由于长期从事教学工作，我也多次使用过这一办法，可以说这一办法比起死记硬背来不知要强多少倍。我经常给学生举的一个例子便是有名的圆周率的记忆：

从前有个私塾先生，收了20多个学生，一天先生要到外边去喝酒，便给学生出了一道题让他们背会，这便是要他们记住圆周率小数点后30位。这可苦了这些学生：“3.1415926535897932……”——这长长的一串数字背下来谈何容易？可是有几个顽皮的孩子急于出去玩，合计一番，便爬上后山玩去了。先生回来后，让那些用功的学生背此圆周率，没有一个能背下来的，又见几个顽皮的学生出去，更是火冒三丈。可是，当那些顽皮的学生回来背诵时，个个滚瓜烂熟。先生十分吃惊。原来那些学生见先生去喝酒，便编了一段顺口溜咒先生：“山巅一寺一壶酒，尔乐苦煞吾，把酒吃，酒杀尔，杀不死，遛尔遛死，扇扇刮，扇尔吃酒。”这种求同记忆，找出记忆对象和其他对象的共同点，联系记忆，十分有效。

于是，我说“那‘你好’就可以用‘阿娘喝些药’记住了。”一阵轻松愉快的笑声。实际上，来韩国前，我因便利条件，学了一个小时的韩文字母，也学了几句礼貌用语，可惜忙于工作，没能巩固。但我借读了几本书，对韩国的基本情况也有了大致的了解。

小李又给我们出题目：“你们猜猜，大多数中国人离开韩国时记住的是哪一句？”我们都没猜着。她说大多数中国人离开韩国时只记住了“刹价”，为什么？大家都要去买东西，买东西就想“便宜一点”，重复多了，就记住了，连“砍上哈密瓜”也忘了。

又是一阵愉快的笑声。我们跟她说着，没有一点出国的感觉，反而有点他乡遇故知的感觉，谈天说地，无拘无束。

汽车在汉城的街道上行驶，在濛濛雨雾中，向街道两旁望去，除了那些同样是方形的韩国文字，那街道，那建筑，那门帘，那来来往往的行人，均有似曾相识之感。像日本？像香港？像台湾？像北京？我一时难以确定，但感到有一种亲切感。街道两旁也不时可以看到一些汉字，均为繁体。那书法也是上乘的。

街道上，我们看到了一处龙的形象，于是，话题又转到了“龙”上。小李也顺势而问：“中国人是怎么来的？”她还补充一句：“在很早很早以前的故事里，中国人是由什么变的？”

中国有女娲抟土造人的传说，我们说："是女娲造的。"小李说："中国的汉族是龙的后代。"她是深信自己得来的这一观点是正确的。实际上，龙这一问题的确复杂。大概她的信息源于那句广为流传的"龙的传人"的一句俗解。我在别的国家访问时也遇到同样类型的问题，认为汉人的祖先是"龙"。小李提"龙"，并不是为了说明汉人的来源，而别有用意。她说："韩国也有龙，听说韩国的龙是中国传来的，日本的龙是从韩国传去的。因此，中国的龙是五爪，韩国的龙是四爪，日本的龙是三爪。"五爪、四爪、三爪是比较费解的。后详问才知道所谓"五爪"、"四爪"、"三爪"实际上是指一爪之"五趾"、"四趾"、"三趾。"这种"四趾龙"形成的原因是十分清楚的，但是，它形成于何时？朝鲜半岛从高句丽、百济、新罗三个古国走向统一的时代是公元7世纪，10世纪时高丽王取代新罗。我在上初中时读到两本旧版书，一是《薛仁贵征东》，一是《薛丁山征西》，自那时便知道征东就是打高丽国，征西就是打吐蕃。薛仁贵征东得胜，封辽东王，而征西却遭残败，被贬为庶民。后来读史，方知这些文学作品都有历史原形。故而我想汉文化大规模影响高丽文化的时代也应该在唐以后。公元14世纪末，李氏王朝取代高丽而建立朝鲜国，进入一个较为发达的历史时期。公元15世纪创造韩文字母（国内所称之朝文字母）。据介绍，这以前韩国人均用汉文记事。

更科学的历史考证是历史学家的事，从中可以知道汉文化对韩国文化和日本文化的影响。同时，也可以感受到在这一文化传播过程中，汉族的皇权思想对这些国家的深刻限制。汉族皇帝所绘之龙为五趾，而对韩国的国王就不允许有五趾，而只令其四趾了。龙在这里有其特殊性，就有了限定。再比如国王议事之地的台阶，韩国的只八级，而过去中国皇帝的为九级，据说日本的只有七级。

在景福宫参观时，我看着那些神态飘逸的"四趾龙"，却感到文化解释的困难。

作为一名学者，我在拙著《藏族文化发展史》中也涉及了"龙"的问题。藏族文化中也有龙，大概有早、中、晚三个发展阶段，受何影响确难定性。早期的龙概念完全是藏人的，龙是生活在水中的蛙、鱼、蟹之类的动物，会给人带来瘟疫、伤寒等400多种疾病；中期和晚期的龙受到汉文化和印度文化的影响。季羡林先生在谈到中国和印度早期都拥有天文学上的二十八星宿理论这一现象时说，中国和印度的文化交流有3000年历史，而处于这两大文明中间的吐蕃文化在"龙"问题上到底受到何者的影响？从一些资料分析，三趾龙、四趾龙的出现并不一定完全是"政治"原因，因为在秦、汉、隋、唐、五代、宋时汉地所见多为三趾龙，明、清时龙文化空前丰富，亦多四、五趾龙：有说元时规定五趾黄龙唯皇室所有，民间不可沿用，否则将视为谋反，不知真伪。假如真受到这种文化的影响，景福宫有一殿中绘有五趾龙，而不让中国人看的做法也就可以理解了。

至此，我深深感到要了解一个民族的不易，俗语所谓“牵一发而动全身”，民族文化事项也是如此，你想解释一个民族的文化，就需要对这个民族的基本历史有所了解和钻研，需要对这个民族与其他民族政治、经济、文化交流的历史有所了解和钻研，走马观花，妄下评论，是不会不出问题的。我们制定民族政策也是这样，不了解自己服务对象的实情，就大发空论，脱离实际，自然很难取得成效。从认识的角度看，也是如此。荀子说：“闻之而不见，虽博必谬；见之而不知，虽识必妄；知之而不行，虽敦必困。”我们求学问道的责任，不仅仅是闻之、见之、知之，还是行之，行之就要追求科学性和准确性。

这一夜我睡在奥林匹亚饭店里，脑子里满是龙的形象，三趾的、四趾的、五趾的，忽儿叱咤于云端，忽儿翻卷于江河……

韩国纪行之二

城山日出峰

汉城两日，第三日晨，我们便乘机前往济州岛。

济州是非常漂亮的地方。城山日出峰早有耳闻，在海边兀地凸出一座山峰，却显得十分壮观。

“上不上山呢?”我们互相问着。天气已经见热，走在路上，一阵热气袭来，顿觉炎热难挡，汗珠也倏然挂上额角。

“上上上”！郝主任毫不迟疑，“难得在韩国登山。”

于是大家不再犹豫。

登山有利于健康，也有利于思考，我是很喜欢的。可是，我与登山却缺少缘分：一是实在太忙，无法抽出时间；二是我有一毛病——且思且行，有时想一些问题进入“深思”层，脚下之事全然不知。故而家人最怕我骑车上街，因我边骑边思，有两次撞在汽车屁股上，差点出事。1985年，少数民族作家笔会在黄山举行，在登黄山时，我一再暗示自己：“走路不看山，看山不走路；想事不迈步，迈步不想事”免得发生意外。这也是从幼年养成的习惯，我家的后面是山，从小学时候起，每当清晨，我便在山梁的一处平地上练拳，而后步行读书、背书、思考至山之最高处，再从原路返回，一直到今天，每当我回家，便一如既往，黎明即起，爬山—打拳—读书—思考。到韩国爬山，这是我没有想到的，但我感到一种快乐，一种前所未有的快乐。

城山日出峰作为一处旅游景点，路面都是整修过的，台阶干净、坚固，也利于攀登。我们买了门票，随即看到那块大石上刻的“城山日出峰”五个大字。向上看去，道路蜿蜒，直向山顶，行人三五成群，男男女女，上上下下，络绎不绝。自然多是韩国人，偶尔可以看到欧洲人和中国的游客。

我们一行五人中，郝主任年长，我和乐齐同年，居二；会锦子居三，比我稍年轻一些；小谭（传位）最小。而一开始，郝主任便走在众人前面。

天气炎热，太阳直射。我们五人都没有戴遮阳帽、伞之类防晒工具，行至山腰，便汗水如注，擦汗的手绢可以拧出水来。可是大家说说笑笑，赏景、照相，毫无退却之意。回头望去，山下的一切尽收眼底，纵横交错的汽车路，车辆川流不息；山脚下那伸进“内陆”的淡蓝色的海，连接着陆地，推着那层层叠叠的绿色山丘布向远方。绿色的同样是波浪起伏的山野，充满生机。一架银色的飞机向东飞去，在蔚蓝色的天空闪着银光。

登上山顶，天地陡然开阔，凉风吹来，沁人心脾。郝主任说：“这里有天然的空调，天然的冷气。”我们享受着登上峰顶的快乐，享受着清清凉凉的风的吹拂，享受着大自然带给我们的美景。

环顾之，这个临海的山如同一口锅，周缘山石翘起，中间深凹，绿草如茵。据韩国人介绍，这是世界上唯一的一座靠海的火山口，高 182 米，周缘有 199 个山石，形似王冠。从正面观之，实在很难将此山和王冠连在一起，但看了山顶，再思之，便感到十分相似。“王冠”后侧全是海洋，由近及远，海水由淡青色逐渐变成深蓝色，浩浩淼淼，与天连在一起。近处山石间有飞鸟飞过，问之，均海鸥也。

在山上照过相，有片刻宁静，擦着身上热汗，望着几棵小树，我突然想起上月在怀柔登红螺山时所吟《登高》一诗，不觉默诵起来：

爬山——
拽着藤，
　　牵着枝，
　　　　流着汗；
爬山——
高举着上进的旗帜，
望着山尖，
把脚下的山石留在后面。

擦擦汗，站立山尖：
天，显得更蓝，
云，显得更淡，
清风和煦万物绿，
山花摇曳，阳光灿烂。
瞅一瞅近树，
看一看远山；
享受着清风的抚摸，

享受着近天的快感。
哦，
曾让我们仰视的一切小了！
曾和我们亲近的一切远了！
雾霭中，我看不见家，
　　只有忽来的风推着我：
“回去吧，
山高必寒，
岭峻必险，
山巅难能安家园！”

天，仍然很蓝，
云，仍然很淡。
“咚——咚——”
悠悠扬扬，古寺钟声
响彻红螺山。

这首诗可以说是我当时登上山顶，看着山下的城镇和远处模模糊糊的一切的一些感受，而这一感受的得来则是在此前几日曾与一位朋友谈到一些“一做官脸就变”的人而来，其中的一些人是我们十分熟悉的朋友，有些出自贫寒人家，但是他们一旦获得一官半职，则飞扬霸扈，成了另一副嘴脸。与好人远了，与腐败近了；见到人不再是一副谦虚的态度，而是一副居高临下的架势。自然，他们与自己的人民也远了。人民也与他有了隔膜。这是可悲的。一个人即便是登上了最高峰大概仍然要把自己的家园建在人民中间，这样才有可能不脱离人民，永远与自己的人民同呼吸，共命运。

红螺山和城山日出峰相隔千万里，并无丝毫关系，但由于都是山吧，它们同样给我们以启示，把许多深刻的道理传递给我们。我吟着这首《登高》诗，心境却如同红螺山顶一般，为自己为人的清洁自戒而感到欣慰，也为那些人生路途中迷失本性的人们而感到深深的惋惜。“质本洁来还洁去”，人生奋斗的过程，往往也是不断“登高”的过程，可是有的人将此过程当做不断净化心灵的过程，德行日高，同如日月，也有的人在此过程中逐渐变得奸诈、腐败、狠毒，成为历史和人民的罪人。故而做人应该是愈高愈慎，愈高愈修，愈高愈戒的。

韩国纪行之三

再看韩国

一、韩国的伤痛

有没有个“韩国精神”？我实在很难谈这个题目。因为我既不是研究韩国文化哲学的学者，也不是研究韩国历史、经济、政治的学者，我只是以一个藏学学者的角度观察着韩国和韩国人。

韩国人特别地恨日本人，这种感受是特别明显的。当我们不论跟哪一位韩国人谈话，话语中一旦涉及日本，他们的心情和脸色便变了。这种感受在国内时也有。因为我的学生中既有日本人，也有韩国人。韩国学生不大喜欢与日本学生来往，日本学生也一般不大跟韩国学生接触。来韩国后有两件事给我留下了十分深刻的印象：

第一件事是韩国和日本的足球“战争”。韩国人踢足球，输给哪个国家都可以，就最怕输给日本人。假如输给中国等国家是无所谓的，但是要输给日本人，这个问题就大了。一是队员不愿输，互相视为仇敌，互相涉及尊严、荣誉，因而队员绝对是拼死力战的；二是国民不愿意输，因为日本是韩国人民心目中的“敌国”，因而输于“敌国”，这种精神失败是承担不起的，故而，每当韩国足球队与日本足球队踢球，韩国人的重视程度也是空前的，大多空巷而去。在中国，每当日本足球队与韩国足球队踢足球，日、韩两国留学生便紧张起来。听韩国的学生讲，日本的留学生在这方面是怕韩国的留学生的，韩国足球队踢赢了，韩国的留学生因踢赢心情高兴而去喝酒，故而日本的留学生怕生是非，不敢出去；韩国足球队踢输了，日本留学生更不敢出去，因为韩国足球队因踢输心情不好而去喝酒，酒后难免发泄。

第二件事是在参观景福宫时，景福宫前有一院从高空看，似一“日”字，而现汉城市府似“本”字，加起来就是“日本”二字，是日本占领韩国期间之所为，示意日本要永远占领韩国。景福宫的另一殿宇在日占时期被更为动物园，因而韩国人今日对此依然咬牙切齿。听说在韩国国会大厦上的有一只朝日本的喜鹊，示意要永远记住民族仇恨，要“征服”日本。

历史是一面镜子，而韩国人在这面镜子里看到的并不是美好的过去，而是看到了民族的灾难、屈辱，韩国人牢牢地记住了这些灾难、屈辱，让它变成了激励自己民族尽快发展、富强的力量，让它变成了随时都可以燃起的滔天怒火。当然，要了解这种仇恨，不了解这段历史是找不出答案的。

从韩国人身上我感到要化解55年前那场已结束的战争所留下的精神创伤是不容易的。

二、复杂的同胞情结

我们很小心地说着关于韩国的几个词：在中国我们一般称中国的朝鲜族为“鲜族”，但我们得很小心地防备着不将“韩国人”说成“朝鲜人”或者“朝鲜族”；同时也要注意不能将韩国说成是“南朝鲜”，因为，平时在国内说“北朝鲜”、“南朝鲜”似乎说惯了，不觉得有什么问题。而韩国人将自己称“南韩”，将朝鲜称为“北韩”。外交场合，这些词儿有特定的意义，是不能随便使用的。用不好，就会惹出麻烦来，至少会使对方不愉快。

南北朝鲜问题也是我们听到的议论最多的话题之一。有人说韩国人畏惧朝鲜人，尤其畏惧朝鲜的共产主义。李侑真小姐说，她们小的时候，将朝鲜的人描绘成鬼怪，使人恐怖，用来吓唬小孩。但现在看来，从人们的谈吐中，感受不到有什么恐惧之感了。同样是一个民族，稍有常识的人都知道，对方是同胞兄弟，怎么会是“鬼怪”呢？只是社会制度不同，才心存疑虑罢了。

但是人民间的向往是隔不断的，亲情的向往是割不断的。韩国的电视里不断报道着金正日与金大中会见的镜头。在来到韩国的当天，我们去韩国民俗博物馆参观，就看到那两尊在韩国到处可以见到的石像：“天下大将军”、“地下女将军”。但两侧有许多人像，是用草扎好后，在上面再套上衣服，画上五官，饰以头发等物。内中就有金正日和金大中的肖像。我问小李：“这是什么艺术品？”我满以为是民间作品之类。小李说：“这是小学生的创作。”我的心中顿时有亲切之感。学生是善于创作的，学生也是敢于表达自己的真情实感的。把金正日和金大中会见的场面表达于自己的创作里，这说明他们也在关注统一，盼望统一啊！进而言之，这也体现了真正的民意。

当然南北朝鲜问题并不那样简单。当我们路过 1988 年汉城运动会体育馆时，我便想起了在国内时就听说过的事：这是一个世界上出口最多的体育馆，共有 77 个。为什么？传说当韩国举办奥运会时，朝鲜扬言要袭击韩国，韩国人不知真假，也不得不防，最后设置 77 个出口，以便疏散。据说这个规模宏大的体育馆，当遇到特殊情况时，可以在 15 分钟之内将所有人员疏散。此时，余等至韩国第五日，遂吟诗一首，表达此感受：

五人五日半岛游，
竖看横思总关愁：
一族一土成两国，
两国两制为敌寇；
霞飞云去亲不知，
潮起日落常守候。
人间最难相思苦，
骨肉何时相聚首？

人民是向往统一，向往和平的。8 月 13 日，我们前往三八线参观，看到了为南北统一而组织的一次竞跑活动，十分感人。千人竞跑，有男有女，小至儿童，长至白发老人，人人却在努力向前。继而，跟我们一样，不少的人登上鳌头山统一展望台，用望远镜看北朝鲜，有的老人，久久地望着，不忍离去。他们在看什么？想什么？我想他们中许多人的亲人可能还在朝鲜，他们在经受着漫长的离别之苦。这是一种煎熬啊！遂吟《登鳌头山统一展望台》：

临津江水滚滚前，
同胞相思五十年。
三八线上尚有线，
板门店里无老板。
自由桥头不自由，
展望镜中望亲眷。
千人竞跑呼统一，
一半泪水一半汗。

三、韩国的“现代”

我对韩国的更多的了解可以说是在东南亚金融危机以后，而直接的事件就是韩国的金融危机中那些普通百姓拿出自己的积蓄和金银首饰来帮助国家共渡难关。这种举动给了我深深的撞击，使我差不多在一个多月的时间里在思考这一问题：即便是同母所生的诸兄弟间，在危急时刻能给予无私的帮助，也非常不易，更何况国家？

在韩国的企业中，我接触到资料较多的是三星、现代。最早知道韩国的“现代”是因为一首讽刺中国官员腐败的顺口溜：“喝的是蓝带，看的是黄带，坐的是现代，靠的是裙带，搂的是下一代。”久在学校教书、从事研究工作，对车我极不熟悉，只识得两种车，一是“红旗”——上有一红旗，非常好认；一是“奔驰”，我曾到德国访问，去参观过其工厂顶上巨大的“奔驰”标志。故而初听此顺口溜，便问：“坐‘现代’，‘现代’怎么能坐？现代是何物？”友人笑道：“你真是个书呆子，所谓‘现代’就是南韩的‘现代牌’汽车。”自此，我始知南韩有现代牌汽车，也知道其很有知名度；自此，我也认识了那个椭圆中写有“H”符号的现代汽车标志。此次至韩国，才知道“H”之来历在于韩文之“HYUNDAI”，并非来之于外文字母。由于访问安排的缘故，这次我们没有机会去看三星集团，而走进了设在蔚山的现代集团的现代汽车公司的大门。这里是韩国汽车工业的诞生地，此工厂可谓蔚为大观，由五个工厂组成，占地面积145万坪（约500万平方米；坪=3.954SQ/FT），年生产能力138万辆，有19条试车跑道，48种不同试车路面；有自己的港口设施，同时可容纳三个42000吨船舶停靠，每艘这样的船舶可装4800辆汽车。

在一份介绍这个公司的资料首页就写道：“韩国已成为世界第五大汽车生产大国，作为韩国汽车工业先驱者的现代汽车公司同时又是从韩战废墟中腾起的汉江奇迹的主要发动机。”这句话紧紧抓住了我。“汉江奇迹的主要发动机”，这个定位是何等的重要，又何等的气派！但无论在何种国家，一个企业要成为一个国家的经济和某一经济领域的“经济发动机”，实在是不简单的。

于是，当8月11日上午9：30，我们随郝主任坐在现代汽车公司的小接待室里看该公司的“广告片”时，我自然地打开笔记本记了起来。实际上，这个“广告片”说了三句话：第一句是“面向世界奔驰”。我对这句话很欣赏。一个人、一个企业、一个国家，都要有一个目标，这个目标的高低往往决定着这个人、这个企业、这个国家发展水平的高低。一个人敢于面向世界奋斗，那么他的眼界，他所要储备的知识，他所要竞争的对手就不是低档次的，因而这种目标的设定本身既存在着理想含义，成为他奋斗的动力，也自然地存在着思考问题的方法的含义，因为这种目标不允许你用一些简单的思维方法来思考问题。实质上，许多事情都是这样，目标越高，要求越高，压力越大，成长的幅度便越快，就越向全面和完善发展。韩国现代汽车集团公司也是这样，它走过的不是一条平坦的路，但是，它对自己走过的道路的四个阶段的总结却耐人寻味：

第一，技术引进阶段（1967—1975 年）。引进并获取基础汽车技术，为韩国产品出口打开大门。1967 年，现代公司成立；1968 年，与福特公司签订合作协议；PONY 在 TURIN 汽车展亮相。

第二，自有车型开发阶段（1976—1984 年）。在引进技术的前提下，开发出自有车型。1976 年，出口第一辆 PONY；1981 年开始生产 PONY2，与三菱进行技术合作；1982 年，PONY 累积生产在国内首次达到 30 万辆；1984 年，累积出口突破 10 亿美元。

第三，技术自主阶段（1985—1990 年）。实现技术开发本地化。1985 年，首家 EXCEL 大型组装厂建成；1986 年，推出 GRANDEUR，累计出口突破 100 亿美元；1987 年，推出厢式车 GRACE；1988 年，推出 SONATA；1989 年，推出新型 EXCEL（X－2）。

第四，技术竞争阶段（1991—至今）。以自己的款式和先进技术在世界汽车市场进行竞争。这一时期进行了一系列的技术改造和革新，汽车性能等不断改善，在美国等世界汽车市场占有重要地位。

读者不难看出，这个公司总结的着眼点：

其一，着眼于技术。公司并不回避“技术引进”这一阶段。像许多后进国家一样，发展中国家要赶上发达国家的步伐必须要有这样一个发展过程，老老实实地学习别人的技术，老老实实地引进别人的技术。没有这一过程，以后的发展就失去了依托。

第二阶段是“自有车型的开发阶段”，与发动机等核心零件比，车型或许是次一档次的问题，但同样存在着技术问题，初始阶段的 PONY 的开发，想拥有自己的车型，自然躲不过这一关。

其二，着眼于技术自主。第三阶段是“技术自主阶段”。这一阶段是个非常重要的阶段，它关乎这一企业的独立命运，尤其是在当今现代化、全球化的国际背景下，技术不能自主，只能跟在别人屁股后面爬行；只有技术自主，才可能有自己独立的形象，进入世界市场，才有可能进入第四个阶段“技术竞争阶段”。

其三，瞄准世界市场，即“面向世界奔驰”。在现代企业大潮中，只有进入了技术竞争阶段，才可以说具备了企业竞争的平等权和生存权，才具备了企业独立的生命。而企业独立生命的强大仍然在于技术。技术水准越高，产品的价值就越高。

第二句是“技术完善主义”。立足于研究，现在，现代汽车公司在国内有六个研究所，国外有三个（美、德、日各设一），共有九个研究所。

第三句是“追求至上质量”。以综合艺术形式，追求方便、舒适的车型，追求自然与人的和谐。目前，现代汽车公司有车型16种，加上两种汽压式，计18种。1999年，现代集团向中国出口5000辆，而其产品的30%出口美国，占美国汽车市场2%的份额。可以说这是了不起的。

据介绍，韩国的汽车国产化水平为98.4%，我们曾在路上观察，在川流不息的汽车中，的确很少见到别国汽车，我们见到的唯一的一辆是“沙漠王子”跑车。这与中国大有不同。这种不同，尤其表现在观念层面，不少的中国人以坐外国车为荣，似乎那是一种身份和地位的体现；而韩国却以坐外国车为“耻”，因为，按照“身土不二”的观念，以自己的财力购买本国的产品是一种荣耀，是一种责任，是一种义务，是政府和民众广泛支持的爱国行动。

赴欧散记（上）

五年一届的比利时根特花卉展览会，是世界园艺生产者协会主办的A2级国际园艺博览会，久负盛名，据介绍每次有30万观众，6万贵宾，媒体记者700多人。由于“99昆明世界园艺博览会”的影响，比利时根特花卉园艺博览会组委会照会中国驻比利时使馆，点名邀请云南省组团参加于2005年4月14日至24日举办的第33届园艺博览会。云南省是个花卉大省，参加此项活动有利于推动云南省花卉产业的发展，省政府决定组团前往。

4月12日（周二）

第一日

下午2：20自宿舍到机场。省政府代表团集中于昆明国际机场二楼，统一办理登机及相关手续。

代表团成员有省花产联副会长李钢、世博集团总经理花泽飞等10人。花产联施天俊会长等来送行。

大伙儿都是熟人，因为花卉事业聚在了一起，故而话题也多围绕“花卉”展开——云南的花卉、世界的花卉等。比如有的说时任云南省委书记的令狐安至新加坡时确定了现在云南花卉产业的发展思路；有的说花产联的领导高度重视，推动了花卉产业发展；也有的讲关键是群众有积极性、有市场需求，后期的花卉产业发展才有目前状态等。为什么群众会有积极性？是因为花卉会给他们带来经济利益。云南物产丰富，能给群众带来利益的东西也不少，但是大多量小不成规模，做不大也做不强，花卉有如此前景，就是市场需求一直比较旺。

为什么市场旺？有说是西方文化习惯的侵入，比如以前两人见面作揖、握手就可以了，现在要送花；以前看病人，送吃的用的，现在也送花；以前情人相见送糖、送鞋袜，现在送玫瑰；以前行贿送钱，现在也送花——送兰花，30万一盆……大家无拘无束、没有边际地聊着。

施天俊原是省政府的副秘书长，资格老，“介绍”的东西自然也多一些。他说，云南省的鲜花产量现如今占全国鲜切花的比例很大，已占北京花卉市场的一半以上。花卉已为云南带来利益，花产联也在积极推进云南省做大做强花卉产业，让花卉为云南人民继续发挥作用、建立功勋。

飞机晚点至4：50起飞。

六时半，我们飞抵香港。候机——这是公务人员常有的难受事。有人提议打牌，纷纷赞同。在北京，我的印象中几乎没有打过牌。到云南打牌也成了一道风景，群众如此，干部也如此，稍有空闲，便打上两把。云南的干部说打牌好啊，打牌的好处可多了：一是可以待在一个不大的地方，不骚扰别人；二是不出去花销，省了车马等费用；三是让司机秘书得到休息；四是打牌就没了桑拿、洗浴、卡拉OK、喝酒、寻花问柳，既不犯生活作风错误，也不犯经济错误，还不染各种娱乐性疾病（指性病等）、喝酒伤身体，捍卫了自身安全，促进了家庭和谐；五是不但得到了相应休息，而且锻炼了脑子，对思考问题有帮助。有这样多的好处，这牌能不打吗？单身汉更应该打牌，于是我也跟大家学习打牌。对于我来说至少有一个好处：跟大家在一起，有情趣、有快乐，也可以聊许多社会风情、人情世故、古往今来，有利于学习、了解情况。

4月13日（周三）

第二日 阴

由于“9·11”事件的影响，我们登机前的安全检查十分严格，我在新疆时买的一把可以削铁的小小钢刀、指甲刀盒等都被“没收”了。随行的同志说：“是不是登记一下，回来后再取回来。”我说：“算了，赶路要紧！”

北京时间凌晨一时，飞机起飞前往罗马。到罗马后，又在机场候机，至2：30乘坐CA293自罗马前往布鲁塞尔。上飞机后，我便拿出我今年将毕业的学生甘措的博士学位论文阅读。来滇年余，偶尔到京，很难与学生见面，所以对他们的论文的指导也十分有限，所以我专门带了她的论文，想在路上读完，以及时提出指导意见。看了几页，我随意眺望舱外，顿时，被舱外的景色深深吸引了！在空中久久地注视机翼下的阿尔卑斯山，心情也由沉静而变为激动：

白雪覆盖着你的身躯，
犹如白绵遮住了你裸露的肌体；

即便是在万米以下的你，
依然那样挺拔、美丽，
那样冷峻，那样飘逸！
　　绵绵延延，伸向海域，
　　浩浩荡荡，涛高浪急。

山的生命该有如此壮烈，
山的灵魂该有如此瑰丽，
山的身躯该有如此伟岸，
山的风格该有如此超凡脱俗。
　　用冰雪育心，
　　用星月养气，
　　只有高昂的头，
　　没有弯曲的膝！

——似乎是一种天然的联系，神差鬼使一般，我常常被自然界的山川风光所打动——甚至激动，因之激越，因之豪迈，因之而庄严，因之而饮泣……尤其是山——雪山——我会长时间地去注视，一直到自己的思绪、意念融入其中，忘却了自己。

2：30至布鲁塞尔。途中看电子塔，花总开始录像，大家争先恐后在电子塔前照相。

7：30，我们住进了华人开的饭店——金龙大饭店（Maison Du Dragon Hotel）。此地距花展地根特40公里车程。

住好后，我便召集大家在饭前开一小会，商量一些具体问题：一是比利时国王将出席花卉博览会，倘若届时到展区，我代表团该如何应对，诸如引导、介绍、拍照、赠送礼品、翻译等。这是一次重要活动，要认真周到，不能有疏漏。二是关于申办2009年世博会的事，要主动，积极争取，但只表示意向，不具体确定。因为对此省政府尚未形成决议，也未向代表团授权；最好多在工作层面酝酿，而不敲定。

10时（比利时时间下午4：00）去参观鲁汶大学（UNIVERSITIE ST LEUVEN）农学院，学校教授很热情地介绍着情况。诸如花卉的培养、检疫等。在谈话中涉及欧、中花卉产业的前景、校际合作等问题。我在校园里走着，看着那几位头发花白的教授，想起自己30多年的教学生涯，似乎从中看到了自己。教师在以往的历史中是个高尚的职业，但随着社会的发展，学习形式的转变，教师身上的光环便一一散去，成了一种谋生的手段。越是钟情于科研、教学，越是守诚信、有成就的教师，似乎无一例外地带几分呆气、傻气，甚至酸气，但他们的心却多是单纯的，少了许多市侩气和奸诈。这一点似乎老外也跟我们“接轨”。我想，大概别人看我也如此吧！

比利时时间8：00，我们开始用晚餐。

招待我们的是一位花商，话题自然围绕着花进行。花商对中国市场做了了解，也很感兴趣。什么观赏苗木、政策问题、土地和服务、雇工、投资环境、资金能否返国等问了许多，显然他想与中国方面合作。我一一做了回答。

花的观赏许多人或许是清楚的，而这位花商讲的许多苗木的观赏性问题，对我来说还新颖，这就是隔行如隔山吧。这些话使我不断想起在我工作过程中对“苗木”以及它们留给我的、深刻印象。生活中的一切都是系统的深刻的，并不那么简单。花商诚恳而彬彬有礼，对我们之间的谈话他感到很满意。为什么？我对人对事都喜欢坦诚相见，以心换心。对于外国人也如此。因为他们也是人，他们同样反感狡诈和欺骗。有的同志直摇头：事情可不是这样的，“害人之心不可有，防人之心不可无”；“知人知面难知心”啊！“是啊，谁都不愿真心相见，‘假心’就有了市场！”。有一次我说中国人有三样东西最普遍也最丑陋的：一是权术。这或许源于官场，从皇帝到一般百姓，从大人到小孩都乐此不疲，将会权术视为聪明、智慧。因此就形成了“一个中国人一条龙，三个中国人一条虫”。权术就是变化无穷的“捣鬼”和另一类型的坑蒙拐骗，运用于政治、经济、文化、社会、内外，一切领域。二是虚伪，当面一套、背后一套，“面带三分笑，怀揣一把刀”，没实话、没实情、没实心。三是赌博。嗜赌如命。充满了投机心理，只信自己，不信别人。一个人若将这三者运用于市场经济，初期会挣钱，中期会翻船，后期会混乱。因为这三者与市场的诚信原则是相背离的，在“诚实守信”方面，中国文化还要走漫长的路。但只要中国共产党领导，就可以做到。所以，党的干部从上到下、从内到外，首先要解决诚实守信、实事求是的问题。

餐后有同志说，这花商很实在，他遇到您这样的领导可能可以做大事。可是目前他到国内恐怕待不住。“为什么？”我问。对方说：“这怎么说呢，在中国不好做事，做生意就更难，即便你有50%的利润，49%拿不到手里。”“为什么？”我不解：“不是说好多老外在中国赚了大钱？”对方说，你算算账就知道了，合作伙伴你拜不拜？上级主管你拜不拜？工商、税务、公安你拜不拜？……嘿嘿，这些你比我清楚，心中有数啊，哈哈，心中有数……大概他感到这话题有点敏感，便打哈哈不再深说下去。

像我这样虚度半生、涉世不深的人常常陷在这样的困惑之中。有许多事看上去万事俱备，但一做起来，就做不了、做不成。为什么？我们只看到了明规定、明条件、明障碍，并未看到法则、潜条件、潜障碍，故而常常判断不准，把握不住。有时候常常让“潜暗礁”困住，进退维谷，无可奈何，甚至被潜规则打得人仰马翻。

吃完饭后还有一点时间，我说：“到了国外，我们要多看，要珍惜时间哪！”于是大家一起去看教堂。比利时的教堂是壮观的。我问一长者：此地每天有多人来教堂？答：“80%左右。”我再问：“真信的有多少？”答：“10%左右，年轻人不太信。”

我之所以如此问，源于一个我长期考虑的问题：以往的信仰都建立在唯心主义的基础上，或者说建立在宗教的基础上。许多的道德都是宗教道德。在世界这一状态仍然在面临挑战：唯物主义者希望用自己的理论形态建立自己的道德体系，比如诸多的社会主义国家的思想道德都以马克思主义唯物论作为基础。唯物主义者如何建立一套较为完整的道德思想体系，仍然是个世纪性课题。在西方人的感受中，或者是在中国这样的东方人的感受中有一个假象在逐步成为真理：唯物主义不讲宗教、不信迷信，一切都以自然和社会存在为基础。有时不少人在承认科学的前提下，同样有着“宗教”——信仰层面的困惑。

长期的科学追求，我自认为自己是个彻底的唯物主义者、无神论者。但是，有时我的身边的一些“唯物主义者”的思想令我“恐怖！”为什么？由于他们不相信“迷信”、不相信“神”，也就没有了对“神”以及因果轮回的敬畏——彻底地从唯心主义思想下解放出来，这无疑是巨大的进步，值得充分肯定。但是由于不信因果，他们便不在乎果报。不在乎果报在许多宗教人士看来是“罪孽”、是天大的事：比如杀了一个无故的人，只要公安不破案，他便不存在道德的谴责和信仰层面的威慑。一个人不在乎因果报应，同时没有其他道德思想的约制，他就有可能为所欲为，因为他知道即使做了恶，也不会有现实和来世的报应，用不着为自己的行为真正反省、后怕、后悔，受到良心谴责，进而洗心革面，弃恶从善，而只会考虑如何巧妙隐蔽、蒙混过关。如此，罪恶就会泛滥。在以往的讲学中，我经常遇到这样的问题：“您认为唯物主义好，还是唯心主义好？”“有信仰好，还是没信仰好？”“世界上哪种信仰最好？”的确很难回答。因为这是一个非常重要的理论问题，也是一个非常重要的实践问题。假如一个唯物主义者，在为所欲为、损人利己之后，堂而皇之，无自责、羞耻之心，就会走向事物的反面。我经常讲一句话：唯物主义在告别灵魂、神鬼之后，要及时构建我们的道德体系，否则你的道德价值可能连唯心主义都不如。因为以往的不少美好的道德思想和行为是以唯心主义理论为基础建立的。比如佛教五戒："杀生、偷盗、邪淫、妄语、饮酒"，本质上贯穿着一种道德理念，按现代理念解释便是：不杀生，就是尊重生命；不偷盗，就是尊重别人的财产权利；不邪淫，就是尊重女性、家庭、私权；不妄语，就是实话实说，实事求是；不饮酒，就是尊重理智，保持头脑清醒。因为犯此五戒，就要受因果报应。因而要严格遵守，由僧团而民众。失去了果报的约束，也就失去了果报应有的威慑力。但作为社会人，唯物主义者也必须遵守国家的基本道德原则，因此，在唯物主义思想基础上，以马克思主义为指导，构建有时代特征、中国特色的思想道德体系就成了迫切而繁重的任务。

见到导游名张超，说是云南昆明人。大家感叹云南人在外工作的少，留洋的更少。这是为什么？有人研究过这个问题吗？我不断地给大家提问题、出题目。

"家乡宝！"几乎众口一词。恋家，不愿离家；家乡山清水秀，四季如春，还到外边干吗？大凡在外谋生的都因贫困，被逼无奈。好好的，故土难离啊，谁还跑到异地他乡受罪？

4月14日（周四）

第三日　布鲁塞尔

6：00起床，8：00在酒店用早餐，8：20许前往根特。天灰蒙蒙的，车窗外雾雨交至。心里的感受：

晨雾如绵徐徐，
细雨无声润润。
天高天低无考，
日落日升不知。

9：00许至根特（GENT）展园佛兰德斯展览大厅。转弯拐角，我们来到云南省代表团布展的六号展馆。在昆明时，花产联曾送来参展的设计让我审，我曾看过花展的创意设计。为了在125平方米的室内展示区展示云南花卉和人文的特色，设计者们煞费苦心，搭建了一个中国式的亭子，门框上书一副对联，亭子之右是一小缓坡，所展示的花卉，特选地涌金莲、虎头兰、原生杜鹃等野生花卉，中置独具云南历史文化特色的牛虎图案。牛虎图案在云南省博物馆前、在云南的许多地方都可以看到，在欧洲见到它，的确感到几分亲切。虎袭大牛之后、大牛将入虎口，而大牛之下却藏着小牛。有人解释说，这反映了一种关系：牛之所以不绝，是因为老牛以生命保护了小牛，反映的是母爱。当然，作为一座标志性雕塑，它还有其他一些解释。

佛兰德斯展览大厅宽阔而静穆，湿润而清新，空气中弥漫着花的芳香。我们在等待着开幕式——这个开幕式和国内相比可以说“没有开幕式”——没有主持，没有讲话，没有致词，也没有对嘉宾的一一介绍和乐队，一次又一次的鼓掌——12 个重点参展国驻比利时的大使随同比利时国王阿尔伯特二世和王后缓缓巡游于鲜花盛开的大厅，观赏一处又一处匠心独运、设计精美、独具特色的花的造型。欧洲人是聪明的：在这样一个花的世界里，没有什么比欣赏、畅游花海更令人惬意的了！所以，不讲话、不致词，直奔花前，就是最好的开幕词了！我和小吴在花卉处，一面观赏，一面行走。花，也是一个世界，大大小小，色彩斑斓，而送到这里来展览的多是精心培植、精心选择的，其形状、其色泽、其神采，无一不是上品。芬香馥郁，沁人心魄。有时候，我真为自然界的这种造化而动心动情。一朵花，无论是红的、白的、紫的，经过发芽、打蕾、成长的过程，一旦成熟，便绽放着她迷人的美丽——实际上她在展示她的生命，她生命的色彩，她生命中最光彩夺目、最绚丽的时刻。绽放是多么的短暂，成长是多么的漫长，而成长之后，绽放之后，她便孕育了新的生命——结果，有了子，然后“老花”消失了——永远地消失了，新的子再在土壤里发芽、成长，进入新的生命过程。人，不就和花一样吗？花季，就是青春之季啊，美丽，但易逝！可是生命的一般过程也便如此这般进行着。

11：10 许，国王和王后至云南展馆处六号大厅，王后在前，我便迎上前去，与王后握手。

王后：中国来的？

我：是的。

王后：这些植物很漂亮（她指着云南的展花，显然有些客套）。

我：是的，很漂亮，中国云南有很多很多这样的花。

国王阿尔伯特二世被各国大使和随行官员簇拥着来到我们的展厅前。国王六十六七岁的样子，显得身体壮实、和蔼。我与国王握过手。阿尔伯特二世微笑着，他观赏着云南展馆的花卉，对地涌金莲等中国花卉显得很有兴趣。

国王指着地涌金莲：这是什么花?

我：叫地涌金莲。

国王不解地：是香蕉树？有无果实?

我：不是。没有果实。只有小花在金色花瓣中间开放，看来很难长出我们所希望的香蕉，只能饱饱眼福，饱不了口福。

此时，中国驻比利时大使章启月赶了过来。章在外交部工作，曾为新闻发言人，为许多人所熟悉。章因出任大使至比利时。她向国王、王后介绍，这是中国来的领导，在云南工作，是从北京派下去的。

我与章大使寒暄了两句。章大使说："国王说，你们不远万里来到比利时非常不容易。比利时对中国是友好的，在20多个参展国中只邀请中国等有限的几个国家的大使跟国王王后一同出席开幕式，这足以说明比利时对中国这样一个大国的重视。"同时告诉我国王将于6月访华。国王和王后跟身边的人说了几句后又转向我们的地涌金莲，于是我对国王、王后说："这树生长在海拔2400米以上的地方，属温寒带植物。"这样一些知识和信息我也是临时抱佛脚学来的。

国王的神情显得十分温和而愉快。对章大使说："你应该感到自豪，中国云南有如此美丽独特的花卉。"

章：云南是个美丽的地方，特殊的地方，那里有很多的植物，也有许多特殊的品种。没有错，我感到自豪，十分的自豪!

国王：我也喜欢那个地方。祝你们好运，很高兴看到你们。

我：谢谢。

国王：下次再见。

人与人的接触没有什么比诚恳的态度和友好话语更美好。

可能是受国王情绪的感染吧，在中国展馆，跟随国王参观的人们纷纷问着地涌金莲，对其他多不问津。我才刻意地看了看，可不是，所谓地涌金莲，有略显肥大的花，圆柱形的体，硕大的个儿，光秃秃没有叶子，实际叶枝由于运输原因除去了。有一胖子走来问：此植物很特殊，是何物?

我：是地涌金莲，属香蕉科的。

胖子：长香蕉吗?

我：不长。

胖子幽默地：长就好了，我就是一个大香蕉。

可不是！那胖子上下一般粗，真有些香蕉样儿。

此事有一启示，也是众人常说的：特色！有特色才有吸引力，有特色才有价值。其他展品同样美不胜收，而国王、王后之所以在中国展馆前驻足几分钟，除表示对中国的友好情谊外，就展品而言，还是因为特色。这或许是人类的天性——多追求新的有特点的东西，国王大概也是这样。

正在观赏时，我们见到了昨夜招待我们吃饭的花商和他的母亲，我主动上前和他们打招呼，并与之合影。花商显得很高兴。

国王和王后离去后，我们也开始参观学习。展馆的确很大，展品实在太多，加上人多拥挤，我们走了很多路，还没有看完展览之一半，此时已感疲惫，纷纷坐下来歇脚。

晚上回到住处聊天，谈到设计的完整性、艺术性等，我对花展中的中国小亭提了一条意见。你们那个对联："翠峰断处白云生，春绿尽头红叶乱"，意境、拟景都很好，但"断"、"乱"这种字眼在此种场合用不当。我戏拟一联，供你们参考，"地涌金莲百奇生，天开杜鹃一枝春。"

众人说："好，应该换上此联！"

中午，我们在一家中国餐馆就餐。用150欧元，昆明设计院王院长请客。席间谈到昨晚吃饭人均75欧元。大家感到太贵了！

下午4：00，我们在假日酒店拜会了国际园艺生产者协会（AIPH）主席杜卡法比尔先生。法比先生身材高大、健壮，神情稳练而真诚。长期以来，他对云南的花卉事业给予了关注和支持，我代表代表团向他表达了云南省人民政府的谢意。

云南方面参加会见的有：花泽飞、李钢、蔺楠、钱崇峻、吴卫东、马巧红等。李钢介绍了团员，花总介绍了世博园的情况。

法比尔（FABER）介绍了申报世博会的基本情况。他说："云南花卉事业发展迅速，因此，去年被世界园艺生产者协会破例吸收云南省花产联为会员，吸收一个国家的地方组织入会，这在协会历史上还是第一次，云南是唯一。"听了他的介绍我才更多地知道了一些这方面的知识：

世界花卉博览会大体分四种规格，因而也有相应条件。大体情况是：

层级	类型	展览时间	申报
A1	国际展览	3—6月	前5年
A2	国际展览	10天	
B1	国际展览	6个月	
B2	国际展览	2—4周	

法比尔说申报2009年的世博会已经有点晚，2012年的世博会A1荷兰已经申报。问题是：1. 与上海博览会矛盾；2. 经济问题，参展国减少，招展就有困难；3. 时间与方式，A2与B1合并申报，时间是2009年、2011年、2012年。但要注意的是其一，同一地点申报同一级，原则上不允许。因为国际展览的宗旨是通过办展要使当地园艺发展，使当地百姓得到享受。其二，国际展览局（BIE）规定，国际展览一年在一个地区只办一次。因此，中国申报也是如此，不能在原地方，而要更换地方。

法比尔的介绍和建议都是十分中肯的。我说："法比尔先生给了我们一个清晰的介绍，精到的解释，中肯、积极的建议。中国云南在1999年成功举办了世博会，有经验。中国的综合国力在增强，云南的实力也在增强，通过这几年长足发展，我们有更多的条件、更强的能力来办好世博会。假如我们能在2009年办更好。我们有办会和办好会的迫切愿望，要将这一愿望变成现实，还需要国际展览协会、国际展览局和法比尔先生的支持。中国云南世博集团再次申报举办这一展览，是经过理性思考，科学论证，积极而全面的准备，并非心血来潮。世界园艺事业是诱人的辉煌的事业，随着世界经济、社会的不断发展，物质财富的进一步丰富，人们向往建设好自己的家园，美化自己的生活，美化自己的环境——这是人类共同的愿望。我们需要美丽的人生，美丽的人生需要美丽的家园，吃饱肚子后，既要有丰富的精神生活，也需要倾听自然的声音，观赏自然的色彩，欣赏美，融入美。"法比尔对我的讲话感到满意。

会后，我与花总、李钢等又进一步商量了此事。我谈了四条意见作为回国后汇报的建议意见：一是上海将于2010年举办国际展览，云南应避开上海，这样在人员出席、招商等方面就会更加主动。二是申报办展的时间要考虑其利弊，在2009年、2010年、2011年、2012年四年中，由于2008年在北京将举办奥运会，2010年在上海将举办国际展览，2012年似乎晚了一点，因而2011年是比较合适的年份。三是在研究成熟的基础上跟政府相关部门沟通，形成一致意见。四是解决上述问题后，及时与法比尔先生联系，以冀支持。

晚7：30回到住处，为了庆贺主要活动的成功结束，大家喝了几杯，都很高兴。晚餐后又打了一会儿牌，12：00许才各自休息。

4 月 15 日（周五）

第四日 布鲁塞尔

上午，代表团应邀去中国驻比利时大使馆。章大使很热情地接待了我们。中国驻比利时有两大使，一个驻欧盟的大使，主要负责有关欧盟的事务，一个是中国驻比利时大使，负责双边关系等。章大使夸奖云南的展区办得好，宣传和提升了云南省的知名度，也为国家增了光、添了彩。建议作为中国花卉主产区，要多参加国际花卉的知名活动，规模可以不大，但可以起到很好的宣传作用。我们谈到了与比国的合作问题，谈到了关于云南花卉产业的发展问题，谈到了关于申办国际园艺博览会等问题，章大使给了我们认真的介绍和具有指导意义的建议。代表团的同志们都感到十分满意。

离开使馆后，我们还参观了别的一些景点。中午在一家饭馆吃海鲜，便去看了“五十年宫”。

这是一座 1880 年纪念比利时独立 50 年时的建筑，中间通道通着三孔门的凯旋门，门顶是四马拉的战车。据说这象征着：“比利时走向未来”。我们在凯旋门外的花坛旁照了相。接着去参观武器博物馆。战争、军刀、军帽、军靴，将军们威武无比。“一将成名万骨枯”，从武器的发展可以看到战争的发展，也可以看人类社会和平、科学、财富、人权、自由、民主的发展。依旧泛着寒光的古代兵器，造型精美的现代工业兵器，各式飞机、坦克等。屠杀工具的精美高超，说明什么？使人感到：人不是为了自身的幸福去创造，而是在屠杀与反屠杀、掠夺与反掠夺、占有与反占有中积累着自己的聪明才智。我一时难以明白。战争是政治的继续，人类在目前尚难彻底消除战争，反而由于战争的存在很多人还在研制各式战争武器，以期赢得战争；还在研制追求杀戮的最有效的手段；有人也因此而大发横财，比如军火商。人类何时将告别战争，何时再说：“永别了，武器！”——从这些精致甚至带着神奇的武器上看不到任何结论。

我伫立在一片空地，凝视着欧洲共同体总部所在地。1957 年 3 月 25 日罗马协议产生的欧共体，现在有五个部门了，即欧洲议会、部长顾问（各成员国代表）、法庭（保证条约的合法执行）、经济社会委员会及执行委员会。我在一篇论文中曾对国家形式做过一些理论性的假设：人类是从血亲氏族开始到部落，从血亲部落到地缘部落，进而形成部落联盟（邦国），再由邦国形成国家。国家的进步发展很可能建立国家联盟，即实现国家联盟内部的政治、经济、文化、社会的统一，再由国家联盟走向国家消亡、实现世界大同——世界的一体化。有人问："你这观点对吗?"我说："符合马克思主义。"我将此告诉代表团的同仁，他们听了哈哈大笑。

我说我渴望有一个没有杀戮、没有掠夺、没有武器和战争的社会。可是，私有制在阻碍这一切的实现，人类还要在刀光剑影中生存很长时间。

下午4：00，我和部分同志去根特参加展览会组委会举行的酒会。各国各地的代表，有人说有2000人规模。这种场合吃饭和喝酒只是样子，大家都在忙着找人联系交流。

在彼此祝酒时，我们又见到了比利时根特市皇家园林、农业协会项目经理让·德曼（JAN DEMAN）他显得十分兴奋和自信，说："根特花卉展每五年一次，博览会每次有30万人参观，6万贵宾，影响之大，非同寻常，不要说别的，像CNN、BBC等大媒体记者就有700多人。对我们是收获，对你们也将是巨大的收获。"

由于人多，我们一面吃饭，听着相关人员的致辞，一面和周围的人们交流。但此时我在考虑一个问题，即大型活动的组织问题。一是这次的花展与国内相关活动相比，最有特点的是开幕式。中国的所有开幕式无一例外地要致辞、介绍来宾、讲话、剪彩等，而讲话有许多人讲、讲很长的话。比利时的花展不同，没有诸如讲话这些过程，一开幕就是观花，显得不枝不蔓，直接切入正题。二是大型活动需要组织，组织经验同样是推动事业发展的重要环节。三是要真正处理好市场与政府的关系，对于中国来说，培育市场要比参与更重要。因为产业与市场相依为命。没有产业，市场得不到良好成长；没有市场，产业也难以为继。

我又重新走入了那些花中，感到心灵在一种清香之中，一种美丽的色彩之中，一种无与伦比的仙境之中飘动。我在看着花，心中在歌唱：

花，是天地的精灵，
花，是天地的精华。
她，展放着娇颜，
人，回报以微笑；
她，给人以愉悦，
人，给她以关爱、培育；
她，给人芬香，
人，给她以欣赏、赞扬！

久视着花，你会感到她在向你致意，和你说话，那样妩媚，那样娇嫩；尽管看不到嘴，可以听到声音——那丝丝的啐语，那幽幽的芬香，尽管看不到眼，可以看到情感的热烈和满脸的灿烂，让人流连忘返。

4月16日（周六）

第五日 布鲁塞尔 天阴

晨起，笔记。

布鲁塞尔的气候是冷的。一种清冷，灰暗的天空如铅封一般。视线之中别无他物，令人双眼生痛。

时有雾气荡过，湿湿地、冷冷地掠在脸上，如同冰冷的湿巾拂过。黑灰色的旧建筑由于湿气的浸入显得更为阴沉。

偶尔，可以看到黑屋上的白色线条和装饰，给人夜空中透入亮光的感觉。

天逐渐放亮后，那些橙红色的墙，那些各色新式的建筑便在光明中有了色彩。

行人的装束是较为随意的。牛仔服同样有着市场，尤其是青年男女。

我的思绪在清冷中飞得很远很远。

简单笔记后，我仍到街上散步。布鲁塞尔有许多“尿童”的造像和画，眼前就有一幅。这个可爱的小男孩，左手在前把着小鸡鸡的麦尼肯·毕兹，可以说名满天下。我曾请教这一形象的来历。有两种说法：一说，他是一个富人的独子，在节庆中走失，当富人找到他时，他正用这常见的方式在撒尿；另一传说带有更加深刻的含义，说当敌人进攻布鲁塞尔时用炸药炸城，小孩用尿浇灭了导火索，使城市免受灾难。布鲁塞尔的麦尼肯·毕兹可以说各式各样，穿着各式各样的衣服，甚至民族和肤色也不一样。有的穿着加克，有的穿着军服，听说他的服装有300多套。以民间的方式发展的事物都有这样的特点：假如人们喜欢，它就会不断地发展、变化，从而不断地丰富，尿童的多姿多彩正是这种民间不断加工的结果，是人们无比喜爱的结果。

8：30，我们告别布鲁塞尔，坐汽车前往巴黎。选择坐汽车到巴黎，就是为了顺道去看滑铁卢。这个举世瞩目的拿破仑败北的地方。

车在高速路上飞快行驶。

滑铁卢到了，它位于布鲁塞尔的南边，属布哈邦管区。远远地看见一处高山丘，我曾看过一些材料，这一处山丘是人工造成的，有40.50米高，它是1826年建于贵劳姆·德·奥杭吉王子（1792—1849年）负伤之地，是列日的妇女们背土积成的。顺着这个圆锥体的山丘沿228级台阶上到顶端便是象征着英国和荷兰的高4.50米的滑铁卢狮像。

来到土丘之下，一切便在眼中，有举世皆知的拿破仑，就有举世皆知的滑铁卢。那场发生在1815年6月15日的战争，以拿破仑的战败给他辉煌的军事生涯用失败画上了句号。战争虽然持续了24小时，双方投入的军力近20万，死亡近5万人，令人触目惊心！

我们信步周围，有一立着的铁柱，有一展厅、有一商场。尽管时间很短，我的心情是不平静的。中国的老百姓对拿破仑可能主要是通过电影来了解的，有两句听说是拿破仑名言的话大家都在传说。一句是："不想当元帅的士兵不是好士兵"，也有人说此话是希特勒所说；第二句，"我的个子比你们矮，但如果你因此而蔑视我的话，我将马上砍下你们的头，消除这个差别！"这或许真的是拿破仑的语言。他的一生是波澜壮阔，也是复杂多变的，矮个，是他的重要特点。

杜查理所著长篇传记《拿破仑》的最后有这样一段话："的确，拿破仑的光辉的人生历程震撼了空间，吞噬了时间，尽管历史无情地一路前行，但拿破仑的名字还若璀璨的星辰，闪耀着煜煜夺目的光彩。尽管拿破仑过分的雄心勃勃，过分的任性偏激，尽管遭受了失败，但是他在管理国家、唤起民众、统领军队方面的伟大与卓越是无与伦比的、超群脱凡的。他的伟大，不仅在于他所创造的业绩的永恒与深远影响，而在于他在创造这些业绩中投入的是无法比拟的神奇雄伟的巨大力量。人们曾这样评述过他：'这个最终把无数人的向往与思念引向圣赫勒那孤岛的人，必将永远立于人类历史上，英名永存者的最前列。'"这个评价显然是很高的。

几乎所有成功的伟人存在着不足甚至失败，就像巨大的光辉后面往往掩盖着巨大的黑暗。人们由于天性使然，往往唱尽了胜利、唱尽了成功，但不愿意去鞭挞失败、鞭挞黑暗。但我想任何公正的评价应该是有光明说光明、有黑暗说黑暗的。因为这是人类鉴照的两个翅翼——以成功为经验，以失败为教训。仅有成功的经验是不够的，应该有失败的教训；有时候失败留给后人的启示远比成功更深刻、更清晰。

因为成功是全力减少失败的进取，失败是全力争取成功的奋斗。因此，成功创造辉煌，失败也创造辉煌。我们颂扬胜利，却感谢失败。一个滑铁卢给了世人多少借鉴？

立于此地，我仿佛听到战马嘶鸣，刀剑撞击的声音。我自己似乎也在骑马驰骋，去检阅、去观看激烈的战争场面，去用自己的眼睛盯着那些统帅们、将军们的脸，从他们的脸上窥视他们的智慧、灵感和残酷。

欧洲给了拿破仑以歌颂，并得到世界的传颂，但马克思对此不以为然，他认为拿破仑是一个可笑而古怪的人。

当汽车再次开动时，我的心情又从拿破仑回到了对那一古老问题的思考上：征服和统治。我从来不颂扬人对人的征服，因为古往今来的一切征服都伴随着屠杀。人类现行的许多手段都浸透着动物的本能，许多动物是以别个的死亡来实现自己的存在的。于是大鱼吃小鱼，小鱼吃虾米——弱肉强食就成了真理，这一“真理”贯穿了动物产生以来的一切过程，直到今天这一“真理”还在重复。但是人类的出现，尤其是人类发展到今天的层次，至少要为自己的这种“真理”行为叫停了！人类不应该以自己同类的牺牲来赢得自己的存在和发展、发达。但这是何等的难！就像让人们具有善良的品质是何等的重要又何等不易！但我相信人类最终会放弃这种“吃了你”的做法，因为动物没有道德，人有道德。

汽车在飞快地跑着，每隔四小时就要停一停，我早听说欧洲有此规定，主要是为了防止司机疲劳驾驶，果然，每到此时司机自然地停在一边，大家免不了评论一番欧洲的这一做法，有说好的，也有说不好的，说好的认为，这才是真正的“以人为本”，司机犯困，倒霉的仍然是顾客，反对的说，此缺乏科学根据。怎么就可以证明四个小时人就犯困啦？身体好，五个六个小时也不怕，身体不好，一两个小时就受不了。

显然这种争论是不会有结果的，但此时此刻却增添了车厢内欢乐的气氛，大家都感到很开心。

近二时，至巴黎，住 MECURE. 362 号。

由于多次来巴黎，一看到熟悉的街道和建筑，便感到有种难以言状的激动。1991 年我第一次来巴黎时，那心情是另一种情况了：那时候我急于想看的是巴黎公社墙，我们特意到巴黎公社墙留影。可是，现在的年轻人中，许多人都不知道这些，即或知道也不再关心这些事了，一代人有一代人的关注点。

下午去参观凯旋门、艾菲尔铁塔，游了塞纳河。给我们当导游的称林纾淑，他在不断地介绍着法国的诸多事件。因为，在此前我曾读过一些此类作品，也并无多少兴趣。

或许由于是疲倦的缘故，吃过晚餐后，我靠在坐椅上迷迷糊糊地睡着了，这一短睡还做了个梦，我便做了记录：

一只蝴蝶，走进我的梦里，

走进我的心里。
她漂亮地起舞着，
那彩羽连着朝霞、虹霓。

一只蝴蝶，走进我的梦里，
走进我的心里。
她闪亮的眸子里，
荡漾着温柔和青春的气息。
神让我看她魂的威仪，
神让我仿她灵的飘逸。

梦的涟漪荡来，
心的波浪荡去。
我想飞翔，想有自由的翅，
我想飞翔，想有强劲的翼。

深深的感伤，
深深的叹息！
孤独的郁金香迎风，
云层中有未落的雨滴。

一只蝴蝶，走进我的梦里，
走进我的心里。

大家嚷嚷着“打牌”，我便和大家一起打起牌来，于是那个梦也便离我而去。

4月17日（周日）

第六日　晴

昨夜打牌。1：30休息。晨6时醒，洗浴，晨练，看材料。

上午10：00参观凡尔赛宫。

下午去参观枫丹白露。法国的宫殿富丽堂皇，精美而大气。由于这些宫殿与拿破仑等法国的历史人物紧密相关，因而也增加了人们不少的联想。虽然我来过此地，但还是认真地观赏着那些绘画、那些雕塑。

晚上吃海鲜、看节目。一日参观，都在面对艺术，难怪世界的许多艺术家都来巴黎。巴黎的艺术精品、经典作品可谓类型多样、异彩纷呈。但是东西方艺术的确存在着不同，就连最常见的雕塑和绘画也有不少差别，比如宗教与世俗、人物的描绘等。都各有特色、各有情调。

艺术，引导着人们的欣赏，
欣赏，左右着艺术的趋向。
艺术在真，真的艺术实，有根基；
艺术在善，善的艺术长，有灵魂；
艺术在美，美的艺术香，才创造欣赏。
少数人的笔凝结了大众的心，
大众的情给少数人的笔注入了力量。
永远的创造、永远的新颖，
永远的真善美，永远的美好向往；
没有创造，就没有灵感、想象；
没有创造，就没有艺术的脊梁；
没有创造，就没有艺术的活力和希望。
排斥了平庸、平凡、平常，
你才从新创造中进入新的辉煌！

平庸、平凡、平常是个相对的概念，即便是平庸、平凡、平常的话语里，或许同样蕴藏着艺术的珍奇和妙想。

没有欣赏，就没有分析、评判、选择，就没有艺术生命的趋向，艺术最终鞭笞肮脏低俗，鼓动人们对真善美的向往。

选择美的立场，走向美的更高的境界，走向美的更丰富多彩的理想。

感受是零散的、凌乱的，但都产生于面对艺术美境的现场，飘飘忽忽，若即若离，有体味而无以言表，时有象却无以构形。

4 月 18 日（周一）

第七日　巴黎　阴

照样的早醒早起。6：30，步于室外，晨有细雨，迷迷濛濛。

昨夜睡中，邱北县书记打电话，惊梦，久难入睡。晨感困乏，不由自主哈欠连连。

上午，看花市。询问那些卖花摊主，有摊主说："这些花多是电话预订，订好，分别派人送去。这生意好，为什么？因为法国人一天也离不开花！"这句话给我深刻的印象。为什么？它在说一个原理，或者在说一个道理。爱好形成市场，有什么样的爱好就有什么的市场。爱好成为风俗，成为"文化制度"，就有广泛性和持续性。花，的确给人以高雅的感觉，一个地区有一个地区的风俗。在藏区，人们彼此之间交流主要的用物是哈达，花是献给神的。这些年，随着改革开放的不断深入，在大城市，尤其像北京上海这样的大城市，花已经成为探亲访友的重要礼品。

下午，参观罗浮宫。每一次到法国，我都要来罗浮宫一看。为什么？喜欢，也与我的专业紧密相关，尤其是许多古埃及、古希腊、古罗马珍贵的文物。我带着几个年轻人在罗浮宫里匆匆地走着，给他介绍着里面的绘画和那些石雕、木雕等，世界各地的文物荟萃于此，可谓琳琅满目，目不暇接。是慕名吧，大家争着要看蒙娜丽莎。我很快准确地找到了她。有的同志不禁叫道："乖乖，就这么大一点点啊！""可不是吗，你想要多大？"我问。对方笑笑："我以为是一巨幅画像。"

众人笑了。电视和书刊上看到的与实际确实有距离。离开昆明时，儿子特地打电话给我，他说他来巴黎参加活动时也在卢浮宫照了蒙娜丽莎，但没照好，让我给他再照一张。大概是由于为名气所累吧，跟往常一样卢浮宫来参观的人很多，空气也不好，有些精典的文物旁里三层外三层，围得水泄不通，转一圈下来，汗流浃背，疲惫不堪，但仔细一想，还是走马观花式，没留下特别的印象。这就是一切过客的痛苦，向往、积极，却没有更多的时间玩味、欣赏、研究。因此去也去过了，看也看过了，但稍细一琢磨，还是说不清道不明，一脸惘然。

经历毕竟是珍贵的，去与不去，见与未见，完全两样。当我在回程反复回忆卢浮宫中所观文物时，不禁浮想联翩：

天下集一宫，流连不知行。
追忆古往事，惜怜来去心。
画中有基督，意外听圣经。
天地百姓重，乱世权贵轻。

积累文物，在早期可能是积累财富的一个组成部分，而这种积累随着文明的推进却有了新的含义。文物显示了文化的深刻内涵，也便与人类的文明里程紧密相关。于是，文物不但升高了它的财富价值，也提升了它的文化价值。不少文物因他的文化价值更加显得价值连城。这种观念、这种理念，一旦成为全民的意识（文化之价值认识），就可以形成无比重要的力量。此时的珍爱文物，更多地超越了金钱财富这一概念，而走向珍爱先人，珍爱历史，珍爱文化，珍爱思想，从而也更加为子孙负责，为历史负责，去珍惜未来。我的眼前不时地交换出现着东方文明中的佛，也不断地出现着西方文明中的耶稣基督，我也不时地用心灵与他们交谈，追索他们提出一些思想理论的环境条件、历史意义与现实价值。

历史上的无数伟人都带有自己的时代局限性，但在真诚地探求真理、坚韧不拔、关心民众疾苦和人类未来方面都带有共同性。这或许是他们成为伟人的基本元素。车在行进，我在轻轻吟诵着：

诚，给人以信，
慈，给人以亲，
实，给人以忠，
那些显于内在的，
那些造作虚浮的，
近来又远去，如云雾缭绕，
如道路盘行。

我们看到了什么？
我们该端详什么？
我们该分析什么？
我们该选择什么？
追着远离的真，
择着虚伪裹着的诚，
握着变形的善，
心里渴望一片光明，
——有美和善的光彩，
有美和善的和声。

整合、集成、完善、合成，
用真做心，
用善做魂，

用诚做行，
用美做型，
这才是真正的人生！

人是需要问询自己的终极价值的。因为，我们活着，但不是浑浑噩噩，而是明明白白；我们活着，要问过去，使过去更透彻，要问未来，使未来更清晰。

赴欧散记（下）

4 月 19 日（周二）
第八日　晴

7：30 早餐。8：00 离宾馆前往戴高乐机场。10：20 乘机前往米兰。在飞机上，我看着：

机翼下的云，白
机翼下的云，静
机翼下的云，柔和
　　在阳光里飘逸、多么轻盈
望远，云鳞片片、片片连连、似走似停
望近，云的世界里
　　散布着田野、村庄，错错落落，有远有近

富饶的法国
富饶的欧洲
　在云的缝隙里显隐
美丽、多情!

一次次来，一次次去，
蜿蜒的塞纳河
沉静中推着浪，
仿佛在豪迈地唱着《马赛曲》前进!

梦别巴黎，
　只留下玫瑰芳香
　　飘远的古老的梦

只留下蝶翅扇起的一段温馨。

朦胧中的爱，
朦胧中的心，
朦胧中的机翼，
　载着我飞行、飞行、飞行。

11：50，我在飞机上想着、望着，一动未动。飞机在云雾中飞行了25分钟。

来到米兰，米兰在雨里。

雨，清冷而幽怨，似乎可以听得见一种哀怨的诉说。

我在雨中走着，想着自己的心事。尽管参观国际时装、大教堂、达・芬奇塑像、剧院，我跟着大家走着，也照着相，但脑子似乎被屏蔽。那位大家称为春莉的米兰导游在不断讲着什么，我似乎什么都没听进去。当我处在高度集中的思考和写作中时会经常出现这种情况。

5：00住LEVNARDO DA VI ACI 605室。

进餐是在一家华人饭馆，导游和饭店老板介绍着意大利的情况：说什么这儿的男女比例为1：3，黑手党分三派等，可谓天上地下、东西南北，无所不聊。

由于学术研究原因，我非常想了解有关米兰在墨索里尼、古罗马时期、拿破仑时期的情况，但他们对此了解、认识不多，也就无从谈起。大家唯一的共同语言是足球、服装、艺术，也只是泛泛而谈。也谈到了徙欧华工的悲惨经历，使人感到那些闯荡世界的华人实在是不容易的，他们经受了人间的酸甜苦辣，实际上比美洲黑奴的境遇强不了多少。

不知从什么时候起，在我的生活中，不论到什么地方，或在国内或在国外，总要将有限的时间使用好，尽量地多了解情况。可是在米兰的收获使我感到失望。因为我有一个了解民族、国家的基本方法：历史、宗教、文学艺术、风俗、重要事件、重要人物等。而这些方面我都没有多少收获。即便是对现实的经济状态也知之甚少。不知其历史，则不明其发展过程；不知其宗教，则不明其发展中之精神导向；不知其文学艺术，则不明其发展中之审美；不知其风俗，则不明其风化，民间文化中之潜制度；不知其重要人物、重要事件，则不明其崇尚，精神基础；不知其经济现状，则不明其发展程度。但一切如此，也只有如此了，关键在事先准备。事先准备不足，这种结果也是自然的事，又能怨谁呢？

4月20日（周三）

第九日 米兰 晨阴

小雨6：10跑步。活动一小时，7：00早餐。

唤醒我的是早叫的鸟儿，
鸟儿唱着悦耳的歌！

湿漉漉的风拂面而来，
草丛中的花在摇曳。
——花瓣上珍珠般的露珠，
滚来——滚去——滚落，
奏着一首无声有韵的乐。

也有巨树在摇曳，
沉重而笨拙。

不知何处飘来的清香，
——沁人心脾，却倏而即过。

远处有山，山上有雪，
寻不见久违的晨星晨月，
只见车流来去，像奔腾的河。

9：30始，经过近4小时（中途休息20分钟），到达威尼斯。建在120小岛上的威尼斯是神奇的，我们来不及休息，便匆匆去参观圣马可广场，看着公爵宫、法官官邸，以96米的身姿高耸着的钟楼，其建筑之博大、精美，令人赞叹不已。旋而我们来到圣马克大教堂前，那里有许多的鸽子，不少人在喂着食，那些鸽子一点儿也不怕人，不一会儿有鸽子便落在我的肩上甚至头上。圣马克大教堂融拜占庭、哥特、东方风格为一体，精妙绝伦，有许多马赛克画，大多都是以基督教经典故事为核心的故事。我们欣赏着，每一处都使人流连忘返。

我读过一些关于威尼斯的书籍，从而知道，千余年来，威尼斯在实行着多加托政体，即将专制与民主混在一起，这是一个令人感兴趣的话题，也是一个值得研究的问题。我问身边的人，大家对此直摇头：不了解、不清楚！可见生活着的人们虽然一刻也离不开政体，但大家一般都不愿意去研究它，因为那似乎只是政治家们的事。人们更喜欢谈论这个水上城市的最初形成是由于躲避匈奴侵袭的话题。

我们来到了叹息桥，来观览此桥的人不少。桥对面便是过去的监狱。叹息桥便是过去罪犯们的必经之地，或许因此有了“叹息”吧。观之良久，心中便有词句来：

叹息桥头空叹息，
自由海上无自由。
水流桥下千百四，
桥立水上不回头。

法度与自由总是有限的。人渴望自由，我也希望有无尽的自由。但这种自由在哪里？人，一方面要受自然界的各种限制，同时也要受自身无穷无尽的限制。在限制中理解自由或许更能理解自由、把握自由、享受自由。所以那些把自由理解为“海阔凭鱼跃，天高任鸟飞”，可以恣意的，实际上是一种误解。海有尽头，故而鱼到海尽头，便是界限；天无尽头，但鸟力有限，也便是限制。无限的东西是存在的，但对一个拥有有限生命、有限能力的动物来说，一切无限都是不存在的，只有心灵！心灵可上天入地，自由驰骋。

导游在指点着，这是拿破仑住处，那是威尼斯大学、艺术学院、音乐学院。陆上走、水上行，我们“自由”地转悠着，我的思绪在更为“自由”的世界里畅游。

豪情激荡大罗马，
文明弘扬说希腊。
陆路空路转水路，
世事变幻无国家。

威尼斯的一切都在水中：

屋屋水中浴，

无处不石砌。
百拐胡同窄，
一箭小舟急。

威尼斯的巷是水巷，船成了独特的交通工具，也成了独特的景观，似乎感到那鳞次栉比的群楼中，那千年的各色建筑中，只有或飞驰或悠然缓行的小船才是协调的。我有如此的感觉：远一点看，似乎威尼斯的楼群是漂在水上的，而进入到水巷，才感到这些水是流过房屋的，水的力量一下失去了许多。沿着那些水巷也可以看到那底层已经废止的房屋。

我意在传说是马可·波罗故居的地方照了张相。我在少年时代就读过马可·波罗的故事，对他的那种游历生活充满了幻想。很佩服他那种敢闯的精神，一个不通语言的人走入异国他乡，需要勇气，而且他是个有心人，他写下了他的游记，给世人留下了一笔珍贵的财富。由于研究工作所形成的习惯，日记、笔记、游记也成了我工作的一种方式，但在800年前，马可·波罗徒步得来的经历和我们今天的人坐车坐飞机前去的“经历”，同样有根本的区别。那时学语言或许更为困难，不像现在有录音带、CD、VCD等，东西方的社会文化的交流，也不如现在频繁而全面。

旅游的过程是与自然、历史对活的过程（至少对于一个学者是如此），是与伟人对话的过程，是与石头、土块（那些残留的文化）对话的过程，也是与现实对话的过程。由于知识的局限，由于我们观念的局限，由于我们视角的局限，我们同样的旅程有着不一样的联想，同样的观赏有着不一样的感想。

欧洲存在着复杂的民族问题，存在着同样复杂的宗教问题，因而不可避免地有着复杂的文化问题。而这种复杂中起根本作用的仍然是科技这第一生产力。发达的生产力毫无疑问地要依靠先进的思想（科学的指导）、丰富的文化（文化永远为物质文明和精神文明的再发展提供养料），来推动政治、经济、社会事业的发展。

人类时刻关注着自己的未来，探索着自身的价值。这一切对常人可能是多余的呻吟，而对于文明的引导者（那些在更高层次上思考生命思考人类前景的人），便成为生命历程中必须思考和努力解决的问题。

从历史轨迹和现实精神来看，基督文明仍然是欧洲文明的基础和大背景。那些以往的文明，尤其是那些古文明都程度不同地掩盖其中。

看着古老的欧洲文明，我在不断思考五个问题：

一是教堂的建筑、人体艺术在欧洲的现实生活中到底起到了何种重要作用？

二是基督、天主、东正教在相对发达的国家到底还起着何种实际作用，其作用到底有多大？

三是在欧洲文明的进程中，其文化哲学基础到底起到了多少关键性的作用？

四是欧洲相对平衡状态的出现和马克思主义在欧洲的意义如何？

五是民众的生活和民众对人生、生存等问题所采取的基本态度是怎样？

如对于健康的态度（锻炼、寿命、疾苦、死亡观等）、性观念（性道德、性文化与家庭生活）、生产观念、精神要求、心理要求等。

4 月 21 日（周四）

第十日　威尼斯

五时起，甚静。夜空星汉灿烂。

天气晴好。信步游威尼斯街，时六时半也。遂吟：

晨鸥独翔
天蓝星何稀
红墙青瓦苦相依
桥头水静船栖。

多少欧洲故事
几番云里雾里
千年商贾何在？
旧城又入晨曦

中国人熟悉莎士比亚的《威尼斯商人》，但长期的闭关锁国，不太熟悉欧洲的商人尤其是欧洲的威尼斯商人。威尼斯的商场店铺很多，一家一家又一家，大家忙着购买东西，项链、首饰、头巾、领带、胸花、各式帽子，可以说应有尽有。女士们买得最多的是首饰，有一种项饰似乎是瓷器，但上面有各种鲜亮艳丽的花式，几位女士在挑着，我看了之后，说："你们在这儿买马赛克呐？"大家看了都笑了起来："可不是，从后面一看真有点像我们厕所里贴的瓷砖！"我说："这种饰品我在国内看到过，只是花纹没有这里的多、这里的好看！送人自然是好物件，又便宜又美观，符合中国游客的选择。”于是大家又挑了起来。我自己也买了两个。我说：“到了威尼斯要记住两人，一个是马可·波罗，马老的故居我们已经看过，算是记住了，现在我们要记住另外一个‘人’……”大家好奇：“什么人?”我哈哈一笑：“商人，威尼斯商人!”

“噢，这么两个人。应该记住，应该记住!”没有多少工作上的事，大家高高兴兴，其乐融融。

中午，自威尼斯至罗马。从机场到一中餐馆吃晚餐。

回到房间后遇到一件事：开不了房门。那个插片的锁怎么也打不开，不仅是我的房门，其他几位的房也打不开。前后折腾一小时。我给大家说：不知为什么，我从1991年第一次来欧洲到今天已经15年了，但我感到欧洲人更新的速度是十分缓慢的，尤其是楼、主要设施，包括门窗和锁。不像中国，我在北京近30年，几乎天天都在变，而且从根本上变，不要说百年前的东西留下的不多，就是十年前的东西留下的也不多。这也是我经常遭遇的复杂心情，一方面为快速的发展而高兴，另一方面也为快速的消失而伤感，尤其是一些具有文化价值的古物。

接着大家聊天。天南地北神侃一通，神差鬼使，大家共同聊“二战”中的意大利。欧洲人对“二战”的反思是较为深刻的。为什么？因为欧洲人从“二战”的罪恶中看到的不仅仅是对自己亲人的戕害，或对国家的破坏，欧洲人看到了“反人类”、“反人性”，看到了正义与邪恶的较量……当“反对法西斯”成为人们的共同理念，共同的行动，邪恶才得到抑制，而这一任务是长期的。欧洲的这种理念的产生，不仅源于人类的共同价值，也源于文艺复兴对人的发现、对人的尊重、对生命的尊重。或许以此为基点，才有可能使正义的旗帜更加鲜亮，更具世界性，人类也将从“弱肉强食”这一自然规律引入社会领域的惨痛教训中醒悟。

人类总是在两极的对立中找到自己的抉择。对于仇恨和宽容也是。只有博大的心，宽容和善良才能容纳伤害；最终享受伤害的是伤害者本人，而非被伤害者。因为希特勒的覆灭，墨索里尼的遭缢便是铁证。世界上没有一样东西比人心更复杂，比人心更强韧，比人心更残酷。胜利的各国人民并没有用对手的方法处治对手：没有对日耳曼人采取日耳曼人对付犹太人的方法，也没有对日本实行“三光”政策。这就是人类的聪慧处。

原以为那扇残破、尘封的窗户会因历史的苦难、悲愤而关得更紧，可被那阵轻柔的风，那朵娇嫩的花，那丝纯醇的清香推开了。古屋中上演的并不一定是最古老的故事，古屋里重复着却是同样简单的社会、生活道理：

正义、善良和伪善、邪恶，对待自己和对待别人，眼前与长远的思考却是永远的事！相信什么就会坚持什么，厌恶什么就会唾弃什么。善良与邪恶之间有条路，这条路很短；成功与失败之间有条路，这条路很长。善良只需要自己的反省、修炼，而成功却需要无数人的支持、配合。

只有本质的认识，才告诉你该怎么办？对事物本质的认识需要方法、时间，需要用齐全的资料和科学的手段分析。一切是具体的，对具体对象本质的认识必须从具体对象自身出发。策略是对对象本质认识程度的外在反映，更多地关注事物本质的认识，而非策略，更不能本末倒置，将策略当作本质去研究。

李钢来谈总结事。我突然屈指计算，匆匆间我们在外已有十日了。

4月22日（周五）

第十一日　罗马　晴

六时起，听到鸽声，望着飞翔的鸽子和悦耳的哨声，感到十分亲切。

战马嘶鸣剑戟舞，
帝国恢宏三洲主。
英雄恋得旧城在，
残垣断壁哭往古。

上午，参观梵蒂冈。

步入梵蒂冈才感到梵蒂冈问题值得重视。一般的宗教都存在着对外的排他性和对内的认同感，都存在着自己特定的教主、经典、道场、仪轨、僧团和特定的教民。这同样是一个社会，不能小视。因为宗教的这种特殊性，便形成了一定的文化，即某一宗教思想为核心的文化和文化现象——形成文化后，它会成为人们生活的一部分，因此，涉及此一问题的一切话题便有了它的群众性。

必须看到宗教对于那些基层百姓，是一种需要——精神的需要、文化需要。国内外，我们都可以看到一种现象，宗教可以成为政党，也可以成为政党的同盟，因为它拥有群众，便成为现代政治中争取的重要对象之一。宗教冲突和政党冲突、宗教冲突与民族冲突、宗教冲突与国家冲突都是目前世界上的主要冲突形式。发源的单一民族性、具体地域性和传播的多民族性、多区域性（甚至国际性）已成为它的基本特点而存在。因此，在宗教问题上的幼稚是危险的。保罗大教堂富丽堂皇。小小的梵蒂冈以教廷在国际事务中发挥着不小作用。这些作用实际上有许多就是利用了宗教的那些独有的特点。

昨日我们到罗马时，新教皇刚刚继位，马路被管制。晚上的电视里不断地播放着整个继位的过程。突然间来到这里，有似曾相识之感。保罗演讲的层台上空无一人，而那些挤满了听众的地方仍然摆放着许多椅子。立身其中仿佛置身于昨日的场景之中。

我想到了马克思的一段话："宗教、家庭、国家、法、道德、科学、艺术等，都不过是生产的一些特殊的方式，并且受生产的普遍规律的支配。"这段话出自《1844 年经济学哲学手稿》一书，我感到这是迄今为止我见到的对于宗教这一社会现象总结得最为深刻的语言。宗教要受到"生产的普遍规律的支配"，其直接的是受到精神生产的基本规律的支配，有需求，产品就有价值，需求不分国界，精神产品一旦形成就会长久地起作用。核心问题还不在于生产的形式，而在于它生产的特殊性、产品自身的特殊性、市场需求的特殊性，并在其"特殊性"上进行有效的调控和把握。因为和食品一样，它也是一种世界现象——看着威尼斯、罗马的教堂，我们自然地会想到中国的寺庙，无论是藏区的还是汉地的；看到了雕塑的基督，我们也自然地会想到佛的造像。每个国家都存在对宗教的管理问题，存在着以何种手段管理的问题，自然也存在着政治生活中政党与宗教的关系问题，存在着国家政权中如何对待教民的问题。

下午，参观古罗马遗址。

从王政时代到共和时代，再到帝国时代，罗马从公元前 8 世纪走到公元 5 世纪，在这一千多年的历史中，古罗马给世界留下了无比珍贵的财富，也留下了无数的思考。

漫步在罗马街头，确有思接千载之感。我在读史时，看到古罗马罗幕路斯、勒莫斯孪生兄弟由狼哺育的说法以为是一种贬低，是由于罗马人的四处扩张，还是由于罗马的缔造者是由母狼喂养、是战神的后代以突出其强悍和野心？而到罗马以后发现，在许多地方都有一只母狼与两个孩子的图片。可见这个传说是深入人心的，可能是原创的而非后加的传说。跟许多故事一样，爱情、权力、复仇是其应有情节。意大利半岛阿尔巴城的国王努米托雷因其胞弟阿姆利奥篡位而被驱逐，王子被杀，公主西尔维亚被迫当了祭司。深爱公主的战神玛尔斯与之媾和生下了孪生兄弟。阿姆利奥担心其为老国王复仇便将两个孩子偷出扔进台伯河。而承担这一使命的人出于同情，将其放入竹篓而后投入河流。竹篓漂之“七丘之地”后被一狼刁入山洞喂养，后牧人发现了此事，将两个孩子带回抚养。两个孩子长大后知道了自己的身世，杀死了篡位的阿姆利奥，迎回了老国王。于是，老国王将“七立之地”封为他们的领地。后兄弟反目，兄杀其弟，以自己的名字命名了罗马城，时间为：公元前753年4月21日。我特意到罗马博物馆看了这尊雕像，并照了张相。虽然在露天，看着这尊雕像，我从内心有一种说不出的感觉。因为罗马的故事是从这种血腥开始的，其核心是权力，弟逐兄，兄杀弟，老一代小一代都走着这样的路，而给本来残忍的狼赋予了善良。似乎在说人不如兽、人不如狼。当然，按照民族学的一般解释，也可以理解为母狼也是那部分罗马人的图腾崇拜。偶阅书籍尚有第三种推测，这就是孪生兄弟的养母拉伦蒂亚被称为“路帕”，即为“母狼”，其中有“淫妇”的含义。古罗马的淫乱是罄竹难书的。

当然，这一切对于今天的人已无关紧要。罗马有太多的令人难以忘怀的故事。像早期的罗马人强奸萨宾妇女案，以亲情化解冤仇；像罗马人对迦太基人、对英格兰等地没完没了的征战；中国人较为熟悉的恺撒大帝和埃及艳后，等等，纷至沓来，既波澜壮阔，气势雄浑，又婉约细腻，如倾如诉。恺撒之后的屋大维也先后进兵西班牙、多瑙河、莱茵河，进行扩张，也进行了兴修神庙、剧场等一系列的基础设施建设，他曾说：“我接受的是一座砖造的罗马城，却留下了一座大理石的城市”，罗马的确是一座石城，留下的残垣断壁无一不是石材。而可贵的是罗马人至今在很好地保护着它，让这部分历史的记忆还活在人们心中。世界上没有不落的太阳，赫赫的罗马帝国最终还是在内外交困中覆亡了。

晚上蔺楠请客。打牌。我小时候也是贪玩的，在大人们身边学会了打牛九牌，一度时期也是颇为喜欢的。随着年龄的增长和艰难生活的开始，我便拒绝了打牌，甚至中断了许多爱好。一度时期朋友们也不跟我玩了，原因何在？主要在于我的严格的“只一”的做法，即不论玩什么、什么地点玩，只“玩”一把，下棋下一盘，聊天不超过十五分钟，其他也如此。那时候只是为了事业、为了更有效地使用生命，惜时如金，珍惜机遇，将一切有限的时间都投入学习、思考、工作之中。刚开始，朋友们不习惯，我自己也不习惯，但毕竟经过了许多的艰难困苦，时间对于我是无比珍贵的。于是，坚持，坚持，便形成了这种理念和习惯，这一坚持就经过了许多年！到了云南，一切情况都变了，许多人不熟悉，许多事不熟悉，就连干部的许多习性也不熟悉，有时候工作中的那些闲暇实在难以打发，比如候车、候机等，便开始学打牌，不谈牌艺，只认“手气”，由于牌艺不足，有时候“手气”很好也无济于事。在布鲁塞尔，我们就曾打过一把，两副牌，我攥着四个大小鬼，就是赢不了。

惜时如金何如昨，
闲来无事弄扑克；
笑声催得时日去，
“丧志玩物”又一夜。

实际上，有些“玩”是有益的，也是必需的。“玩”要有度，一旦影响正常工作、事业、健康，就走向反面。

意大利最近在罢工。总理辞职。

4月23日（周六）

第十二日 罗马 晴

凌晨5时，我就被窗台上“咕咕”的鸽声吵醒了。出于昨夜饮酒之故，出汗多，感到身躁口渴。喝了点水，看时间尚早。我便做了半小时气功。

5时半，看学生的博士论文稿。感到在藏族法律文化的研究中应加强模式、发展基本历程、基本价值的研究，以使这一学科的基本框架等更系统、更具共识。

上午，再去参观古罗马遗址。

下午，参观，购物。

晚饭后讨论总结问题。我说：这次出访展示了云南花卉、明白了云南的优长与不足、思考了问题、拓展了视野，不少同志为团的工作付出了辛苦、坚持了团结友爱、经受了考验、延续了友谊。大家发表了不少很好的意见，都感到这是一次十分有意义、十分难忘的出访。

4月24日（周日）

第十三日 晴

5：50起，继续看博士论文稿。

条条大路通罗马，

件件文明放光华。
文艺巨匠今安在，
残墙劲立斜阳下。

心有百恋评往事，
意在千秋明规律。
独坐望得朝日升，
百鸽翔旋不愿去。

罗马的豪华、奢侈依然如初，它对人们的生活、审美产生何等影响，很难清楚：

——富裕的生活，必然是奢侈的生活？非也。

——珠光宝气，穿金戴银是否是富裕的高贵的生活？非也。

——饰品、衣服等身饰体现财富的时代已成为往事，但仍然左右着现实。奢华的生活往往是以金钱作为基础的，历史反复证实：奢者多颓、多败。君子之行特别注意不可走向奢侈，“奢侈淫逸”均有着内在的联系。

本质在奢华之下：穿了什么并不代表档次，也不代表层次。物可以饰人，同样人可以饰物。关键在人，人无层次，饰以名牌，自然不会有升。

“金玉其外，败絮其中”，不少的人都走着同样的路；抑或“金玉其外，邪恶其中”，许多贪官走着这样的路。

饰之美同样存在。因为饰源之于生活，源之于人类对美的追求，源之于人类对美的欣赏。因有了艺术使之更美好更灿烂。

美在心灵，美在本质。

美在生活，美在创造。

这是千古的至理。而今人不可法贵族，法皇族，因为那种建立在百姓痛苦穷困之上的“美”的享受，那些建立在掠夺、侵略之上的“美”的享受，或许是“美”的，但其本质是邪恶的、丑陋的。

——这便是罗马给我的思考。

4月25日（周一）

第十四日　间阴　雨

飞机在飞，我在机上彻夜看稿。晨6时到达香港机场。

入住柏宁酒店720室。去购物。1993年我来香港开会时，曾专到书店买了一本《香港廉政公署》的册子。感到香港从一乱世，进入一治世，廉署功不可没。这一方面大陆有许多是可以借鉴的。因为腐败是最大的危险，也是最大的不稳定。

自由街头访自由，
廉政公署问廉政。
十二年去如一梦，
又见香港海雾中。

匆匆间已 12 年矣！令人感慨。

下午 4：50 返回宿舍，大家来聊，感到此次出访很有意义、令人难忘。

访欧归来日，
又多一叹息；
短短十五日，
生情又生谊。

4 月 26 日（周二）
第十五日　晨　多云间晴

云飞云舞云去，
楼高楼低楼密。
车东车西车急，
心沉心静心喜。

乘机自香港返回昆明。

访越日记

越南在我们这一代人中有许多不可磨灭的记忆。为什么？我们这一代人几乎经过了五六十年代两国友好的美好环境，也经历了70年代末80年代初，中越交恶的战争。在20世纪60年代，我们唱着那首歌颂中越友谊的歌：

越南——中国，
团结紧，力量强，
共临东海，我们友谊比天长……

我们读着《胡志明的故事》，知道胡在法国人占领越南期间的革命斗争。到了"文革"时候，越共似乎变了，越共高层领导人黄文欢逃到了北京。后来越南和中国发生了矛盾，走向了战争。当时的小说以及后来改编成电影的《高山下的花环》也影响一时，当时的影响是：越南人无情无义，吃着中国援助的大米，端着中国制造的武器来打中国人。两国一开战，从上到下一片谴责声。对越反击战成了当时的重要话题，新闻也不断宣传蹲猫儿洞的新一代人民解放军战士。80年代初，中国作协要组织作家深入前线，有一次也选到了我，我也准备去，可不知何故又不去了。

历史就是历史，不能重演，但它会告诉我们很多很多，关键是作为今人我们如何去分析、去理解、去判断、去定位。让我率云南省政府代表团访越，我一时浮想联翩。为了把握好政策，我要来相关材料阅读。

"以邻为伴，与邻为善"是很好的国际交往原则。

2004年12月，我作为云南省政府代表团团长访问了越南。

陪同我前往越南的有云南省商务厅副厅长朱旦生等同志，行前，我只听了一次汇报。

12 月 14 日（周二）
第一天 昆明—河内

下午 2：30 自昆明乘飞机 VN909，行 1 小时 30 分钟至河内。

由于要转机胡志明市，便在机场内等候。代表团里也有初次访越、对越南怀揣疑问的："越南人对中国人到底怎么样？是不是很恨？我们毕竟打到了河内。""没怨没恨是不可能的，可是现在他不敢恨，也恨不起来，他要发展经济，要强大，不与中国合作就是死路。"

大家议论着，这是常情。我刻意观察了周围，看到执勤的越南人面对我们时的表情是冰冷的。人是奇妙的动物，实际上用不着用语言表明或者用拳头、刺刀对着你，一看眼神一切都明明白白。

在机场等候 1 小时许，我们乘 VN783，再用 1 小时 50 分钟自河内至胡志明市。

近晚 7：00 入住贵都饭店 829 号。刚到，大家忙着安排相关工作。

吃完夜宵已是夜里 11：15，我毫无睡意，想出去溜达，随团的同志说："还是别出去，安全第一。"我不知安全到底有无问题，反正是为我好吧，只好待在屋里聊天。

云南人在一起，自然要聊云南的事。与朱旦生等聊得最多的关于普洱茶的事。

一是目前的普洱茶无标准。目前普洱茶市场五花八门，云南在搞，外省甚至港澳台地区也在搞，由于无统一标准，使这一名牌有名无牌。

二是市场对普洱茶有误导。或者说是不确定的说法，或者说是没有科学依据的说法：

1. 越陈越好论。科学上如何理解这一问题。假如果真如此就好，而一般的植物性质是久必腐败，久必变质。其特点的存在是何因素起了作用？

2. 霉菌发酵茶说。20 多种菌类在起作用，菌的存在，有益于人体者，也有不益于人体者。其分量如何？

3. 长期保存，可为金存。既然是发酵，就要有一个恰当的保护方法和过程。因为迄今为止，还没有一种饮品和食品能长期保存。

三是解决普洱茶的关键所在：

1. 应该确定普洱茶的统一规格（产品），统一的原料规格，统一的加工规格，统一的检测规格。确定规格是发展普洱茶产业的必需条件。应该集中力量解决。

2. 应该设立相应的普洱茶管理机构，建立机制，加强监管。

有同志说："你们该聊点别的啦，你们不是普洱茶专家，干吗操这份心呐?"

我说："干部就是这样，不操这份心，怎么办得了这份事?"实际上，出于工作需要，我对普洱茶的情况也做了一些基础性的了解，也读了一些这方面的书。干什么吆喝什么，既然工作对象中有这一条，你必须加大研究力度，否则如何判断是非、发表意见?

12月15日（周三）

第二天　胡志明市

10：00（越时9：00），在胡志明市会展中心出席"2004越南国际贸易博览会"开幕式。

云南方面参加的企业不少，涉及各州市，有些是州市的分管领导带队前来，已好几日。行前商务厅汇报，这支队伍不算政府代表团有300多人。参展的有汽车、摩托等工业产品，也有不少农副产品。

云南方面前来参展的熟人不断在打招呼。据知情者介绍，其中许多商品也是越南所迫切需要的。

开幕式后参观。或许是为了让更多的人了解，或许是为了建立一定联系，许多云南的企业和领导纷纷让我去看他们的产品，拍照、递名片、留言。我说："你们要抓紧时间向越南人推销，我到这儿会影响你们的生意……"

有些同志不听这些，说："助理啊，做生意靠缘分，没有缘，你喊破嗓子也没用。有了缘分，你守株待兔，可能得个大元宝。"我笑了："你呀，你这是1%的道理，99%是为自己的懒惰找理由。"大家戏笑一番。

曾几何时，"缘分"一词用得十分广泛，宗教界用，学术界用，官场、商场也在用!"缘分"到底是什么，大家并不深究。有个年龄稍长的私营老板说："做生意是个长期的事，不靠一天半天赚钱，再说，做生意就是交朋友，朋友越多，路子越野，生意就越好做。您是省军的领导，我们连自己的领导都做不了朋友，这生意还能做得好吗?"

众人哄笑，也有人挤兑他："您这可是拍马屁!"我恐对方尴尬，连忙拦挡："不要这样讲。"

私营老板若无其事："该拍的马屁还得拍，是不是，助理?"

12：30 高德可总领事宴请政府代表团。边吃边聊中给我们介绍了许多越南方面的情况。越南还是有优势的。他们一再地嘱托：我们到越南做生意，一定要考虑质量，要坚持质量第一，要有诚信，否则难以长久。我感到这一点很重要，没有这种意识，将来的贸易将会遇到很多问题。

晚上参加“2004 年越南国际博览会晚宴”。

8：00 在 33 楼吃夜宵。继而与朱旦生等一起商量工作上的一些事。这时见到一越南华侨，他兴致勃勃地介绍了许多越南的事。他说越南有四个苗条：苗条的国土，苗条的楼房，苗条的道路，苗条的姑娘。他说，你上街看，会很少见到老人。我问：为什么？同行的同志说：战争，越南打了几十年的仗，跟法国人打，跟美国人打，也跟中国人打，年纪大的几乎全完了。

话题拉到这里，让人顿感沉重。周围有许多越南人，恐有人听懂汉语，我示意他们打住，不要再往下讲了。从街头我们也看到另一道景观，那是摩托车。说胡志明市有 230 万辆，胡志明市有 600 多万人，100 万流动人员，几乎每一户人家就有两辆摩托车，街道上，车声震天，那车跟北京的自行车相比，一辆接着一辆，呼啸而去，骑车的好多都是女性。

11：10 回到贵都饭店，望着街景久久难以入睡。

12 月 16 日（周四）

第三天　胡志明市

9：00（越时 8：00）在贵都二楼会议室开会。

商务厅副厅长朱旦生、胡志明市商务参赞王龙虎在会上讲了话。

王参赞的讲话进一步加深了我对越南的总体认识。他讲到：1. 越南的市场机制好，尤其是南方，比北方好。社会总投资在不断增长，加上外援，用在基础设施和大型项目的资金不少。这将给以后的长期发展奠定基础。2. 越南正加快融入国际社会的步伐，加入东盟，与美国签订自由贸易协定，1995 年开始申请加入世贸组织，2005 年将进行加入世贸的谈判。3. 民营企业发展很快。像胡志明市有 12 万家，遍地都是店，人人是老板，人气很旺。中资企业如何进入市场？一要扑下身子，安下心来；二要确定战略；三要选择有特色、有市场的产品。TCL 在越南做电视机，做了一个月的调研，摸清了市场。越南地形长，讯息接受就长，没有地震，却多打雷，于是他有针对性地增加了避雷装置，再与越南的消费水平相结合考虑市场运作马上打开了市场，估计在 2005 年其销售额将增至 60 亿—70 亿美元。这就是一个很好的例子。

但是越南也有不足的方面：法制不健全，政策变化快，没有人盯在此地不行，而且人必须能干。

中国在和越南做生意，而生意上的事也越来越难做。我问："为什么？"一位了解一些情况的侨民告诉我们：

领导啊，我们也难呀，我们到了中国，有人会下意识地认为：这人可靠吗？不会是打着做生意的幌子来收集情报吧；在越南，越南人又认为：这人是中国人，不能信任。但我感到这是正常的。没有话说，因为我们的身份就是这样的身份，两边都不相信，两边都怀疑都在情理之中。可是现在中国人在越南做生意，做得太差了！

领导啊，你说咱这种中国人，也是一个大国的公民，做事咋那么贱呢？大家遇到好多事，合起来是三方面：

一是中国的人，投机心理太重，捞上一把算一把，没有个信用，没有个整体想法，没有个长远想法。现在的生意太多了，本来我们可以多介绍介绍，可是不敢介绍，一介绍他们真会拉下脸来坑人，坑了人还很有理。有一个人做了这种事，我去质问他，他说什么？他说的话真会把你气死。他说：你是卖办啊，越南人都不急你急什么？我坑他是活该，谁让他吃了我们援助还反过头来打我们？这是他先坑了我们再坑他，一报还一报合适得很！你说这是哪儿跟哪儿？

二是道德失范，无所遵循，什么都不信，彻底唯物，也什么都不怕。

三是信仰上的功利性急于求成，"和神佛谈条件"。说了你还不信，有一次我到了一寺院拜佛，看到一个做生意的也来拜，你听他一边磕头一边说什么？"这事儿你给我全保佑了，我给你一万元的香火，保佑一半，我给你五千；你要把这事儿搞荒了，我就不再拜你，每天喊你是'龟孙子'！"你说说这像什么话？

贪官像韭菜一样割了一茬又一茬。我看还得割，别的不说，我听一个朋友说在外面赌博、嫖娼的大多是官员和企业老板。花钱如流水啊，连越南人也在问：中国的官员怎么会有那么多钱？

咋看越南？

领导啊，你这话问得好。眼见为实，耳听是虚。有两方面：中国对越南的看法是不准确的：一是总以为越南以前战争多、建设少、起步晚、基础差、很落后，实际不是这样，越南的发展很快，而且是良性发展，没有那么多事，有后劲，从 1996 年以来 GDP 一直保持在 10% 以上。二是越南人的文化基础和道德修养受到中国文化和西方文化的影响，实际状态很好，并不是有些报纸报道的是一个沉沦的民族。

领导啊，我们中国人有一个很不好的毛病，自己不咋的，可总是看不上别人。中国人既要看到自己的进步，也要看别人的进步，既要看到别人的不足也要看到自己的不足，客观地评价别人，也要客观地评价自己。

要不这样，中国就会像在俄罗斯那样臭了，臭了，一下两下就难以挽回影响。假货太多、假话太多、假人假事也太多，虽然这是一部分人在折腾、在造孽，但败坏的是整个国家的形象，整个民族的形象，而且直接影响到我们在越南的利益，人家一看是中国货就不敢买，一看是中国人就不愿意做生意，就不相信你讲的话，这怎么得了？

领导啊，你们得管管这些事！

——他说得非常恳切。

跟无数的总统府一样，越南西贡时期的总统府仍然豪华、气派，屋顶上可以停直升机。我看到了那架停在屋顶上的直升机。有人问："真是怪事，你看，前面后面这么多空地，为啥要把飞机停在屋顶上？多吵得慌。"众人笑了："那时是战争，总统要溜，就越快越好，哪能顾得上噪声……"

在总统府，我无意中留意到了那个鹰胸上的"3"，问：为什么在鹰胸上要写上"3"？听了本地人的介绍才知道："3"在越南表示西部、中部、南部，意即越南由东、中、西三部分构成。在两国关系紧张以前，据说西贡周围有上百万汉人，后来受到限制，汉人不准读大学，不准当公务员，不准当兵，故而在此地的汉人都迁走了，越南对外开放后，这里的汉人才逐渐多起来。

总统府里陈设着一些民间文化用品，供游人参观，也出售一些小商品。其中的一弦琴引起了我的兴趣，我特意让在场的艺人演奏一曲，一线之上变幻无穷，悠扬而清婉。我又自己试了试，真不赖！在国内舞台上看到过京族的表演，亲临亲睹，真感到每个民族独创之不同：

一线也是琴，
万代奏心音。
粗观无奇特，
久闻耳目新。

陪同参观的同志说："助理，你若喜欢就买一把吧。"

我说："不了，这琴在国内时我见过。也不方便带呀。"

"也是也是。"大家应和着。

总统府的地下室。那里都是些战争留下的遗物，每见一处，就使人想到在我们年幼时常听到的那句话："抗美援越"。美国政府玩了很多这样的把戏：两个越南、两个朝鲜，从血缘亲情到两种对立的意识形态，再相互搏杀，没完没了。美便支持一方，被支持的地方为了自己的权力、利益泯灭了对亲族的最后温情。

不知何故，我对杀戮和战争有着本能的厌恶。转了两圈，便随参观队伍走了出来，看市政府、歌剧院、教堂，在胡志明像前照了相。

胡志明在越南人的心目中依然是崇高的。胡的形象在五六十年代的中国可以说家喻户晓，就是到了"文革"，我们还唱着"我们欢呼胡志明——毛泽东!"可是到90年代，随着国家关系的变化，胡的名字也逐渐淡出了中国人的视野。特定的领袖、英雄等也是具体国家民族的领袖、英雄。他们也有着既定的局限性，有些特定的领袖、英雄甚至是另一方的公敌、罪魁。跨越国家和民族同样是一件难事。我看着面容稍显清瘦、留着小山羊胡子的胡志明想着。

12月17日（周五）

第四天　岘港

自胡志明市至岘港，参观岘港博物院。

这个博物院虽然不大，却给我留下了深刻的印象，它涉及占族的历史。我对此知之甚少。解说员说，这些文物的历史大约在2世纪至18世纪，它们是佛教与占族宗教结合的产物；被称为维萨的神，为三神合一，那些女神也十分精美。

由于涉及佛教，与我的专业有关系，我便仔细地询问，但毕竟是"问"，缺少依据。于是我又问他们有无这方面的材料。他们说有。我便去买，薄薄一册20美元；又买了一件此时期佛教的工艺仿品，26美元。随行的人说："算了算了，不值不值!"可是我还是坚持买了下来。

有了书和仿品，我的脑中更多地转着学术问题，虽然在认真地看海，久坐。虽然在吃海鲜，久坐；虽然在观韩河夜景，久坐，心已飞得很远很远。以至于同行的人误会：助理怎么一直不说话?

到了岘港，到了海边，我望着海洋，黄昏的海洋，波涛汹涌的海洋，蕴藏在心中的那些旧事便不断涌上心头。

望着岘港，我问着："海，你是成功的吗?"或者说你会有一个成功的结果吗？大海无声。有时，我想——一个不想"成功"人生是假话，因为，它毕竟是每个人生活的一部分。有时，我也在回避这一问题——因为一切“成功”除了内在因素，更多地取决于外在因素，实在不好想，也想不清。

望着岘港，我想“假如失败，海你将如何面对?”你会坦荡地应对这一切吗?我想这种可能也在我的意料之中：你不会巴结，你不会钻营，你不会奉称，你不会结党，你不会投其所好，你不送礼送钱……这便是自然的伟大之处。“道法自然”，天道如此，可人道并不如此，有时截然相反。你不失败谁失败?有的人——也是朋友，直截了当地这样给我说。我想假如真是如此，我想这也不是我的失败，这是这个事业的失败，这个党的失败。

望着岘港，我想，假如失败，我也会坦荡地面对这个结果，会告诉你：这个社会、这个党，还在坚持公正、坚持原则、坚持团结、坚持正义的基本方向，我们应该做更多的事，凝聚更多的力量推动正义事业的发展。

一切都是探索，一切都是实践，一切又都是经验，我们的今天会有益于别人的明天，因为每一个生命都在为别人创造经验。有时我想：一个人的上下去留会涉及的不是一个人，而是一部分人。有一天，有一位稍有名气却又受了些委屈的学者对我说：我，无所谓，但我要给那些关心我、支持我、关怀我的人一个交代，给我民族的人民一个交代，给我学界的朋友们一个交代，给我的学生们一个交代，甚至给我们的后辈们一个交代。我会告诉他们我之所以失败的原因，之所以成功的理由。假如需要，可以发表一个声明……

个人的成功与失败就那么重要?我想不见得。有时候甚至一个政党、一个国家的成功与失败也留不下多少痕迹，更何况个人！个人在不断地强化成败意识，而社会和历史却在不断地模糊着成败，让人们忘记他的名号、忘记他所做过的那些事。每个人在回归自然时，就像海滩上的沙粒那样渺小。因为无穷无尽、无始无终的海洋会淹没一切。

望着岘港，海洋，波浪推着波浪，一个浪高过一浪，正是起风的时候，正是涨潮的时候。在我们眼前走过一老一少，从他们的年龄看，老的不足30岁，小的也仅五六岁，明显的父子关系。他们面向海，看不见他们后面的我们，然而，他们的一举一动，都引起我们的关注：同样的打扮，同样的姿势——两个人都背着手，斜撇着脚丫，望着海。亦步亦趋啊！人便是这样，前人带着后人，教育着后人，告诫着后人，要求着后人，希望着后人；后人学着前人，模仿着前人，照搬着前人，追随着前人。

我陷入深深的感叹中，感慨中！

望着岘港，我想起了25年前我在北戴河写的那首诗。那是我第一次见海，那是我第一次下海：

海，你是这样的谦虚自戒，
用亿万年的涵养，
对待生活的一切。

泪花挡住了我的视线。25年过去了，我对生命的坚贞没变，生活对我的严酷也没变。

在岘港望海，我却有了一种新的心潮：

你平凡，孩童踩着你的面庞，
你凶悍，雷雨也为你歌唱。
你孕育的日，红，
你孕育的月，亮。
你把巨石搞成沙粒
你把高山夷为河床。
放一点怀，包容天地，
留一片蓝，盛放阳光，
阳光温暖，天地久长。

12月18日（周六）

第五天

9：30乘车自BATO OGREN HOTEL出发，经海云关，导游特别让我们停下来参观。此处是一处关隘，有一碉堡，导游介绍此关可能是明代所建。在碉堡不远处有美国人建的设施。此为美越南中部地区军事要冲。一位越南华人说：那时候，美国是越南的最恨，为啥？美国人支持西贡打我们，可是我们后面有中国，中国也支持越南打美国。到底是谁跟谁打呀？实际上是美国对中国。一度时期，中国是越南的最恨，为啥？大家知道：

中越战争。不论道理在谁手中，你杀我、我杀你，就会结成死仇、世仇。别看现在你来我往很热闹，心底里，嘿嘿，（他指指心）哑巴吃馒头，有数；中国人这儿（他再指指心），也要有数……

翻过山来，地势较平，海域广阔，山左有避风港湾。苍翠的山脉，湛蓝的海湾，在阳光下，在淡淡的雾气里，显得静谧而神秘。越南是个美丽的地方，富饶的地方，战争使他失去了发展的机遇，而其区位、资源优势十分明显。

再往前走，路上见平房而且显得简陋，也看到一些墓地，建造豪华。导游告诉我们，那里葬着的多是中越反击战中牺牲的人，越南人给他们“烈士”、“英雄”的称号，供人们祭拜、瞻仰。他说他们也曾到一些墓地去看，那里有许多是年轻人，也有妇女和儿童。

12：30 至顺化，住顺化宾馆 229 号。住好后，我们到一家越餐馆用餐，餐后再至度假村，环境十分幽静。而所用形式基本上与国内的农家乐无疑，上的是家常菜，自酿的酒，也有一些带有地方色彩的歌舞。

2：30 去参观顺化王宫、王陵。许多人感到平常，也有不去的。

晚上用餐于越餐馆，皇家乐及表演。

到了晚上，白天叫累的几位反而来了精神，嚷着要打牌，拉着我一起打，直到 12：15 才休息。可是尽管休息较晚，室外叫声骚扰，不得入睡。

12 月 19 日（周日）

第六天　下龙湾

7：00 起，梳洗后，便乘 AIRBUS 至广宁省，旋而去考察著名的旅游景点——下龙湾。

2：00 游海：船在行驶，进入眼帘的全是神奇美景。山是海里的盆景，又深植在海里，一座尖起的礁石，是景；一座耸立的小山，是景；转过来看，是景；转过去看，也是景。山山有树，石石挂绿。

是为了增添一点浪漫色彩吧，导游安排在海上用餐。餐后去住宿，住在 ROY AL　HOTEL　C 座 335 号。晚看夜市，购物。

下龙湾像风姿绰约的少女，深深地印在了我的脑海里。携着海腥味的海风在吹，那游船的鸣笛声依旧在耳旁。白日的炎热去了，天凉了，清新的大地让人神清气爽。大家在购物，越南的木器制品很多。我曾在路上用百元钱买了一把檀木剑，而今再也不想买什么了，可是大家一再窜辍：

"助理，云南的普洱茶需要有茶具呀……""您买了茶具，以后的普洱茶我们来供……"在一处古朴的茶具前大家讲着。我想了想："好吧，走万里重要，留个念想也重要！"我买了一个简单的红木茶盘。

12 月 20 日（周一）

第七天

上午，自下龙湾至河内。住河内 FORTUNA HOTEL。

中午，感觉有感冒症状，身多汗，喉痛。我的身体一向还好，这么多年一般一年感冒一次，甚至几年不感冒。因此，尽管有些感冒，我也没有在意。

到了晚上 10：30，我感到十分疲倦，便和衣而睡，稍睡即醒，咳嗽几声，感到肺里扯痛，痰多且稠浓，喉痛难忍，头痛欲裂，由于在云南独自一人，常常出差，包中备有药。我从包中找到板蓝根，找水喝，无人应承。随同的人大概都出去了，打手机无人接，也不知他所住的房间，只得到卫生间用凉水把药喝了。无法入睡，只得在沙发上斜躺着。试试表，温度由开始 37.1 度，增至 39.1 度，口渴难忍。一度迷糊，从沙发上摔在地上，不知过了多久，方醒。身体沉重，我只得用土办法给自己治疗，推拿、捺穴位，继而气功调息运气。近一小时，顿觉大汗淋漓，吐了几口浓痰，感到清爽了许多，看表，已是早晨五点。

12 月 21 日（周二）

第八天

6：00，我洗了澡，像往常一样记了笔记，再喝了一袋板蓝根。感到室内憋闷，便到楼下街道散步。街道上有多处小饭馆，许多人坐在不足半尺的小凳上喝茶、吃米粉，有的在那里吸烟，喝啤酒，显得肮脏而少精神。越人多瘦，黄黑，衣服亦多穿蓝黑，又显沉闷，缺少活力。有的在高声咳嗽，一副病容。

而在当街却是另一种景象，摩托车接踵而来，多为青年男女，驾着摩托车却有另一番气势，如战士跨上骏马，挺腰跷臀，张开双臂，目视前方，车速也不慢。河内摩托车的车声如飞机之轰鸣，流水般逝去的摩托，带着旋风式的轰鸣而来，又带着这种轰鸣而去。这种噪声使人难以忍受！

河内人是怎样忍受的？我问身边的同志，他们说："这怎么说呢，一是无奈，当地居民不是游客，想来就来，想走就走。他们只好忍受。”我想这大概是真的。对于一种生活，有时候只能忍受，但忍受的代价是昂贵的。“二是习惯，听惯了，也就不觉得什么了。”习惯成自然，人便是这种动物，习惯了就适应了，适应了就习以为常了。这两条或许还不够，还应该说这是河内人的选择，谁选择，谁习惯，谁忍受！

实质上，这样一种评价，极易陷入误区，因为这样一种评价从文化角度看，便是文化的外视，是过路人而不是这一群人，这一族人的评价——文化的内视。很多准确的根本的看法往往在文化的内视（至少没有这种内视参与的文化理解是不全面的）。河内人为什么选择摩托？我请教一些人，一些越南人尤其是河内人 ，他们说：“摩托车的好处多，一是价格适中，大多数人能买得起，要一般的几千元就行了，要好的得好几万美元，只要攒点钱，就可以买来骑；二是凉快，河内气候较热，骑在车上，车一走就等于开了空调（不像骑自行车那样热），车上可骑一个人、两个人，多一点也可以骑四个人，四个人就是一家人了，何乐而不为？三是运送货物比较方便，可载重，也可以载多；四是想去哪儿去哪儿，不考虑堵车，也没有道路宽窄的问题。总而言之，摩托车的优点可多了！”

那么，河内就不怕石油废气污染？不怕噪声污染吗？不是的，他们也非常注意这一点，只是空气中氧气充足，燃烧充分，空气污染还不算突出罢了，只是噪声得设法解决。可是世界上哪有十全十美的事？想着它的好处，不足之处也只能忽略不计，或者说自己克服了！

——在感冒中得到这样的采访成果，我似感到很满足，周身难受，但心里还是很高兴的。

9：00（越时 8：00）早餐。

9：30 乘车前往河内机场。

10：30 至河内机场。

延机，12：40 起飞前往昆明。

下午 2：00 许，至昆明，有外办程副主任等接机，大家寒暄后，在金龙饭店吃便饭。

4：50 回到大梅园巷的住处，先洗衣服，这是单身汉的生活规矩，出差回来的第一要事就是洗衣服，除了外衣，内衣等都要自己洗。

云南的气候是室内温度低于室外温度，洗着衣服擦了地，并没有多考虑自己身体不适。等坐下来想休息时，咽喉又感不适，咳了几声，痰浓如粒，色黄如脓；鼻孔也堵了。我心想：坏了，这感冒重了！东南西北，冷冻寒热，来来回回这么折腾，怎么能不生病？

给家里打电话。给爱人和孩子报了平安，我便睡了。梦中，我喊着：“我要喝水！我要喝水……”醒了，梦境还在河内的那间旅馆卧室里。

中亚跨境语言考察散记

2000 年 9 月，我们组织了中央民族语文翻译局赴中亚的跨境民族语言考察团。考察团由蒙古、藏、维吾尔、哈萨克、朝鲜、彝、壮七文室的主任，宝斯尔同志和我共九人组成。由我担任团长，宝斯尔同志担任副团长，各文室主任有朝克、南卡、韩古丽、阿尔根拜、吴水姊、加拉伍聂、黄才贞同志。

假如我们稍加注意便可发现，我们这个考察团是一个一把手考察团，由七个文室的主任组成；是一个地道的专家考察团，九人中有八人有正高职称；是一个中国少数民族的考察团，九人中有七个民族成分。对于中央民族语文翻译局来说，这也是一个最高规格的考察团。

考察团的具体任务是考察跨境民族语言问题（跨境民族语言的使用、政策、立法、教育、研究状况、发展趋势、各民族间的语言关系等），主要考察中国哈萨克语、维吾尔语、蒙古语在境外的使用情况等，了解相关问题，进行翻译学术交流，开阔视野，更新观念，寻求合作。

考察的主要城市是哈萨克斯坦的阿拉木图、吉尔吉斯共和国的比什凯克、俄罗斯的莫斯科、蒙古国的乌兰巴托。考察团 9 月 29 日出国，在哈萨克斯坦和吉尔吉斯考察；10 月 10 日离阿拉木图途经莫斯科；10 月 16 日（庚辰九月十九日）进入蒙古国境内进行考察：10 月 22 日（九月二十五日）离开乌兰巴托，10 月 23 日下午三时半返回北京，行程 18000 公里，历时 23 天。

一、考察的主要目的

一些同志问我：“为什么要组织这次考察?”我想目的主要有三条：

1. 专业建设的需要

为什么说是专业建设的需要？在一所学校，专业基础知识、专业理论、师资培养、教材建设是专业建设的重要内容，对于一个翻译单位的专业建设同样需要从专业基础知识、专业理论、翻译队伍、专业资料、翻译基本技能入手。

其一，从专业建设的需要看，我们存在着需要了解跨境民族语言的问题。中国有56个民族，在中国的55个少数民族中有一些是跨境民族，跨境民族自然存在着跨境语言问题，中央民族语文翻译局是个民族语言的翻译机构，目前在北京的五个文室可以说都存在着跨境语言的问题。同一语言，国内使用，国外也使用。

在这个问题上我的初步估计是：虽然我们对跨境民族语言的境外使用情况，语言、文字的现状、存在的问题与发展等有一点了解，但不细、不深、不透、不厚。虽有局部的、单个人的、一般性的交流，但没有在语言翻译问题上的全面的、深入的、较高层次而有组织的交流。

其二，从专业发展的角度看，我们的业务工作本身存在着与跨境民族语言的求同存异，取长补短问题。现代社会是信息化的社会，信息化社会就有信息交流问题，对于一种具体的语言来说就有一个用具体的语言符号的交流问题。比如哈萨克语的交流就要涉及中国境内的哈萨克族与哈萨克斯坦的哈萨克族的语言、文字的交流问题，蒙古语就存在着中国境内的蒙古族与蒙古国境内、俄国境内的蒙古民族在语言、文字方面的交流问题，朝鲜语就存在着中国的朝鲜族与朝鲜、韩国的朝鲜语言、文字的交流问题。交流就是了解情况，交流就是增进了解，交流就是取长补短，从而推动自身的工作，交流就是丰富自己，充实自己，从而发展壮大自己。

其三，从专业拓展的角度看，要使我们的翻译事业有所发展，发挥更大更多更有效的作用，需要解决知己知彼的问题，这同样是一项重要的基础性的建设工作。

从事翻译的同志，连同一语言在不同地区和国家的使用情况都不了解，甚至一无所知，这对我们的翻译工作十分不利，对我们的事业同样不利。通常我们讲中央民族语文翻译局是民族翻译的国家队，是中国少数民族语文翻译的最高机构，但是我们这个国家队能不能名副其实，就需要做许多基础性的工作，了解跨境民族境外语言的使用情况就是其中之一。因为我们的翻译文稿一旦出版，就成为社会财富，既是中国的社会财富，也是世界的社会财富。因此，对于同一种语言来说，既会有国内的读者，也会有国外的读者，因而也就不可避免地既会有国内的评论，也会有国外的评论；在国内评价你是国家队，国外评价你也应该是国家队。从工作实际看，这也是符合事物的辩证原则的，我们做工作首先要搞清楚基本情况和自己的工作对象，从哲学上讲就是首先要搞清楚“是什么”，才能解决“怎么办”的问题，连基本情况和自己的工作对象都不清楚，在过去的社会历史条件下或许可以做一些工作，但在改革年代，信息化、全球化、知识经济条件下就很难做，至少很难达到国家队的水平。

2. 队伍建设的需要

我在多次会议上都讲过这一问题，我们的目标是要将翻译局建设成为一流的机构，出一流的成果，培养、聚拢一流的人才。一流的机构需要人去创造，一流的成果更需要人去创造，关键是人的问题。并且，一流的机构，一流的成果，必须要由一流的人才去创造，这是个队伍建设问题。我认为我们历届的班子在队伍建设上是有成绩的，是花费了心血的。但是，随着社会主义市场经济体制的建立，随着全球化和知识社会的到来，我们的队伍还存在着诸多不足。其中有两个问题：

一是从我们翻译工作的实际和存在跨境民族语言的实际看，有走出去的必要。但是，我们在这方面的步子迈得还不大。具体从事翻译工作的同志有这方面的感受，我也有同感。

二是我们的业务骨干，各个学科的带头人，还不知道国外是什么样，这与我们这样一个机构，这样一个身份是不相称的。

3. 为实现国家战略做力所能及的工作的需要

江泽民同志在十五届五中全会的讲话中有一段话讲得很好："世界发展很快，我们要密切注视世界政治、经济、科技、文化、军事等方面的变化。否则，就难以制定正确的方针政策，也很难做好工作。全党同志一定要用马克思主义的宽广眼界观察世界。所谓宽广的眼界，一是要有历史的深远眼光，二是要有世界的全局眼光。这样来观察问题，我们就能更深刻更全面地认识当代中国和当今世界，更加清醒和主动地掌握我们自己发展的命运。"总书记讲得很清楚，要求是面向全党的。作为翻译局我们能不能在国家事务中发挥作用？我想是可以发挥的，也正在发挥着这样的作用，我们是通过翻译来为国家做工作。但围绕翻译工作我们还可以做更多的事。这一观点也来源于对中亚战略地位的认识。

（1）中亚的战略地位

第一，中亚诸国是夹在中国和俄国两个大国中间的诸多中小国家。俄国由于自身的历史原因，在不断争取他们，中国也有必要争取他们，使他们成为我们的朋友，成为我们在国际社会的战略伙伴。尤其是像哈萨克斯坦，其国土面积相当于五个法国，十个英国，从现在的发展势头看，很有可能成为中亚的一个强国。在这一地区的安全、国际事务等方面都将发挥重要作用。总书记数次去蒙古和哈萨克斯坦，就足以说明这一地区的重要性。我们在蒙古国时正值俄外长访蒙，10 月 14 日普京访蒙，同巴嘎班迪总统会晤，因何？同样是在做蒙古国的工作，假如蒙古国在战略上无足轻重，我想这些领导人就没有必要频频出访。因为蒙古国只是一个有200多万人口的不发达国家。

第二，中亚诸国是东西方文化的交会地，文化上的作用非同一般。

第三，中亚是中国的近邻。和则相安，背则纷争。两国在政治、经济、文化方面的友好合作，对亚洲地区的繁荣稳定具有重要意义。

第四，中亚一些国家有可能成为中国分裂主义分子活动的重要场所。

（2）我们有条件做一些有利于国家和民族的大事，就应该积极地做，主动去做

我们必须要有自己的战略眼光，同时要有自己的战略判断。80年代初小平同志的“和平与发展”是当今世界“带有全球性的两大战略问题”，就是一个伟大的战略判断，从此，中国逐步改变了“战争与革命”的传统战略主体，将全党的中心工作转移到社会主义经济建设上来。20年时间里，中国社会发生了翻天覆地的变化。倘若类比，翻译局也存在着战略判断问题。但我们必须清楚，解放思想，改革开放，加快发展是我们最基本的任务和主题。

二、这次考察的主要收获

这次考察的主要收获是：

（一）了解了情况，开阔了眼界，开拓了思路，增添了知识

1. 站在苏联看苏联

我们通常讲经历就是财富。这一点非常重要。不见不知道，一见吓一跳；耳听为虚，眼见为实。苏联解体以后，苏联加盟共和国的情况到底如何？从报纸上、电视上、广播里我们有片言只语的了解，但更深的情况是不了解的。

对于苏联，中国人有许多复杂的心情。苏联早期是中国的楷模、支持者和坚强后盾，是老大哥；50年代后中苏关系出现裂痕，后来翻了脸，有了珍宝岛那样的战争事件，“文化大革命”中，我们高唱过反帝防修的战歌，高呼过“打倒美帝！打倒苏修”的口号，是敌对国；党和国家的监督机制名存实亡；苏联党和国家领袖文化修养退化；民族政策失误和民族矛盾激化；没有追赶上科技革命潮流，导致社会生产力落后；西方敌对势力推行的和平演变战略得逞。领袖专权，后任否任前任，成了规律，搞个人崇拜等。这些问题并不发生在一个人身上，有一个积累、演化、激化的历史过程，而一旦由量变达到质变，事情已不可逆转。

比起国内的尊崇，“前苏联”国家对斯大林的评价落差很大。要客观地评价斯大林，甚至客观地评价勃列日涅夫等苏共历史人物，这既是俄罗斯的大事，也是中国以及苏联的国家大事。全盘肯定不对，全盘否定也或有失客观、公允。

斯大林执政 30 年（1922—1953 年），这一时期：经历了国家工业化、农业集体化，苏联社会主义经济发生巨大变化；打赢了卫国战争；1949 年 9 月 25 日，试制原子弹；1949 年 10 月 2 日，承认中华人民共和国。斯大林也是常胜将军，有很高的理论修养，博学多识和有着超人的组织才能。共产党人是懂得辩证法的，“一分为二”地看人的功过。但除了斯大林的一些政策错误外，从“前苏联”国家的一些人士谈话，似乎有情感因素。

勃列日涅夫执政 18 年（1964—1982 年），这一时期：苏联的经济军事实力进一步发展，70 年代与美国取得在军事战略上的平衡，成为超级大国。

江总书记说，“一把手”很重要。从苏联历任领袖看，同样有道理。领袖人物、领导集体十分重要。领导集体整体水平高低，就会影响整体的决策管理水平；领袖也是如此，必须要有整体的全面的水平，包括理论修养、思想修养、学识水平、阅历、见识、分析力、判断力、鉴别力、灵敏度、个人嗜好、秉性等。人民选择领袖，也以自己的层次、愿望和利益要求来塑造领袖。

2. 前苏联国家仍然面临着无数棘手的问题

（1）民族独立建国，在西方世界是个风潮，是各个国家遇到的最为棘手但必须解决的时代课题。一是美国等资本主义国家的西化分化战略所致；二是作为民族本身的一种要求，才可以形成事实。

（2）宗教问题。哈萨克斯坦有 1500 多个宗教团体。土耳其等国家的传教士无偿来传教，或来义务讲授阿拉伯文，在法拉比大学东方学系便见到一人无偿地送《古兰经》，有的组织将送到乌兹别克境内的 1 万本《古兰经》查封。

从哈萨克斯坦、吉尔吉斯和乌兹别克的情况看，宗教争夺空前激烈。争夺的重点在：占领思想意识形态领域；争取基本群众；极力扩充地盘，增加自身宗教势力的覆盖面，有伊斯兰教等多种教派。

蒙古国的情况也大致如此：1926 年 9 月颁布了政教分离的法令，通过了取消汗制度（即活佛转世制度）的决议，对喇嘛这个阶层采取了具体的政策，即争取、团结、改造下层喇嘛，坚决孤立、打击、消灭上层喇嘛。30 年代后期没收了寺院封建主和上层喇嘛的牲畜和财产，完成了民主改革。在这次考察中了解到，在 1937 年时，蒙古国境内大约有 20 万喇嘛（在国内我查到的一些资料中说有 10 多万喇嘛），民主改革时，一次就杀了 3 万多名喇嘛，700 多座寺庙被毁，基本上可以说被毁光了，只是在乌兰巴托保留了四座。据说这四座寺庙的保留，也是因为策·达木丁苏伦等文化名人上书给当时执政的乔巴山，才得以实现的。后来我们到蒙古国中央省访问，到了中央省博物馆的民族文化点，这个点位于曼岐协日山，群山环抱，山上都是白桦、青松，在皑皑白雪中，显得十分秀丽而清雅，好风水。据中央省博物馆的先生介绍，原来在此地修有曼岐庙，在民主改革中被拆毁，还说当时枪毙喇嘛是下达指标的，这里抓了 13 个去枪毙，结果跑了一个，押解的人便将一个放羊娃抓来顶替。

苏联诸国基本上都走过了从有神论到无神论，再到有神论的转化过程。这种意识形态的过渡，我以为是个艰难而痛苦的过程。因为摧毁一种信仰需要有一个艰难的转化过程，树立一种信仰同样需要有一个艰难的转化过程。作为一个人或是一个社会，放弃一种信仰是一种痛苦，确立一种信仰同样也是一种“痛苦”。因为，一种信仰的放弃和确立，都要经过心灵的阵痛。同样，人们打碎一种社会制度要经过艰苦的过程，建立一种社会制度同样需要艰苦的过程，打碎一种制度再去建立，其难度更大。通过这次考察，略有了解。我们的许多政策是学苏联，蒙古国也是学苏联的，不考虑这些实际情况，不研究这一实际问题也不行。其中有历史的深刻教训，有值得我们永远警戒的失误。

（3）苏联的影响到底有多大？对于这些国家来说一百年也消除不了。是全方位的，是根本的，不只是物质层面的问题，而且有哲学、文化、思想上的巨大影响。

（4）对于社会主义、共产主义，这些曾经是共产党员的公民到底怎么看？他们显得更加公允。不到苏联国家不知道，不是所有的人都崇拜资本主义，当然也不是所有的人都放弃共产主义。在这些国家，共产党已不是执政党，但共产主义思想的影响仍然存在，甚至显得强而有力；共产主义的信奉者也依然存在。许多人怀念过去，怀念列宁，怀念强大的苏维埃政权，怀念尊重劳动，尊重广大劳苦大众的民主时代，也更看清了苏联的弊端。

（5）多党制问题。一段时间以来，多党制一直被许多人奉为解决腐败问题，进行民主、法制建设的法宝。实质上也并不如此。换句话说，也不是给一个多党制就能解决一切问题。我们在蒙古国时，就有一些官员和百姓对此进行了严厉的批评。

蒙古国的合法政党有13个，不合法的政党也有许多。所谓合法就是要在蒙古国最高法院注册；不合法，就是未注册。人们对多党制不但是否定的，而且是厌倦的。为什么？党派之间争权夺利，不抓经济，不抓生产，不关心老百姓的疾苦。直到人民革命党取得了决定性的胜利（在议会76个席位中，就有72个），才基本结束了这种状态。各界对巴嘎班迪总统是满意的。蒙古人民革命党是老党，成立于1921年，在1990年前一直是该党执政，党报为《真理报》。

（二）对哈、蒙文在境外的基本状态、使用情况有了新的了解和认识

民族语文的使用和双语问题是个世界性的问题。作为双语运用机构，我们的重要视点之一便是了解所访问国的民族语文的使用问题。10月2日下午，我们访问了法拉比国立大学东方学系，与系主任阿布都拉加库娜进行了较为广泛的交谈，加上一些其他地方了解到的情况，大致是：

第一，苏联时期，由于苏共中央的政策导向和俄语的巨大影响，哈萨克语逐渐被俄语所覆盖。哈萨克斯坦独立前教学语言一律用俄语。从1936年加入苏联到1991年独立，在短短50多年的时间中，哈萨克文基本上已被俄文取代，语言也大致如此。许多哈萨克人的俄语俄文强于哈语哈文，相当数量的哈萨克公民已经忘记了自己的语言。据传，哈萨克斯坦的总理也不大会讲本民族语，一些哈萨克族的公职人员只会简单的哈语，重要场合均用俄语发言。法拉比大学东方学系的主任说："在前苏联时期，哈萨克人几乎都忘记了自己的语言。"

同样，这种现象也出现在哈萨克斯坦侨居的韩国人身上。目前，在哈萨克斯坦有上万韩国人，多是二战时期进入这一地区，现在也已忘记了自己的语言，除了用金、朴等姓外，其余与俄国人没有什么两样。

第二，刚独立时，哈语的教学遇到困难。其教材，1—4年级经过十年的教学实践，现正在更新，5—8年级的哈文教材已经形成教授，计划在2001年所有的教材都用哈萨克语出版，足见其步履艰难。看来，在苏联时期这些国家的语言链条近乎断裂。这是个非常严重的事件，严重就严重在语言是一个民族特点的最基本最核心的要素。一个民族一旦语言消失，这个民族的特色就会很快退化，即便在宗教、风俗等方面何等的顽强，它都将产生巨大变化。因为一个民族的语言中断的另一面是全面的使用别的民族的语言，人是通过语言来思维的，因而思维的基本形式就会产生巨大的变化。这里，我们需要对两个问题有较深刻的认识：

一是同化。马克思主义民族理论是反对强行同化，而主张民族的自然融合。强行同化政策必然要导致民族间的仇恨和不满情绪。二是要客观地

分析当时当地的生存环境与影响。走在阿拉木图的大街上，黄头发、白头发、黑头发都有；白皮肤、黄皮肤、黑皮肤都有；黑眼睛、黄眼睛、蓝眼睛都有。俄罗斯有130多个民族，哈萨克斯坦也有103个民族。在这种环境下每个人都讲自己的语言行吗？不行，都讲自己的语言，就会无法交流。必须要有一个共同的交际语言，这个共同的交际语言的形成，有三种情况：

一是政府导向。如公文用语、媒体用语等，具有政权的强制性。

二是环境导向。在某一具体环境中大多数人使用的语言，少数人、个别人不得不用，无可抗阻，具有环境的强制性。

三是自身选择。为了生存、发展等因素的主动选择。非强迫，具有自身生存本能的强制性。

因此，语言问题也与政治、经济问题一样，政府导向十分重要，尤其是理论主张和政策导向；其次是具体环境，环境变了，要想生存、生活和发展，必须去适应这种环境。固守原先环境的生存法则、方式以及理念自然无用。

这是我的收获之一：没有亲历，就会片面地认识这一问题。

第三，从我们考察到的情况看，哈萨克斯坦政府十分重视哈语哈文语言体系的建立。比如：

——哈萨克斯坦总统直接关怀、督促、学习，全力推动哈萨克语的普及和使用。据了解，哈萨克斯坦共和国政府明确规定各级政府行政领导对哈萨克语的学习、使用、推广负有责任。领导带头学习，领导带头执行。“领导重视”不仅仅是中国特色，看来也有广泛性。

——成立相应机构。如全国的哈萨克文字委员会，哈语学会；各州、县政府成立哈语学会，由从中央到地方相应的政府部门抓这一项工作。

——政府拨巨款进行推动。

——立足教育。上面已说。

——在干部使用上规定相应的语言条件，如国家领导人、内阁成员、主要部门负责人，不会哈语，不能参与竞选。因而也成立有哈语考试确认的相应机构。

第四，独立后的哈萨克族在全力实现在哈萨克斯坦把哈萨克语作为103个民族的交际语言，即社会共同语，以期在很短时间内取代俄语的官方语言地位。这些资料的获得大多通过交谈，交谈就是一种很好的语言调查形式。

（三）增加了对所在国政治、经济、宗教现状、历史文化知识的了解哈萨克人对苏联的感情是复杂的，这一点我们在国内是很难体味到的。这种复杂性体现在两个层面：

一是苏联时期有丰富的物质条件。现在的日子过得比以前差，不免怀念过去的好时光。这种怀恋是意味深长的。舒服、宽裕的日子谁也不会忘记。

二是苏联高度的集权统治。哈萨克民族的语言、风俗等都受到了很大的抑制，经济畸形发展等。30 年代肃反时，许多的民族精英（其中包括不少的作家、诗人、语言学家）被处决。这种仇恨也是意味深长的。心灵的切肤之痛谁也不会忘记。

因此，我们接触到的一些哈萨克人，一方面痛骂苏联的集权和强权，另一方面也在歌颂前苏联的强大和良好的物质基础。大概这也是事实，事实是这样的，哈萨克人才这样表述。

蒙古国的情况也大体类似。有一句话我想有代表性：“苏联给了我们贫困，苏联也给了我们一个国家。”由于单一的经济形式，蒙古国的经济可以说是比较落后的，但苏联使蒙古独立建国，有了自己的一块天地。因此，蒙古对苏联也是爱恨交加的。

这也使我想到 8 月随郝文明主任出访韩国时韩国人对美国人的态度。他们恨美国人，因为美国人在仁川等驻地专横跋扈，奸淫妇女，干了不少的坏事，希望美国佬早滚蛋；而在另一个层面他们又感谢美国人，因为不少的韩国人认为，假如没有美国人保护，朝鲜民主主义人民共和国就会进攻韩国，韩国人就要人头落地，就会过衣食无着的穷苦日子。

从这几个国家的实际情况看，有几点是比较突出的：

第一，重视文化建设。

（1）重视博物馆的建设

哈萨斯坦有很多博物馆，吉尔吉斯也是这样。俄罗斯更多，仅莫斯科就有 80 多座博物馆，全俄有 1000 多座博物馆。到了蒙古国也一样，国家有国家的，地方有地方的，各式各样，形形色色。

这些博物馆涉及的学科非常广泛，有历史、民族、自然、乐器、宗教、民俗等等。我以为一些社会科学范畴的博物馆是直接认识某一文化的重要工具。博物馆是一种浓缩的历史，浓缩的文化；是形象的历史，形象的文化。出国考察学习，同志们不妨多去一些这样的地方。看博物馆使得对一个民族的了解，对一种文化的了解，对一个历史人物的了解更直接，更形象，更具体，更迅速，更容易做到触及心灵、印象深刻。

（2）重视文化名人

文化名人同样是一个国家和民族的宝贵财富，这一方面我们还需要加大工作力度，一些人对此不屑一顾，见一作家，只多说一声："他是个写小说的。"人们都习以为常。中亚各国对文化名人的重视使我们惊叹。

江布尔（1846—1945年），是哈萨克斯坦人，在其故居修有专门的博物馆，在馆后有他的墓；江布尔省就以其名命名。他是一位著名的民间爱国艺术家，二战时期，以90多岁高龄在保卫察里津的前线，为哈萨克族士兵弹唱冬不拉，鼓励士兵保家卫国，英勇杀敌。按照中国的说法，他只是个民间艺人，就像藏族著名的格萨尔说唱艺人扎巴。从艺术的角度看，扎巴老人的贡献也是巨大的，是可以或者说也应该给他树碑立传，让他享有崇高的荣誉。在全国这样的艺人还很多，但一直没有引起足够的重视。据介绍，在卫国战争中哈萨克人牺牲了近100万优秀儿女。江布尔老人的演唱给了战士们巨大的精神鼓舞。

阿拜，是中国读者十分熟悉的哈萨克族诗人，在阿拉木图市有用他的名字命名的一条街；他的画像可以说比比皆是，许多大的场合都挂有他的肖像。许多博物馆记述有他的名字，许多商店有他的诗集出售。出于对诗人的兴趣和对文学的热爱，当我看到一本阿拜的英文诗集时，怦然心动，急想购买，一连逛了三个书店。

一个时代、一个国家、一个民族尊重不尊重文化人（知识分子中的精英，有成就者），我以为是这个时代、这个国家、这个民族指导思想是否正确，这个民族、这个国家是否成熟的标志，也是这个民族处于何种阶段的指示器。江布尔是受到尊重的民间艺人，而阿拜则是受到尊重的诗人。因为一个成热的国家，对待作家和民间艺术是一样的。因为他们同样有贡献于他们的国家和人民。

哈萨克斯坦在编写《百科全书》，据介绍，其中同样有许多文化名人，甚至包括一部分我国的哈萨克族文化名人；他们也在编写《英雄人物大全》，仅二战时期的战斗英雄等就已经编写了55卷。

俄罗斯是个伟大的民族，同样有重视学术和艺术的光荣传统，在莫斯科考察期间，我们拜谒了普希金故居、普希金铜像；游览了果戈里大街，瞻仰了在公墓里的果戈理塑像，等等。

（3）重视有贡献的其他各类人才

许多中国人以为苏联解体了，再没有人来讲马列主义了，革命领袖的像可能也消匿了，有些时候我也这样推测，因为，当1991年我作为一名藏学家代表团成员来到德国时，在电视里我们看到了马克思等革命领袖的高大塑像，被拴着铁链用拖拉机拽倒。而实际上不是这样，在莫斯科我看到许多地方供奉的列宁像，同时我们在哈萨克斯坦、吉尔吉斯、蒙古国也看到了列宁的塑像。这说明列宁仍然在受到人们的（至少说是一部分人的）尊崇和爱戴。其他一些民族领袖人物同样也受到人们的尊敬。比如在乌兰巴托有苏赫巴特尔广场，有骑着骏马的苏赫巴特尔雕像；在阿拉木图设有库纳耶夫大学，以纪念苏联时期的哈萨克族领袖，同样随处可见现任总统纳扎尔巴耶夫的画像。

从表面上看，苏联诸国都有深深的“二战”情结。人们咒骂苏联，咒骂戈尔巴乔夫，但他们对“二战”时期牺牲的英雄依然推崇难备至。“二战”时期的著名军事家和统帅朱可夫元帅的塑像，不但出现在莫斯科的克里姆林宫外，也出现在哈萨克斯坦的阿拉木图、蒙古国的乌兰巴托。这些国家的“二战”纪念馆规模都很宏大。

（4）重视图书资料的宣传

在哈萨克斯坦百科全书出版社，主编桑拜尔提出一个观点，我认为有代表性。他说：“一个国家有四个象征，那就是国旗、国徽、国歌、百科全书”，为什么将百科全书作为一个国家的象征之一，似乎令人费解，实质上是非常正确的。因为国旗、国徽、国歌，更多地体现了一个国家的主要特征和外在风貌，而百科全书却反映着这个国家和民族的内部世界。

（5）重视建筑艺术化

这样一些做法，可能始于欧洲的传统，这些在苏联时期的作品可能来自于俄国人的影响，但有其正面作用，许多的欧式建筑物几乎都是一个个精美的艺术品，很注意建筑设计的美感。

哈萨克斯坦、吉尔吉斯都是中亚相对落后的国家，独立后如何使国家发展、强大，成为一个十分重要的问题。以我观之，这些国家的思路是十分清晰的，也是十分正确的：进行精英战略，即竭尽全力树立精英形象，树立精英意识，激励人们国家和民族自豪感，振奋民族精神。宏观上，此便成发文化战略中的主要成分。因而在我们的眼睛里留下的便有了：广场上的英雄人物画像，办公室悬挂着的名人画像，大学悬挂着知名教授的画像，货币上印着历史名人的画像等。

国民在一种有成就者、各种名人的强大刺激中生活，潜移默化，其教育意义同样是巨大的。

第二，重视“二战”英雄事迹的宣传。哈萨克斯坦有 28 勇士墓，永不熄灭的火炬。莫斯科有，乌兰巴托也有，且程式大体一样。“俄罗斯是广阔无边的，但我们没有后退的地方，因为我们后面是莫斯科。”这是当时参加莫斯科战役的 316 师炮兵指挥官苏联英雄科洛什克夫的话。

对这一问题同样有如何理解的问题：比如哈萨克斯坦当时死100万人，整个苏联死了2000万人，前线使用的10发子弹中有9发是哈萨克斯坦制造的。站在圣火前，我也在考虑许多人提过的两个问题：

一是苏联已经解体，那些为保卫苏联和莫斯科而牺牲的人们是否还值得？

二是英雄们为之奋斗的社会主义制度不存在了，现在的苏联各国都已独立资本主义化，英雄的牺牲是否还有意义？他们若能复生，是否会伤感、后悔？我想不会的。在当时，保卫莫斯科与保家卫国是一个概念，英雄们流血牺牲的苏联和莫斯科是包括了自己的家乡和兄弟姐妹的。社会主义制度目前虽然处于低潮时期，但它科学的内涵仍然闪耀着希望的光焰。

（《民族论坛》2001年第1期）

佤　　山

我想去佤山已经很久了。大概是在20世纪80年代，那时候我在研究所工作，所里有两位老师是搞岩画研究的，由于岩画在文化研究，尤其是早期岩画对史前文化的研究有重要价值，因而我十分重视藏区岩画资料的收集，同时也很留意临近地区的岩画情况，其中便包括沧源的岩画。我到云南工作后方知沧源外西盟的佤族也颇有特点，多次想去看看，其中有三次时间都定了，都因急务而耽搁。

时光似魔！慢时，总感到度日如年；快时，真有点度年如日的感觉。转瞬间已经到了该挂职工作的时候了，我想：还是去一趟吧，若再不去，岂不遗憾！于是便下了决心：去趟佤山，去趟西盟！

2005年12月12日（星期四），早晨7时许我们便从大梅园巷——我的住处出发，踏上了经玉溪、思茅、澜沧往西盟的路。这条路已经走了多次了，8次、10次、20次？反正很多。一上路，熟悉的景致便纷至沓来，给人以联想；联想，有时候是快悦的，有时候是沉重的。可能是昨夜下了雨的缘故，路上有点湿，过了玉溪，雾便越来越浓，数十步外，一片灰暗，天宇之间似乎全被这灰白色的东西充塞了！见不到那些亲切而熟悉的山川景色，在那种淡淡的似幻似梦的感受中，使人顿生一种恐惧之感。人在车中，车在雾中，破雾而行，时而钻入云雾之中，似乘飞机一般，几乎见不到地面；时而向云雾朦胧似见非见的不远处冲去，让云雾漫过车身。破雾而行，有一种豪情在；壮美在，也有一种神秘在！我遂吟道：

滇池玉溪过墨江，
飞车破雾向澜沧。
有情山水留不住，
无价知识催我忙。

有时我惶惑，甚至自问："为何常年如此劳累繁忙？"静心想来，实在没有什么，而且是那样的简单：知识，只是为了知识，只是为了了解，只是为了使自己懂得更多一些、更宽一些、更厚一些、更深一些。仅此而已。或许有同志不信，但确实如此。没有知识的滋养我不知该如何生活下去？没有知识的学习我总感到空虚、孤寂。

走了近五个小时赶到思茅市，思茅市市长沈培平在那里等候，培平曾在省政府任副秘书长，爱好文学，又颇爱普洱茶，我们共进午餐。

席间我问："思茅的最大特点是什么？"

有同志讲是森林，思茅有60% ~70%的森林覆盖率。

有同志讲是茶——普洱茶闻名海内外。普洱是思茅市的一个县。

有同志讲是多民族，思茅有20多个民族。

有同志则认为以上特点都是。而我问的是"思茅最大的特点"。这的确是个很难回答的问题。每次下乡，在干部和群众中，我总想找到那些脱口而出的东西，那些脱口而出的东西往往是大家最熟稔而真实的东西，可惜，此次我没有按我的思路问到答案。

我言明了自己的想法："我有一个观点请教诸位：我感到思茅的最大特点或者说云南的最大特点是森林。现在都在讲绿色，讲生态，没有森林就没有绿色，没有森林就没有生态。因此我认为：绿色是思茅的底色，生态是思茅的王牌。进而也可以说：绿色是云南的底色，生态是云南的王牌。"我强调说：我的观点，一是从总体上归结；二是稍稍有点绝对化倾向，因为我心里最为惦记的是云南的森林。云南什么都可以失去，但绝对不可失去绿色、失去森林、失去生态。我们称云南是"彩云之南"、"七彩云南"、"丰富多彩的云南"，我想都源之于林，七彩源之于林，多彩源之于林，丰富也源之于林。所以大家应该倍加珍惜。

大家点头。同样的问题我在别的地方也问过：这也是社会调查的一种方法。在别处有人说：云南的最大特点是烟——红塔山、玉溪、阿诗玛、云烟、红河；也有人说，云南有"三江并流"的奇观，有腾冲热海、大理三塔、丽江古镇，有独特的三七、普洱茶、绿孔雀等。

在云南期间，我经常在做这种干部对基本问题把握的考察：了解他们对一些问题的思考和想法，了解他们对全局情况的了解程度，了解他们的基本思维方式。这也是我向云南干部学习的一种方式。

午餐后，告别了思茅市的领导，我们继续前行。市委、市政府专门派一副市长和农口的同志陪同，我再三谢辞，他们还是坚持。我最不愿意干扰他们，但他们总以为不派人陪同，不合规矩。我只好同意，并开玩笑："人一走，茶就凉，我此刻的脚已还向了北京，你们的茶也该降降温了！"

他们立即反驳："助理，你这不是在骂我们吗？云南的干部还是讲感情的，在念你的好啊！"

车在行驶，坐在车上我心里久久难以平静。融入一个地方不容易，脱离一个地方也不容易。两年，兢兢业业工作了两年的云南啊，快要离开了，心里为何有如此多酸溜溜的情愫?！我的感伤也随之涌上心头，吟着《我是一只候鸟》：

我是一只候鸟，
到了该回北方的日子，
心里多了份忧郁，
多了份无名的哀凄。
当我振起翅翼，
忍不住来回盘旋——
依依难离，泪水滴滴：
难割舍关爱我的人们，
更怀恋留下我汗水、泪水的红土地！

我是一只候鸟
该回到北国的冰天雪地，
让冰冷砭我的筋骨，
让寒雪擦我的肌体。
该做的做了，
该努力的进行了努力，
还有什么值得叹息?
从现实走进梦里，
再从梦里回到现实：
生命在继续，
生活在继续，
良心、善和爱在继续。

我是一只候鸟，
七彩云南留给我七彩的回忆，
客居的思绪如溪，
客居的情怀如蜜，
客居的志趣如湖水荡着涟漪。
噢，我深爱的土地啊，

我深爱的人们啊！
别离是割离呀！
别离是撕离呀！
痛在肌肤，
搅在心里。
因为，我知道：
生命不会再给我远飞的翅翼！
像今天这样，
让我跨越乌蒙，蹚过玉溪，
游过滇池、洱海，
驶过红河，渡过丽江、怒江，
爬上保山、文山、沧山、高黎项山、卡瓦嘎波雪山！
在泸沽湖上泛舟，
在丽江的東河饮茶，
在版纳的雨林踱步，
在蝴蝶泉边追寻诗意。
……
过去的一切，
都留在时间的表格里，
固化为生命的历史，
生命的无奈，
生命的美丽。
当我有一天回首往事，
我会向南国欢呼！
我会向云岭哭泣：
为那些关爱我的人们，
为那些可爱的姐妹兄弟，
为那些洒下我汗水、泪水的红色土地！

两年的挂职生活的确给我留下了十分深刻的印象。虽然也遇到过一些不顺畅的事，一些令人不舒心的人（这是极普通的、极正常的，我早有这方面的心理准备），但整体印象极好，这是我始料不及的。我在多个单位工作过，也到过不少地方，我感受到云南民风淳朴，人之间情感诚挚，容易沟通，也容易相互产生联系。因此我交了许多朋友。我非常珍惜这些友谊，这些感情。

穿过思茅之翠云区，再往前便进入澜沧江河谷，溯江而上，走了很远的路，而我们走得并不快，在高速公路上跑120～130码的车，此刻只跑40～50码，原因是糯扎渡电站的前期工作已经开始，山上山下，前后左右似乎都是车辆轰鸣，道路颠簸，人在车中有时候如同摇汤圆一般。走过澜沧江后，又转入一段河流，称小黑江，又走了几十公里，便进入澜沧县城。由于时间原因，不便在此停留，便直驶而过。

佤山近了！一直观察着车外的我，看到赶着牛、穿着佤族服装的人也多了起来。

车终于爬上了一段山梁，大家说这是小庐山，顿时，我便被那优美的景色吸引住了：

金黄金黄的太阳，显得好大好大！

好大好大的太阳，显得好亮好亮！

好亮好亮的太阳，挂在高高的远山！

远山裹着雾霭，似动、似飞、似飘！逶逶迤迤，显显隐隐而去。

太阳在动，像滚、像转、像漂！

远山高高，与我脚下的山并齐，我在云里，我在雾里，我在无尽的遐想里。

在远山和我所在的山之间是许许多多低矮的山，暮色之中，似远似近，朦朦胧胧，神神秘秘。

朦胧中偶尔可以看得见挂在山腰上的人家；神秘中偶尔有火光和幽远的狗叫。

我急忙拿出相机拍摄，可惜相机中没有放电池，电池放在手提箱里，无可奈何。司机问："要不要停下来？"我说："不用了，将来还有机会。"将来真的有机会吗？我心里清楚这是很玄的事，景的出现往往有独特性，虽然天天出太阳，太阳天天不一样。许多事诚如乡谚："过了这个村就没有这个店"，是啊，这个店只在这个村才有，将来我还有机会来这个"村"吗？

车在行，西盟佤族自治县的领导来接我，他们特别地准备了一条绸卷作为哈达，又给我穿上了一件佤族坎肩。虽然都是县里的领导，但都显得朴素、真诚而热情。这是我喜欢的性格。

车在行，不知什么时候，太阳已落入西山。西山一抹彤云，煞是好看。再望东面山上，一轮皓月，在山顶抹上一片银色。多美的山色！多美的月！

最使人陶醉的是自然。我常常这样想，也常常这样说。我神往地看着眼前的一切，清风吹来，有点凉，却令人惬意，舒畅。多清新的空气啊，似乎有一股香味，一股甜味，一种无可名状的迷人心魄的神秘在涌动！

晚上八点钟，我们才赶到了一处佤族吊角楼。

在路上奔波了六、七个小时，肚子早饿了，一进寨楼，虽然都是农家饭菜，却十分可口，我们大口地嚼着。跟许多民族一样，吃了几口饭后，就有佤族妇女来敬酒：拿着一个酒杯——一个小竹桶端在你的面前，要你说声："艾"。我问此为何意？答曰：应声"艾"就是愿意交朋友之意，我说声："艾"，准备接过来喝，敬酒的人却自己端起来干了。既然是敬酒又为何自饮呢？原来主人先喝是为了证明这酒中没有别的东西（诸如毒药等）。这一风俗或许已经十分久远，但它透射的信息不免让人凄楚：由于战争和争夺吧，在酒中放毒、放药是一种遍见的现象，故而人们间虽然在交往，在谈情义，要举杯痛饮，而提防和不信任同时也伴随着这种交往。先喝一杯，似乎在坚决地表达着："请相信我，我是真诚的，我没在酒里放毒、放药。"信任是人们交往的基础，为了信任，人们可以断臂折腕！因为人是与人生活在一起，不论为了各自的利益发生过何种尖锐的冲突，总归有一天会化解，走在一起，再携手共行。几千年的生活都在如此进行着：各自利益是基础，为了保全利益和争取利益发生冲突和对抗，甚至产生激烈的战争，这也在情理之中。但冲突、对抗、斗争之后便是和解、和平、合作。这便是对立统一的法则，故而人们在不断地为和平而努力。以往的历史在不断告诫着人们：没有永久的冲突，也没有永久的和平。这是由人类社会发展的内部运动规律——事物的矛盾法则所决定的。

敬着酒，便唱起了酒歌。我感到佤族的音乐中有一种幽怨的情愫。

晚饭后，去看佤族的篝火晚会。在隆隆的木鼓声中，佤族的姑娘小伙子们在跳着，无忧无虑。在民族地区舞是一种展示，一种调解，一种娱乐，一种交往形式。随着"咚！咚"的鼓声，佤族的小伙子、姑娘们尽情地潇洒自如地跳着、唱着。

山区沉静的夜。

由于我们赶了一天的路，副市长高颂山吩咐县里的领导较早地结束了晚会。

我回到龙潭宾馆，住在三层的888号房间里。久久难以入睡。夜，静得出奇，而我眼前仿佛还是那篝火烧起的火焰，那舞步、那幽怨的旋律……

第二天，我同样早起，走在空空荡荡的街上，天尚黑，街灯亮亮地闪着。我信步走着，脑子里似乎还在响着昨夜的鼓声。一个民族生存于一个特定的环境，这个环境便是他们的一切。这是我多年前在研究所时形成的想法，做民族工作，搞民族研究必须去看一看这些民族生活的环境。了解他们的生存环境就更有利于理解这个民族。比如一位佤族的朋友讲，佤族是以黑为美的，看一个人也是如此，假如一个人生得过于白嫩，就显得异于他人。实际上这也是在生产生活中形成的审美意识：云南是个紫外线很强的地方，生存就需要劳作，劳作就需要风里来雨里去，就需要晒太阳，晒太阳，脸和身体的裸露部分晒黑就成了必然的。因此此时的"黑"就有了劳动的含义，因为从事劳动的人无论男女都会被晒黑，因而黑自然是劳动的象征，或者说是能劳动的象征，反之，不参与生产劳动你的脸就会白皙，但是在与自然的残酷的斗争中，不劳动的人就成了人们鞭笞的对象。比如在藏族中就有："娶一个不会干活的爱人，还不如养一头奶牛"的民歌。劳动创造财富，劳动创造价值，故而"劳动"就是美，就是美德。这与现代的审美观念有所不同。

早饭后，市县的领导陪我去参观龙潭湖。可能是由于我放过牧，务过农，生活在近林近水的地方，我对农、牧、森林、水有着特殊的情感。一入森林，那清新的沁人心脾的空气便令我陶醉。这是一片原始森林，古树参天，绿荫蔽日，茂密的林木中各种寄生植物形形色色，零零星星的不知名的花在开着，鸟在叫着，诚可谓赏心悦目，美不胜收，令人留恋，久久驻足不前，最使我感到惊奇的是龙摩爷。

龙摩爷圣地离县城不远，大约有一公里吧。走不远就到了。那是一处幽深的山谷，山谷入口处用木头搭了个寨门，寨门两侧的柱子上挂着牛头。再往里犹如一峡口的山崖上、树上、木桩上，挂了不少牛头，大约有几百个，给人以肃穆、神圣的感觉。我在暗暗庆幸，经过了"文革"的暴风骤雨，这些旧物没有遭到破坏，可谓万幸。随行的同志说：此处有两个特点：一是风，别个山谷的风是自山口吹入山谷，而此处是自山头吹至山口；二是这些牛头，倘若你闭着眼，再猛然睁开，就感到那些牛头在动，似乎在冲你而来。我试了试，果真有那么点意思：那些牛头似乎是隐藏于山石、丛林间的活牛，在直挺挺地盯着你，甚至在向你走来。或许是由于牛的朴厚、耐劳、与人朝夕相处的原因吧，虽是骷髅，却少了那种阴森的感觉。

在山谷的祭祀处有不少宗教性质的饰物。其中一个竹子的立木上有个用同一竹子分叉后编成小兜子，我问随行的同志："这是用来做什么的?"

他说："这就是人头桩！"我的心一紧，顿觉毛骨悚然。

在北京时，我就听说过佤族有砍人头祭祀的习惯，来云南后，我数次想到西盟也是想实地感受感受，也是为了一看究竟。没想到这就见到了。随行的同志介绍，砍了人头后，祭祀时就将人头放在那个兜子里，在20世纪50年代还有此风俗。甚至传言，毛主席曾告诉佤族的地方领袖：你们这样砍人头不好，可用别的东西来代替，比如牛头、羊头，或者用泥土、面粉等捏一个代替。自此后便废弃了这种做法。

关于人头祭祀风俗的来源，几乎都是一样的，传说是诸葛亮南征时到了佤族地方。佤族是个雄强、有战斗力的民族，为了降服和稳定，诸葛亮教佤族种粮食。第一年种粮食，收成很好，佤族人吃到后非常高兴，十分感谢孔明。可是第二年种下去的粮食却没有一粒抽芽、成苗。大家去问孔明，孔明说："你们得罪了神灵，需要砍人头祭祀才行。"于是便有了砍人头祭祀的风习。说每年都要进行，而且是长胡子，尤其是长连鬓胡子的最好。此为传说，不知虚实。在战争年代，诸葛亮是否有此计也不可知。龙摩爷有点藏区的山神（年神）的性质。我看了看上面所挂的牛头均为水牛头。我问："这边没有黄牛吗？"同行的导游回答："要不挂在这里的牛头怎么都是水牛的呢？"导游说与一则传说故事有关。据说在很早的时候，水牛救了佤族的始祖安木拐，为了纪念，所以佤族每年都要用水牛来敬。

离开龙摩爷，我们便沿着龙潭湖而行。人在森林中行走，而下面便是碧波荡漾的龙潭湖。湖中长着高高的苇子。山之影，树之影均在水中，好一个美丽、幽静的去处！我对县长和书记说："在一个县城里有个湖那是你们的福气，要好好保护，千万不要污染了。既要注意生活用水的污染，也要注意农田因施化肥而引起的水源污染。"书记说：这个问题已经不存在了。主要是生活用水已引到别的地方去了，而且新县城现在只有五六千人；周围没有农田，所以也就不存在水源污染的问题了。我说："这就好！这就好！"书记接着说："倒是'文革'时差点毁掉龙潭湖……"，我问为什么，他说："'文革'时有人突发奇想，想引龙潭湖的水去灌溉下面的农田，口子都挖开了！"过了一会儿，我们终于看到了那个挖开的口子。"那么，后来为何又不挖了？"县委书记说："事有蹊跷，在挖的过程中差点死了人，出了几件怪事，大家认为触犯了神灵，就不敢再挖下去了。"

上午10时许，我到县政府办公室听县里的汇报。

在一处不大的会议室里，由于县委书记和县长在外参加会议，汇报会由西盟县委副书记金文主持，常务副县长刘桂铭汇报。我在笔记本上记下了这样一些话：西盟位于云南西南部，思茅市西部，县城距省会昆明675公里，国土面积1353.57平方公里，全部为山地，总人口83098人，少数民族占总人口的94%，佤族占总人口的72%。

西盟同样是个比较贫困的县份，人均收入在625元以下的有5.3万人，占农业总人口的71%以上，家产不足100元的农户还占有一定比例，辖6乡2镇36个村委会362个村民小组，6乡1镇与缅甸佤邦接壤，国境线长89.33公里。从上大致情况可知：民族、山区、边境、穷困是眼下西盟的特点。所谓："吃饭靠财政，发展靠项目"。贫困的原因是什么？汇报中也有所涉及，共五方面：

一是特殊的历史原因。西盟属"直过"区（直接过渡区之简称，即从原始社会直接过渡到社会主义社会）50年至70年西盟的主要任务是保卫边疆、巩固政权，直到20世纪80年代才开始抓经济建设，基础差、底子薄，发展后劲不足；二是受自然条件制约；三是劳动者素质低；四是基础设施建设薄弱；五是财政入不敷出。贫困地区的问题大体如此。

我曾咨询过一些同志，佤族地方还存在原始平均主义思想，缺乏私有观念。这是个巨大的社会差距，但是在发展的路上都在你追我赶，谁还顾忌到这些？

我问"西盟是何意？"有同志回答说西盟是拉祜语"西弥"的转音，意思是有金子的地方。"是有金子吗？"我问。众人大笑："有也是过去的事。现在……这里只有石头。"我说："可不要这么说。人就是金子、民族就是金子、特色就是金子，我们脚下的土地就是金子……"

县里的领导一汇报完，就让我讲话，这似乎是惯例，不讲不行。我说："县委县政府积极努力推进工作，辛勤为民，做了大量工作。从汇报的情况看思路对头，目标宏伟，干部有劲头，有干劲。"

我提了几条参考意见。大概这也是惯例，每到一个地方，只要开会，总要让你作"指示"。虽是临时讲话，但还是尽量就着西盟的实际讲。我说：

一要善于学习。学习知识、理论、方法。学习是一种境界，是一种良好的习惯，一种优雅的爱好，一个人获取知识求得进步的必然渠道。人类在学习中进步，在学习中发展，在学习中进入新境界。对于干部来说，学习不仅是一种爱好，而是一种能力，是一种必不可少的能力。一个不学习的干部，他不会当好干部；一个不会学习的干部同样当不好干部。什么人最老？不学习的人最老；不学习他的知识就会停留在一个特定的阶段。什么人最年轻？善于学习的人最年轻，善于学习的人即使年老，但他的知识永远是新颖的，甚至由于有新的知识，他的思想观念也会不断更新，不断进步。所以，我比较关注各级干部的学习，不但将它作为看人层次的筹码，也将它作为一个看干部是否合格的标准。

我希望西盟的干部是爱学习的干部，尤其是民族干部。你过去学习好还是不好，够还是不够，都不要紧，从今天开始学习，不晚。必须学习，总体上看，学习总比喝酒要愉快得多，幸福得多，有意义得多。只是许多人在生命的过程中没有品尝到“学习”这杯“酒”的醇香！学什么？新观念、新科技、新知识，都是我们学习的对象，因为我们要提高自己的综合能力，就要从此入手。

二要善于抓重点。重与轻，一般与个别，主要矛盾和次要矛盾，在我们的工作中都是活生生的现实。我们一定要做这种分析，这种把握。有没有这种分析，有没有这种把握完全不同。大家都放过牛，大家平时也都在讲“牵牛要牵牛鼻子”，那么为什么不牵牛尾巴？牛角？牛后腿或者牛前腿？我估计许多人都不会考虑，也没有必要考虑。但是这句话已经上升为一个“哲学概念”在使用。假如我们再进行一些生搬硬套的事：牵了牛尾巴，不是你牵它走，而是它牵你走；牛有牛劲，大多数人是拼不过牛劲的。牵前后腿、牛角，纯粹是挨踹、找踢！人是极聪明的动物，你看一“牵鼻子”，所有的问题都解决了。这就是辩证法。

三要善于抓特色。在市场上特色就是生命。现在许多人在讲这句话，很好，但多是从经济角度，没有从人文层面考虑这一问题。假如我们从人文层面考虑这一问题就显得更为重要。人无我有——“有”就是特色。人有我强——“强”，就是特色。人强我特——“特”，就是特色。“特”就是生命。重视经济生活中的“特”很重要，重视人文活动中的“特”同样十分重要。西盟的特色是什么？西盟没有工业，农业以糖、胶、茶、林、畜、蔬菜、冬季农产品开发七项为产业；但人文层面，其“特”我想大家都会公认：佤族文化。

四要善于借力。后进的地方，借力十分重要，要考虑后发优势，就要惜力，借最先进的科技之力；人才之力——知识、智慧；领导之力——指导、引导、集中相关资源支持；政府之力、社会之力——政府的投入和社会的帮助；群众之力——群众的团结，共谋发展，共同奋斗。我们的根本问题是“力”不够，科技力、人才力、领导支持力、群众奋斗力（其中重要的是受教育水平和创新的与时俱进的文化力）还比较弱或者说还不够。领导就要有这种意识，这种责任，也有这个条件，去聚力、整合力，使西盟发展得更快些，使佤族人民生活得更美好一些。

五要善于务实。工作要实、作风要实、做人要实。

六要善于统筹兼顾。从社会建设的角度看，在目前情况下，我看有四句话要牢记于心：一是科学发展观，科学发展观是发展的指导思想，掌握得越透彻，越深入，我们对发展的诸多思想的体会就会越深刻，就越利于我们指导工作。二是执政能力。要切实地提高自己的执政能力。三是和谐社会。要努力建设和谐的社会。四是思维方法上要有科学的整体的辩证的思维方式。作为干部，我们每时每刻都遇到此类问题。若要整体推进工作，就必须要有类型的观念、系统的观念、领域意识、社会整体性意识。要善于用科学思维指导工作，要善于根据工作实际综合考虑问题。

七要善于积累。要有财富的积累、人才的积累、文化的积累。风俗是历史的影响，风俗是人性的影响；只有成为文化，才有可能保留，只有成为文化，才有可能长久，更需要有善的积累。

我讲的话都是实话实说，交交心，跟大家一同探讨，与会的人大副主任杨美玲、政协副主席岩翁都是佤族人。他们说："你是把我们当自家人开导，语重心长，很感谢。"

要离开佤山了。有同志在唱：

村村寨寨，打起鼓敲起锣，阿佤唱新歌，
毛主席光辉照边疆，山笑水笑人欢笑……

这是一首老歌了，经过"文革"的人大概都会记得《阿佤人民唱新歌》。我的脑子里不断地响着这首歌的旋律和那质朴的歌词。群山中仿佛有回应的鼓声。

翠翠的佤山也逐渐远去，消失在云雾之中。

闲话“三道茶”

在20世纪70年代末80年代初，我曾两次去大理，大概是行程仓促之故，似乎没有听说过“三道茶”。假如我不到云南工作，或许永远也不知道“三道茶”。到了云南，在2004年，我曾有五六次去大理，但喝“三道茶”仅一次，抑或有闻，不知其名，不问其因，跟往常的许多工作行程一样，每到一处，总是许许多多的人、许许多多的事、许许多多的话题，即便是游览吃饭也免不了一会儿跟那个说话，一会儿跟这个聊天，匆匆间，喝也喝了，吃也吃了，回忆起来却稀疏空荡，没有留下多少印象。我们很多的干部下乡大概都有这种感受：风一般来，云一般去，来也匆匆，去也匆匆，匆匆中何得？不知也！我曾以顺口溜记这一境况：

走马观花不见花，
一片空白绿荫下；
赏花须得静心情，
下马细品始知价。

说来容易做来难，“下马细品”在何时？有时“马”是“下”了，但心情不“静”，志不在花，神情别处，仍不“知价”。今年5月11日，我陪国务院西部办的两位领导去大理视察工作，坐在沿海的游船上，再一次遭遇“三道茶”。

苍山叠翠，洱海扬波，岸上柳绿，树下花红，阳光明媚，白云悠悠。我和国务院西部办的领导正在游船二层的贵宾厅里聊着，看着洱海的旖旎风光，说着云南退耕还林的事，有人来请我们去看表演、喝三道茶。我们一行十多人便来到表演厅的主客位置上坐下。节目开始，几个身着白族服装的小伙子和潇洒靓丽的姑娘，且唱且舞。大理是有文化特色的，但台词所及多风花雪月、五朵金花、苍山洱海，其音乐舞蹈多轻盈欢快，清丽而隽永。当节目主持人说到三道茶时，我的思绪顿时被三道茶的介绍所吸引。主持人说，三道茶：“一苦二甜三回味。人一辈子先要吃苦，吃了苦就有了甜的回报，或者说年轻时多吃点苦，中年时就会享受到甜，晚年就可以回味自己有苦有甜的生活。”生命的共性是无处不在的，平平常常的几句话，使我立刻感到这小小的三道茶有深意。它看似平淡，却在揭示一个普通的也是普遍的规律：一个人先要付出，才可以得到；得到，就需付出。进而论之，舒舒服服，不花工夫，不付出代价，大概是很难有所收获的。生活也无数次地昭示人们：得到甜，是由于你吃了苦，一分耕耘，一分收获；只想得到甜，总想得到甜，不想吃苦，不愿意吃苦——这种思想是不符合因果规律的。多么简单的道理！却又多么深刻！

我们喝着苦茶，我们喝着甜茶，我们喝着有苦有甜的涩茶，各有各的情怀，各有各的体会，各有各的评价。

5 月 22 日上午，在佳华酒店召开云南省政府咨询团第七次会议。我在主持会议，一位省领导的讲话中讲到咨询团的顾问们的建议、意见是他们“才华和知识的结晶”时，我颇有感触。顾问中有相当一部分人将赴大理参观游览。我看看表：本来安排 11 点结束的会议，不到 10：30 就要结束了。我想了想，就利用会议主持人的这点小权力，讲了几句感受，这个感受完全缘于三道茶。

我说，大理是中国历史文化名城，有丰富厚重的历史积淀，下关风、上关花、苍山雪、洱海月，“风花雪月”，举国皆知。去了大理，应该去看古城、三塔，应该去爬爬苍山，游游洱海。但是要我建议，我就要建议大家去喝喝三道茶。为什么？三道茶叫“一苦二甜三回味”，一定会给大家留下深刻印象的。

我说，我们云南有困难，缺经费，缺人才，缺的东西不少，但最缺的还是知识、经验、智慧，尤其是大知识、大经验、大智慧。大知识、大经验、大智慧在哪里？在民众中，在世界，在实践中，在各位顾问那里。

我说，知识是财富，经验是财富，智慧是财富，我们应该百倍地尊重，百倍地爱护。

我说，劳动的过程苦，创造的过程苦，实践的过程苦，与自然与社会的一切斗争都很苦。但是一切知识、经验、智慧都来自劳动，来自创造，来自实践，来自与自然与人类社会自身的艰苦斗争！无法摆脱，无法超越——因为这是规律——花要生长就要土的条件、水的滋润、阳光的照射，不断地吸收、不断地丰富、不断地成长、完成成长的全过程。

成长需要经历这“全过程”，放弃过程，就等于放弃了成长——就等于放弃了开花的希望。过程是一点一滴形成的，因此，经历过程就是经历积累——由不知道、由少知而多知、由量变到质变的转变过程；过程是漫长的、苦的，有时是十分艰难的，甚至是越是完美、理想的结果，往往越要经过非常的艰苦的过程才能得以实现。因此，我们需要具备“韧”性，具备长征精神，就要“咬定青山不放松”，就要“经磨历劫，伤痕累累，斑迹重重，更显得枝如铁，杆如铜，烈日炎炎晒不死，严寒冰雪郁郁葱葱，八千里风暴吹不倒，九千个雷霆也难轰”，“蓬勃旺盛，倔强峥嵘”！

我说，没有苦，也就没有知识、经验、智慧，也因为知识、经验、智慧，尤其是大知识、大经验、大智慧来之于苦，才显现出它们耀眼得如同日月的光彩、光华！

我说，我们需要大知识，我们呼唤大知识；我们需要大经验，我们呼唤大经验；我们需要大智慧，我们呼唤大智慧！因为这是我们伟大事业的需要，这是我们的人民幸福和安康的需要！

我说，我们会品尝奋斗的艰苦，同样我们可以品尝知识、经验、智慧，尤其是大知识、大经验、大智慧实现的甜的成果，从苦到甜的奋斗人生就永远值得我们回味。所以我建议你们去喝大理的三道茶。

我不知有多少顾问去了大理，我也不知有多少顾问去喝了三道茶。但我相信，去大理的人大多会去喝三道茶，因为那是大理的一个品牌，因为那是大理人民在生活实践中给世人的具有哲理的文化贡献。它会教导人（尤其是年轻人）去吃苦、去奋斗，不要虚度光阴：每一个甜的品尝——幸福人生，也有一个美的口味——跌宕起伏，酸甜苦辣，既平平常常，又丰富多彩！然后，再把自己的体会付给后人，薪火相传，万世不衰！

也说普洱

普洱茶是云南的一个品牌。据相关材料介绍，2000多年前，云南人就开始了野生茶树的人工栽培，历史之悠久可见一斑。清人阮福有《普洱茶记》载：“所谓普洱茶者，非普洱府界内所产，盖产于府属之思茅厅也。厅素有茶山六处，曰曰倚邦，曰架布、曰謟崆、曰蛮砖、曰革登、曰易武，与《通志》所载之名互异。”普洱已更名为市，历史上的思茅厅之辖地与今已有很多不同。

我到云南时，普洱茶突然火了起来，到商店里看了看，有的（普通一点的）几十元，有的上千元一饼。一饼也不过二两的茶叶，实在有点贵得吓人。更有人讲：20年以上的普洱茶有的卖到了几十万元。

为什么普洱茶如此火？这可能和它的价值有关。据有关介绍说，普洱茶：一是可以减肥、降血脂、不伤胃，这些是现代人尤其城市人最关注的，是消费的热点领域；二是别的茶有过期问题，普洱茶不是这样，而且越陈越好。功能佳、保存久，普洱茶便成了名噪一时的香饽饽。

藏人与茶的渊源很长。西藏、四川等藏区过去是销售普洱茶的好地方，所以我也曾听到一些推销普洱茶的人忽悠：一些欧洲人到藏区来“借种”，为什么？藏族人的身体素质好，藏族人为什么身体素质好？那是因为长期喝普洱茶喝的。既然是“忽悠”，不一定有科学依据，但藏人吃茶是世界有名的，不少书中称藏人“嗜茶如命”。《汉藏史集》中记载了一则关于茶的来源的小故事，说：赞普都松莽布杰得了一场重病，所有吐蕃的医生都让赞普安心静养，这时，一只美丽的小鸟衔来一根上面有几片叶子的不知名的树枝，接连两日都如此，赞普感到怀疑，就把叶子放到嘴里品尝，不想清香满口，加水煮了之后，便是上好的饮品。于是下令去找此树。有一大臣在汉藏边界地方找到了这种树，自己背一捆，让鹿驮一捆，回到了吐蕃。赞普十分高兴，重重赏赐。实际上，藏人吃茶的历史或许比这要早，而这种类似神话的故事，也不一定是这一时期的产物。因为在唐初，随着唐蕃之间的时和时战，交流非常之多，而吐蕃也曾占领云南西部的大片地方，获取茶的信息，便是自然而然的事。

普洱茶国际研讨会期间我见到一些专门搞茶的同志：我也有意识地和

他们交换意见。我有一个主张：要制定标准，没有标准化就没有产业化，普洱茶的问题也是这样，这是现代管理的一个重要特点。尤其是要将普洱茶做大做强就需要建立标准。

普洱茶到底怎么样？实际上我也没有谱，便建议有关方面尽快解决普洱茶的成分以及在人们饮用过程所要注意的事项。这一点同样很重要。我很坦率地向大家说了我对普洱茶的两大疑问：一是事物的发展都有一个周期性的生命，尤其是动物和植物，都要经历由小到大，由盛而衰的过程，为什么普洱茶就可以特殊呢？就是要回答："普洱茶越陈越好"的问题，而且要科学回答。你不科学地回答这一问题，人们（包括我）就有怀疑，有怀疑的食品饮品不论时下何等地"热"，它是难以持久的。二是菌的问题，在普洱茶的发酵过程中有20多种细菌在参与"工作"，这些菌类都是有益于身体的吗？由于保存条件的千差万别，普洱茶会不会受到其他有害细菌，比如黄曲霉菌的侵染？这更是要命的问题，假如茶中滋生不良或者有害细菌侵染，不但不利于身体，而且会招致疾病，此类事若一旦成真，谁还敢喝你的茶？

我讲完这段话，特别引用了朋友发在我手机上的一条信息："该说话时说话是一种水平，不该说话时不说话是一种聪明，什么时候该说话，什么时候不该说话是一种城府；该干时会干是一种能力，不该干时不干是一种智慧，知道什么时候该干，什么时候不该干是一种成熟；该靠前时靠前是一种派头，不该靠前时不靠前是一种知趣：知道什么时候靠前，什么时候不靠前是一种修炼；能当狮子是一种威仪，能当狐狸是一种谋略，知道什么时候该当狮子，什么时候该当狐狸是一种素养。"我说，我就不知道什么时候该说什么话，比如说今天，讲这些会不会引起大家的反感？但我还是要说一说，为什么？关键是早一点引起大家的注意，早一点使普洱茶得到认证，建立正规的标准体系，早一点使茶农得益，早一点使云南的这一珍贵品牌在科学的旗帜下走向世界。

理不说不明。关键是沟通交流，道理讲透了，大家也便理解了，"您这是为云南人民好，为云南茶业的长远考虑。"我说：我近日也在加强学习，什么方面的？自然是茶。茶是一业，可有历史，大学问。比如大家熟悉的《茶经》，作者陆羽说："精行俭德之人，若热渴、凝闷、脑疼、目涩、四肢烦、百节不舒、聊无四啜，与醍醐甘露抗衡也。"讲茶的作用。同样是唐时的刘贞亮提出了茶之十德，同样影响深远。"十德"是：以茶散闷气，以茶驱睡气，以茶养生气，以茶除痛气，以茶利礼仁，以茶表敬意，以茶尝滋味，以茶养身体，以茶可雅心，以茶可行道。这十个方面，同样是讲茶的功能作用，已较为全面，包括物质、精神两个方面，所以中国、日本等国讲“茶道”是有内涵的，并非文人墨客的矫揉造作。弘扬茶业，还是要从古人的思路，从物质、精神两个方面进行挖掘。对于普洱茶来说，我感到，物质层面重点要解决的是功能和作用的科学性问题，可以借用现代对药剂的分析手段，对云南的普洱茶进行分析研究，从而确定品位，保证其质量。这是个基础性工作，我们必须用科学的求实的精神，让科学说话，对消费者也就是对千千万万的茶民的生命负责。精神层面就是要挖掘茶文化或者普洱茶文化，形成体系，引导情趣。尤其是道士、和尚，这方面有独到的体验。唐时的道士、诗人施肩吾有诗曰：“越碗初盛蜀敬新，薄烟轻处搅未匀。山僧问我将何比，欲道琼浆却畏嗅。”怀海和尚立《百丈清规》，搞“农禅”，让僧人在寺院内种茶，以茶礼佛，开禅宗茶道之先河。元稹嗜茶，对茶的体验也十分深刻：“茶，香叶，嫩芽。幕诗客，爱憎家。碾雕白玉，罗织红纱。铫煎黄蕊色，婉转曲尘花。夜后邀陪明月，晨前命对朝霞。洗尽古今人不倦，将知醉后岂堪夸。”告诉你们吧，我已抄录了二三十首咏茶的诗，每每研读，十分惬意。

后来，我与云南农大的党委书记、科技开发处长、省政府秘书三处的处长等到北京向国家认监委汇报了这些情况。我说：普洱茶是云南的好品牌、名片和形象，保护好品牌，印制好名片，树立好形象是政府的重要使命。普洱茶涉及云南 103 个县（23 县主产茶），1100 万茶农的大产业，这一产业要发展，要做大做强，就要走标准化的道路，没有标准化就没有产业化，就没有农业的现代化。认证制度的实行、标准化的推进，就是农业走向现代化的必由之路。

普洱茶是云南 1100 万茶农脱贫致富奔小康的重要依托，省委省政府历来都非常关心。实质上它也已成为云南解决“三农”问题的重要内容之一。

加快普洱茶认证步伐是当务之急，也是时代的要求：一是从目前市场情况看，相对混乱，规格不一，标准不同，省内省外，各有炒作，非法牟利，欺蒙消费者的现象时有发生。二是市场监管要有标准，要有权威性，同时也需要有机构、队伍。有标准的监管才是真正的监管。三是早规范，茶农早得益，云南早得益，社会早得益，消费者早得益，有多方面的好处，会形成综合的效益。有原则、无标准的监管实际上是不到位的无序的监管，这个原则也很难坚持下去。

对普洱茶进行标准化生产、标准化管理，标准化经营，已经是历史的呼唤，人民的呼唤，市场的呼唤，小康社会的呼唤，生命的呼唤，发展的呼唤！

普洱茶这一珍贵资源是上天对云南这块特殊土地的恩赐，是云南各族人民的荣耀。原生树、古茶树、千亩古茶园都雄辩地叙述着这一切。哈尼、彝、傣、景颇、佤等多个民族生产茶叶。云南的茶种植面积居全国之首，产量居全国第三，有认证生产的对象基础。假如科学地证实了普洱茶降血脂、降血压、减肥、预防心血管病、抗辐射、防癌等功效，普洱茶将会真正造福人类，其前景不可限量。高血压、肥胖、心血管疾病、癌症等疾病不仅我国的发病率高，而且也是世界性的难题。日趋年轻化、普通化，因而有十分庞大的消费群体。

接触茶，就了解研究茶，这或许是人的本性使然。我经常跑书店，以前专买所攻专业方面的书，后来开始搜集有关茶的尤其是普洱茶的书。有些写得不错，严谨又有依据，确实读后长见识；有些则多了几分忽悠。当然，云南的各级领导中也有不少普洱茶爱好者，谈起对普洱茶的感受，那是一套一套，如数家珍，活灵活现。

一日，我应邀去喝茶。友人让我写了几个字，我便写了：“以茶会友，茶佛一体；茶马古道，人文情长。”同座者问：“这——如何解释？”

我说：“就像我们品茶，魏晋以来的文人墨客、僧人曾也是这方面的高手。茶能醒脑，在喝茶中他们悟得了许多人生的真理和佛的禅机。我们好好了解，或许有利于弘扬中国的茶文化。”

有人问：“你以为普洱茶有何特点？”

我说：“这可不是我讲得了的，但已有归结，比如在《喝普洱茶》中说：

远看是粑粑，
近看是茶饼。
闻是六六六，
喝时甘喉头。
浓成千年墨，
淡是葡萄红。
饱可消积食……

这些就应该是普洱茶的特点了！”

众人鼓掌而笑。我说，还有好玩的，历来茶酒都是文人的爱物。你听听白居易是怎样对待此物的：

暖床斜卧日曛腰，
一觉闲眠百病销。
尽日一餐茶两碗，
更无所要到明朝。

众人再笑。有人调侃：“看来，我们应该把白先生的诗句写在普洱茶的包装盒上，让他也给云南的普洱茶事业做点贡献！”

2005.9

石　屏

2006 年 1 月 2 日，我从北京回到昆明，晚六时参加一位朋友的宴请后回到宿舍不久，便接到小杨的电话：“你几次都没有去成石屏，小尤她们今天都去石屏了！县里很希望你在返京前访问石屏。”我说：“好，去!”小杨又问：“什么时候去?”这一问题倒让我犯难了：翌日去，恐耽误翌日晚上的宴请，从昆明到石屏至少也有两三个小时路程，我已决定 2 月 7 日返京，时间的确太紧了！可是不去，恐怕将来机会就少了。犹豫中小杨建议：“是不是现在去石屏?”我顿时眼前一亮：“好，现在去，夜行石屏!”

晚九时许，一片夜色中我们向石屏进发。

夜路不好走。出昆明还算快，但一上高速公路，情况就完全不同了。夜间的大货车一辆接着一辆。小杨说这些车是往广东方面运送生猪、禽蛋、蔬菜的，常年如此。夜幕中偶尔十几辆大车首尾相连排成一行，仿佛一堵高墙，堵住了所有的视线。我们只得闷着脑袋等候。时间在一分一秒过去，小杨也有些焦躁：“这个样子，要等到猴年马月!”我安慰他说：“小杨啊，让你受累了，耐心等待吧!”小杨说：“都是救灾救的，不然早去了!”

可不是嘛！沉静的夜空牵引着我的思绪。石屏是我到云南后最早计划专门去考察的地方之一。为什么？缘由有二：一是石屏少数民族和汉族比例各半，文化底蕴丰富，作为文化考察，较有代表性；二是石屏出了个李嘉廷，在云南省政府担任主要领导多年，我在省府工作时不时就听到关于李的这样那样的事，颇想去了解了解他成长的环境。有两次都约定好了时间，因有灾情，省府让我率队救灾，只得取消。为此我还写了一首打油诗自嘲：

想去的地方去不了，
不想去的地方跑了三遭；
为何？
想去的地方不需要，
不想去的地方正需要；

你不需要我需要，
公后是私私次要；
正需要就是真需要，
正需要就是真重要，
百姓生计天字号；
天字号就是冲锋号！
义无反顾往前跑，
不辱使命立功劳！

这不过是对当时一点心愫的调侃。因为我想去的地方多与专业有关，属于“私事”范围，自然属于“次要”位置，“次要”就要服从“重要”。公事办完后再去办这点“私事”，时间就难保证，也就一拖再拖。这便是小杨所说救灾原因。

石屏有许多名人，像作家李乔等都是大家熟悉的，但说到石屏，人们自然会想到李嘉廷，这就是大家常说的“名人效应”，不论是正面的还是反面的，一旦出了名，这个人的名字后面就会附着许多东西。籍贯、民族、性别等在首要位置。尽管大家都很清楚：贪官是贪官，清宫是清官，与地方没有必然联系。群体是群体，个体是个体，每个地方都有好人，自然也免不了要出“坏人”。但人类的天性之一就是有深厚的家乡观念，都希望自己的家乡好，自己的家乡强，因而也就都想多听到一些对自己家乡的“赞誉”，而不愿谈家乡的不足、不是、不好。故而我嘱咐小杨：“我们到石屏只是看看，少提李嘉廷，免得伤面子、生口角，尴尬！”小杨说：“这个，晓得……”

石屏快到了。联系的电话一个接着一个。

石屏的县长、书记、宣传部长、县政府办主任等在高速路出口处迎候。我看了看手表，时至零点，实在有点过意不去。我一个劲儿道着歉。县长、书记客气地说：“你是北京的客人，我们请都请不来，能来石屏就是瞧得起我们石屏，就是对我们的支持！就是我们的贵客、朋友！我们非常乐意，也非常高兴。”“好好好，不说了，我们先去吃点烧烤，喝二两革命小酒，暖和暖和身子。”

石屏的烧烤是有名的，而石屏烧烤中的名牌是石屏豆腐。石屏县委、县政府曾于1994年11月28日举办了首届“中国——云南石屏豆腐节”。云南大学出版社曾出版过一本《石屏豆腐》的小册子，专门对此进行介绍。该书说石屏豆腐源于淮南豆腐且优于淮南豆腐。优在何处？其他地方的豆腐都要用石膏或者卤水点（凝固豆腐），而石屏的豆腐直接用老城区的地下酸水点，“质地柔软，口感鲜嫩，味道甜美，营养丰富”，我尝了尝，果不其然，名不虚传：鲜嫩、鲜美，咀嚼之于齿，香醇于鼻。我一连吃了四五块。我在家乡安多藏区很少吃豆腐，我上高中后才尝到此物，那时候总感到豆腐有一股难闻的酸臭味，不喜欢。到了北京，我也是不大吃豆腐的。有时候吃火锅，锅里放点乳饼般松松软软的冻豆腐（北京人吃火锅喜欢放冻豆腐），感到味道还不错，关键是少了豆腐的那种酸臭味。因此，当年读到苏轼《蜜酒歌》中之“脯青苔，炙青莆，烂烧鹅鸭乃匏壶，煮豆作乳脂为酥，高烧油烛斟蜜酒”时，感到苏武以豆腐入诗，有其欣赏处，但体会尚不深，对此同样不以为然。可是豆腐吃久了，也培养了口味，逐步变得不排斥、喜欢了。

改革开放近30年，实际上变化最大的是中国人的饮食，尤其是饮食观念。我们这一代人是伴随着饥饿长大的，因此平生所怕之一就是饿肚子，只要有吃的，不论粗细软硬都吃。当时老人们用句话来形容：“填坑不要好土”，将肚子比作一个永远也填不满的“坑”，吃饭就是填“坑”罢了，吃饱——“坑”填满了就该满足了，不挑挑拣拣。这是解决饥饿——以吃饱肚子为目的的典型观念性语言。这些年，大家的生活质量提高了，首先是城里人多了讲究：什么“多吃菜少吃饭”——主张多吃蔬菜少吃碘粉；什么“有没腿的（鱼类）不吃两条腿的（禽类），有两条腿的不吃四条腿的（牛羊猪肉）”；什么“少吃红（肉），多吃白（豆腐）等等，豆腐的身价高了。高在何处？高在豆腐中含有铁、钙、磷、镁等多种微量元素；高在豆腐有益气和中，清洁肠胃，生津解毒，有助消化，增进食欲的作用；高在豆腐不含胆固醇，可补钙，有利于骨骼发育、牙齿健康。（这些语言已经有了关注食品营养与健康的观念）可是无论东西再好，鼻与口是第一道门槛，鼻子不接受，不习于其气味，嘴巴不接受，不惯于其味觉，还是不愿意吃。吃了石屏豆腐，似乎改变了我以往的观点。诚如民谣：

吃大肉，吃大鱼，
不如祁集千张皮。
哪一朝，哪一代，
祁集豆腐都不赖。

我在调研的过程中经常遇到一种现象：外地人不一定知道某一地方，某一地方的人也不一定知道这一地方；就像外地人不一定准确地评价这一地方，本地人也不一定能够准确地评价这一地方。对于某一问题仅仅有了解是足够的，还需要有深刻的分析，才可能得出科学的结论。我问一些关于石屏的问题，座中有的回答如数家珍，有的则显惘然。我说："你们看，这不是应了那句话："'外地人不了解石屏，石屏人也不解石屏'。"大家哄然大笑。我说："这不怪大家，早有诗概括了这一现象：'横看成岭侧成峰，远近高低都不同；不识庐山真面目，只缘身在此山中。'这是一般规律。比如我在北京时经常出题目考老北京：'你能说出北京的千分之一，算你是师傅，不要看你是老北京。'实际上谁也做不到，谁也说不全。知识无限，人之所见、所识，只能是'沧海之一粟'啊！比如你们要问我藏族的情况，我也只能如实回答：'知之甚少，知之甚少！'"在一片笑声中有人说："你是藏学教授，还说'知之甚少'，是否太谦虚了！"我说："这不是谦虚，'知之甚少'已经是大学问了，我应该说'沧海之一粟'才客观！"

进入石屏已是零点，吃过烤豆腐，又喝了几口酒，虽然时间已晚，但大家很有兴致，邀请我去卡拉 OK。我说："还是休息，养养精神，还有明天呢！不要把好日子一个晚上都过完了！"

第二天早晨六时许，我踱步于街头，看见许多小学生在昏暗的灯光下前行，有的不停地打着哈欠，有的一边走一边背着书。我看着他们感到既亲切又可怜。三更灯火五更鸡，正是少年读书时。历朝历代的读书郎都一样，苦啊！可是，学习就是个苦差事，不苦又怎么能取得进步呢？街上也有不少学生挤在饭馆里吃米线。

主人把我领到一老宅子吃早餐。老宅子古色古香。这样的建筑在石屏不少，建水一带也多，庄重、大方、雅致。首先映入眼帘的是廊柱挂屏上的对联：

天地起息山水
道德气节文章。

——可以玩味。外界多有不知，以为云南是荒僻边地，实际不是这样。云南是个文化底蕴十分深厚的地方。许多干部对诗词歌赋都有探讨，有不少干部的文学素养也很好。

吃过饭后，我们去参观石屏著名的"状元府"。石屏出状元这本身是奇事，而从介绍知道，石屏尚出过 15 个翰林、51 位进士，这是许多人所不知的。这足以说明这个不足 30 万人口少数民族人口占了二分之一的县份的历史文化教育状况。一名状元称袁嘉谷，是清光绪癸卯（1903 年）进士，经济特科一等第一名，时年 32 岁。袁的贡献主要在文化教育，辛亥革命后，回云南，任国会议员、省参议诸职，并在云南大学任教 15 年之久，卒于 1937 年，享年 66 岁。袁所得的经济特科同样为许多人所不了解，“经济”一词大约取“经邦济世”之意，与现代科学之“经济”概念有异。状元故居为省级文物保护单位，建于 1885 年，砖木结构，门楼雕梁画栋，十分壮观。门之对联写道：

萱荫千秋松声九里，
邦桢四叶世范三篇。

此联书于屏，黑底金字；门有额，红底金字，上书“经济特元”四字。依次望去，里屋的隔题迎面而来：楷书之“太史第”，篆书之“国朝第三人”。

“状元府”内设袁生平展览。不愧状元功底，文字、书法足堪品味琢磨，著述亦不少。观览之后，众人请我题词，我一时不知题何为好，便信手写了四句：

龙盘虎卧石屏峰，
水秀地灵重诗文；
十五翰林一状元，
知识文明满园春。

我长期从事教育，也算是袁状元的同道。袁嘉谷有诗《读书乐》：

恒于勤苦见从容，
坐拥书城兴未慵。
烟篆纱窗香辟蠹，
风穿纸帐剑吟龙。
不除绿草思谆实，
独赏焦桐有蔡邕。
夜半高楼谁是友？
诸天寺里一声钟。

以勤学苦读立身，这是许多中国文人的共同特点，袁状元自然也如此。我虽未读过他的《卧雪堂文集》、《卧雪堂诗集》，而他著术丰盈为云南学界所称道。

石屏的孔庙、异龙湖、县衙、海菜腔等都是颇有名气的。清人胡瀛有诗曰：

香稻花轻玉露稠，
月明渔活满船头。
小蛮打桨冥蒙里，
海菜腔尖醒睡鸥。

我在昆明时就曾听过李怀秀、李怀福姐弟演出的海菜腔，声音尖高，很有特点。可惜来去匆匆，许多东西难以细细领略。匆匆地看过县衙，我便催促："时间有限，我们还是考察考察这里的民间文化吧！"于是，众人又驱车前往曾为《花腰新娘》的拍摄地彝乡考察。

《花腰新娘》公演后，人们知道了一个名字，也同时误解了一个名字，即花腰傣和花腰彝。迎接我们的乡长一再向我说："助理，您得给我们把这个名称纠正过来，我们不是'花腰傣'而是'花腰彝'！"

"这要从宣传、介绍的基本材料入手改，一定会改过来。"他们的心情不难理解，将彝族搞成了"傣族"，把彝族的艺术形式搞成了傣族的艺术形式，诚可谓张冠李戴，能不让他们没意见、有想法吗？这些事可能全在不经意中发生，但这些不经意的事往往会引发许多不该发生的矛盾和问题。

虽然是在节日，虽然我怀着只是走马观花的心情来领略一下这里的山水人情，而且一再交代："请不要惊动群众"。但是不知何故，群众还是来了，一排排、一群群的欢迎队伍，鼓掌、跳跃、舞蹈。一时感到不自然起来。我一向认为：干部不可以有过多、过高的礼遇。无论是哪一级的干部，千万不要给老百姓添麻烦；他们要养家糊口，他们也要安安静静享受天伦之乐。

然而我彻底地被他们的舞蹈吸引住了：多美的舞姿！多真诚的感情！跳得纯纯真真、本本分分、热热烈烈。我曾经历过许多这样的场面，我也观察过这种精心组织的欢迎场面，站在欢迎队伍里的人，有普通群众也有专业团体的演员，虽然嘴里在喊着："欢迎欢迎，热烈欢迎！"但目光有轻蔑、有厌烦、有无可奈何、有疲倦、有无精打采。群众对这种无聊的排场是十分反感的。但今天显得特别不同，这也是让我真正感动、事后经常思考的一件事：不论是男的女的，那些孩子们眼神太纯真了！太淳朴了！透着天然的诚实和善良：纯真的动作、纯真的神情、纯真的微笑，无一丝矫揉造作。那是人生命的本质放射的光辉，靠模仿、学是得不到的。身临其境，你会感到那些纯真来自她们纯真的心灵，从心灵外化为她们自然的神情、自然的巨大力量。事后我对一位同志说：我似乎很久没看到过这样的眼神！尤其是在城市里。城里人的眼神多是警惕、戒备、冷漠、尖利、虚伪，大概这是城市生活的自然塑造。因为，在城市人来自东南西北、人分为三教九流，情况实在太复杂，这里纯真最易受骗、最易受伤害、最没用，即使你是纯真的，别人也不信。故而城市首先消灭的就是这种纯真。

孩子们邀请我跳舞，我便跟着她们学步，可谓亦步亦趋，虽然舞步的花样不少，但并不难学。跟着她们学着舞着，真感到有一种快乐、幸福在心头。

由于跳舞的地方就在村子里，跳了一会儿，我建议到群众家里看看。便顺势来到一些群众家里，有些就是那些舞者的家。家里并不富裕，有些显得生活还比较困难，但家家热情，感到大方、大气，生活也显得充实、快乐。那些跳舞的孩子大多是十六岁至十八岁的小伙子和姑娘，跟我的孩子差不多。我问他（她）们："你们感到快乐吗?"

"快乐!"几乎是异口同声，声音也响亮。

"可是……"我犹豫片刻，"我感到你们并不富裕?"

孩子们倒一点儿也不掩饰："这有啥子，钱多少是个够，有的吃有的喝，大家关系好，和和气气，就是快乐!"

有的还补充："有时候钱多了反而没得快乐了!"或许这也是一种观念，许多人在为金钱和财富奋斗、算计，但是一旦金钱到手，家财万贯，真的幸福吗？不见得。有的有钱了、有势了，人也变了，问题和灾祸也找上门了。因此，对于快乐和幸福，基本的物质条件是必需的，但也是相对的，不是绝对的。就像有人认为有了丰富的物质财富人们就幸福了，实际上不是这样。物质产品需要生产、物质世界需要建设，精神产品也一样需要生产、精神世界也一样需要建设。

不看不知道，一看吓一跳。中国人讲"读万卷书，行万里路"确有道理。到了石屏我才感到石屏有地道的少数民族文化，也有地道的儒家文化。足可修正一个判断：云南的民族文化是古朴的，原生态的；但云南同样有着深厚的内地儒家文化。但当你走在石屏的乡村，你却会得出这里是彝族（也有其他民族）文化的富地；而当你走在石屏县城，你便觉得这早是儒家文化的富地。这是石屏文化的一个特点，或许也是云南文化的一个重要特点。

我们许多的文化工作者不太重视此类问题，云南不但是个少数民族文化的富矿，而且也是一个汉文化，尤其是儒家文化的一个富矿。石屏就是例子，紧挨石屏的建水也是。建水的文庙是全国著名的。中国的许多民族的历史是与汉民族共同发展的，中国的许多民族的文化也是与汉民族相互影响、相互补充的；既自成体系，又往往你中有我我中有你。我们还缺少文化间相互影响、取长补短的过程和现象的研究。文化是不同民族间进行沟通的桥梁，是社会生活中值得充分研究的重要题目，但由于考察的时间有限，很难有足够的材料让我从总体上进行分析判断，做出科学而合理的评论。

尽管我们谨慎地回避着那个一开始就有所警觉、担心让当地干部群众不快的话题，但是神差鬼使，不知什么时候也不知因为什么原因大家还是谈起了李嘉廷。

我到云南后，特别调研了几个人物，其中就有李嘉廷。也翻阅了相关资料，包括报纸上公开的一些资料。2001 年 9 月 30 日《云南日报》登有时任中共云南省委书记的令狐安同志在 9 月 29 日上午全省副厅级以上干部会上传达十五届六中全会精神时谈到李嘉廷时的一段总结，包括：放松学习，丧失信念；言行不一，欺上瞒下；居功自傲；妻儿失教；交友不慎以及体制漏洞和权力失去监督。我感到其中总结后的分析结论很有说服力：第一，放松学习改造，必然经不起考验。李嘉廷走上违法犯罪道路，归根结底是不注重学习，放松了对世界观、人生观、价值观的改造，丧失了理想信念。第二，言行不一，必然失去民心。领导干部一定要以身作则，要求群众做到的，自己先做到，要求群众不做的，自己首先不做，说一套、干一套，欺上瞒下，最终必然会站在人民群众的对立面。第三，居功自傲，必然走向毁灭。古人言：“满招损，谦受益”。李嘉廷把中央和人民对自己的培养当成个人奋斗的结果，自以为官做大了，功劳大了，应该享受了，结果自傲自满，自我膨胀，走向犯罪深渊。第四，妻儿失教，必然导致家庭堕落。领导干部一定要教育引导亲属艰苦奋斗，自强自立，把优良作风作为精神财富传给子孙后代，而绝不能像李嘉廷一样以权谋私。第五，交友不慎，必然坠入圈套之中。中共云南省委积极提倡领导干部广交友、慎交友、交好友，目的是听民声、纳民言、察民情。如果交酒肉朋友，官商勾结，权钱交易，必然会导致腐败。第六，体制漏洞，使腐败分子有机可乘。改革滞后，行政审批权力不受制约，必然会导致腐败。第七，权力失去监督，必然产生腐败。对党政“一把手”，特别是同级领导干部缺乏有效监督，是当前党风廉政建设的一个薄弱环节。此后，我又看到令狐同志之《长恨曲（李嘉廷浮沉警世录）》（2002 年），作为李的同事，我想他的感受会更为深切。

对于李嘉廷的贫苦出身许多人都谈及，云南的官场和百姓之中也有不少传说。令氏有诗曰："人本聪明家本寒，自古英才出少年。祖居峰青岭秀地，建水之西异龙前，世代彝家无疑义，似有先人来江南。石碑龟裂铭文在，李氏公祠四百年。童蒙天真赴学堂，家徒四壁少口粮。可怜冬寒无薄袜，手皴足裂有冻疮。幸得香晖沐哀牢，雨露三迤啧幼苗。寒窗十载龙门跃，四邻轰动皆自豪。白日梦想喜成真，全村亘古第一人。"这便是李嘉廷童年的基本经历，长于苦难。

从干部和群众的谈话中可以感受到，对于李嘉廷，干部并没有那样多的顾虑，他们说：李虽然是石屏人，但从不到石屏，对自己的家人也不怎么管。此不知何故，亦不知真假。石屏在云南并不是太偏远的地方，但是云南有个特点，平坝一般较为发达，一到山上，便是另一种景象了。李的家住山区，自然是较为穷困的地方。

"王侯将相多出于寒门"，这是有一定道理的，自古以来大体如此，这也符合实践出真知的基本原则。若干年前，我曾写诗赠友人赴任：

身经百战成帅将，
手理万事为卿相。
自古大才多磨难，
饱经世事自高强。

这也是我对事物规律的一点感性认识。可是从这些年的高官腐败中，我也看到另外一种现象：许多人生于苦寒，苦打苦熬几十年，从放牛娃、放猪娃成长为省长、部长，甚至党和国家领导人，但当他们一旦掌握重权之后，很快变质，成为腐败分子，成为历史的罪人。是他们健忘？还是他们不懂得珍惜？是他们不懂得其中利害？我想都不是。得来千辛万苦，毁灭一朝一夕。他们忘记了过去，背叛了自己，走向了反面，轻贱了自己一生的追求。难道这是人成长、成熟、衰落的规律？冥冥之中是何东西在主导？

无独有偶，已于 2000 年正法的另一贪官胡长清与其有着十分相似的经历。胡在自己临刑前的忏悔中说："我出生在一个穷乡僻壤的山村，小时放过牛、种过田，每天上学要跑七八里路，还要挑 20 斤萝卜到小集镇上去叫卖，挣两个小钱好买个本子，交点学费。至今，我后背脖子上还有小时候挑萝卜卖、挑柴卖而被担子磨起来的大疱。一双破旧球鞋，穿了整整五年，我妈给我补了又补，下雨天湿了，我爹晚上便在火炕边给我烤干。为了支持我读中学，两个姐姐中途辍学，确保我一人奔前途有个出息。父亲因水肿病不能治愈去世时，我才不到12岁，就靠我小脚的母亲养育我……”，“家乡的山水养育了我，父老乡亲帮助了我，党组织和各级领导培养了我，由一个农民的儿子成长为一名副省级干部，是多么不容易啊！我悔恨莫及，成长起来了，生活好了，进了大城市，当了高级干部，可是把过去却忘记了，”“忘记过去，就意味着背叛，现在我犯了严重错误，真正体会到了保持艰苦奋斗优良传统和艰苦朴素的作风是多么重要！它是一剂十分难得的良药，可以教育挽救人们的性命！痛定思痛，我要永远牢记这一惨痛的教训。”人生于世，难得有一份清醒，倘若像勾践那样能卧薪尝胆，不忘过去，矢志恢复故国，雪耻雪恨，自然十分难得。而大多数人都在闲逸之中，在富贵荣华之中，忘却了过去，走向了反面，而且得到了现报。昔日封疆大吏，威风八面，一朝成为阶下罪囚，颜面扫地。也应了那句俗语：“人生没有买后悔药的地方”——一旦构成犯罪，一切都晚了。但仅仅是如此吗？这些聪明人、这些大聪明人，动辄古今中外、天南地北发表高论，常年在教育人、鼓动人，为何走到了连小账都算不清的地步？不得不究、不得不问。

从清华大学的高才生，到哈尔滨市的市长，再到云南省副省长、省长，李可谓如鱼得水，一路青云，有机遇，得升迁。贪官容易迷惑世人，其有三：一是共产党员、优秀分子（知识、经历、经验等方面长于别人）；二是中高级干部；三是有些人在工作过程确实为国为人民做过一些好事，甚至有贡献。这是三块金牌：共产党员是党内同志，有可信度；优秀分子（知识、经历、经验等方面长于别人），在社会上有威信有影响，有能力；中高级干部掌握一定权力，是受党和国家信任的，在为民执政上，有合法性，不少普通群众将对党的情感寄托在他们身上；有些人在工作过程确实为国为人民做过一些好事，甚至有贡献，受人民拥戴。有报道介绍：李嘉廷调云南后，也曾为云南省做过许多工作，比如对于“通车18天断毁的昆禄公路”的公开批评、严厉追究；对昆明钢铁公司的支持，在1999年昆明世界园艺博览会场馆开始建设初期，这个拥有数万人的云南第一大企业已处于破产的边缘，是李规定世博会建设所需钢材必须去昆钢购买，使数万人免遭失业。因此李一出事，许多人对他的心情自然是复杂的。

许多事偏执一端必难看清真相，必须一分为二两头看，学习是这样，工作也是这样。学习上没有自己的刻苦努力不行，但仅靠自己的刻苦努力，没有国家、学校、老师的培养、教导也不行。工作上也如此，自身没有能力不行，仅有自身的能力也不行，尤其是官员，其政绩都有综合性，是党和人民赋予你的权力，党和国家的基本政策、资源基础，无数人不断努力的结果。许多干部在这一问题的认识上过分强调、夸大了个人（自身）的作用，认为这一切都是自己的“英明决策”、胆识魄力、“有效组织领导”，因此居功自傲，个人主义迅速膨胀起来，一些人的优越感、霸道自此而萌，一些人的独断专行由此而形成，一些人的不平衡也由此而生。总感到自己是诸葛亮，别人是阿斗，别人就应该不折不扣地听他的；总感到自己的贡献和自己的待遇、职务还不相称，甚至感到党和国家亏待了他。于是，强化了自我，轻贱了法纪规章；于是可怕的梦魔也就如此开始。无论是谁，倘若仔细一想：你的本事就那么大吗？你为什么那么牛？还不是因为党和人民赋予你权力，殊不知没有这种权力做基础，你有那个“本事”吗？没有这种权力提供的特定平台，你有那个“能耐”吗？

一个人得以成长不容易，得以良好成长更不容易，但是一个人毁灭却很容易；成长要靠自己的努力，因为，他是在为自己的理想而奋斗；但是毁灭不是自己的愿望，甚至是自己连想都不愿想的结果，是自己通过一切努力避免的结果，一个痛苦的结果。但是这个结果在当事人不知不觉中已推到了自己的面前，当他们为自己的结局而战栗时，一切都木已成舟，无可挽回了。那么，是什么原因使他们走到了这一步？

贪官们正前赴后继，当一个贪官落马时，人们无不唾骂，但真实的他们到底怎样？他们的异变到底经历了何种过程，非常值得我们研究。李嘉廷的腐化，从教育的角度看，有典型意义，应该充分总结。

1. 妻子贪。许多官员家庭都是从平常百姓家庭开始的，早期不一定就贪，也贪不了。但是随着家庭主要成员的升迁，这个家庭的小环境也随之发生着不知不觉的变化。家庭也显得越来越重要。其重要一是妻室，二在子女，三在亲戚，四在朋友。其中最难在于妻子、儿女。李嘉廷的儿子就是这样。据有关人士介绍，李嘉廷来到云南以后，李嘉廷便不断开始涉足汽车、房地产等行业。据说在2000年，一位来自北京的教授在昆明市一次政法在职干部的培训课上对学生们说：“你们云南省的李公子真不得了，党中央在指挥全国的打击走私行动时，他竟然还从广东走私汽车来云南，幸亏他有个好爸爸。”实际上干部子弟一有动作，在社会上就有反响。李嘉廷的夫人也是如此，由共同奋斗的“贤内助”变成了来者不拒的“贪内助”。凡举事必然留下痕迹，这是天道的合理处，可谓“天网恢恢，疏而不漏”。无数作恶的人希望自己的所作所为神不知鬼觉，实际上神不知鬼不觉的事是不存在的。因为人生活在地球上，在特定的时间和空间中生活，你逃不出这一特定的时间和空间。尤其在中国，尽管人们对干部子弟会有各种各样的评价，但干部子弟始终是百姓关注的对象，有时候甚至拿干部子弟作为观察中国社会一些敏感事物的对象。改革开放以来，干部子弟进城，许多人便做好进城的准备；干部子弟上大学，许多人便努力进大学；干部子弟出国，许多人便想着法儿出国；干部子弟搞公司，许多人便效法搞公司。在他们心里有一朴素的推论：那些当大官的不会让自己的孩子干没有好处的事的。于是，干部子弟就成了潮流的风向标和引领者。但是，干部子弟在经商、出国等活动中必然要与普通群众争利，就要逾越既定的法纪规章，这便成了矛盾的核心环节。比如搞公司，干部子弟利用父辈的人脉关系就好做得多，干部子弟折了有人捞，领导不打招呼也有人捞，普通群众就没有这个特权。破了维系常态（社会公平）的规矩，损了他人的利益，因此群众中积累的怨恨也随之见多，而在干部子弟中又出现了凭借势力无所顾忌、为所欲为的现象，使这一问题进一步恶化。此种现象，演化时间越长，破坏性则越广、越重、越深，是我们需要特别关注、切实解决的，危及稳定，关乎人心向背。

2. 色欲重。令狐同志有诗曰：“江湖小妹设金钩，不钓鱼龙专钓候。”这句诗总结了当下的一个重要现象：小姐官员傍大款，大款小姐傍大官。有人统计过，男性贪官，90%以上均有情妇参与。“贪如火，不遏则自焚；欲如水，不遏则自溺。”不论是贪官清官，是男性，在此问题上大致一样。色欲无控，则取自溺。实际上就其本质来看从贪官看是因色欲的引导，那些“美女蛇”刚刚开始都是装得嫩稚率真的“美女”，而一旦进入她的绞索，就要迫使你主动或被动地为其服务，将你的良知、清白、功名利禄吞噬干净；而从“美女蛇”的角度看，贪官自身有此需求，一上手段，便一一中招。这是我们不少官员情操、修养甚至是智慧的可悲处。看似简单的事往往不简单，看似安全的事往往不安全，甚至潜伏着更大的危险。“美女蛇”们有着明显的功利目的，将色作为特殊商品来用，一旦“售出”就有了交换关系。这与常人之间的两心相印、两情相悦、日久生情，甚至纯粹的性需要不同，自然也与通常所说的“英雄难过美人关”有着本质区别。因为其举所及，既非本能，更非感情，而是利用人性的弱点——本能和感情，进行的金钱与权力的利益交易，只不过双方都粉饰了这种丑陋的关系、卑鄙的目的。所谓恩呀爱呀、舍不得、离不开之类都是障人耳目的都是麻醉剂罢了，以色图权、图钱才是真实目的。这便是“金钩”的利害处。成克杰给其情妇李平办事，两人合伙贪污受贿达4000多万元，李嘉廷给情妇徐某谋取了3000多万元的不正当利益。据说首先揭发成克杰的就是这位他认为对他绝无二心的情妇。

色是作为动物的人的根本弱点（本能）是生理需要。但是人，贵为万物之灵就是因为有理智有思维判断能力，有基本的道德思想水准。利用人的本能的交易是人世间最为卑鄙的交易。但这种交易却由来已久，且形成产业，即便到了现代高度发达的社会也不绝余续，但它明码标价“交易”的完成，事钱两清，即为路人，而权色交易绝非如此，因为有了所谓“感情”的介入，就成了无价的买卖，如同嗜血的魔鬼，只有将对方的精血吸尽、成为皮囊，这一过程方告结束。这是一个残酷的故事，但无数人仍在重复着这一残酷的故事。

3. 迷途无返，家破人亡，人间留恶名。一失足成千古恨！东窗事发，李自悔之晚矣，妻悔之晚矣，子悔之晚矣，新朋旧友亦悔之晚矣。李嘉廷被宣布辞职前三四个月，身为奥迪汽车云南总代理的儿子李勃被捕，妻子于9月16日在自家卫生间的热水器上上吊自杀。官方公布李嘉廷主要违纪事实是：一是收受贿赂折合人民币119万元；二是利用职务之便为他人牟利，其子接受对方钱物折合人民币2049万元：三是与有夫之妇徐某通奸，并利用职权为徐谋取不正当利益，涉及金额3000余万元。顷刻之间，李由受党和国家倚重、人们尊重的党的高级领导干部沦为囚徒、人民的罪犯。

其中也留下了许多令人玩味的地方。比如：1999年3月《南方周末》刊出《朱镕基流泪后的宁边村》后，李嘉廷到该村现场办公，给钱给物，在百姓心目中是一种“能干”而亲民的印象。对此有记者分析道：这种所谓的“能干”，并不一定是真正的能干。之所以在此过程中体现出“能干”和亲民，是因为他手中掌握的权力太多（甚至是绝大部分）可以由他个人随意支配的社会资源的缘故。一句话可以‘救活’数万人的厂子，一个批示可以调动数亿数十亿银行资金，还不‘能干’吗？而这样的权力这样的‘能干’，也恰恰正是由‘太能干’到‘太腐败’的必要条件之一。‘太腐败’往往正是因为‘太能干’，越‘能干’往往越腐败。一些百姓善良地认为，只要官员能真正为老百姓做几件实事，哪怕他吃点拿点要点也没啥。事实上，一些‘能干’的官员在利用手中配置资源的权力‘轮番安抚’、‘雨露滋润’群众的同时，正干着‘轮番损害’的勾当。”这是非常值得注意的官场现象，即授权与权力制衡的关系问题，尤其是上一级领导，管组织、干部、人事工作的领导，组织人事部门，要特别关注。数十年来，我对此有过观察、了解和调研，也曾经和这样的“能人”接触、交谈，其中的可怕之处在于：一是身份特殊，掌握权力，掌握相应的财力、人力、物力等资源，可以随时调动；二是正由于前者，这些人可利用自己手中的权力集中力量创造政绩，而这一过程有些是正常的合规律的、大量的是不正常的是靠践踏相关法纪来推动的；三是具体的假象掩盖真实的一般，以直接的小恩小惠、小利益来掩盖间接的大损失、大腐败。诚如该报道所言：安抚是直接的，看得见的，所以人们感恩戴德；而损害却是间接的，以看不见或一般人不那么容易看得见的形式在进行，所以人们似乎并不记恨。仅凭一个人的一句话、一个批示，就可以轻轻松松地立即决定一个大型企业的生死、决定一个耗资数亿数十亿的大经济项目上马与下马，这样的权力实在是太大了，实在太危险！

公共权力是人民给予的，人民要对此进行有效的管理并使国家公职人员科学使用、清白使用，就要从程序、数量、范围等各方面制定有效的限制。这需要我们深入研究。实际上，干部心里有本账，群众心里也有本账，我们从石屏的干部群众对李嘉廷的评价中的确可以深刻地体味到这一点。这一点也是我来云南在省政府工作的岁月里不时思考的。以人为鉴，可以正衣冠；以史为鉴，可以知得失。我们研究那些贪官就是为了让更多的人不贪，不让他们走犯罪的道路。作为干部，就要清正廉洁，就要为人民、为国家、为民族、为家庭、为未来负责；凡捞取个人利益的终没有好下场。

午后，我又匆匆从石屏赶回昆明参加晚上的活动。第二天，我便用石屏的豆腐煮面条吃，将主人送的石屏豆腐切成小条，放在面条里，同样的可口、味美。只是心里又多了一份隐隐的沉重。

景　与　相

浙江有很美丽的山川景色，雁荡山就是一个。但是浙江的多山，也给发展带来了许多问题。听人介绍，这里有些地方在明末就有了资本主义萌芽，不知是否，但我所见到的是打零工和搞生意的浙江人，“文革”时有，“文革”后更多，形形色色。

记得在上大学前，我在青海的牧区就见到一位当木匠的浙江人，不高的个儿，一个装着木匠器具的木匣斜挎在肩上，充满活力。草原上的许多人都认得他，叫他“尕木匠”。人们说这人活儿干得好，好多年了，每年在老家住个把月就来了。一家一家地做。

我当时感到奇怪，问：难道我们这儿的木匠不行吗？

当地群众介绍就两句话：他的活儿好，价钱便宜，还不讲究，给什么吃什么。

我问“尕木匠”：一年四季，在这牧区转悠，不想家？

“尕木匠”说：想家就挣不到钱，男人挣不了钱，吃不了苦，养不了家，没脸面，在老家抬不起头。

这件事对我影响十分深刻。当时我就发感慨：我们这些人不行，离不开父母，离不开家，将来会有什么出息?!“尕木匠”就是榜样，要挣钱，要当真正的男子汉，养家糊口，就应该走出去，四海为家！

那时候我也在想：这浙江到底是个什么地方？他们的想法为什么跟我们许多人都不一样？“在家千日好，出门当日难”，我们留恋的是这个“千日好”，我们担心的那个“当日难”啊！“金窝窝、银窝窝，不如自己的土窝窝”，我们守着“土窝窝”，不愿去看看人家的“金窝窝”、“银窝窝”是什么样子！当时，一些人还有些错误的担心：“蒋介石是浙江人，说不准他们受了牵连，在家乡待不下去，出门来混口饭吃。”

我也没有想到，有一天，我还会到“尕木匠”的家乡去走走！

中午我们到了乐清市，听了相关领导的介绍，看着苍茫山景，我不由感慨：

七山二水一分田，

多人少地谋生难；
挣钱闯荡万里去，
历经千辛求发展。

浙江是七分山、二分水、一分田呐！在农业社会，这种条件并不是好条件，缺少土地，就是它的根本问题。浙江的许多老板在创业之初都是“白天当老板，晚上睡地板”，吃苦耐劳，不屈不挠，就是他们成功的秘籍。

下午二时，受主人安排，我们去看雁荡山。在一处景观前，我停了很长时间。为什么？平常一个景观我们会怎么看？一景一看，一景二看也就罢了，可是这个景观可以看八面：

我看着那座矗立的山石，导游在解说，我们顺着导游的解说在走在转：

导游说，从这面看，它像鳄鱼头，我点头，有点像；

导游说，从这面看，它像剪刀，我点头，差不多；

导游说，从这面看，它像桅杆，我点头，像；

导游说，从这面看，它像狗熊，我点头，有那么点意思；

导游说，从这面看，它像古代女性，我点头，是；

导游说，从这面看，它像帆，我点头，可不是！

导游说，因此，我们给它取个名字叫“一帆风顺”，我们祝愿您万事如意，一帆风顺！

移步换景，转了180度，多面看，各有所得。这使我想起佛家所说的“相”来。佛家在“相”方面有很多的说法，诸如法相、实相、名相、性相等，《佛学大辞典》有一解释：“事物之相状，表于外而像于心者”谓之相。中观宗讲“缘起性空”——缘起有、自性空，认为一切现象本无自性，均属虚妄分别，幻化不实。宗喀巴大师在《缘起赞》中说：

众缘和合生成之物，
虽然根本没有自性，
却能显现各种形象，
所以称作虚幻现象。

——莫非我们所见都是虚幻？当然不是。导游说：“看景，三分看景，七分想象，越看越像。”看来，关键在“七分想象”上，想象是“剪刀”就是剪刀，想象不是剪刀，就不是剪刀了。我对随行的同志说：“今天我们接触的可是一个哲学问题”，为什么？我给大家讲了关于“名相”及唯识论的一些问题。

有同志说：“佛教的有些东西听起来玄乎！”

“可那里充满了佛学的辩证思想。不要简单地用唯心论把它们一笔勾销了！”

于是，我再讲慧能的故事：“神秀作偈‘身是菩提树，心如明镜台，时时勤拂拭，勿使惹尘埃。’为什么‘祖三更唤秀入堂’，说：‘汝作此偈，未见本性。只到门外，未入门内’？慧能作偈‘菩提本无树，明镜亦非台；本来无一物，何处惹尘埃。’终任六祖，为什么？关键还在万法不离自性，不识本性，学法无益。宗喀巴大师说：‘什么事物依靠因缘，什么事物便无自性’，就是要深刻认识佛‘缘起性空’的根本思想。”

我讲了这些，一些同志有了兴趣。我们到了龙湫涯（大龙湫、小龙湫），十分壮观。我望之良久，吟：

恢恢天柱峰，
苍苍雁荡山。
一龙跃天地，
千灵隐此间。

到了晚上，主人让我们再去看夜景。一路走来，别有一番情致。这些景均依靠月影和灯光来展现其形，给人以遐想。有景称鹰，影像凶猛；有景称“情侣”，相偎而立；有景称“双乳”，诚如一对巨大的乳房；有景称“犀牛望月”，真有些犀牛看月的样子；什么“婆婆害羞”、“公公掉头”、“母子亲”，乍看一点不像，再看有点像，反复看，越看越像。自然，在白天或许就不是这种景象了。“好景啊！”我感叹着。这是幻景吗？借山借势——有景之依据，而依月光、灯光，形成层次、形象，以虚补实，虚实一体，似真非真，浑然一体。关键是我们借此景象思考人生、思考哲理之玄妙。

回到北京数月后，我再翻这段日记，又陷于深深的思考中：我再次阅读《六祖坛经》，以证当时所讲是否有误（这大概也是长期当老师形成的职业习惯），文中有云：“世人外迷著相，内迷著空。若能于相离相，于空离空，即是内外不迷。若悟此法，一念心开。”人世毕竟是人世，“孬木匠”当时可能有此种开悟？倘若当日的“孬木匠”已经成了大老板，他是否有此种开悟？一念心开，顿悟人间之事，毕竟是件艰难的事。但人的世界，许多事是受“一念”支配的，有此“一念”，“尕木匠”就走上了青藏高原——现在的一些年轻人一听说去青藏高原，就出冷汗。为什么？有“怕”这“一念”，现在的人的命金贵了，谁还为几个小钱去“拼命”？可是，我们生活的那个年代不是。我们那个年代“尕木匠”的那种“一念”是私念，是为了自己的利益的那“一念”，当时人数不少，还不是世潮，“世潮”是要“狠斗私字一闪念”，大家要为纯而又纯的公有制，弃绝一切私心杂念。

那天，我走在浙江的土地上，甚至天真地想：此次出来有没有机缘看到“尕木匠”？实在是太难了，一个在30多年前只见过一两面的人，即使是出现在你的面前，你会认识吗？这也不过是一个“闪念”罢了。世上的许多事悟了好，将事看得透一些、远一些，活人就会活得清爽。佛教讲“破相”（“我执”），从世俗谛、胜义谛两个层次认识问题，才能解决准确“非空”、“非有”的问题。人世就是人世，即便是你看透了、彻悟了，你还要用人的原则活人，在时代给你的经济、环境、文化的基础上活人；目前，活得富裕一些，活得有尊严一些，活得自由一些，可能还是大多数人的想法。我相信假如“尕木匠”还活着，无论他是大老板、小老板，还是在当他的“尕木匠”，他还会在那些生活的假想中解放出来，直奔生活的真实——为了男人的尊严和老婆孩子的幸福生活而奋斗。

——这就是中国农民的哲学：你有你的千条计，我有我的老主意——“人活一张脸”，这脸面是绝对要顾的；“走遍天下，肚子唯大”——人们的一切活动都要建立在吃饱肚子的基础上。“世人皆醉君独醒”，“独醒”很难，但任何时代“独醒”的人还是有的。

苏杭散记

11月20日（周一），我自北京至南京，阴云布空。走在路上，深切感到江南阴天的沉重、阴冷。天冷挡不住我们参访的脚步。南京有很多的故事，很多的景点，时间有限，逐一看，恐怕十天半月也看不完；选择看，各人有个人的想法。一些人嚷着要去总统府，一些人嚷着要去雨花台，我还是按原来的计划去看紫金山天文台、中山陵。

科技是伟大的，但有时候显得离人们很远。在天文台大家草草地走了一圈，我向讲解员咨询了一些问题，回头一看队伍已经走远了，只得匆匆离开。

到了中山陵，情况就完全不同，大家挤着往前看，纷纷照相，唯恐抓不住这难得的机会。我多次来南京，每次到中山陵总有新的感受，望着钟山，望着苍茫的山色，一股豪气，油然而生：

钟山养秀风光好，
金陵举日光明高。
六朝古都检阅后，
眼前汹涌长江潮。

“金陵举日”完全是写景，那天快到中午时，云层顿开，日光投来，高而明亮。人杰地灵，否则，古人怎么会建都于此。上次来此，我曾作《夜游秦淮》二首：

彩灯画舫桨声，
琵琶低吟水中。
猛见城墙高垒，
何处才子佳人？

十里秦淮旧事，
儿女情长意深。

万千风情过后，
往事如梦尘封。

——国民党政府也曾于此显赫一时，可是曾几何时，“钟山风雨起苍黄，百万雄师过大江。虎踞龙盘今胜昔，天翻地覆慨而慷。”解放军打过长江，拥有数百万军队的蒋家王朝，顿时土崩瓦解。有时盈亏荣衰，并无多少过程，来也迅速，去也迅速。一切都在变化之中，没有一成不变的事。最有说服力的是历代统治阶级，总想成“万事之基业”，实际上，其统治没听说过过万年的，不要说维持万年、千年，就是维持百年“基业”也不容易。为什么？事物产生、发展、衰亡的基本规律在起作用。愿望再好也是愿望，但愿望永远代替不了规律。唐宋元明清，其“基业”均在二三百年间，元不足百年，民国仅38年！新颖诞生、生动发展、圆满成熟、熟则渐腐，腐趋败亡。如同人求百岁、千岁、万岁，百岁之寿大概符合人类生死周期规律，见者常常，而千岁、万岁，非今人可望项背，故而多为徒劳。“七十三，八十四，阎王不叫自己去”，时候到了，一切都完，你不愿“死”是不行的，你自身的成长规律不再容你——有药治病，无药治老，说的就是这个道理。机能衰退，必行将就木。而自然界的一切，包括人类社会，正是用这种旧去新来的方式，实现着更新，保持着活力、动力。

中午后乘车前往苏州，先看苏州新区一中新疆班。后住苏州饭店1901号。我在年轻时对苏州颇多向往，原因只在唐诗（背《唐诗三百首》）。不少诗与苏州有关系。比如唐代诗人杜荀鹤有诗云：

君到姑苏见，人家尽枕河。
古宫闲地少，水巷小桥多。

有些因为环境原因，不甚理解。“人家枕河”对北方人是难以想象的。甚至会感到仅仅是一种诗的意境而已，并非真实。一旦身临其境，才知这也是“写实”，江南多水，河边人家“枕河”而居者多矣。

黑瓦、朱栏、白墙，楼宇娇小而精致。且看且行，浮想联翩，乃至无穷。清洁、闲适而富庶，大约这就是苏州的特点了。

晚游苏州，观看夜景。我对大家说：有韦应物、白居易、刘禹锡三诗人曾在此任刺史。有诗云：“何似姑苏诗太守，吟咏相继有三人”。这三位诗人在苏州都留有不少诗作，十分珍贵，苏州人应该把它写在大街小巷才好。白居易有诗：

阊门四望郁苍苍，
始觉雄州土俗强。
十万夫家供课税，
五千子弟守封疆。
阖闾城碧铺秋草，
乌鹊桥红带夕阳。
处处楼前飘管吹，
家家门外泊舟航。

据知史者介绍，诗人为政多勤勉，深得百姓拥戴，我说这很自然。因何？情也。余思之常痛之。韦应物在苏州三年：“仁贤忧斯民，贱于甘所役”，有五言律诗《郡斋雨中与诸文士燕集》：

兵卫森画戟，燕寝凝清香。
海上风雨至，逍遥池阁凉。
烦疴今消散，嘉宾复满堂。
自惭居处崇，未睹斯民康。
理会是非遣，性达形迹忘。
鲜肥属时禁，蔬果幸见尝。
俯饮一杯酒，仰聆金玉章。
神欢体自轻，意欲凌风翔。
吴中盛文史，群彦今汪洋。
方知大藩地，岂日财赋强？

——此为诗人顾况遭贬饶州，经苏州时作者于郡斋集宴，兴之所至作之诗，情谦词恭，实难得也。而不像今日的一些官员，情绪蛮霸，不问民之疾苦。守身自戒者，既严于己，又情于他，亦难得也。又诗曰：“野寺霜露月，农兴羁旅情。聊租二顷田，方课子弟耕。”诗人为官，或许权术不逮，但情怀心意是够的。无论何种事、何时之人，只要是人、只要做事，根本上有一态度和情感问题，在行政工作中感情同样起着决定性的作用。假如对老百姓无感情，才高八斗、权术超人又有何用？反过来看，假如一个人对老百姓有感情，就会想尽一切办法去努力，即使刚开始他们的努力不够、经验不足，但是，精诚所至，金石为开，这些人反而容易成就事业。在某地我听到这样的说法：“小村大用，基本有用；大材小用，基本无用。”当时我不解：因何有这种说法。讲解者道：“这是我几十年当领导的经验总结，为什么‘小材大用，基本有用’？小角色担当了大责任，他会拼死努力，不敢懈怠，久之，就可以从小到大，迅速成长，成为人才，但是‘大材小用，基本无用’，为什么？那些‘大材’一‘小用’，首先过不了情绪这一关，总认为你小用了他、小看了他，于是，不怎么使劲，同时，所学本领，也用不上。因此，基本上是无用的。”我感到他说的也不无道理。

白居易在苏州 17 个月，为解决水患开自阀门至虎丘的七里山塘河：“自开山寺路，水路往来顺。银勒牵桥马，花船载丽人。”成就感、愉悦感跃然纸上。

诗人是辛苦的：“清旦方堆案，黄昏始退公。可怜朝暮景，消在两衙中。”数月不出门，不宴宾客，写诗。因此，诗人也受到人民的爱戴，苏州人将七里山塘更名为白公堤，堤上一桥命之为白公桥。这位卓越的诗人记述了那种依依惜别的感情：

一时临水拜，十里随舟行。
饯筵犹未收，征棹不可停。
稍隔烟树色，尚闻丝竹声。
怅望虎丘路，沉咏浒水亭。
还乡信有兴，去郡能无情。

刘禹锡以一首：“杨柳青青江水平，闻郎江上唱歌声。东边日出西边雨，道是无情却有情”驰名文坛，也影响了无数的青春男女。他在离开苏州时所写：“流水阊门外，秋风吹柳条。从来送客处，今日自魂销。”又是另一类情致，有对往事的追忆，也有对故地的怀念、眷顾。

由于对这些诗人诗词的熟悉，当我乘船荡于河中，或徒步行于街头，会下意识地联想到诗中所陈之境：那莫不是张继“枫桥夜泊”中所提到客船吧！甚至侧耳倾听，或许能听到那悠扬的钟声吧。

境，往往是诗的依托，无境就没有诗。美好而奇特的环境，往往会激发人的创作灵感，产生联想，我自己就有这方面的感受。“烟笼寒水月笼沙，夜泊秦淮近酒家。商女不知亡国恨，隔江犹唱《后庭花》。”杜牧这首《泊秦淮》，我不知读了多少遍了，在课堂上读，在黄土高原读，于此地读，感受截然不同。虽然意念之中此诗还是此诗，但一经诵读，我仿佛感到自己就是诗人，把酒临风，听隔岸之“后庭花”，感叹之中，举杯畅饮！(后庭花，歌曲名，南朝陈后主作《玉树后庭花》)。这首诗自身也给我们留下无数的联想。

翌日中午二时出发，车行两个多小时至浙江杭州。浙江省政协的领导来接待我们。“来过杭州吗”，“来过可没逛过”，“那就好好逛逛了！你们是参观团，就要好好参观参观，感受感受‘上有天堂，下有苏杭’了！”我把参观团的成员介绍给他们。

晚至西湖边喝茶，苍茫之中，观水观山，观雷峰塔，其景忽儿隐约，忽儿清晰。久坐中心情也安谧了许多，一些诗境也自然潜入心头：

湖光沉冷夜雨静，
雷峰着彩多霓虹。
天暗星去人不知，
久立不闻舟辑声。

有时候你会感到赏景是人生的一大乐事。我有时望着那些山川景色苦坐，一坐就是几个小时，天上地下地遐想，从那景色中感悟人生，思考古往今来的事。你跟山对过话吗？我有。你与树木对过话吗？我有。你和那些动物对过话吗？我有。你和那些花草对过话吗？我也有。我对自然界的一切有着自然的交流的意识，也有着强烈的交流的愿望。在自然面前，也只有在自然面前，我是裸露的，可以对着他们大笑，对着他们高歌，有时候也对着他们号啕或抽泣。记得二哥有次还说“他这个人就跟山顶上的鹰一样，有时候在云层里旋啊旋，不知道要旋多少时候，也不知道他要干什么；有时候就蹲在高高的岩石上，看着山下的一切，似乎永永远远要这样看下去！”真是这样，无论我在老家的时候，还是在青海海西的时候，一旦心中有事，就走啊走啊，一个山头又一个山头，其至整夜不睡觉。

十一时归。晨六时即醒，欲去晨步，见雨后雾重，又不熟路，便闲坐。真好，宿舍里有本《唐诗三百首》，展读之心甚惬。孟浩然在《与诸子登岘山》中写道：“人事有代谢，往来成古今。江山留胜迹，我辈复登临。水落鱼梁浅，天寒梦泽深。羊公碑尚在，读罢泪沾襟。”实际上古人的情感与今人的情感是相同的。古人追怀古人，而感念人生，因为作为追怀者的古人在当时就是“今人”；数百年后，我等“今人”也成了“古人”，复有“今人”来追怀我等了！“世乱同南去，时清独北归。他乡生白发，归国见青山。晓月过残垒，繁星宿故关。寒禽与衰草，处处伴愁颜。”（司空曙《贼平后送人北归》）读着这些诗，想着我年少时苦背唐诗的劲头，突然一股酸楚涌上心头，顿时泪如泉涌：

我来到了诗人赋诗的地方，
和他们一道吟诗、欣赏；

西湖波连波，连着我的心波，
雷峰高塔被阳光，照着我沉寂的心房。
美的景在我心里，我的心在美景里，
我美好的向往、诗人优美的篇章
　　和这自然美景
　　　　　　同在天地间荡漾。

短促的生命结束了多少诗人的歌唱，
却留下千古诗的辉煌。
上有天堂，下有苏杭，
有成诗的妙境，才会有诗花的怒放。

河南纪行一

河南对于我来讲既“熟悉”，又陌生。“熟悉”是因为读书——自三皇五帝以来中国的许多重要历史事件都在这里发生；在我从故乡到北京上学、工作的这30多年里，无数次地坐火车经过河南（郑州、洛阳）；和一些河南人在一起工作过。但是，我从来没有在河南逗留过，对河南的山山水水没有直观感受。因此，到河南考察工作，我有着特别浓厚的兴趣——河南对我是有吸引力的，我相信河南对不少的读书人都有吸引力。

6月17日（星期二）

关于中央33号文件执行情况的工作检查，计划已有一段时间，由于忙于其他工作迟迟未能成行。通知明日赴河南，作为工作组组长真感到时间有些仓促。尽管已有较为详细的工作方案，晚上回到家里，我又认真阅读了一遍中央33号文件，参阅一些资料。责任重于泰山，容不得半点马虎。同时，我告诉河南省民委，此次活动要将工作检查与文化考察相结合：河南是文化大省，洛阳是八朝古都，不好好学习考察，那是我们的损失啊！

夜已深沉，我在书房中踱步，心情久难平静。民族团结，社会稳定，经济发展是国家的根本利益，也是人民的最大愿望。因此，民族关系在一个多民族的国家，是一个根本的关系，是一个必须要处理好的关系。处理好民族关系就要深刻地认识民族间历史和现实的诸种关系。不了解民族之间的经济关系，宗教、文化等方面的历史和现状、形式和内容，实际上是很难从本质上认识民族之间的政治关系的，只停留在政治关系上的民族工作是没有前景的。

6月18日（星期三）第一日

中午自北京坐火车前往郑州。随行成员有李文亮、韩玉今、张学进、赵志敏、钟延雄、小孔。

上了火车，我一直在想一个长期以来思而未果的问题，即中华各民族关系史。实际上在现今的中国社会国情教育中有两方面的教育十分重要（我将其归结为“两个共同”）：一是各民族共同缔造了中国（或中华人民共和国），简称为“共同缔造”；一是各民族共同当家作主，简称为“共同当家作主”或“共同作主”。这两个“共同”是我们认识和对待少数民族问题的一个基点，互为因果，不可或缺。实际上这两句都来自《宪法》和《民族区域自治法》：“中华人民共和国是全国各族人民共同缔造的统一的多民族国家。”党和国家高度重视民族工作，但是一些民族同志反映：在现实生活中，有时候对少数民族在缔造中国中的作用宣传得少了一点，以至于一些汉族同志认为中国就是当然的汉族国家，是汉族建立并领导的国家；有时候对少数民族当家作主权利方面的宣传也少了一点。这不是小问题，我们要用切实的工作回答这些问题，以推进民族团结进步事业，协调好民族关系，保证各民族大家庭稳定团结，健康和谐发展。

到郑州后即有省民委的同志来接站，径直前往郑州黄河迎宾馆，因为此馆曾有老一代的党和国家领导人毛泽东、刘少奇、周恩来等住过，开过有名的“郑州会议”，名气很大。

我住 7248 房。在许多人眼里，中州大地应该是地道的汉地，居住着单一的汉族，实际上不是这样。河南有 100 多万少数民族（主要是回族），也是一个“民族工作大省”。中国历史上几次大的民族融合，与河南有密切的关系。晚上宋副省长请工作组的同志一起吃饭，大家谈的仍然是民族、民族工作。谈历史、摆现实，说老经验、新情况，民族是个丰富多彩的世界，有说不完的话题。

6 月 19 日（星期四）第二日

8：30 在黄河宾馆 10 号楼三楼会议室召开汇报会。会议由副省长宋璇涛主持，河南省民委主任刘世军汇报。介绍参会领导后，我作了简短讲话，主要是五句话。这五句话是我在行前考虑、选择的。

第一句是前面已经谈到的我在学习 33 号文件时的新总结：“两个共同”。

第二句话是关于社会主义新型民族关系的诠释：“平等、团结、互助、和谐”八个字中，我重点就“平等”问题谈了自己的体会。

第三句是胡锦涛同志在 2005 年中央政治局集体学习时所讲的，民族政策教育：“不但要教育少数民族，更要教育汉族；不但要教育群众，更要教育干部；不但要教育一般干部，更要教育领导干部”，我们将此称为“三个要，三个更要”，从教育的范围、对象、重点等做出了准确的表述。

第四句是小平同志的：“只要一抛弃大民族主义，就可以换得少数民族抛弃狭隘民族主义。我们不能首先要求少数民族取消狭隘民族主义，而应当首先老老实实取消大民族主义。两个主义一取消，团结就出现了。”（《邓小平选集》第2卷第235页）小平对此问题的把握可以说入木三分。

第五句新时期民族工作的主题“两个共同”：共同团结奋斗，共同繁荣发展。

河南省的汇报由于有汇报材料讲得也较简捷，但内容丰富，工作情况也不错，确有新认识、新判断、新总结、新思路、新措施。由于历史以来的一些原因，我以为河南省的民族工作会有一些问题，但从汇报看没有多少事。我的心也宽了许多。

听完汇报后随机到新郑机场、郑州火车站、四中藏族班、易初莲花超市等处检查工作。郑州机场专门设立了清真餐厅，十分难得。由于此地常有回族群众往沙特朝觐，每年此方面的工作任务也较重。

中午在东方丹妮用餐。用餐后即往登封县之少林寺。这也是主人的一片心意。到了郑州，不到全国闻名的少林寺是会后悔的。我年少时喜欢拳脚，也学过几天武功，对此也颇有兴趣。

跟许多人一样，我们对少林寺的最初认识还是在电影《少林寺》，这一20世纪80年代的影片，让世界知道了少林寺，也让许多人爱上了中国功夫。

下午，我们来到少林寺。先参观了形态各异的塔林。到少林山门前时有住持方丈释永信迎接。跟内地的许多寺庙一样，少林寺也曾受到破坏，而且十分严重。现有的许多建筑多在20世纪80年代后修建。释永信方丈介绍着。国内外的寺院大多都有类似的经历，建了倒，倒了建，反反复复。时而香火旺盛，时而门庭冷落。但其中许多景物早已物是人非，看不到早年在书中的感受。少林寺内，有一浑圆三教九流图赞碑，有人介绍此碑很有名，上有图像，讲解员问：“你们看上面是几个人?”大家瞎猜一番。后讲解员说：看为一人，再看二人，实三人。众人说笑。碑的上方有文字，上写：“佛教见性，道教保命，儒教明伦，纲常是正。夜流务本，墨流备世，名流贵实，法流辅制，纵横应对，小说咨询，阴阳顺天，医流原人，新流为通，述而不作。得者难精，精者未缚……三教一体，九流一源，百家一理，万法一门。”（报时抄录，未见参考文字，或不准确，请读者慎引用)，细读之，产生不少想法。其中所及，既表达了一种观点，也反映了一种文化现象：任何文明都要对进入它这一文明系统的文化进行分析研究、吸收，甚至整合，从而形成新的思想观念甚至理论体系。这是值得我们认识总结的。文明之间有排斥和冲突，但从历史的总体看，交流、借鉴、学习、吸收仍然是主流。

看李林甫碑，碑有裂纹等，同行介绍，此是雷殛所致。李是奸相，所以有此报应。看武则天携君臣登嵩山峻极峰所投的金册，上写："大周国主武曌好乐真道，长生神仙，谨致中岳嵩高山门，投金简一通，乞三官九府，除武罪名……"云云。李是好相，武自历史以来多有争论，贬多于褒。从众人的介绍中感到：大家说着他们的事并无多少憎恶之感。我问旁边的同志："老百姓对他们怎么看?"有位同志接话说："老百姓，多知道这些是文物，需要保护，别的不问。"我问"为什么?""大家想着赚钱呐，以前是历史，老百姓说了，那是古人的事，他们与我们无冤无仇，还给我们招徕客人和财富，我们何必和他们过不去?"我笑了："这话倒是挺实在的。"

晚 8：00 看祥宗少林音乐大典。以自然山景为舞台，确有几分新颖。看完"大典"回到黄河宾馆已是晚上 11：20 了。洗涮后，12：20 才上床休息。

6 月 20 日（星期五）第三日

吃过早餐后，我们便前往开封，去一社区、一幼儿园、水电职业学院、出租车公司等检查工作。基本上是一些面上的工作，也是走走看看而已。中午在开元名都大酒店休息，住 8267 号。世军同志说："丹珠主任是搞学问的，又是搞文化工作的，我们也考察考察河南的文化。"我说："当然，这有言在先，也需要，河南是古代文化的富集之地，我们来不抓紧学习学习，岂不辜负了大好时光!"

下午，我们去看按清明上河图修建的开封风俗街，当地称为清明上河图大型历史文化主题公园，即按北宋著名画家张择端的传世名作《清明上河图》为蓝本建造，占地 600 亩。我在上初高中时便读过《说岳全传》、《杨家将》、《水浒传》、包龙图的故事，到了开封不免勾起往事。新造的景点中有许多当时的"旧物"，但均是新造。导游讲得不错。我问："开封故城在哪里?"导游摇头。后我才知："开封无封，无古城"，那些古城现在都被埋在了一二十米深的地下。因何？黄河！黄河被称为母亲河，但在开封段，却给这里人带来了无数次的灾难。河道不断改道，于是城市不断地建起，又不断被埋入地下，让人听来顿生悲凉。新中国成立后治理黄河成效显著，但是不断加固河堤也使黄河成为“悬河”，高于人们的居住地。几位同行的河南同志开玩笑说：“我们也有我们的烦恼啊，头顶上一条河，不知道它何时发威，它要一发威，我等就要喂鱼鳖！”且行且听导游讲解，我于心中吟道：

头上无时不悬河，
地下千年城成叠。
一清一浊潘杨湖，
一严一宽包韩座。
龙庭北望濛濛雨，
南衙数贤皓皓月。
清明上河图一轴，
留得追思万千多。

看开封府确使人浮想联翩。看到龙头、虎头、狗头铡，使我想到的不是历史的事实，而是戏剧——那个活跃在舞台上的包公。由于人类缺少正直和公平，所以他们希望有这样的官员来主持公道，做人们的“青天”。以至于今日，当人们看到那些高官的腐败时，人们也很自然地想到包公这个“青天大老爷”，他在一千年前做的事，今天我们做起来照样困难。难的是利益天下苍生，难的是人心公道。我看着那三口铡，脱口道：

龙头铡皇亲，
虎头铡贪官。
刁民谁敢来，
快把狗头换。

三口铡针对的是三种不同的人（阶层），但体现的是对法制公平的渴望，涉及的本质是人与人的平等。在阶级社会中人与人的平等是不存在的——由于没有这个基础，民族与民族的基础，民族与民族的平等也自然是不存在的。而平等的思想，为平等而进行的各种斗争是存在的。平等，是人类共同的价值追求。三口铡反映着一个极为平常的现象：社会的各个阶层都存在着不法分子，“刑不上大夫，礼不下庶人”千年以来都如此。尽管法律条文上写得如何公平、公道，但一旦进入操作层面总不是那么回事，尤其是官场。因此，在平等的渴望下，对惩罚的刑具也做了文化的不平等的解释和安排：皇亲国戚要享受龙头铡，官员要享受虎头铡，至于草民中的刁民，只能用普通的狗头铡了。龙头、虎头、狗头都是阶级、阶层的象征。在阶级社会中，也只能用阶级的方法处理公平问题。实际上贪官仍然是重点。我常有如此感慨：

河边久走后，湿脚湿衣衫。
身着洁洁衣，心早斑斑点；
官椅端端坐，邪念曲曲弯。
清者变浊易，浊者变清难
何人似莲花，出泥而不染？

包拯是清醒的、正直的，也是犀利的。看到镌刻于墙的他的诗，我就有强烈的这种想法：

清心为治本，直道是身谋。
秀才终成栋，精钢不做钩。
仓充鼠雀喜，草尽狐兔悲。
史册有遗训，勿贻来者羞。

言为心声，读这样的诗可以看到作者心脉的跳动，甚至才赋秉性也跃然纸上。“直道是身谋”、“精钢不做钩”，这正是他气概、节操的写照，也是他道德人格价值的本质体现。包拯一生，尤其是被舞台化以后，是清官的楷模。包拯讲“廉者，民之表也；贪者，民之贼也。”从包拯这个为官者的榜样身上历史在不断地告诉我们：金贵银贵不如清名贵。清名就需勤廉做基础，勤政为民、廉洁自律。为人一世不可因贪图财利而遗臭万年。这也是中国知识分子之所以乐守清贫的主要原因。记得年轻时写一联：

“一青天、二青天、三青天，青天相连，阳光灿烂；
一阴天、二阴天、三阴天，阴天不断，雨漏屋穿。”

多少年过去了，此句仍记忆犹新，不论古人今人，都希望有个好的“官”。清官如花，芳香自生；贪官如厕，近之则臭。但是在市场经济条件下，在私有制社会里，人们是很难克服其私欲的，所以我们与贪腐的斗争将是漫长的。

除了包拯，在这里妇孺皆知的人便是岳飞了。岳飞作《满江红》名贯寰宇。我在青少年时常常吟唱，以至于经过了几十年。这是伴随我最长的“歌”，尤其是“莫等闲，白了少年头，空悲切”，常警示我生命短暂，人当珍惜生命，尤其要珍惜青春年华，振奋精神，只争朝夕，刻苦用功，为社会做贡献。这首歌在公众场合终止歌唱是由于 20 世纪 80 年代初对于民族问题的讨论——岳飞抗金——金也是中国，是中国的少数民族建立的政权，因而有了岳飞是汉族的“民族英雄”还是“中华民族的英雄”的讨论。时代变了，词的内涵也有了新指，民族之间的平等团结是首要的，故而不再唱吟，但这些警句早铭记于心了。“怒发冲冠，凭栏处，潇潇雨歇，抬望眼，仰天长啸，壮怀激烈——”见景生情，我于心中吟唱着。跟岳飞同一时代甚至同朝为官的人还有很多，秦桧就是一个，岳飞麾下的将士们，还有那几个皇帝。历史尽管很难还原，但需要从多方面看，既要历史地看，也要现实地看。英雄大多是时代的英雄，时代性恰好就是局限性。有民族存在，就有民族之间的利益存在，为了维护各自的利益，就免不了要发生争斗，甚至战争。但是世界是发展的，民族也是发展着的，尤其是作为一个多民族的国家，我们的理念也要从单一的爱自己的民族、为自己的民族奋斗牺牲，要过渡到爱自己的民族和爱别的民族的统一，为中华各民族的利益奋斗牺牲，此确实需要胸怀和境界，非常人所能为。一个真正的马克思主义者必须跨越也能够跨越民族情感，为各民族的共同利益进而为人类的美好未来奋斗牺牲。回至屋中，我的心中仍然是这些事：

墙上徽宗字，口中李煜词；
繁华消隐时，始知无兵卒。

父为昏德公，子为重昏公；
坐井观天久，书画难布阵。

宋时郑州、开封可以代表世界最高水平。而杨业抗辽，即有潘杨之讼，内部矛盾沉重。岳飞起兵，即秦桧诉病；梁山义旗，一呼百应。内不安，外无力，即失天下。这一时期的河南给后世留下了太多值得思考的故事。

6月21日（星期六）第四日

约9：30许检查组到达洛阳，有洛阳市委常委胡广坤同志等陪同，先去缠河回族乡塔西民族村、金家街社区等处检查工作。民族村和缠河回族区金家街社区金家街的情况良好，假如在西部民族地区这已十分不易，但在中部，大家还是感到很不满足。比如金家街的农户住了数百平米的三层小楼房，仍希望政府多支持他们。但从大家的笑脸上可以感受到大家生活的殷实和快乐。

温度虽报25度—34度，但仍感到天热。

洛阳是中国八大古都之一，650万人口。洛阳人自豪地讲着："我这里是九朝古都"，即夏、商、东周、东汉、曹魏、西晋、北魏、隋、唐等十三个王朝在此建都。建城史逾4000年，建都史达1529年。洛阳确有"牛"的一面。

洛阳还有"牛"的，曰：道家经典创作于此，儒家经学兴盛于此，释教佛学发展于此，伊洛理学渊源于此。

午饭后，我们先去小浪底水库。确实令人震撼：三股水流呼啸而出，眼前除了隆隆的水声，便是一片水雾。大家说：我此次来河南运气很好，每年一次的放水冲沙的时机很难遇上。导游从技术层面介绍着三股水流冲沙的原理。我心里不停感慨着人的力量的伟大。

锁住千河水，环看一库长。
库清云像静，山绿花气香。
三龙齐腾跃，一坝隔阴阳。
天地新造化，云水激四方。

小浪底水利枢纽控制着黄河流域69.4万平方公里的面积，水库总容量达126.5亿立方米，以防洪、防凌、减淤为主，有发电、灌溉、供水等功能，工程之伟大，的确令人心生敬佩，感慨不已。

看了小浪底，在心情的诗情画意与豪迈中，我们坐车前往检查地点，一是洛阳飞机场，二是洛阳火车站。

晚餐翰金宫，住华阳广场国际大饭店1401房。

6月22日（星期日）第五日

上午8: 00前往龙门石窟。

1984年，我曾在云岗石窟参观。那些北魏时的洞窟给我留下了深刻的印象。由于学科研究之因，曾接触过一些图片。龙门石窟始凿于北魏孝文帝迁都洛阳（北魏太和十八年，公元493年）前后，历经东魏、西魏、北齐、北周、隋、唐（北周）、五代、北宋，凡400余年。留有佛像11万尊，窟龕2345个，碑刻题记近3000块，可谓蔚为壮观。立于造像前，令人流连忘返。一个个佛像，仪态端庄秀丽，十分精美，注目良久，足可言语，似有会心会意。但也有不少无头佛像——显然是破坏所致，又令人扼腕感叹。

石窟卢毗那，东方维纳斯。
访者兴在前，感叹留于后。

洛阳也是一个名人荟萃的地方，看着伊河，有人指着对岸说，前边那座寺庙白居易曾居住过，那块矮一点的地方就留有白居易墓。或许河南的魅力也存在于此，眼前每一个景观都会将你带入历史——一个特定的历史阶段，去和当时的人们对话，想起他们的事迹，想起他们的诗词文字。

辞别这一举世皆知的圣地后，我们便去参访洛阳白马寺。白马寺由于是佛教传入中国后第一座官方修建的寺院而闻名海内外。东汉永平七年(公元64年）汉明帝派使西域求法，有白马驮经而归，故建寺名为白马寺。

白马寺虽然古老，但由于种种历史原因，许多当时的古物早已不在，现有的多是“文革”后恢复修建。世界各国佛教的庙宇、造像等大多经过造了毁、毁了造，造了再毁、毁了再造的过程，只是有的毁于自然，有的毁于人类自身。

恰逢方丈不在，有二把手介绍。出得门来，见有工程在建圆形屋顶，问之，大家说那是近年的新工程，前去看，有不少外国人，外貌颇像巴基斯坦人，我问:“你是从巴基斯坦来吗?”对方回答：“不，我来自印度。”世军同志介绍说：“这是一个印度人援建的项目，石材等都从印度运来，建了年余尚未竣工。印度人对此很认真，但工程速度有点慢。”

一去两千年，白马依久站。
文明神圣事，印度来建殿。

东方各国，唯佛教影响最大，无佛教思想影响的国家几乎没有。一些久传的东西不一定是好的，但它往往是人类所需要的。不少官员不懂得这一点，认为宗教、迷信用唯物主义一批判、一教育，群众就会顺从“真理”，走向科学。实际在宗教、信仰等问题上远不如此简单。马克思将此归入人们的精神生产，既然是精神生产，就有精神需要——它也是按市场供求的原则而存在的。需求决定供给，供给决定生产，假如社会各界没有这种需求，佛教在中国就难以存在，难以发展，也难以存在到今天。正视这种存在是必要的。自然，如何用科学的思想和方法引导人们的精神走向也是十分重要的，但那是另一层面的问题。对于人们的精神供给来说，佛教是个老品牌，已有了2500年！也是个世界品牌，自然也有了系统的“产业链”——涉及领域之广、之深、之重，是很难有新的品牌匹敌的。而这个品牌是谁打造的？不是佛，也不是僧侣，而是信奉它的人——无数的群众是这个品牌真正的打造者。持久的打造就形成了持久的影响力，形成了既得的习惯。为什么要打造？他们需要——需要用这份精神食粮来解除“精神饥饿”，满足精神需求。

我望着那些熟悉的可亲的佛像离去。

在“天子驾六”博物馆，我看到了这个曾在考古史上引人注目的重大发现。“天子驾六”的发现，为考证皇室仪礼提供了重要的依据。河南文物，星汉灿烂，眼不胜收，心不胜思，刚看完一件国宝，来不及玩味，来不及将它完整地理解储存，又有新的文物摆在了你的面前。如此多的与历史紧密相关的文物遗迹，对于学习熏陶和研究来说，是何等的重要，这是河南人的幸福！是上天和历史给予他们的幸福。

洛阳牡丹甲天下。我们看着那些有关牡丹的画，听着那些有关牡丹的介绍。真感慨自然界花的生动、花的魅力。在家乡的森林里也有“牡丹”——芍药——村里都叫它“臭牡丹”，多是单瓣的。“文革”时收芍药，大家就去挖它的根卖。我至今也不知道这个“臭牡丹”和牡丹是什么关系。看着画上的牡丹，也使想起一件往事：高中毕业后友人送的一条枕巾上有“孔雀吸牡丹”的图案，鲜艳绽放的牡丹花旁，立着个拖着长长尾巴的飘逸自得的绿孔雀。那时我没见过孔雀也没见过牡丹，因而也就没有多少感受，反而受当时的一些观念的影响——牡丹是“富贵”之花，我们这些“劳苦大众”讲不了富贵，讲富贵，那是贵族老爷和小姐们的事；孔雀是“嫌贫爱富”的，它们只给那些穿着光鲜的人翘尾巴——展屏。所以那时候说某某人是个孔雀，实际上说这个人是个“嫌贫爱富”的家伙。友人让我题字，我便信手写道：

洛阳牡丹好，富贵自天然；
花容二十日，风采三千年。

又题：

九朝古都地下留，天子驾六书上走；
古来多少兴废事，半是豪壮半是愁。

算是一点感受吧。当历史与现实、自然与社会，伴随着我的脚步、我的心情纷至沓来，我的脑子也在飞速地旋转着——这就是作为一个读书人的好处吧，能跟历史的古迹、古地、古物、古画、古书对话，真正感到心灵之充盈，心情之盎然。随行的一位河南同志说：“丹珠主任对河南的了解，比我们河南人还多呀！”我说：“真心话，沧海一粟啊！河南太丰富了、太丰富了！”

中午，吃水席。虽然一道道精致、精彩，而我脑海中转的全是上午参观时的历史和学术问题，纵横交错，一时难以理清。直到喝了几杯酒，大家结队来敬我，我才强行将思绪拉回席间，与大家攀谈。

午餐后赶往焦作。晚住焦作迎宾馆8218房。

6月23日（星期一）第六日

云台山实在是值得一看的山，风貌奇特，壮美精彩。走在行人中间，红峡两侧直壁向天，如同斧劈一般。炎日在上，光芒投来，见阴见阳，犹如进入五彩仙境之感，红石上有深绿浅绿，杂以野花山藤，虬枝恣意，自由放荡。

名声早噪的云台山，我是初访，路有灌木，我请教随行：“此是何灌木？”答：“此为荆，彼为棘——”“哦？”我不由惊奇地叫了：“难道这就是书上见了千百回，歌里唱了千百回的荆棘？真是百闻不如一见哪！以前在中学教书时学生问：披荆斩棘的‘荆棘’是什么？我们不知，只得实说：‘没见过此物。’负荆请罪的‘荆’是何物？我们也只能说不知。这下我们终于见到‘真神’了！看来廉颇是背着这玩意儿去见蔺相如的……”众人哄笑。这也是竹林七贤的居地，望着远山近野，我怅然、欣然：

坡有荆棘共生地，
雾生峻峡线天一。
子房湖水波波静，
七贤竹林叶叶寂。
谷内清凉一泓水，
峡外匿踪三十里。
感慨造化神奇尽，
回看青苔崖上绿。

一路照相、观景，与众人说笑向前，实难细睹细思而成感受，一切也在匆匆中过去了。

下午赶回郑州仍住黄河宾馆。我召集随行团员商议检查的反馈意见，各抒已见。大家说了一些看法后，我也总结了此次检查的收获和不足，理出了将要反馈的主要意见。

6 月 24 日（星期二）第七日

上午意见反馈。

10：00 副省长徐济超出席。我对河南省执行中央 33 号文件的情况作了客观的表述，谈了相关的意见。

意见谈完后，我漫步在黄河宾馆优美的环境中，思考又停在了“民族”这个古老而新颖、平常而又非常的话题上。我们常常被一种假象所蒙蔽，就如同面对海，海虽然有浪，从表面上看还是平静的，但是，假如我们要问海的一切都是如此平淡和简单吗？不是，海底的一切是极为丰富的。关键在于你是一个海洋学家、是一个渔民还是一个陆地来的参观者。对一个参观者来说，海就是水，也知道海里有鱼甚至知道几种鱼的名字，仅此而已；而渔民既知道海的潮汐、各式各样的鱼，也知道在哪儿可以打到什么样的鱼；但是一个海洋学家不但知道海洋中无数的鱼的分类，而且知道海洋的历史、形成甚至变化，知道某一片海洋的独有特点。

作为中州大地的居民，许多人会认为河南是一个纯汉族地区，实际上不是这样。历史上有不少河南人走向他乡，也有不少人包括不少少数民族进入河南。“五胡十六国”时期的许多政权都是当时的“少数民族”所建，北方的拓跋氏就是其中之一。拓跋氏强盛后，先建都盛乐（大同县），从什翼犍到其孙珪继续发展，兼并众多部落，改国号魏，破燕国，疆域不断扩大。至宏时，迁都洛阳，改拓跋氏为元氏，至恪，尊奉佛教，筑洛阳360坊，养西域僧3000多人，州郡建寺庙13000余座。胡太后时，在洛阳伊阙山石窟寺，宫侧建永宁寺，造九层塔，高90丈，夜间铃声闻十里。魏灭后，拓跋氏之鲜卑基本同化为汉人。故范文澜说："慕容氏起东北（都辽宁锦县），建立燕国，统治中原五六十年。拓跋氏起西北（都山西大同县）建立魏国，宋元嘉年间，魏吞并黄河流域，结束五胡十六国混乱的局面，地大兵强，国力极盛。齐梁时代，渐就衰落，梁末分东西两魏。高齐篡东魏，宇文周篡西魏，周又灭齐，隋篡周灭陈，东北再合为一个大国。从西晋末年到隋初统一，华族与许多异族作三百年的长期斗争，鲜卑族在异族中始终居主要地位。隋唐时代，历史上著名人物之六七是鲜卑族后裔。唐朝人口恢复两汉旧数量，鲜卑族的同化，不能不是重要原因之一。"元朝、清朝时仍有许多少数民族进入中原，南阳至今仍有不少蒙古族的后裔。"我是谁?""我从哪里来?""我到哪里去?"历史是一面镜子，不用这面镜子我们就照不见自己、照不清自己——中国的许多民族都是你中有我我中有你的关系，于是我对身边的几位同志说：以前我告诉你们不要轻易糟蹋河南人，闹不好你就糟蹋到了自己祖先头上，这次考察我要再补一句，不要说这个民族"野蛮"，那个民族是"异族"，追追根，闹不好也会追到你的祖先头上。中国各民族各地方的人都要讲团结，讲团结、相互尊重，才会有社会稳定、经济发展，人民安居乐业。

有同志开玩笑说："你这可是中央没说过的新观点!"

6月25日（星期三）

返京。

返京后我想查查相关资料，但是忙于工作，再没有深入研究这个话题。我感到这确实是个十分重要的话题。

河南纪行二

从宁夏、内蒙参加相关活动回来还没有休息，就收到办公厅主任的电话：原定一把手去参加的全国公民道德论坛，由于一把手临时有事，能不能让我替他出席一下。我开玩笑说：“‘两下’也可以呀，不就是开个会吗。”会议重要，是中央有关部门的会，我便决定去河南参加。

接电话时恰好有熟人在旁，听我要应承去河南，便揶揄道：“河南有什么好去的？看来你还很想去，连个磕绊都不打。”我说：“可不是。”他诡谲地笑笑：“可要当心哟，河南的酒厉害——”我问：“为什么？”他便讲了一个小故事：有一制假的商人出了人命案要枪毙，临刑前向刑警提了个要求：“政府，这是我唯一的请求，枪毙时务必用河南造的子弹吧。”我问：“为什么要用河南造的子弹？”在座的人哈哈大笑——看来这个故事很普及，就是我不知道。“告诉您吧，那是他等着假子弹呢！”

笑过了，我说：“这种说法不对，我实话告诉你们，我在上初中时喜欢看历史故事，很多说到河南、山西、陕西，那时候我就想到河南去看看了！”“看来你是河南难得一见的老粉丝啊！”“对对对，你是文化人，文化人想事、做事，就是跟别人不一样。”可不是，千人万人怎么说、怎么想是他们的事，我有我的角度、我有我的出发点。

玩笑归玩笑，河南是个历史文化大省，名胜古迹数不胜数，那是文化宝库啊，有机会就应该多去，多学习、多考察，凭吊古迹、与先贤对话，丰富自己的知识、阅历，那是多好的事！

9 月 21 日（周一）第一天

早晨忙了一些公务和私事，下午 3：00 许，乘机飞往河南。机上，我看了看发言稿，感到还需要修改。因为随身带了近日的报纸，故而先看报。不想飞机在空中只一小时许便到郑州，读报未完，我们便收拾东西下机。早有来接机的同志在等候，献过花后，才知和我并排坐着的是郑州市委书记，还有省委宣传部长，经接站的同志介绍，我们才一一握手，互致问候，算是互相认识。天气尚早，省民委的同志问我是到宾馆休息，还是看一些地方。“根据您以前多看、多走、多聊的原则，我们不好给您做主”。这“三多”是上次安排行程时的交代。我说：“当然是老规矩，有时间别待着，多看、多走、多聊，我还要给自己加一句，多想——多分析研究。”于是，我们去看开发中心和郑州会议中心。郑州的变化很大。

晚6：20许，来到郑州宾馆，由秦副省长代表省委省政府请客，省民委李尊杰同志陪同。8：00许返回住处——河南宾馆，住7127号，这是上次住过的宾馆。由于工作是临时的，我便坐下来开始改稿。公民道德是个大题目，也是我关注的一个重要问题，总是感到有许多话要讲。我改了两个小时，大体差不多吧，便把稿子交给秘书梭梭打印。洗浴后，看看时间已至11：30，便上床休息。

9月22日（周二）第二天

不知为何，睡到3：00，醒了，没一点睡意。看了会儿电视，仍毫无睡意。我的脑子里仍然转着睡觉前的一些问题：民族工作与公民道德问题。道德有不同范畴，有社会公德、职业道德、家庭道德等，民族之间的交往，同样也存在着道德遵循问题，即道德规范问题，涉及民族政治、民族经济、民族文化、社会道德等多个方面。民族间交往的基础是互相尊重，我们存在着互相尊重不够的问题；基石是相互平等，不仅是政治上的平等，也有经济、文化、社会公共服务等方面的平等，在一些地方也存在着实现平等不够的问题。绝对的平等是不存在的，平等也有个发展的过程。有了相互尊重，才有可能认可平等，只有有了平等才有可能有团结，只有有了团结，才有可能有互助，只有有了民族间的互助，才有可能走向和谐和进步。因此平等、团结、互助、和谐的社会主义民族关系是一个整体，上升到道德层面，也应该进行深入的研究。

尊重是个基本的态度，作为民族的人与人之间的尊重，同样是对生命的尊重，对兄弟情谊的尊重。平等问题，资产阶级讲了许多年，但它同样是马克思社会思想的重要内涵。“实现人人平等，没有阶级、没有压迫”这也是共产主义思想的基本成分。坚持民族平等思想，也应该作为我们公民的基本道德。实际上中国共产党建党以来，是以讲平等为旗帜的，消灭阶级为了什么？第一步就是为了平等。消灭国民党为什么？从人的本质意义上看，也是为了平等，因为国民党所统治的社会是一个不平等的社会，是一个弱肉强食的社会，是一个黑暗的社会。我们讲官兵平等、讲男女平等，讲民族不论大小先进落后一律平等，讲国家不分大小一律平等，讲干部是人民的勤务员——讲官民平等……但这一光彩夺目的思想，不是优美的说词，也不是权宜之计，而是人类社会发展的大势。可惜，我们还没有从法治的角度、道德的角度，再强调、再落实。可以说，没有平等，就没有团结、互助、和谐。这是一个必然的逻辑关系。

思考了些问题，又拿着笔记了记，天快亮了，便不想再睡，我来到院子里散步。这便是“有事儿的人”、研究工作者常有的苦恼：不想，一切顺畅；一想，一旦进入思考之中，尤其是思考一些重要的问题，往往寝食难安、昼夜颠倒。

一股清凉的空气袭向我的面颊，进入我的头脑，继而荡溢于全身，顿觉头脑清晰，浑身清爽、轻松而有快意。

上午9：00，第六届中国公民道德论坛开幕，由翟卫华主持，传达米长春同志指示，刘云山贺信。徐光春致辞，介绍了近年来河南的发展变化情况。大家认为徐在河南几年，在转变河南形象方面做了很多工作，取得了很好的成效。

继而有陆昊、黄晴宜、刘永治、徐惟诚、李卫红、我、冯建中等发言，从各自工作的角度，讲了公民道德建设诸方面的问题。几位熟人说：你的发言很好。会议太多，发言、讲话也多，对这些也习以为常。只是每天在认认真真地做，别的一切很少过问。

在1984年前后，我在写论文《佛国印度文学对藏民族伦理思想的历史影响》一文时，曾经借阅了许多伦理学方面的书籍，作为一门学科对此稍有了解，后在研究敦煌卷子《礼仪问答卷》时，再次对藏民族的伦理思想进行了较为深入的思考研究。实质上，在市场经济条件下如何构建国民的道德已是一个急迫的重大问题，我们的社会生活中出现的一系列问题程度不同地涉及思想道德这一根本问题。中国走过的是一条辉煌的道路、悲壮的道路，一波三折的道路。“五·四”运动，打倒孔家店，讨伐孔孟之道，对传统道德提出质疑、批判和猛烈轰击；党在全国夺取政权后宣传马克思主义道德观，收到很好的效果；“文革”十年，极“左”泛滥，许多思想道德层面的问题也随着政治“左”化，一直影响到后来；十一届三中全会后彻底否定“文化大革命”，信仰危机随之而生；改革开放，确立社会主义市场经济制度，在经济快速发展的同时，随着“五化”的推进，人们在思想道德方面，出现了许多问题，需要建设——这也是一个长期的宏大工程。清理难，选择一条正确的道路难，建设更难。但是放置，就有可能放弃国家形象，放弃国家命运和未来的发展。

中午，河南省委省政府宴请部委和相关省区的领导。我与徐惟诚稍叙。徐说："你的讲话有理论、有总结、有思想，给人以启迪。"接着，他谈了对新疆针刺事件宣传方面的建议和意见。宣传是个需要充分动脑筋的事，稍有不慎就会出毛病。事实正是这样。徐说："假如说这是机关用尽后的小伎俩，或许世人更容易理解，也就不会有更多的恐慌了！"社会管理需要经验，没有经验的管理肯定是失败的；同样地，社会管理也需要理论，没有理论的深刻性，就不可能有方法上的周全和远见。

一个善于思考问题、经历丰富的人判断问题，总是有独到的殊于常人的见解和角度。午餐后，我们稍事休息，便前往平顶山考察。

车在高速公路上奔跑着。

远远地就看见了天瑞大佛。真可谓耸立云霄。此地地势"风水"甚好。佛之背靠之山如椅，周山如莲，前有尧山，云蒸霞蔚，气象万千，按照"风水"理念，这便是个好去处了。

18：40，我们走近了大佛：

金身千重高，
瞻洲一庄严；
皎皎新月近，
苍苍尧山远。

早有所闻，此地建大佛，有许多故事，也有许多周折。众人不便多说，我也不便多问，大家说了一些面上的话。我看着周围，实际心中波浪起伏。这便是知识带来的激情，这里也有除了这尊大佛以外的许许多多的故事。

近七时，车返平顶山市，天上有一钩弯月：

一钩弯月群山中，
尧山苍苍数朦胧。
林去水远见新桥，
几处酒家挂红灯。

时间已晚，回到酒店，急忙去吃饭。有市县的领导等候。上了此地的宝丰酒。虽然劳累，对大家所谈的话题我倒十分感兴趣。他们讲林彪搞"571"工程，他的空军就在前面的山里，那座山外边看不出来，实际里面全是空的。现在还有许多新中国成立以来的飞机在那里。他们讲此地的名人曹刚川等。每一个地区都是一部历史，人都喜欢讲说自己地区的历史，讲自豪的、光彩的、高兴的，说尴尬的、丢人的、伤心的。这就是人们对家乡的感情！中国人常讲："故乡，母亲——"对家乡有着深深的眷恋，深深的爱。尤其是那些乡村、小城镇的人和那些出生成长在大城市的人，对家、对成长环境的感受及其情感似乎很有距离。讲史，就是讲人、讲事，家乡的人和事就是家乡人的活材料，代代相传，代代感染，已经成为他们情感的一部分。

晚10：00许，出来散步，到处是工地，这跟中国的许多地方一样，建设、建设，大家都在搞建设。回至五层住处，楼内有装修味，打开门窗，和衣而睡。

夜有施工，声音不时传来。同样睡不实，迷迷糊糊，半睡半醒到天明。

9月23日（周三）第三天

6：00起床。笔记，洗浴。早餐后前往南阳。

路上，主人谈着诸葛亮的籍贯问题。曾几何时，一些名人的籍贯确成了讨论的问题。一说河南，一说湖北。故而有楹联曰"心在朝廷，原无论先主后生；名高天下，何必辨襄阳南阳。"辩论仍在进行，河南人还是认为诸葛是河南南阳人。当然也有其重要的论据。"南阳诸葛庐，西蜀子云亭"，上中学时，便晓得这些。大家又谈到关于新野的位置问题。

久仰诸葛庐，
千里来南阳。
卧龙腾云去，
智慧留地长。

武略祁山道，
文韬出师表。
智超千古尽，
德继三代高。

看着无数的匾联，听着导游的讲解，我感慨着。诸葛在中国妇孺皆知，它既有赖于真实的历史，也有赖于《三国演义》这部不朽的名著。有人问："你对诸葛亮怎么看？看卧龙岗有何感受？"我说："我知道此地也有很长时间了，孔明有高德，是智慧的化身。"

高中毕业后，我在家乡一所戴帽子高中当民办教员。那时候的民办教员周一到周六在学校上课，周日要到生产队参加劳动，到了假期，基本上都在生产队劳动。那年恰好遇到多次雹灾，雹子打一次，种土豆的土地就要松土，否则土地一板结，就会影响成长；雹子打一次，那些被雨水冲坏了的地方就要培土。于是，来来回回，我们给雹打的土豆地锄草、松土。一群年轻人，无事可干就让我说书给他们听。我先说了《水浒》，后来就讲《三国》。那时候讲这些都是担着风险的。好在穷乡僻壤，关注不多，这一讲，断断续续讲了小半年。大多是我提前读书"备课"，备好"课"后便开讲。讲《三国》有几个难点，一是半文言文，许多人名地名不好认，我不得不查字典、词典，实在查不到的字，我就告诉大家这个字我还没查到，不知怎么念；二是大多有故事情节的好讲，看了一两遍就可以叙述了，就怕讲那些大段的说理，有些精彩的就要背下来，背下来还要按自己的理解，给大家讲清意思。不想这些东西上大学后却派上了用场。有一天，一位讲古典文学的老师跟我聊作品，聊到了《三国演义》，我对情节和一些段落记得非常清楚，还背诵了"武乡侯骂死王朗"中的一段："孔明在车上大笑道：'吾以为汉朝大老元臣，必有高论，岂期出此鄙言！吾有一言，诸军静听：昔日桓灵之世，汉统陵替，宦官酿祸，国乱岁凶，四方扰攘。黄巢之后，董卓、傕、汜等接踵而起，迁劫汉帝，残暴生灵。因庙堂之上，朽木为宫，殿陛之间，禽兽食禄；狼行狗行之辈，滚滚当道，奴颜婢膝之徒，纷纷秉政。以致社稷丘墟，生灵涂炭……'"这位老师听了这些非常不解地看着我。我便将过去的经历告诉他，他这才说："难得！难得！"不想一晃30多年就如此过去了！

孔明为人敬仰，我以为关键在于"高德深谋"四字。首先是高德。既体现于读他的前后《出师表》，也体现于《三国演义》中的许多故事。尤其看了对刘禅的苦口婆心，令人动容，令人无有比之者。孔明因玄德知遇之恩，以大才大能，盖世功勋辅佐无能的阿斗，忠心耿耿，鞠躬尽瘁，造就其德义风范。"亲贤臣，远小人，此先汉之所以兴隆也；亲小人，远贤臣，此后汉之所以颓败也"，已成千古名言，为无数人所引用。

最令人感叹的是托孤。三国故事说，刘备交代孔明，倘若阿斗不行，可以取代。我查《三国志》，有托孤说，无此言。而从整个历史过程看，阿斗或无故事所讲那般无能，但这对诸葛的权力思想和品质是一种重大而尖锐的考验。以诸葛之功勋，以诸葛之智慧，此虽非易如反掌，但绝不是不可能的事。诸葛守住了历史以来几乎是所有人都难以守信的“恩”、“信”二字。孔明说：“臣本布衣，躬耕于南阳，苟全性命于乱世，不求闻达于诸侯。先帝不以臣卑鄙，猥自枉屈，三顾臣于草庐之中，咨臣以当世之事。由是感激，遂许先帝以驰驱。”（诸葛亮：《前出师表》）他感念先帝知遇之恩，守住了自己的诺言，“受命以来，夙夜忧虑，恐托付不效，以伤先帝之明。”（引文同前）“臣鞠躬尽力，死而后已”（《后出师表》），这种“恩”、“信”思想也成就了他的高德，非常人可望其项背。

诸葛亮在《诫子书》中说：“君子之行，静以修身，俭以养德，非淡泊无以明志，非宁静无以致远。”这句话可以经常在书法作品中见到，简为：“淡泊明志，宁静致远”或以“淡泊明志”、“宁静致远”分写，可见在民间、在今人中的影响力。1979 年我所在的学校进行了一次在校大学生和在职青年教工的作文比赛，我获得作文比赛一等奖的第一名，当时冰心老人在接见我们时，给我题的就是“淡泊明志，宁静致远”，她笑着问我：“知道这句话出自何处吗？”我说：“诸葛亮的《诫子书》。”冰心老人说：“我希望你们能淡泊名利，志存高远，将来为国家民族多做贡献。”淡泊很重要，宁静也很重要。随着年龄的增长，这些名句越发让人感到深刻，感到对人生的重要。“诸葛大名垂宇宙，宗臣遗像肃清高”（杜甫诗句），顿时一连串的关于孔明的诗文不断在脑海中涌现。

中国的知识分子自古以来重视两样东西：一是名节，这名节现如今已荡然无存：“谁还管那玩意儿，狗屁！”有一次，我与一中年知识精英聊天，他如此说。一是功名——尤其是对于做官情有独钟，哪怕当个小组长也感到荣耀光彩。功名是与利禄连在一起的，故而现在既不丢名，也不丢利，因此争名逐利成了中国社会的普遍现象，演化出无数的悲情故事来。“书不读秦汉以下”，在上大学时有位老先生在课堂上在反复讲这句话，当时不解，随着年龄增长，才感受到他们那一代人的崇尚和心情。当代社会出不了诸葛亮，因为社会已不具备产生这种高德的文化氛围。

二是深谋。《三国演义》凡有孔明的地方无不存在着智慧的光辉。六出祁山七擒孟获等等，给后人留下无数的思考。在云南时，我曾望着滔滔金沙江，浮想联翩：

沪水河边吟诸葛，德才兼备又如何？
舌战群孺隆中对，计敌千军赤壁歌。
七出祁山无功返，六纵孟获无奈何。
蜀汉曹魏皆去也，留得羽扇布衣裹。

以其谋略，可定天下，可是最后还是壮志未酬身先死，抱憾而去。冥冥之中，是何在起作用？处于当时心境，怀古人而洒热泪：“臣鞠躬尽瘁，死而后已；至于成败利钝，非臣之明所能逆睹也”。一个王朝、一个时代的发展走向不是靠一个人的力量所能扭转的。

且看且行，历代名人对其赞扬有加，一一读来，虽有对诸葛之景仰之情，但人之出诗出词，都源于自身之感受，也留下了各自当时的心境：“用之则行，舍之则藏，溯尼山邹峰而还，五百年必生名士；为一不义，杀一不辜，虽千驷万钟弗受，三代下犹见斯人。”我亦随境而吟：

一尊是卧龙，万人解不同。
生发出思想，别释成奇文；
志士代代有，军师辈辈新。
龙飞天地间，人在思不空。

我一一读着那些楹联匾额，真想多住几日，细细品味，只可惜，公务在身，只能走马观花了。

10：30－1：00 参观汉画博物馆。这是一个非常有特色的博物馆。汉代的艺术之精美，令人赞叹：

青龙白虎石上久，
朱雀玄武纸上留。
两汉文明沉雄出，
回评斗鸡和斗牛。

汉龙诚如兽，
头尾四肢秀。
羽人戏龙处，
人龙兼双修。

随行的同志不断在催我，如同在卧龙岗，我真有点依依不舍。——河南的丰富和魅力也在于此，尤其是作为一个学者，总是品不够，读不尽、思难完。

之后，去参观医圣词。医圣词门口有一楹联，上写：

阴阳有三辨病还须辨证，
医相无二活国还须活人。

这些楹联确实是精品中之精品，叫人玩味，甘甜于心，久久不去，给人以诸多启示。如同往常，每去名胜，我总要带着纸笔，感到好的联句我都要记录下来。我真为汉文化中的楹联文化的文化作用和价值感慨：一副对联，几千年、几百年地镌于门首，多少人受其教益？这本身就是一种教育和宣传。

在中国，尤其在中医界，张仲景是不可回避的大家。曾任长沙太守，后辞官回家专攻医术，尊为医圣。

当了大夫辞州官，
方有千古论伤寒。
仓促人生选择重，
一事大成可示天。

看了一些张仲景的展览，瞻仰张仲景之墓：

仲景之志诚可法，
辞官行医成大家。
州衙常在人难在，
境界到处见云霞。

下午 2：30 去看内乡县衙。内乡人称内乡县衙是中国第一县衙，我问随行是否如此？有同志说确实如此，许多县衙都毁了，而内乡县衙却保存完整，占地 4 万平方米，有房 260 多间，功能齐全，是全国保存最完整的县衙。尚未入衙，就见照壁，面北刻着狁，乍一看同如麒麟，下周画财宝，有日。讲解员说：你们听说过一句话吗："人心不足蛇吞象，狁心不足吃太阳。"说的就是狁，它是个非常贪婪的动物。它不满足财宝，还想吃掉太阳。画狁的目的是戒贪。前有牌坊。衙有官箴：公主明，廉生威。解说员说，元好问曾在此任县令，留有诗句，以书法挂于墙，名《九日·读书山》读之：

我在正大处，作吏淅江边。山城官事少，日放淅江船。菊潭秋华满，紫稻酿寒泉。甘腴入小苦，幽光出清妍。归路踏月明，醉袖风翩翩。父老遮道留，谓我欲登仙。一别半山亭，回头十余年。江山不可越，目断西南天。

诗人的心境可知一般。元好问也留下了一个小故事。导游说，有一年元好问去微服私访，走到三里桥，见一人家门首贴着一副对联，上写：

是亲戚，是朋友，助我过年；
是冤家，是对头，登门要钱。

横批是：白进红出。门前一妇女哭泣，旁有男子持刀而立。元好问上前询问才知道，这夫妻俩父母病故，债台高筑，每日都有讨债的，无计可施，就贴出这副对联，以抗追债。元好问给他们些银两，让他们渡过难关。

内乡县衙的魅力还在于它的设置上：自照壁，进宣化坊，即入县衙大门，百米甬道所经第一处即为仪门。仪门两侧有两便门，东为“生门”，西为“死门”。通常人进“生门”，只有死刑犯才出死门行刑。此院内，东设寅宾馆、快班，西设有膳房、监狱。

再入，为戒石坊，前有月台，东有典吏衙，西有吏舍，其中为大堂。上悬“内乡县正堂”匾，室内便是知县公堂，同如古装戏的县衙大堂，上挂“明镜高悬”四字。公案上放惊堂木、文房四宝、红绿头签等审案用物。问导游，方知，红头签是用于动刑的，绿头签是用于捕人的。这是县衙的主要活动场所。大堂前分列吏、户、礼、兵、刑、工六房，掌管一个县的人事、赋税、财政、户口、学校、科举、礼仪祭扫、节庆、兵事、驿传、刑狱等事，任务不轻。

再入，为二堂，东西各设有县丞衙、主簿衙。随行的同志介绍，二堂是知县预审案之地，也是在大堂审案间隙小憩之地，因而东侧设有茶房。

二堂之后有一过渡的天井院，称刑、钱夫子院，东西厢房为知县的幕友钱谷、刑名师爷办事的场所。中有一树，导游称为元代时之桂花树。天井之后，东西分设银局、税库。

再入，为三堂，为知县内邸，有东花厅、西花厅。据介绍这也是个重要场所，知县住于其间，平时政务多在此处商议。一些机密事项也多在此处理。

再后即为后花园等。

从这些设置我们可以感受到他的功能、职能。也可以看到过去处理政务的一些基本的方式方法。“一座内乡衙，半部官文化”，这句话总结得好，我且观且行，确实感到有这样一座县衙的历史、文化意义。或许许多人还没有真正认识到它的价值。但我感到，它至少有：

一是较为完整地保存了封建时代的衙门文化。历史是面镜子，历史是本教科书。这样一个历史标本，不论它的历史是700年、300年，还是100年，它都有保存的价值和意义。其一，我们要辩证地看历史，封建社会作为一个历史阶段并不全是一无是处，它也有许多值得我们借鉴的地方，比如，县衙中关于清廉的一些做法和提倡：

“吏不畏吾严，而畏吾廉；民不服吾能，而服吾公。公则民不敢慢，廉则吏不敢欺。公生明、廉生威。”此被称为官箴，对今天的官员同样有教育意义。历史是个过程，一些美好的东西的发展承袭也有一个过程，不能绝对地看历史，看过去一切都好，看今天一切都坏，不对；看今天一切都好，看过去一切都坏，也不对。

其二，即使是封建社会的一切都不好，都需要废除，但也可以留一些“反面教员”给大家看，以便和我们今天的时代进行比较。

比如，我们今天也应该立“戒石”，让那些贪污百万、千万的腐败分子，让那些走入这个场所心存侥幸的已贪者、欲贪者们知道：“尔俸尔禄，民膏民脂，下民易虐，上天难欺”，只要做了亏心事，就难逃人民的法网，及早收手，就有光明的归宿。否则等待他的就是生命的耻辱、尊严和人格的粉碎。这不是一件好事吗?

二是保存衙门就是保存本地区的一段历史。今天的衙门不再行使封建社会的行政职权，仅仅作为一个文化遗产而存在，没有必要再去怕它、嫉恨它，反而要保护它，留住这块“历史的碎片”，来看历史。

三是这一政治文化形式的保存不但有研究价值、认识价值，同样有教育、宣传价值。一切落后的制度都是不合理甚至残酷的。我们向往新生活。新社会，本质上就是在向往一种发展了的新社会制度。看了内乡县衙的刑法，你便会感受到过去社会制度的黑暗和不平等。县衙存在的时代还沿用着中国奴隶社会时期的“五刑”：墨、劓、剕、宫、大辟。这种在人的脸上刺字、割鼻子、砍脚、腰斩、车裂的做法是十分残酷的。还有一种让犯奸情的女人骑木马、抽肠（从肛将犯人的肠子抽尽），听之观之，令人毛骨悚然。

我带着深深的思索离开了内乡，在前往驻马店的路上，久久不语。

18：18 离驻马店尚有70公里。见一牌写有“泌阳”二字，我读之，司机纠音：此处读 bei 阳，“bei”可能是“bi”的河南方言读法。即或如此，也给我们以感慨。“活到老，学到老；学到老，学不了”，中国古代，由于诸多历史原因，就是很知名的专家学者，若不亲临此地，也很难了解此等情况。我甚感行千里路之必要。虽博览群书，仍不亲临某地，很难了解其情况。知识，的确是一海洋，以一人之有限精力，穷其终生，不可能遍知一切。故而，在知识面前没有老师，只有学生。虚怀若谷，终生勤勉，多学多问，是学习的根本。郑板桥曾说：学问二字需要拆开看，学是学，问是问。今人有学无问，虽读书万卷，只是一条钝汉尔……读书如问，一问不得，不妨再三问，问一人不得，不妨问数十人，要使疑窦释然，精理迸露。故其落笔晶明洞彻，如观火观水也。郑氏所言极是，知者小儿科，不知者大难题；难者不会，会者不难。许多学问在破万卷书中，行万里路中，也在问万人中。故不耻下问，是学习的一种不可忽视的方法。读书不问，难解其深；行路不问，难解其困；学中问、问中学，读行互解，学问互助，才是为学之道。

19：00 市长宴。李跟我商量是否去参加此地迎国庆之音乐会。我说可以。20：00 时即至李秀荣专场音乐会。演出多为地方歌曲、戏曲，很有特点。感到：保持地方特色的本质是保护地方（地区）文化，包括传统技法，特殊的地方观念和风俗。有的文化生态的存在是某种文化存在的基础。随着西方文化和通俗文化的冲击，许多地方戏曲文化濒临灭亡，抢救保护已刻不容缓。

我虽不知李，但感到其音域宽阔，有磁性，有穿透力，投入情感，把握人物个性及特定情绪处理方面较为准确，用特定的音乐语汇表达情感方面仍有独到之处。但字幕有错：“竞折腰”竟写成了“竟折腰”。

夜 23：30 休息，住天龙大酒店七层。

9 月 24 日（周四）第四天

6：00 起，洗涮。

6：30 看书。看室内放了不少介绍地方情况的图书，便从中选驻马店史读。

每一个现代，
蕴含着古代，
沉寂在每一个村庄，

停留在每个人的胸膛。
历史：人人讲，
　　人人会讲，人人想讲。
讲给别人：远古的梦想，
讲给自己：历史的沧桑；
讲父亲的父亲的武功，
讲母亲的母亲的善良；
讲东家的正直智慧，
讲西家的侠义心肠；
讲中有知识，
讲中有精神，
讲中愉悦心情，
讲中凝聚力量——

7：30早餐，8：00去南海禅寺，约40分钟到。

天气阴冷。接待我们的僧人缩着身子。与之有片刻交谈，他们中有本科生、有硕士生，学历不低，有本地人，也有外地人。我问他们佛教的相关知识，有的尚好，有的显得十分紧张。我问他们："你们感到寺庙存在的最大困难和问题是什么？"几人相觑，谁都不愿意先说话。我说："你们不要紧张，我只是随便问问。"其中一人说："信仰和旅游打架。寺院成了参观旅游的地方，不是信仰的地方。"这可能是许多地方都存在的现象。"寺院原本清静之地，是信徒们参禅礼佛的地方，可是，由于经营方式和利益驱动，诸如老板要赚钱，政府要接待客人，一天忙忙碌碌，干的都不是僧人该做的事。"他们说。由于信徒与访客不分——游客中有信徒，但信徒不一定是游客，他们对寺院"服务"的要求也不同。游客多的关注点或者兴趣在参观上，见未所见，闻所未闻，即是好事、乐事；信徒不同，其关注点和兴趣在进香拜佛、诉说愿望，虔心祈祷上。两者的目的不同，进入同一个场地，不免不方便，拜佛者跪地顶礼、喃喃祈福，而参访者指点说笑、左右拍照。

他们谈的另一个问题是，现在的信徒都比较实际，用"平时不上香，临时抱佛脚"形容比较准确。很多人，要么生意出了问题，要么家庭有了灾难，要么生活波折，才来寺院讨吉祥，没有事就懒得进寺院。

我问："信众是多了，还是少了？"

"平时显得冷清，到了年节，人确实不少。"

在中国佛教信仰具有普遍性，我每到一个地方，都刻意调研，发现信仰一些佛教理论主张的人在各个层次都有。当人们有精神需要和经历某种灾难后，先想到的还是进寺院。显然，寺院还在起着慰藉人们心灵的作用。但是内地不少百姓的信仰多是因事而起的“即事信仰”，大多是一事一了，功利性很强，有时使你觉得信也可，不信也可。无事，十年八年甚至终身连寺院的门槛也不踩，似乎不信；有了事紧着往寺院跑，似乎很信。人们的状态基本处在可信可不信之中，因而人们与寺院的关系也处在时近时远之中，说他们不是教民理由很多，说他是教民理由也不少。我望着几位僧人神色不安的样子，没再说什么。只是感慨：

寺占六百亩，气魄世上殊。
大雄宝殿高，观音世上无。
僧有五十人，学少三藏书。
佛容慈祥尽，佛理辉煌出。
寺游世俗解，谈笑成糊涂。
小僧慎言谈，言谈难离俗。
俗事即佛事，事贵有兼顾。
论述一世佛，经藏五车读。
深论难浅解，平安即是福。

之后，我们冒雨赶往临颍县南街村。漯河市政府副市长、副秘书长，市民族宗教局局长和临颍县有关领导陪同。

我听了南街村党委书记王宏斌关于南街村发展情况的介绍后，感到南街村两委一班人坚持以毛泽东思想为指导，坚持走集体化道路，围绕农业办工业，围绕龙头企业上配套项目，大搞粮食深加工，形成了农工贸一体化、产供销一条龙的产业格局，壮大了集体经济实力，使村民免费享受到近20项福利待遇，值得肯定。

南街村回汉杂居，全村少数民族人口300人，多是回族，回族占全村人口10%。这个村高度重视民族团结，充分尊重少数民族风俗习惯、宗教信仰，在就业、福利分配等方面，都给少数民族群众以照顾，回汉群众团结和睦、亲如一家。

雨下着，淅淅沥沥。我在雨中参观厂房、展室等，感到：其一，这个村发展到今天十分不易，这个书记当到今天也很不简单。一个人的可贵，不但要体现在识时务的“顺变”上，在那个“灵活性”上，也在“坚持”

和“固守”上。为了信仰“天打雷轰不动摇”也是汉子。因为社会主义就其本质是一种实践，没有现成的“标准模式”。其二，这个有一定知名度仍然在走集体经济道路、没有经过“包产到户”的村，能存在到现在，也充分体现了中国社会的开明程度、成熟程度、包容程度，这种现象，20世纪50年代存在不了，“文革”中更存在不了。然而改革的大潮中它却存在了20多年！而且得到了发展壮大。尤其可贵的是，一项事业的推进、一个理念的树立，要得到群众的认可、拥护，很不容易。假如群众不拥护、不认同，这个村一天也办不下去。当然，关键是以后，以后如何创新发展。

宏斌同志留我们在“村”里吃饭，我们便留了下来。席间，我们谈得很投机——谈毛主席，谈公有制，谈共同富裕，谈人的平等，等等。各自喝了一大杯酒。宏斌同志问我参观了南街村有何感受，我说有三点：“一是有信念才能坚持，二是能为公才得拥护，三是能探索才能进步”算是对探索者的一种赞扬吧。

9月25日（周五）第五天

上午，到河南大学，和民族研究所的同志们座谈，继而去朱仙镇。由于下午要返京，我们的参观显得十分匆忙，草草地看了朱仙镇的年画制作，便到清真寺。朱仙镇的清真寺是比较有名的，始建于北宋，明嘉靖十年（1531年）和清乾隆九年（1744年）重修，布局呈“回”形。据介绍清代伊斯兰学者刘智曾在此寺得到西域原版的《至圣录》一书，并以此为蓝本，编著了《天方至圣实录》一书，广有影响。此寺的楹联写得也好，时间紧，我用手机拍照了几条：

普慈特慈教世上人止歹干好，
自净心净作虔诚者去垢成美。

与地同流与天合化悠也久也运千百世之清真，
所传有圣所述唯贤教之诲之育亿万人之灵秀。

等等，午饭后即赶往机场返京。

在飞机上，看着逐渐远去的郑州、河南，我总感到还没有看够。

黄果树瀑布

没到黄果树，就远远望见有乳白色的烟雾从翠峦中升起，有人说那便是黄果树瀑布激起的水雾，我心中暗思：这瀑布不平凡！

即至黄果树停车场，从山上向下望去，那瀑布像条白色的长帘，悬在一片碧绿之中，那水雾笼罩了半个山谷，群蜂鼓噪似地嗡嗡声顿时不绝于耳。游人谈笑，指指点点。

人越往山下走，瀑布越显宽阔高大，等至山底，须仰视时，飞流激溅，瀑布恍若自天而降，携着雄浑激越的轰鸣，砸在岩下的水中。游人肃然注视，如见君主，如礼佛祖。定睛细看，那白色的长帘有了层次、皱褶，有几处透亮，有几处撕裂，有几处清白，有几处淡黄。

谷底有一桥，过桥是山，攀山而上，便到水帘洞——瀑布的中部了。入水帘洞，上上下下，左拐右转，时而登上石阶，时而踩上铁梯，洞中不时有水滴下，冰凉入心。置处其中，仿佛洞顶如遭炮轰雷殛，水岩颤动，仿佛要坍塌下来，确乎惊人心魄。洞中看瀑布，才别有一种感觉：飞流在空中撞击着，粉碎着，轰鸣着，吼叫着，声势浩荡，变化莫测。上游的水流是沉静的，像条轻轻游动的巨龙，当它游到这段山崖，便奋不顾身跳了下去——它在空中粉碎了，于是留下了这水帘、这瀑布……我感到一个奋不顾身的生命的冲击和冲力，我感到一种生命粉碎时的悲壮美，然而瀑布给我的内在意象，实在无法用言语来表达。

落地的瀑布，又奋力跃起，卷起千堆白雪，滚滚的水雾，便是从这“雪堆”上腾起，旋而又是一条轻盈游动的“巨龙”——恢复自己原本的形态。

穿过水帘洞，我在如雨的水雾中踏上一条平缓的石径，水雾卷动着，上升着，风吹着我的小花伞，伞上倏然流下水来，那水雾落在脸上便成了水，虽然打着伞，由于风的吹动，我们的身上差不多都湿了。脚下是嫩苗般荡着波浪的野草。

归程中看到一条河，有人问我：“知道这是什么河吗?”我摇摇头。他说：“它就是白水河，黄果树瀑布就是由它形成的。”

那是一条极普通的河，也是一条很小的河，不能荡舟更不能行船。这种河在世界上何止千千万万！然而，就是这普通的小小的白水河因为选择了一条不平凡的道路——敢于将自己的生命抛下崖去，因此，它的生命才如此色彩斑斓、闻名遐迩！

谒青岩百岁坊

花溪区青岩镇定广门外有“周王氏娘刘氏节孝坊”，石坊素白，恰与南街定广门内钦赐“赵理伦百岁坊”远远相望。只是后者更为雄伟壮观，所写文字也清雅隽丽，其正书“七叶衍祥”，自有典故，旁配一联曰：

琴鹤守家风三万六千余日月，
冈陵开国瑞一堂五世拜丝纶。

文词所及，其理自不必说，而我仰视久之者，则为与石坊立柱屏立之下山白狮，前后共八只，狮原本不是中国境内物，汉唐以下各朝，竞相雕饰，石狮、木狮、铁狮、铜狮，不一而足。通常以“雄踞”（蹲）者为多见，守候门之两侧，佛道庙宇如此，达官显贵府邸如此，皇家宫殿更是如此，凛凛威风，森森仪态。而“百岁坊”之狮，宛如“社火”中人扮假狮，前腿拄地，后腿蹬向空中，虽不及蹲狮威严，也不及卧狮安详，但取意“下山”，便有动感，恍若白狮活脱，扑朔而来，别有风采。

荡我心者更在于这狮的颜色，藏乡多山，山多积雪，什么冈底斯雪山，阿米玛卿雪山，雪峰林立，晶晶皑皑，故而印度、尼泊尔等国称藏族为“雪域吐著”（藏族的古称），藏族自己也称自己居住的地方为“雪域”，称自己为“雪乡人”，这雪则与白色同义，在公元7世纪的一些古藏文文献中，藏族也同时运用一个与狮有关的名称，即“雪域狮国”，并说雪山中住着雪狮，通体洁白，凶悍强劲。吐蕃的军旗上就画着奔驰的雪狮，于是从那时起，人民为它唱尽了颂歌，它作为民族的形象而存在。事实上，雪狮是藏人的动物崇拜之一，有漫长的历史。

“百岁坊”的石狮是白色的，藏人千百年来颂扬的雪狮是白色的，藏族长篇说唱体长篇英雄史诗中的格萨尔王就被称为“雄狮大王”，这就是我对这块石坊有特别感情的一个重要原因吧。而我最为关注的还是这个“百岁”。

在当今世界，人至百岁算是高寿了，我们以“百岁”祝福老人，我们以“百岁”祝愿儿童，一些藏区人们之间的见面招呼和分别时的祝福语就是“洛嘉才让”（长命百岁）。在中国，以“百岁”取名儿的也不是一个两个。可惜，中国是一个发展中国家，与一些发达国家比，中国人的平均寿命还不算高，离被科学所初步认定的在正常条件下，人可以活到150～250岁的值还差得很远。然而，改革开放，中国加快了发展的步伐，一切都在发生翻天覆地的变化。将来物质生活水平提高了，精神产品多了，科学发达了，人们生活的幸福指数高了，寿命自然还会延长。于是，我想：

假如再过50年、100年，青岩镇上会出现百个、千个百岁老人，那时无数的百岁老人将在“百岁坊”下话百岁，那可正应了石坊背面那四个字：“升平人瑞”，到那时百岁老人们的目标不再是百岁，可能是150岁、200岁了，生命永远会向更高的目标前进。但是，现在我还是要真诚地说：青岩的老人们，愿你们都活一百岁！

载《贵阳晚报》1987.7.30

合 欢 树

那是我刚到中央民族学院学习的第一个夏天的一天，校院里各色的花儿开了，当我漫步花丛中，却被一棵从未见的大树迷住了。它，浑实的茎，强劲的枝，枝头深绿的叶儿间盛开着毛茸茸的小花，小花是由无数条粉红色的“瓣”组成的，虽不像牡丹那样艳丽，莲花那般清秀，却别具风采，超然不群。其枝条上有百十朵这样的小花，远远望去，宛然像朵云霞。那天恰逢新雨刚过，艳阳当空，蓝天如洗，不知是光照射着这些碎花，还是这些碎花喷出了光，只觉得金银闪耀，心旷神怡。

树下有二三十个穿着花花绿绿不同民族服装的同学喜气洋洋，且歌且舞。离他们不远一位颓了顶的画家在临摹。他画呀画呀，画了茎，画了叶，画了花，画了树下的人。我悄悄问：“这是什么树”他立刻满面笑容地说：“合欢树”那声音乐滋滋地流蜜。

“合欢树！”多美的名字！我一遍又一遍地咀嚼着，馨香满口，我的身心全部沉浸在爱的海洋中。它，岩石般坚强的茎秆，挺挺拔拔，不屈不挠；絮棉般连成一片的花，热热烈烈，红红火火；自然曲直的枝，朴朴实实，和蔼亲切。它像一位魁梧矫健的将军，英姿勃发，充满活力，又像一位婀娜婕婷的少女，遍体洋溢着和美和安详。望着它，它给你以信心、刚强、力量、希望；望着它，它给你以清新、愉快、友爱和兴旺！

婉曼悦耳的歌声，在和煦、湿润的空气里雀跃，我思想的翅翼又从树的枝梢收落在树下的人的肩头——有一次，一位来自美国的记者问我：“你们学校这么多民族在一起，不打架吗？”

“打架？”我笑了，“那怎么会呢？我们都是兄弟姐妹，在一起生活，在一起学习，其乐融融啊！比如那位小伙子吧，有一次他得了急病，晕倒在马路上，就是被几位藏族、蒙古族的学员送到校医院的。再比如那位来自新疆的同学，有位汉族老师，无偿在为他补习汉语，再比如——这样的一个民族帮助另一个民族的事，可以说比比皆是啊！”

“不容易，不容易！”美国记者不断地点头。

是的，新中国成立已有30年的历史了，中国共产党一直在讲着民族平等。民族团结、民族互助，在讲各民族一家情，建设社会主义新中国。可是，在30年前，历代统治阶级制造过多少民族事端？民族间的血腥撕斗又有多少？苏联的大俄罗斯主义，林彪、“四人帮”践踏民族政策，又使多少人至今心有余悸？一个多民族的国家，平等团结比什么都重要！尊重是相互的，在中国，没有共产党人博大的胸怀，就不会有尊重；平等是必需的，保证平等，就要将它纳入法制，没有法制护卫的平等是没有保障的平等；团结是每个公民的使命，凡事都要从团结的愿望出发，互谅互让，互敬互爱。没有团结，搞民族冲突、民族压迫，中国就会永无宁日呀！所以今天的团结、和谐多么来之不易，又多么值得百倍珍惜呀！我的学校就因为处理好了民族的尊重、平等、团结、互助，才会如此和睦、如此平静、如此和谐！

画家的笔还在飞动，我看着树下歌舞的同学们，在旋转的舞步中，似乎感到也和树融为一体。我不禁朗声诵道：

> 啊，合欢树，我诚爱的树，你的每一条枝、每一片叶、每一朵花，都是我国各民族儿女的身影啊！合欢树，我诚爱的树，长青的树，你不就是我们学校的象征、中华各民族大团结的象征吗?!

1979年9月11日

西藏史话（早期）

一、远古神话

被称为“世界屋脊”的西藏高原是藏民族繁衍生息的地方，这是块神奇美丽的土地，受到世界人民的关注。

西藏高原在漫长的地质历史时期是古地中海的一部分，大约在晚二叠纪开始，海水不断向南退缩，到距今大约1000万年的始新世晚期，海水全部退出，从此西藏高原成为陆地。西藏高原的波澜壮阔的生命是从它的上升开始的，尤其是喜马拉雅山的崛起，被认为是地质历史事件中最壮观的事件之一。虽然它崛起于新生代，但其形成的时间可追溯到中生代和古生代，即之所以有以后的喜马拉雅山，是由于印度板块向北漂移与欧亚大陆相撞而连接起来，才使得古特提斯海分东西两路退出青藏高原地区，使原来的海底成为大陆。

喜马拉雅在不断地成长过程中，远在1000万年以前的上新世它的平均高度在2000－2500米，少数山峰在3000米左右，此时的青藏高原曾经有过一段热带亚热带气候。距今300万年时，喜马拉雅山才升高到4500－5000米。后来由于喜马拉雅山体的不断隆升，形成高大的喜马拉雅山体屏障，使印度洋的暖湿季风无法通过，强烈地改变了山体南北坡的自然环境，使动物、植物、气候等方面发生了巨大变化，随着后期冰期、间冰期气候的频繁出现，高原气候也不断向着干冷方向发展。

西藏高原有人类居住的历史至少有五万年，在广阔的西藏高原的东部、南部、北部都曾发现旧石器晚期的石器；新石器时期的遗址更为丰富，有著名的卡若文化遗址以及拉萨曲贡村遗址等，遍布整个西藏高原。藏民族就是新石器时期生活在青藏高原的那部分先民的后裔。远古时期的藏人留下了许多优美的神话传说。

有一则传说讲：很早很早以前，喜马拉雅所在的地方是一片无边无际的海洋。海水拍打着岸上的松柏、棕榈，温暖湿润的森林里有无数的羚羊、斑鹿、犀牛在幸福地生活着。后来有一只兴风作浪的五头毒龙破坏了这安谧的环境，它毁坏森林，残害生灵，无恶不作。就在这花草树木、飞禽走兽遭到危险的时候，天空飞来了五朵祥云，变成了五位悲空行母，施展法力，降伏了五头毒龙，并且喝令大海退水。海水退去后，东边有了森林，西边有了良田，南边、北边有了平原。五位仙女应众生的要求留在了人间，变成祥寿、翠颜、贞慧、冠咏、施仁五座喜马拉雅主峰，保卫着这里的山山水水。这是远古藏人对西藏高原自然环境的一种解释。

在远古神话中，关于“猕猴变人”的传说具有广泛影响，并载入史册。《吐蕃王统世系明鉴》一书中记载了这一故事：

很早很早以前，观世音菩萨派一有神变示现的猕猴到西藏雪国的地方修行。这个猕猴来到了一个黑色山岩上，潜心修习菩提慈悲心，对于佛法有了很深的领悟，就在这时，有一个住在邻近地方的岩魔女来到他面前，用非常爱慕的口气说：“让我们结成夫妻吧！”猕猴回答说：“我是观世音菩萨的居士，如果当你的丈夫，就会破了我的戒行。”岩魔女说：“你不答应当我的丈夫，我就死在你面前！”岩魔女躺在猕猴跟前说：

哎呀！我的大猴王，
请你听我几句话！
我因命运投生为魔女，
爱情萌发偏偏爱上你，
爱慕使我围着你乞求。
要是不能和你结夫妻，
日后只能跟着魔鬼去，
每天伤害生灵到数万，
每夜吞食生灵也上千。
还要生下无数魔鬼崽，
将这雪域土地都充满，
使它变成魔鬼的城郭，
魔鬼会把众生都吃尽。
因此请你对我发慈悲。

魔女这样苦苦哀求，以致流下眼泪。猕猴菩萨想道：“要是当了她的丈夫，就破了戒行；不当她的丈夫，又有大罪孽，应该怎么办?”猕猴立即到普陀山请示观世音菩萨。

观音菩萨允许猕猴结婚，猕猴与魔女结为眷属以后，生下了六个猴崽，他们分别由轮回六道的生灵投抬而来，因而性情不同：由地狱投生的猴崽，脸色黯黑，能耐苦；由饿鬼处投生的猴崽，面貌丑陋，贪吃饮食；由牲畜处投生的猴崽，粗笨懒惰，性情顽固；由人世间投生的猴崽，见多识广，细心小气；由非天处投生的猴崽，身体健壮，容易忌妒；由天神处投生的猴崽，深谋远虑，性情善良。这六个猴崽被其父猕猴菩萨送到叫做鸟集林的水果丰盛的地方。过了三年，父猴菩萨前去观看，只见猴崽们已增加到五百个，这时树上的果实已经吃完，又别无可吃的食物。当父母的还未得食，而子女们已在呼叫："爸爸在吃什么呀!""妈妈在吃什么呀!"举手呼号，情景悲惨。猴父想道："我养了这么多猴崽，并不是由于我的愚痴，而是由于遵从观世音菩萨的吩咐造成的。"于是他立即赶到普陀山，向观世音菩萨请求帮助，观世音菩萨起身，从须弥山的缝隙中取来青稞、小麦、豆子、荞麦、大麦芽，撒到大地上，使那里长满各种自生的谷物，交付给他们，并吩咐说："吃吧!"由于这个缘故，该地后来被称为梭当巩波山。此后猴崽们在那里饱食谷物，身上的毛和尾巴都变短了，又慢慢懂得使用语言，这样变成了人。藏族认为自己就是猕猴和岩魔女的后代。

这个故事虽然罩上佛教的迷雾，但故事的传播是很早的也是十分广泛的。在拉萨曲贡村发现的新石器时代的遗址中就出土猕猴的头像。在古代的藏人自己叙述的历史中，猕猴被当做一个时代。此后又出现了夜叉、魔、怪、龙、赞、天神、木神、鬼、妖玛桑九兄弟，即神怪统治的时代。又过了若干年月才到了由人自身统治的时代，出现了色、木、董、东最初四大氏族，后来这最初四大氏族又繁衍成为六大氏族，西藏高原的人类也在迅速扩大，出现了12大邦和40小邦，遍及整个西藏高原。

二、聂赤赞普

到了公元前3世纪左右，西藏高原已出现了几个大的邦国，在西北有象雄古国，诞生了藏族的早期宗教——苯教。苯教是个在原始信仰的基础上建立的宗教，相信泛灵崇拜，以"上把天神，下镇鬼怪，中兴人宅"为目的，特别重视祭祀禳祓仪式，并且以讲故事、说谜语等形式传播自己的教义。在中部地区有苏毗。在现在有西藏山南的雅砻河谷出现了雅砻等邦国。一般藏族的正史是从雅砻河谷算起的。

当时的雅砻河谷居住着六个稍大的氏族部落，被称作"六牦牛部"。六牦牛部的成员们当时不但进行狩猎、牧业生产，从事农业耕作的历史也有相当一段时间了。大家在与自然作斗争的过程中，学会了制造弓箭、刀斧和一些简单的生产工具。当时的六牦牛部已有自己的名称，叫吐蕃。这吐蕃属于四蕃之一，此时苯教已从象雄古国传布整个青藏高原，由于信仰的原因，便产生了“吐著”这个词，吐蕃一词可能是“苯”这一词的变音。农业的发展给雅砻河谷的蕃人带来了繁荣，但分散的六个部落还没有找到一个使大家满意的领袖，六个部落的巫士们煨桑祭祀，精心擘划，想找一个能干的领袖能带领大家把六牦牛部的事情办好。因为邻近的强一些的部落常常来抢牛抢羊来骚扰他们。

一天，六牦牛部洛、纳、昆、怒、斯、波六个部落的人正在赞塘贡玛山上打猎，突然从山上走来一位身材魁梧、气宇轩昂的年轻猎人。部落的人们问他从哪儿来，他指指身后。他身后是赞塘贡玛山和山顶上湛蓝的天空。部落的人们仍然不明白，他从哪儿来？山上？还是天上？于是，猎人们从部落里请来了12位善于卜算观测的贤者来盘问、看视。年轻猎人仍然指着身后的山。这12位贤者终于搞清楚了：他是从天上来，他是天神的儿子。他是上天赐给我们的领袖啊！众人听了贤者们的这些话，欢腾雀跃，向他敬礼、献花，争相呼唤着：“大家快来看啊！这是天神啊，做了吐蕃王朝的第一位赞普（藏王）。因他是用肩膀为座扛到部落里的，因此大家就叫他聂赤赞普（以脖颈为宝座的英杰）。”

聂赤赞普是勃敖地方人，他因何到了雅砻河谷呢？聂赤赞普的母亲姆增生了九个孩子，最小的孩子叫乌贝惹，他生得与众不同，虽然人长得眉清目秀却舌头很大，据说可以遮住面部；手指间像鸭子一样有蹼。孩子慢慢长大，变得力大无比，很有能耐，这下可引来了乡人们的怀疑，以为他是恶鬼泰让的化身，就将他驱逐出境。聂赤赞普是怀着悲伤的心情离开家乡的，但他对自己并没有失望，他从勃敖地方一站一站往前走，走了好多地方才到达雅砻地方，他相信他可以用自己的才学为人们做一些事情。但是，他能做雅砻河谷的首领，这是他所始料不及的。

“自天神而为人主”，做了王的聂赤赞普确定了自己的世系，因为他是来自勃敖地方，就以“悉勃野”作为自己的王系。因而六牦牛部也叫做“悉勃野吐蕃”。聂赤赞普为了振兴悉勃野吐蕃，一方面抓紧农牧业生产，种植粮食，多养牲畜，充实丰富自己；一方面以苯教为国教，加以弘扬，借以统一人们思想认识；另一方面为了防止其他部落的人来抢掠六牦牛部，抓紧时间修建城堡，他先后建造了雍布拉岗和青瓦达孜宫。雍布拉岗被称为藏民族修建的第一座宫殿，是依山而建的一座城堡式的建筑，从宫顶可以看得见底下的田野和周围的土地，视野十分开阔，可以有效地防止周围部落的抢劫，易守难攻。青瓦达孜一直是早期吐蕃王朝的都城。在聂赤赞普的精心筹划下悉勃野吐蕃迅速在青藏高原崛起。

聂赤赞普娶南牟牟为妻，生下牟赤赞普，可惜，就在牟赤赞普刚到能走路的年龄，他便去世了。据说他是虹化而去的。

三、罗阿篡位

第一世吐蕃赞普聂赤赞普与南车年生子牟赤赞普，牟赤赞普娶萨丁丁为妻生丁赤赞普，丁赤赞普娶索滩滩为妻生子索赤赞普，索赤赞普娶脱木木为妻生木赤赞普，木赤赞普娶达拉嘎姆为妻生达赤赞普，达赤赞普娶塞杰拉姆为妻生塞赤赞普。因这七王的名字中都有一个“赤”字，故而称之为“天赤七王”。

塞赤赞普娶萨增龙吉为妻生止贡赞普。止贡赞普还没有取名字就死了。父亲、大臣们就如何上赞普尊号一事去请示老祖母卓夏玛济林玛。年迈体衰，耳目昏聩的老祖母问了三件事：“吉雪地方的扎玛岩坍塌了没有？当玛地方的母牦牛草场火烧了没有？登列维尔湖干涸了没有？”大臣们回答：“岩没有坍塌，草场没有被烧，湖水也没有干。”可是老祖母错听为岩已经坍塌，草场已被烧毁，湖水已经干涸，她伤心地流着泪说：“象征王命的圣地衰竭了，魔鬼将会在那里舞蹈，悉勃野家族的厄运就要来了，他会短命夭亡，就叫他止贡（‘剑亡’之意）赞普吧！”

这个不吉利的名字，使得年龄越来越大的止贡赞普越来越反感，性格也变得十分狂躁暴烈，喜怒无常，时时有一种气势汹汹的拼命架势，他经常向母部三臣和父部九臣吼叫：“你们敢跟我比试武艺吗？”“不敢！不敢！”众人诚惶诚恐，诺诺连声，唯恐躲之不及。止贡赞普看着众人敬畏无措的样子，放声大笑：“量你们也不敢！”时间稍长，臣民百姓，怨声载道。

此时另一矛盾也日趋激烈：在丁赤赞普时，赞普为了发展国教，曾从象雄古国请来了百余名苯教师来传播经典，教化民众。可是随着苯教师在宫廷中地位的提高，苯教法师对政治上的干涉也越来越多，以致出现了没有苯教师的首肯国王不能降旨，大臣不能集会议事的现象，实际上苯教师的权力超过了王权。自然，刚愎自用的止贡赞普受不了这种事事请示苯教师的做法，反过来凡事自作主张，如此，苯教徒也逐渐由不满意而怀恨在心了。

一天，止贡赞普看见小臣罗阿达孜，又要强行与之比试武艺，罗阿不敢，可是止贡赞普容不得他溜走，拔出刀来直向罗阿砍来，罗阿躲过两招，被逼无奈，只好说："假如陛下果真想跟我比武，请允许我回家去看望父母，三日后与你决斗。"罗阿知道与止贡比武非死即伤，可是那些苯教徒们想借机除掉止贡赞普，他们历数止贡赞普的种种罪责，要罗阿与之比武，并借机杀死赞普，给他出足了主意。

罗阿达孜依计来找止贡赞普说："陛下是天神之子，是刀枪不入的，请赐给我一套好的铠甲和娘若香波城堡，臣下才敢也才愿意在本月月圆时，跟陛下列阵比武，否则，臣下愿意马上死在陛下面前。"本来止贡赞普自然不知道罗阿达孜他们的阴谋，看到这么多年竟也出了个敢跟自己比试武艺的，不由有几分惊奇和佩服，加上众苯教师左右撺掇，便答应了他，把自己一套最好的铠甲赐给了他，并让他接管了十分坚固的娘若香波城堡。

苯教徒们对赞普的怨恨和敌意，他周围的亲人并不是一点儿也没有觉察，王后和王子夏歧、嘉岐等知道这一仗凶多吉少，一再劝阻，可是止贡赞普一句也听不进去。别的臣下怕一再进谏会招来杀身之祸，也不敢言语，只是每个人都为他捏着一把汗。凑巧这时有与罗阿串通一气的苯教师来"献计献策"："与罗阿这个牧马奴比武没有必要过分担心，只要你右肩挂上死狐，左肩挂上死鼠，罗阿一见到就会想自己跟狐样卑贱的出生，他身上的阳神和战神就会离他而去，陛下不费吹灰之力就可以割下他的脑袋。"止贡赞普竟然信以为真，如此准备。

到了月圆日，罗阿在娘若香波城堡前面摆开阵势：在一百头牦牛角上扎上二百把明光闪闪的利刀，牛背上都驮上了灰袋子，数百名箭弓手埋伏在周围，严阵以待。止贡赞普并不知道一个陷阱正等着他。他一看到罗阿达孜只身立于城堡前，心里暗自高兴：果然，罗阿说话是算数的，有胆量。罗阿达孜一看到止贡赞普肩上挂着的狐鼠二物，心里踏实多了。为什么？这是由于当时的观念认为赞普是天神的儿子，天神的儿子一般的人是不可能战胜的。因为他的保护神十分厉害。在左右肩上挂上狐鼠尸体就可以魇退战神和保护神，如此，罗阿没有心理压力，就可以毫无顾忌地与他交战了。

罗阿和止贡赞普战了几个回合，自知刀枪剑弓都不是止贡的对手，不敢再战，便建议道："陛下带来的兵士多，现在我们比试攻城吧。"随之便退进娘若香波城堡。止贡赞普便率队攻城。止贡的队伍还没有冲到城下，随着一通鼓响，刹那间，在月光下，躲在牦牛身后的士兵呼啸着驱赶着那一百头牦牛汹涌而来，牛群互相挤撞、号叫，刺破了灰袋子，刺伤了烈性的牦牛，百头牦牛如同百头怪物，横冲直撞，须臾间，灰袋破漏，尘土飞扬，尘雾弥漫。止贡赞普的士兵没见过这种阵势，早吓得魂飞魄散，四散逃命，腿脚慢的不是被牦牛抵死，就是死在乱蹄之下。止贡赞普在尘雾中不知道东南西北，左冲右突，盲人瞎马，不知目标。

躲在一边的罗阿和几个苯教师通过泛着光亮的赞普头上的铜饰看得清清楚楚。罗阿达孜对准止贡赞普射了一箭，止贡中箭落马，立时毙命。

四、嘉歧复国

止贡赞普死后，被装在一个铜棺中，扔进雅鲁藏布江中，漂走了；两个王子被流放到工布地方。罗阿控制了雍布拉岗和青瓦达则宫，得胜的宫廷的苯教徒们弹冠相庆。

与此同时，失掉江山的悉勃野王族和母部三臣、父部六臣的有志之士，又在秘密联络，积蓄势力，准备复国。流放到工布地方的两位王子夏歧、嘉歧，一面在旧臣的辅佐、拥戴下，招募兵士，一方面精心策划，准备行刺罗阿达孜。止贡赞普的旧臣那囊氏赞雄甲等摸清了罗阿达孜喜欢狗这一特点，派人到处寻找名犬，在找到的名犬中又挑选出两只名贵的藏獒来到娘若香波城堡附近，等待时机，准备通过献狗去行刺。

时值盛夏季节。白天罗阿达孜在城堡外的柳林里扎个小帐篷，有时便躺在卡垫上晒太阳。自然，罗阿知道悉勃野王族的人并没有放弃对王权的追逐，他们时刻都在企图夺回他们失去的江山。因此，在他周围仍然是五步一岗三步一哨，戒备森严。显然，通过献狗去行刺是行不通的，不等行刺者走近罗阿身边，兵士很快会搜出你的暗器。赞雄甲苦思冥想，无计可施。他担心机会错过，终成恨事。这一夜他又思考了一个通宵，临近天亮，他踱到屋外，那两只机警的藏獒便摇着尾巴来到他身边。多少天了，他像对自己的儿子那样照料它们，因为他把全部的希望寄托在它们身上。他弯下身子抚摸着它们。在抚摸时獒犬身上冒起的火星使他想到一个绝好的主意：他在两只獒犬身上涂上了剧毒的药。他乐了，这主意万无一失。现在他只担心罗阿不到柳林来晒太阳。等啊等啊，没吃没喝赞雄甲只等到日头偏西，罗阿达孜才懒洋洋来到那片柳林里。赞雄甲放出了狗，那两只经过训练的藏獒径直朝罗阿走去。赞雄甲悬着心，急切地躲在灌木丛中观瞧。

两只獒犬一出现就引起了士兵们的注意，他们争先恐后前来驱赶。罗阿看到如此雄健高大的藏獒，真是喜出望外，急命不要伤害，兴冲冲自己拿了牛羊肉前去招诱。两只藏獒来到罗阿身边驯顺地摇着尾巴。罗阿达孜看着这两只突然出现的名犬正是越看越爱，越爱越看，弯下身子像看到了久别的爱子，亲切地抚摸着。躲在灌木丛中的赞雄甲见罗阿已经上当，如漏网之鱼匆匆逃离了柳林。

罗阿抚摸那两只藏獒满面喜色，自个儿哈哈直乐，如痴如醉，如狂如癫。可是，不到半个时辰，便举着手臂大叫疼痛，不一会儿便血充双眼，口吐鲜血而死。

在当初止贡赞普遇害时，有一忠于赞普的札氏臣子正与哈雅氏作战，战败后，他的家族成员全部都被哈雅氏杀死，只有一个怀孕的小妾逃到自己兄长的部落里才幸免于难。此时这个叫茹拉杰的遗腹子已长大成人，他问母亲别人都有父亲，我的父亲是谁？别人都有自己的王，我的王是谁？假如不告诉，我就死在母亲面前。茹拉杰的母亲便把止贡赞普如何被害，他的父亲和家人如何被杀绝的事告诉他。茹拉杰决心找回止贡赞普的尸体，他找到夏岐、嘉岐两位王子，举起匡复悉勃野王朝的旗帜。

茹拉杰日夜兼程赶到工布地方，找到了两位王子。工布、娘布地方的人听说罗阿已死，便拥立两位王子分别做了工布、娘布的小王，积极募集兵马，准备对盘踞在青瓦达孜宫和娘若香波等处的罗阿的旧部发动攻击。智慧善谋的茹拉杰的到来，给二位王子以极大的鼓励，他们先顺江而下，找到并赎回了止贡赞普的尸体，把他安葬在央多拉布地方。遂后，在工布的数路联军进攻娘若香波、雍布拉岗、青瓦达孜宫，罗阿余党战死的战死，逃亡的逃亡，数月之间，均做鸟兽散，丧失了二十多年的土地，又回到了悉勃野王族手中。众人拥立嘉岐为赞普，号布德贡杰，父系六臣、母系三臣重新向他宣誓效忠，诸小邦和部落在布德贡杰王的主持下重新会盟，吐蕃上下一片欢腾。

布德贡杰是位有作为的赞普，他号令四方，可谓政通人和，吐蕃社会出现了欣欣向荣的新气象。作为吐蕃时期第一位贤臣的茹拉杰主持内政，他教给臣民如何烧木成炭，组织工匠从矿石中提取金银铜铁，开垦荒地引导溪水，做犁轭用二牛抬杠犁地，使吐蕃社会的各项事业得到了很大发展。

（此文为陈庆英等著《西藏史话》的一部分）

乌老所关注的

7月2日，天气晴朗，我从呼市去参观乌兰夫故居。车至途中天气便显得有些热了。

我在上大学和大学毕业以后，曾多次见过乌兰夫，作为中央民族学院七七级的一名学员和后来的教员，多次聆听过他的讲话。“文革”后，乌兰夫、习仲勋、阿沛、十世班禅等党和国家领导人经常来参加中央民院和与民族有关的一些活动。

高大壮硕的身躯，宽阔的额头，经常戴一顶鸭舌帽，这是乌老给我们的最强烈的印象。只是当时我不熟悉山西话，听他的讲话比较困难，常常听差。“文革”后我们见到的领导人大多衣着朴素，平易近人，如同自家的老人，显得十分和蔼、可亲可敬。

多少年过去了，尤其是乌兰夫去世之后，他的故事已便成为历史。

一个人免不了被人议论或者评论，对于一般人是这样，对于杰出人物也是这样。小人物做小事，因而一旦盖棺定论，自然不会有多少人再去翻他的旧账，因为那样没必要，也没意思。可是对于一个伟人，对于一个有影响的人物，总有说不尽的话题，活着是这样，死了，甚至去世几十年、几个世纪后也同样有人来评说——似乎那功过得失永远难以定评。

前些年我在内蒙古听到一句话：“乌兰夫火化了，草原沙化了，蒙古族同化了”，有不少感慨，但也同样感受到乌兰夫的力量。看着乌老故居中的展览，看着周围的房舍，当年的一幕幕又浮现在我的眼前，令我遐想。

有一次开会前，乌老与我们几个学生聊天，他一一问我们来自什么地方，当问到我时，我说：“青海。”他说：“青海有六个自治州，你来自哪个州？”我回答：“海西。”他说：“那里有一些蒙古人，蒙藏关系很深。”他又问我：“你会藏语吗？”我说：“会。”他说：“会就好，要为群众服务，就要用他们熟悉的语言，这样就能直接沟通、融洽感情。‘文革’中有些地方把少数民族语言说成是‘黑话’，这是不对的。”

这时候有个胆大的同学问：“乌老，您现在关注什么问题？”

乌老笑了，他开半玩笑地说：“你是记者？不过我可以告诉你，我关注政策。现在考虑两件事：一件是民族区域自治法，一个是草原建设，”由于会议召开，这个话题没有进行下去。以后也就没有机会再问这个问题，而从当时的背景看，乌老在做着 1984 年全国人大通过的《民族区域自治法》的修订。

大家在照相，我看着那些介绍文字：乌兰夫的家乡的名字叫“塔布塞”，是五户人家的意思，当时这个村子只有五户人家，乌兰夫家是蒙古族、是富户，其他是汉族，是跑西口跑来的汉族。从乌兰夫的爷爷辈开始他们就开始学习汉文化。这使我感到在中国这样一个国度里，一个民族干部的成长的基础。中国许多重大的历史事件也往往与中国的少数民族息息相关。可以说生活在杂聚区的乌兰夫对民族之间的关系及其对国家全局的影响有着深刻的理解。

年轻的乌兰夫到了北京，在他学习的蒙藏学校接触到革命宣传，接触到了马克思主义的理论，后组织派他到莫斯科学习。从此走上了作为职业革命家的道路。任何人的成长都是具体的，乌兰夫也一样，他的伟大在于，他始终在革命的洪流中，即在世界革命、中国革命和蒙古族人民革命的洪流中，既有对本民族的深刻了解、对中国的深刻了解，也有对世界的深刻了解——因此，他具有宽阔的眼界、宽阔的胸怀。

1999 年下半年，内蒙古自治区党委和相关部门在北京召开了《乌兰夫文选》出版发行座谈会，乌老是中央民族学院第一任院长，我当时任中央民族大学的党委副书记，作为中央民族大学的代表出席了这一会议。在会上我看到了上下两卷的乌老的文选，在会上就读了上卷的大部分。回到家，我一口气读完了文选，“政策”两个字如一道金线贯穿始终，也闪耀始终。

什么叫民族区域自治？在《关于民族区域自治问题》中乌老如此写道：“民族区域自治是毛主席运用马克思列宁主义解决中国民族问题的基本政策。民族区域自治是在中华人民共和国领土之内，在中央人民政府统一领导下，遵循中国人民政治协商会议《共同纲领》的规定，以少数民族聚居区为基础的区域自治。依据这个大前提，一切聚居的少数民族都有权利实行民族的区域自治，建立自治区和自治机关，按照本民族大多数人民及人民有联系的领袖人物的意愿，管理本民族的内部事务。这就是少数民族当家做主的权利。”

在民族区域自治中他又十分关切两个方面的问题。

一是少数民族当家做主问题。他说：“民族区域自治的核心就是少数民族当家做主做主，由自治民族自己管理本民族的内部事务。由于内蒙古统一的区域自治的实现，内蒙古人民实现了当家做主的愿望，行使了当家做主的权利，这就充分调动了蒙古族人民的爱国热忱和参加革命、建设的积极性。”（《乌兰夫文选》下卷，第89页），准确地把握了当家做主与少数民族爱国热忱和参加革命、建设积极性的关系。

在《内蒙古民族区域自治的历史经验》（1962年4月13日）一文中，乌老说：“有人误认为，现在已是社会主义了，各民族都一样了，再提少数民族人民当家做主的问题过时了，这是不对的。这几年来，有些地方对蒙古族和区内少数民族人民当家做主的权利尊重不够，对区内少数民族的特殊需要照顾不够，各地较普遍程度不同地存在着忽视少数民族人民当家做主权利的表现。因此，很有必要不断强调少数民族当家做主这个问题。事实上，在社会主义时期，人民民主更加广泛了，当家做主的内容也更加广泛了。”对一些糊涂、错误的认识进行了批评。

二是正确处理民族关系问题。“内蒙古自治区是一个多民族地区，在全区1100多万人口中，蒙古族人口130多万，汉族人口近1000万，其他少数民族近20万……使区内民族都享有了平等权利，加强了各民族的团结，特别是蒙汉民族的团结，把自治区1100多万人民的积极性调动起来，共同建设自治区。”这符合他所一贯强调的打牢国家统一、民族团结的三个基础——政治基础、经济基础、文化基础。

这些问题都是涉及长远和全局的重大问题。

从《文选》中也可以看到乌老对牧区的关注。牧区之所以重要，有三方面的问题。

一是农业的重要组成部分，是农业这一“基础”的重要组成部分。

二是随着现代农业建设的步伐，在现代牧业建设方面，问题更严重、更具体、更尖锐。比如：第一，草原的荒漠化问题。读其中一些牧业问题的讲话，使人同样感受到乌兰夫对一些问题的深刻见地，“保护牧场，禁止开荒”的政策是何等的英明。我们许多从内地去的干部，大多熟悉农业，熟悉政治、军事，但对牧业缺乏应有的知识。第二，草原的教育、卫生、经济社会发展问题。第三，草原的生态保护问题。第四，草原的社会主义新农村建设问题。

从坚持看担当，看情怀，看情感。伍精华同志的文章《乌兰夫是创建民族区域自治制度的大功臣》（《中国民族报》2006年7月16日）中记述在起草修改民族区域自治法过程中，乌兰夫曾坚持写进两条：一条是“民族自治地方企事业单位在招收职工的时候，要优先招收少数民族人员，并且可以从农村牧区少数民族人口中招收人员。”二条是“上级国家机关的决议、决定、命令和指示，如有不适合民族自治地方实际情况的，自治机关可以报经该上级国家机关批准，变通执行或者停止执行。”这是他始终的观点。

乌兰夫为什么会成为一代伟人？他对中国这一统一的多民族国家的贡献是多方面的。对我来说，久久难以忘怀的是乌兰夫的“三不两利”（不分不斗不划阶级成分、牧工牧主两利）政策，这与我的专业研究有关，也与我对新中国成立初期的革命形势的分析有关。许多人，不要说年轻人，就是老一点——到了60来岁年龄的人也大概不太记得那时候的事了。假如没有这样一个政策，民族地区当时的革命进程或许还会产生变数，尤其是像西藏那样的地方。党在新中国成立之初，在民族地区建党建政的过程中，能区别对待不同地区不同民族的不同情况，制定新的政策，这是我们党的事业取得胜利的基本保证，没有这一点，民族地区的情况就会变得十分复杂。

“三不两利”与乌兰夫“稳、宽、长”（“政策要稳、办法要宽、时间要长”）等政策一样闪耀着实践的光辉。

在我们的工作中，目前有两方面存在着明显的不足：一是对政策效益的评估不足；二是对牧区问题研究、指导不足。由于我们对政策效益的评估、总结不足，一方面存在着一些政策，无人执行，或者执行不利；另一方面也在不断地出新“政策”。有的政策与具体领导者的这样那样的“大思路”和指示纠结在一起，不但没有很好地指导工作，而且造成了这样那样的严重问题。

政策之所以重要是因为，政策不但是我们进行基本工作的原则，而且代表着党和政府的价值导向，有些政策本身就是我们共产党人的核心价值观。比如，我们的民族区域自治制度。这个制度中的若干思想和规定就充分说明了这一点：

“政策和策略是党的生命，各级领导同志务必充分注意，万万不可粗心大意。”毛泽东的话就是对政策、策略重要性的最高评价。

后 记

中央民大是我的母校。我对母校充满了留恋和感激之情。

我是留在母校工作的学生。在这里，我学习工作了 22 年，居住了 31 年。

我的美好年华都留在了民大。本“文存”所收录的绝大多数作品写于民大，还有许多未收入其中。记得离开民大时，曾写过一首小诗：

在我流泪的地方，
爱的阳光将驱散寒冷，
欢乐将迎接每个善良、无助的人。

在我流汗的地方，
文明的绿茵将遮盖荒芜，
鲜花将赞美每一次辛苦和劳动。

不怕苦难——我的背景——慈悲、真诚，
不怕失败——我的态度——踏实、勤奋，
不怕毁损——我的情志——纯洁、公正。

楚楚的怜悯，使我放不下那些艰辛中的弟兄，
深深的感恩，使我忘不了那些曾有的国恩、师恩。
沉沉的责任，也让我顾不得山高水险、路远担重。

可知的今天的风雨，
难料的明天的阴晴，
我只有迈开的脚步：前行！

疼爱我的人们哪，
我疼爱的人们哪，

疼爱我的人们哪，
我疼爱的人们哪，
我实难辜负生命给我的宝贵年华、神圣心灵。

——在这里，我从一个穷学生，成为一名光荣的教学、研究工作者，出版了我的第一部专著《佛教与藏族文学》（1987）……这里集中了我30年的生活历程！离开民大十四年，思念年年。

感谢云峰社长、福山总编对此书的关心支持，感谢黄修义、杨爱新、白立元、满福玺、当增扎西、南加才让、严永山等同志为此书付出的辛劳。

丹珠昂奔
2012年3月28日